荣获第二十八届华东地区优秀哲学
社会科学图书评选二等奖

金　融　学

主　编　丁述军　沈　丽
副主编　张　晶　宿淑玲

山东人民出版社

前 言

现代经济社会中，诸如股票投资、银行利率、汇率变化、对冲基金等这样的话题几乎天天出现在人们的视野里，显然，我们生活在一个充斥着金融元素的世界里。金融业是现代经济中最具魅力和变幻无穷的热门行业之一，发达的金融市场既为金融投机者提供了无穷的发财致富机会，也为资金需求者提供了“取之不尽、用之不竭”的金融资源，而金融泡沫、金融风险和金融危机也使无数的人美梦破灭，甚至倾家荡产。所以，无论是对研究者还是实践者，金融领域都是一个极其值得冒险的乐园。随着金融活动在经济发展过程中所扮演的角色越来越重要，人们对金融学的研究也日趋鼎盛，使金融学成为20世纪发展速度最快的学科领域，而学习金融知识，探索金融现象，对于我们的生活则变得越来越重要。作为金融学的入门教材，希望本书能够帮助您学到金融知识，带您进入神秘而广博的金融学领域。

本书是我校科研项目——金融学教学团队教学实践的阶段性成果，为及时体现国际国内金融形势的变化，顺应高校金融学教学改革发展的要求，我们组织了金融领域内有经验的专家学者积极探索，力图为读者奉献一本理论体系完整、内容新颖、语言精练、逻辑性强、趣味性好、吸收最新科研成果、适合于本科教学和读者自学的精品教材。

为了打造精品，在更大程度上体现这本《金融学》教材的应用价值和传播价值，我们在设计体系结构、内容和研究方法上注意突出以下几点特色：

1.凝练内容编排。本书在内容体系的编排和取舍上进行了精心的设计。在深刻理解西方金融学与我国目前金融学内容体系的基础上，既承袭国外“Finance”课程的严密逻辑，又兼顾我国金融学课程的中国特色和宏观分析的角度。在内容上既包括以微观金融主体行为及其运行规律为研究对象的微观金融学，又包括以金融系统整体的运行规律及其各构成部分的相互关系为研究对象的宏观金融学。在内容的叙述上，力求观点明确、条理清楚、重点突出，通俗易懂，有助于读者更快、更好地掌握金融学的基本知识。

2.创新体系结构。本书基于合理的理论体系框架,立足于金融学的基础课程要求,注重内容体系的提炼概括。按照金融学知识的内在逻辑以及学习的思维习惯,全书安排了从基础范畴到微观金融、宏观金融共四篇十五章的内容。同时,各章都设置了学习目标、重要概念、本章小结、复习思考题以及拓展阅读等环节,方便教师的讲授和读者的学习。

3.反映最新成果。随着经济一体化、金融全球化的进一步发展,新问题不断涌现,因此在编写本书的过程中,我们力争站在理论前沿,不仅介绍金融学的基本知识、基本理论,还总结和概括了我国的实践,并注入了与当前金融改革相关的新鲜内容。此外,在分析方法上也更多地运用比较分析法,以拓宽学生视野,提高学生分析问题、解决问题的能力。

全书的具体安排是:第一篇基础范畴:货币、利率与汇率;第二篇金融资产:投资与融资;第三篇金融体系:机构与市场;第四篇货币经济:调控与监管。四篇内容共涵盖15章。

第一篇基础范畴:货币、利率与汇率。该篇包括第1、2、3三章,第1章讨论货币与货币制度问题,货币在人们的日常生活和国民经济活动中扮演着十分重要的角色,金融体系的运行更离不开货币,因此要了解金融体系的运行,必须首先从货币开始。利息和利率反映货币的时间价值,是货币资金的价格,外汇和汇率是一类特殊的金融资产和价格,这些都是本书后面章节介绍的基础范畴,因此第2、3章分别介绍利息与利率、外汇与汇率。

第二篇金融资产:投资与融资。该篇包括第4、5、6三章,主要从个体的角度讨论微观金融主体的投资融资决策方法和行为。人们进行投资就必须了解不同类型的金融资产及其价值评估方法。不确定条件下的投资和融资必然具有风险,投资者应该了解这些风险并学会对其进行有效管理。不同的融资方式具有不同特点,融资成本和收益存在较大差异,这是企业选择最佳融资策略的出发点,不同的资本结构对企业价值产生重要影响。因此本篇分三章介绍金融资产、投资和融资的有关问题。

第三篇金融体系:机构与市场。本篇包括第7—10章,分别介绍金融机构体系,最重要的金融机构——商业银行,金融市场以及金融资产价格的决定。金融机构是重要的微观金融主体,金融市场是金融运行的基石和载体。金融市场的功能不仅是促成金融交易,更重要的是决定金融资产的价格,优化金融资源配置。

第四篇货币经济:调控与监管。该篇包括第11—15章,分别介绍货币需求、货币供给、货币均衡、货币政策和金融危机与监管问题。本篇主要从整体经济的角度讨论金融系统的运行规律及其与其他经济系统的相互关系。货币的供求均衡是我们追求的目标,因此我们必须了解货币需求的决定因素及其性质,了解货币是怎样供应到社会中来的,把握货币供给的机制;通货膨胀与通货紧缩是货币供求失衡的极端表现;货币政策是国家调节宏观经济运行的重要工具;由于金融系统具有脆弱性,金融危机频繁发生,因此对金融危机要注重防范与治理,加强监管就是必须的,金融监管是金融体系正常运行的重要保障。

本书由丁述军、沈丽教授主持编写,为了反映金融学教学内容和课程体系研究的最新成果,编写人员对大纲和内容体系进行了多次研讨与磋商,数易其稿终于完成。本书的编写分工如下:

沈丽教授撰写第二、五、七、八、十五章。

丁述军教授撰写第十、十一、十二、十三章。

张晶副教授撰写第一、三、十四章。

宿淑玲副教授撰写第四、六、九章。

此外,金融理论教研室的孙福珍、张振敏、徐英吉、邹昆仑老师也参与了部分内容的编写工作。

本书在编写过程中,参考了国内外许多相关教材和文章,借鉴和吸收了国内许多专家学者的研究成果,同时得到了山东财经大学金融学院领导及许多老师的大力支持和帮助,山东人民出版社及袁丽娟主任对本书的出版付出了大量心血,在此一并致以诚挚的谢意。

尽管我们做了很大的努力,反复对书稿进行讨论、提炼和修改,但由于时间、资料、作者水平以及其他条件的限制,错误与问题在所难免,恳请同行专家和诸位读者批评指正。

编者

2012 年 12 月

目　录

第一篇

基础范畴：货币、利率与汇率

第一章 CHAPTER 1 货币与货币制度

【学习目标】

本章要求学生掌握不同角度下对货币概念的界定,着重理解货币形态演变的动因、货币购买力的含义、货币价值储藏职能的意义以及现实中的货币层次计量和相应的经济意义;熟悉货币制度的演变过程,了解现代货币制度的特点,并掌握金属货币制度下的格雷欣法则以及今天的货币替代效应;了解国际货币体系的演变历史,思考未来国际货币体系的发展趋势。

【重要概念】

货币　货币购买力　流动性　狭义货币量　广义货币量　货币制度　银行券　格雷欣法则　货币替代　欧元　美元化

在我们的日常生活中,几乎天天都要用到钱,小到柴米油盐,大到国家的经济发展,都与货币息息相关,这是因为我们生活的现实世界就是一个货币经济社会,所有的经济往来基本上都要借助货币这个交易媒介才能完成。其实,货币在人类的历史上已经存在很久了,不同时期的货币不相同,不同国家或地区的货币也不相同,但相同的是货币已经渗透到经济生活的各个角落,因此要了解现代经济的运行就必须首先去确切地了解货币以及与之紧密相关的货币制度。

第一节　什么是货币

货币,俗称“钱”,可以说是这个世界上最普通却又最神奇的东西了！自从它诞生以来,似乎就是“无冕之王”,它神通广大,似乎无所不能,因此它可以意味着很多事情。但对于经济学家来说,它应该只具有一种特定的含义。然而,如何才能清楚地界定货币的概念,却一直困扰着经济学家们,迄今为止,对此依然争论不休。本节将从五个角度对货币的概念展开阐述,以期能够较为全面地认识什么是货币。

一、从货币的起源看货币

现代生活中,人们衣食住行的满足几乎都离不开货币,货币具有举足轻重的地位。然而,货币出现在人类社会中只不过有几千年的历史。货币的出现是与交换联系在一起的。根据史料的记载和考古的发掘,世界各地的人类交换都先后经过了物物直接交换和有媒介的间接交换两个发展阶段。那么货币是怎样产生的呢?在理论上给予系统和科学论证的是马克思。

19 世纪 40 年代,商品生产的最高形式——资本主义,在西方一些主要国家已经有了充分发展,并且对商品货币的理论探索也有了三四百年的历史,在这样的基础上,马克思全面地对货币起源问题作了系统的理论阐述,揭开了货币的面纱。

在生产力不断进步的背景下,原始人类先后经历了三次社会大分工,诞生了为满足他人需要而进行生产的商品经济,这种经济形式在促进社会生产效率大幅提高的同时也蕴含着一对显著而深刻的矛盾——社会劳动和私人劳动的矛盾,即在商品经济中,社会分工的存在使得每个生产者只从事某种特定的具体劳动,而整个社会的需求则要靠所有生产者用各种不同的具体劳动所生产的多种多样的产品来满足,因此生产者的劳动具有社会意义,但同一劳动从私有制的角度看,生产什么、生产多少和怎样生产都由每个生产者自主决定,因而又表现出私人意义。社会劳动和私人劳动的矛盾主要体现为私人劳动要求社会承认它具有社会意义并进而转化为社会劳动,能够解决这一矛盾的唯一途径就是交换,即生产者拿着自己的产品与其他生产者的产品相互交换。在交换的过程中,不同形式的具体劳动形成了商品的使用价值,而商品中凝结的无差别的人类劳动形成了商品的价值,人们根据使用价值决定交换的对象,而依据价值决定交换的数量。

在漫长的交换历史进程中,交换所体现的价值形态依次经历了简单的、偶然的价值形态,扩大的价值形态,一般价值形态和货币形态,前两种是物物直接交换,后两种则是有媒介存在的间接交换。伴随着商品交换范围和规模的不断扩大,物物直接交换的局限性日益突出,成为交换发展的桎梏。因为参与物物交换的双方都既是买者又是卖者,买卖成立的前提必须是双方都同时需要对方的商品且能够达成交换价值的认同,例如有人想要用手中的 1 头羊去交换 2 袋粮食,如果粮食的所有者恰好也想交换羊,并且也认同这一交换比例,那么交换自然得以实现,不过如果粮食的所有者并不需要羊,则交换破裂,如果羊的所有者发现粮食的所有者需要的是烟草,而正好有一个烟草的所有者需要羊,那么羊的所有者可以先将烟草换回来,再用烟草交换到粮食,并且参与交换的三方分别就三种物品两两间的交换比例均达成一致。但是,显然易见的问题就是,纵然客观存在着这样一个需求的链条,而要现实地把它一步步解开也要花费极大的精力,更何况在有限的时间和空间范围内,这样的需求链条未必存在。“问题和解决问题的手段同时产生。”① 物物交换的问题主要是参与交换的物品越来越多,交换的行为日益频繁造成的,但其中必然会有某种物品进入交换的次数较之其他物品更多,当这种物品频繁地成为其他物品表现自身价值的材料时,它逐渐具有可以与所有物品直接交换的能力,这时物物交换自然就会让位给通过这种物品作为交易媒介的间接交换,而这个用来表现所有物品价值的媒介被马克思称为一般等价物,相对应的价值形态就是一般价值形态。当一般等价物固定在某一种商品上时,这种商品就成为货币。

依据马克思经济学理论得出结论:货币起源于商品,是商品交换的必然产物。

二、从货币形态的演变看货币

在人类的历史上,迄今为止货币先后经历了实物货币、金属货币、代用货币、信用货币和电子货币五种形态。

(一)实物货币

实物货币是世界上最早的货币。在人类经济史上,许多商品都充当过货币,如羽毛、贝壳、兽皮、布帛等。实物充当货币的特征突出表现为,实物作为非货币用途的价值与其作为货币用途的价值始终是相等的。

通常作为货币的商品应该具有四个基本的特征:(1)易于标准化,便于表现和衡量不同商品和劳务的价值量;(2)易于分割,便于与具有不同价值的商品交换;(3)易于保存,可避免或减少保存期的价值损失;(4)易于携带,便于在更广大的地区使用。此外,高价值性也是实物货币的一个要求,可实现用较少的媒介完成较多的交易目的。显然,金属特别是金、银等贵金属更具有这些特性,因而在货币发展进程中逐步取代其他实物货币成为最终的实物货币。

【拓展阅读】

战俘营里的货币

二战期间,在纳粹的战俘集中营中流通着一种特殊的商品货币:香烟。当时的红十字会设法向战俘营提供了各种人道主义物品,如食物、衣服、香烟等。由于数量有限,这些物品只能根据某种平均主义的原则在战俘之间进行分配,而无法顾及到每个战俘的特定偏好。但是人与人之间的偏好显然是有所不同的,有人喜欢巧克力,有人喜欢奶酪,还有人则可能更想得到一包香烟。因此这种分配显然是缺乏效率的,战俘们有进行交换的需要。

但是即便在战俘营这样一个狭小的范围内,物物交换也显得非常地不方便,因为它要求交易双方恰巧都想要对方的东西,也就是所谓的需求的双重巧合。为了使交换能

① 《马克思恩格斯全集》,第23卷,106页,北京,人民出版社,1972。

够更加顺利地进行,需要有一种充当交易媒介的商品,即货币。那么,在战俘营中,究竟哪一种物品适合做交易媒介呢?许多战俘营都不约而同地选择香烟来扮演这一角色。战俘们用香烟来进行计价和交易,如1根香肠值10根香烟,1件衬衣值80根香烟,替别人洗1件衣服则可以换得2根香烟。有了这样一种记账单位和交易媒介之后,战俘之间的交换就方便多了。

思考问题:为什么香烟能成为战俘营中的货币呢?

(二)金属货币

早期的金属货币是以条块状流通的。因为每笔交易都要称重量、鉴成色,甚至还要进行分割,所以非常不方便,使用成本较高。随着经济的发展,人们希望将金属条块标准化以便于流通,于是开始在金属货币上打上印记,表明其重量和成色。而最具权威性的国家铸造的金属货币具有更好的信用,逐步取代了私人铸造的金属货币。中国使用最早和使用时间最长的铸币是铜币(达2000多年),到了19世纪末20世纪初才开始大量使用银币。而在西方历史中,白银流通占据了较长的时间,中世纪的欧洲国家主要流通的都是银币,而且一直延续到18世纪末19世纪初。之后,伴随着商品经济的进一步发展,人们要求一种单位价值量更大、更加稳定的贵金属来作为货币,黄金于是逐步地取代了白银的地位。图1-1显示了我国古代部分铸币形态。

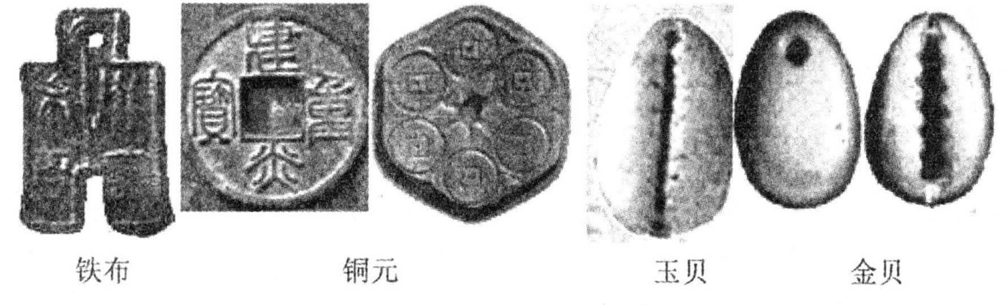

铁布　　铜元　　玉贝　　金贝

图1-1　中国的古代实物货币

(三)代用货币

所谓代用货币,即由政府或银行发行的、代替金属货币流通且承诺可随时兑现为金属货币的一种纸质符号。伴随着商品经济的发展和人们信用意识水平的提高,人们在使用货币进行商品交易时,越来越注重的是货币所代表的价值而非它自身实际的价值。因此,人们为了减少大量使用金属货币进行交易而带来的不便,开始采用纸质的代用货币。由于早期的这些纸币代表了一定量的金属货币,并可以随时与金属货币兑换,其使用比金属货币更为方便,因而逐步被人们广泛接受。其中,银行券是最具代表性的代用货币。

银行券诞生于金属货币流通时代,是由银行签发的融资票据,它是在商业票据流通的基础上产生的,是用以代替商业票据的银行家的票据。银行提供贷款和贴现的资金首先来自于其吸收的存款，但当这些资金不足以满足其资金需求时，银行发现可以通过签发以自己为债务人的票据来筹集资金或直接为商业票据提供贴现使用。由于银行通常比工商企业具有更好的信誉，因此其银行券也比商业票据更为广泛地被人们接受，而不定期的银行券更受欢迎。于是，商业银行纷纷签发自己不定期的银行券。银行券由于具有信用货币的功能，而在流通过程中由商业银行民间发行带来的发行收益归属、发行规模控制、恶性竞争等一系列问题，最终导致这种信用货币发行权向中央银行集中，因此商业银行逐步丧失了银行券的发行权，普通商业银行发行的银行券也就消失了。

(四)信用货币

代用货币与金属货币可以直接兑换，因此币值较为稳定，但是随着商品经济的迅速发展，代用货币的数量却难以跟上经济发展的要求，因为其可兑换性造成了代用货币的发行量要受制于其黄金准备的数量。于是在第一次世界大战的爆发、20世纪30年代世界经济大危机的冲击下，世界各国逐步减弱其发行的纸币与黄金的关联，更有一些国家宣布纸币与黄金脱钩，从而促使这些纸币从代用货币变为信用货币。信用货币的流通依赖于人们对该货币的信心和货币发行的立法保障。当某种货币可能发生大幅度贬值时，人们将拒绝接受该货币。

现实经济中的信用货币包括纸币、辅币(二者统称为通货、现金)、银行存款和其他可以作为支付手段的信用工具。信用货币的出现促使现代经济中的货币摆脱了资源对其数量规模的约束，也使得政府可以有弹性地提供货币。

(五)电子货币

伴随着信息技术的迅猛发展和互联网络在金融领域的应用，在今天的网络时代诞生了一种新的支付工具——电子货币。作为一种新的信用货币形式，电子货币往往集储蓄、信贷、非现金结算等多种功能为一体，具有比现金更简便、安全、快捷等优势，从而得到了广泛的应用。

目前主要的电子货币形式有借记卡、储值卡、电子支票、网络虚拟货币等。借记卡与信用卡类似，都可以用来支付，但借记卡是先存后付，并可取现金，不过卡上无钱就不能用以支付或支取现金；而信用卡又被称为贷记卡，是先支付后还钱，由于信用卡内无现金存入，因此如果通过信用卡在自动柜员机上支取现金，银行就会收取相应的透支利息。储值卡则是预先存有固定数量现金的借记卡，它与电子钱包相结合，可以对卡进行充值，或将资金从一张卡上转移到另一张卡上。电子支票则在互联网上签发支付而不必签发纸质支票。网络虚拟货币是电子货币发展的高级形式，可以直接在互联网上进行支付。电子货币的迅速发展将对传统的货币流通和管理带来挑战，并且对传统的货币理论也形成了很大的冲击。

从上述种种货币形态的更迭，我们可以清晰地看到，一方面每一种新货币形态的出现都是对上一种货币形态局限性的突破，仔细寻找这种形态更迭的内在规律，可以发现降低交易成本的动因和信用制度发展的保证是最关键的两大支撑要素。另一方面,无论货币形态发生怎样的变化,货币本身具有的物质特征与社会特征却是始终存在的。其中,货币的物质特征仍然是四个——易于分割、易于标准化、易于携带、持久耐用;货币的社会特征则包括广泛的社会接受性和预期价值的稳定性。

【拓展阅读】

塑料货币

在当今社会生活中,虽然信用卡和借记卡成为人们日常消费的重要途径,但人类告别纸币的日子却似乎遥遥无期。很多人都曾遭遇过误将纸币随衣物一起清洗而造成纸币损毁的尴尬。因此,塑料货币的面世对于人们来说也许是一个福音。塑料货币也称为有机聚合物货币,由特殊的聚酯塑料化纤材质印刷制造而成。与纸质货币相比,塑料货币材质本身就具有防伪特征,而且更加清洁、耐磨损,也不易浸水损坏,不易因为折叠而产生褶皱,使用寿命大大延长,回收方便。1988 年 1 月 27 日澳大利亚在世界上首次发行了塑料钞票,面值为 10 澳元的建国 200 周年塑料纪念钞。迄今为止,澳大利亚已经全方位地使用了塑料钞票,是世界上仅有的使用整套塑料货币的国家。

据报道,加拿大银行于 2011 年 11 月末也正式发行了一批面值 100 加元的塑料货币(见图 1-2),同时在 2012 年 3 月左右发行面值 50 加元的塑料货币;而面值为 5 加元、10 加元和 20 加元的塑料货币也有望于 2013 年发行,从而逐步代替常用的纸币。加拿大发行的这种高科技塑料货币上有两处透明区域,不仅看上去未来感十足,而且包含了十分先进的防伪技术。较小的一处透明区域位于货币左上方,图案是加拿大的象征——枫叶,周围有磨砂轮廓,在单一光源照射下会显示出标记货币面值的水印。另一处长方形的透明区域位于货币右侧,上方为一个小型金属质感人像,与货币正面印刷的人像图案一致;下方为一幅同样散发金属光泽的建筑图形。如果将货币倾斜一定角度观察,这些图案均会呈现出彩色三维立体效果。此外,这种货币上遍布凸起的油墨点,可以起到很好的防伪效果。货币上的大型人像和所有文字轮廓也均有凸起的效果,人的手指可以轻松识别出货币的图案和面值。其使用寿命预计比纸币长两倍以上,可以减小印刷新币的频率,从而节约财政开支。

注：图中上面的钞票是纸币

图 1-2 加拿大发行 100 加元塑料钞票

中国在 2000 年也发行了面额为 100 元的新世纪纪念钞，这也是我国发行过的唯一塑料货币。

三、从货币的本质看货币

马克思在《政治经济学批判》一书中引用 19 世纪中期美国议员格莱恩顿的一句话——“受恋爱愚弄的人，甚至还没有因钻研货币本质而受愚弄的人多。”可见，研究货币本质问题的复杂艰难。正如西方经济学家萨缪尔森的断言，“在一万个人中，只有一个人懂得货币问题”。的确，关于钱的话题永远是诱人的：纸醉金迷者说，钱让整个地球转动；凡夫俗子们说，钱不是万能的，但没有钱是万万不能的；古代智贤们说，钱是最好的奴仆，但同时却是最坏的主人；愤世嫉俗者说，钱是万恶之源。人类文明发展到今天，货币的本质到底是什么呢？纵观已有的研究，大致可以分为三类说法[①]：

（一）价值货币说

马克思是其中最杰出的代表人物，直到 20 世纪二三十年代，伦敦经济学院的经济学家们仍然坚持着这一观点。这种观点的逻辑推理是这样的：第一，商品的价值取决于人类辛勤的劳动，商品中凝结着人类劳动的汗水，即物化劳动，人类劳动是价值的唯一源泉；至于大学教授们含辛茹苦地教授课程、戏剧家们为百姓献上精彩的演出、家庭主妇们精疲力竭地洗涮锅碗瓢盆，虽然也付出了劳动，可是没有物化为实实在在的东西，所以谈不上创造价值。第二，商品的交换必须以价值为基础进行等价交换，也就是说我们的交换之所以得以进行，是因为彼此交换的物品中所含的汗水的分量差不多，谁也不会认为拿抛出了成吨汗水建设的房子去交换一瓶纯净水这样的交易是公平的。第三，

① 下面的内容主要参考了《钱到底是什么？》一文。

为了避免交换中的麻烦，人们逐步形成了一种可以用来和其他任何商品交换的特殊商品。否则牵 1 头牛想换 10 匹棉布的老农很可能得日复一日地不停逛遍多个集市，才能邂逅一位持 10 匹棉布欲换取 1 头牛的妇人。当这种商品最终固定到金银时，真正概念上的货币就出现了。第四，充当货币的东西当然本身必须有价值，即我们必须为制造币材付出艰苦的劳动。牵牛的老农，以及持布的妇人之所以接受金银货币，是因为我们为制造这么几两几钱金银，从探矿到开采、冶炼、提纯、分割金银所付出的汗水，一点都不比养牛织布逊色，否则从物到币、从币到物的交换就含有不平等交换的危险。从 20 世纪以前较不发达的世界经济来看，这种说法大体上还勉强成立。不过细心的聪明人很容易看出价值货币说的荒唐：坚持货币本身要凝结许多人类劳动的汗水才能成为交换媒介本身就是不可能实现的，货币作为流通和贮藏的媒介，其本身是不参与生产而闲置的。结果我们必然会陷入这样的窘境：我们天涯海角踏遍每一寸荒僻之地去寻找发掘黄金，竟然是为了把它们提炼加工后，放入更为偏僻和壁垒森严的地下窖库中看护起来，还有什么比这种制度更浪费人类血汗的吗？！人类经济越往前发展，这种追逐金银的荒唐和无聊就越甚！所以时至今日，仍然持有这样的货币本质观的经济学家的身体可能要步入 21 世纪，而思想却滞留在 19 世纪，甚至连普通百姓也意识到黄金并不能长久保值。

（二）名目货币说

这种观点的逻辑是这样的：第一，商品在相互交换时，将逐步形成一个基本稳定的比例，例如一幢房子交换 20 头牛、1 头牛交换 10 匹棉布、1 匹棉布交换 3 把锄头等等，物品交换比例的基本稳定是形成货币的前提。第二，国家为便利交换，就发行了法定货币，这种货币是什么做成的，是贝壳、是金银、是纸张根本无所谓，只要物品本来交换比例基本稳定，货币量的多寡不过是影响商品的价格而已。例如只要 1 头牛交换 10 匹棉布不变，那么 1 头牛就等于 10 匹布、等于 20 单位的货币，而在货币量增加一倍以后，1 头牛则等于 10 匹布、等于 40 单位的货币，不过是牛和布用货币表示的价格上升一倍而已，对商品交换没有任何影响。第三，既然如此，货币不过是“观念财富”，货币币材用什么都可以，货币数量的变化也和社会财富（例如房屋、牛、布匹）的变化无关。这种观点就和价值货币说粗野地对立起来了。这种说法当然有其合理内核，至少人类完全没有必要积累那些非工业用途的、饥不能果腹、寒不能蔽体的金银了，甚至某一天人类真的发明了炼金术，也对国际货币体系毫发无损，因为金银本来就不是唯一可以充当货币的媒介。不过同样细心的聪明人还是会发现名目货币说的荒唐：金银作为货币可不是国家法律规定的结果，相反，国家法律不过是顺从了我们在经济交往中的既成事实而已；另外，货币数量的变动也决不意味着仅仅是商品价格的变动，我在一年前以 1 头牛换得了 20 单位的货币，而一年后货币量的翻番使 1 头牛等于 40 单位的货币，我不是凭空就损失了一半财富？这样岂不是每一个持有货币的人都必须急急忙忙将钱花掉，免得通货膨胀这个不请自来的强盗掠夺了我们的财物？

(三)信用货币说

这种说法基本上秉承了从巴师夏到波普尔再到哈耶克的自由主义思想,强调货币是人类合作秩序不断自发扩展的进程。这种观点的逻辑是这样的:第一,摆脱了自给自足的劳动分工是人类文明的基本前提,我们每天醒来,打开电灯,穿上名牌或非名牌的服装,用微波炉做两个鸡蛋,就着袋装的鲜牛奶吃完早餐,在宽阔的公路上骑车或坐车上班这么短短的数个小时,实际上已经极大地分享了分工的成果,而这些你已经视而不见的成果是你不依赖于他人同样以每天八小时的辛劳一生永远也不可能享受到的,你甚至可能独自花上一年的劳动也造不出一枚镀镍的缝衣针来。第二,社会分工就意味着人与人之间的相互依赖和相互信任关系,这是货币产生的根本前提。荒岛上的鲁滨逊是不需要货币的,牛郎织女也只在有余粮剩布时才暂时需要货币。既然社会个体是整个人类文明体系中精巧的一环,那么货币就是保证每一环节完美组合所不可缺少的,只要人类存在分工,货币就会存在下去。第三,人类合作的秩序自古以来就处于不断扩展之中,在分工和交换的早期,人与人之间的相互依赖和信任还很脆弱,所以人们需要像金银之类的东西来充当货币,人与人之间的合作因为金银的不可伪造性才延续和发展起来。随着人类文明的发展,每个人已经不可能脱离社会和他人而存在,社会信用关系已经发展到很高的水平,这时人与人之间的合作和信任已经大大提高,而采用价值货币实在浪费人类劳动,所以货币自然地就过渡到了法定货币,借助国家信用这个最可靠的社会信用形式,金银就退出历史舞台了。说穿了,货币本质上不是物,而是人与人之间的相互信任和依赖,空调彩电可以和几张纸片相交换,是因为我们高度依赖于和信任于他人。当然,极为睿智之士还是会发现信用货币说的缺陷:信用货币虽然代表人类社会信用,可是执行这个信用总需要特殊的群体,就像法律的普遍性和权威性需要具体的法官来体现一样,难道代行国家信用的中央银行就不会像道德沦丧的法官一样用滥发钞票窃取百姓的财富吗?这种危险的现实性已经为过去老百姓承受通货膨胀的苦难所证实。信用货币虽然以国家信用为宿主,可是国家体系间的信用难道没有强弱之分吗?这种残酷的竞争性已经为我们对美元的崇拜以及对发展中国家弱币的抛弃所证实。

信用货币既然是人类社会信用的最高体现,那么比国家信用更可靠的国际信用就不能成为货币的基础吗?这种广阔的可能性也已经为欧元在1999年初的问世所证实。货币本质上的缺陷总是折射出我们人是半神半兽的不完美生物,总是折射出人与人、国与人、国与国错综复杂的经济交往关系。人类始终不会停留在昨天,货币本质也将随着人类合作秩序的扩展不断升华,在遥远的未来,我们的20代子孙持有全球严格统一发行的、无所谓面值的货币智能卡来购物、或做星际旅行也未可知。

四、从货币的职能看货币

货币的职能是货币本质的具体体现。不管充当货币的是实物还是符号,在任何经济社会中,货币都具有价值尺度、流通手段、贮藏手段和支付手段四种职能,其中价值尺度和流通手段是最基本的职能。不过，随着货币对经济运行覆盖面的不断加大、使用频率的日益加快，货币充当流通手段和支付手段的功能渐趋突出，再加之两个功能的发挥在现实中往往交织难分，因此很多经济学家在概括货币职能时往往认定货币有三大功能，即交易媒介、价值尺度和贮藏手段。这里我们仍然按照传统上的四大功能来介绍货币的职能。

（一）价值尺度

与我们用重量单位来度量重量，用长度单位来度量距离一样，人们用货币来度量商品价值，这时货币发挥的就是价值尺度职能，即我们利用货币来计算商品和劳务的价值。货币的价值尺度职能使得商品价格不必用两种具体商品交换的比率来表示，而只需要用货币来标示即可。这就大大地方便了交易，降低了交易成本。为了进一步说明这一功能的重要性，我们可以想象一下没有货币存在的物物交换社会。如果经济中只有 10 种商品，那么为了使它们彼此能够交换，我们必须要知道 45 个价格；如果有 100 种商品，就需要知道 4950 个价格；如果有 n 种商品，则必须应知道 $n(n-1)/2$ 个价格。期间的交易成本可见相当高。而引入货币将很轻松地解决这一问题，因为作为唯一的价值计算单位，货币可以表示所有商品的价格：10 种商品就只有 10 个价格；100 种商品只需 100 个价格；n 种商品也就需要 n 个价格。

货币作为价值尺度需要用一定的货币单位来表示。早期的货币单位通常为贵金属的重量单位，如我国早期金属货币的单位“两”、“钱”等。以后，一些货币单位与重量单位相分离，采用了其他的名称，如我国人民币的“元”、“角”、“分”等。而也有一些货币继续保持了原有的货币单位，但却与货币的重量完全没有关系了，如英镑的“镑”。

货币的价值尺度能表现衡量自身的价值吗？答案是否定的。货币的价值尺度职能能够表现和衡量其他商品与劳务的价值量，但是却不能表现货币自身的价值大小，通常我们使用货币购买力（purchasing power）来体现货币自身的价值。所谓货币购买力，是指单位货币在一定时期内所能购买到的商品和劳务的数量之和。可见，货币购买力的变动趋势与综合物价指数的变动成反比，货币购买力指数则是综合物价指数的倒数。例如，假设一国综合物价指数下降了 20%，那么该国的货币购买力将会提高 25%。货币购买力是现代经济生活中的一个重要经济指标，它体现出一国货币价值的稳定性，也是微观经济主体评价其货币收入、投资收益时应该考虑到的一个重要变量。

【拓展阅读】

人民币的购买力

我国 20 世纪 60 年代初经历了一次较严重的通货膨胀，70 年代末至 90 年代初经历了 4 次较严重的通货膨胀，每次通货膨胀都使货币购买力相应下降。我国 GDP 缩减指数由 1952 年的 100 上涨为 2011 年的 655.9，以此计算的货币购买力指数则由 1952 年的 100 下降为 2011 年的 15.3，显示了货币购买力与通货膨胀率的负相关效应（如图 1－3

所示)。

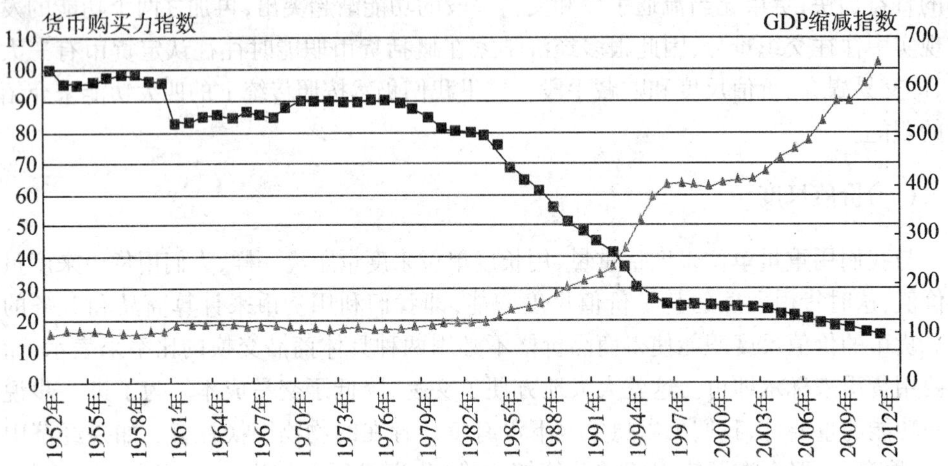

图1-3　1952~2011年中国GDP缩减指数与货币购买力指数变动图(以1952年为100)

资料来源:陈学彬,《金融学》(第三版),第22页。

美国总统的薪金

关于货币购买力问题还可以通过一个现实的例子加以说明。在美国200多年的历史上曾先后5次为总统加薪:1789年开国总统华盛顿的年薪是2.5万美元;到1873年,打赢南北战争的格兰特将军当选总统时,年薪增加为5万美元;36年之后,塔夫脱总统的年薪提高到7.5万美元;1949年,杜鲁门总统的年薪升为10万美元;1969年,尼克松总统的年薪首次达到20万美元。之后一直未改变,直到1999年6月美国才再次提高美国总统的薪金,从而使美国总统小布什的年薪高达40万美元,现任总统奥巴马的年薪仍然是40万美元。从最初的2.5万到现在的40万,表面上看,总统的工资大大增加了,但是美国总统的薪金真的提高了吗?考虑到美国综合物价指数的变化,以美元的货币购买力来衡量的话,1909年塔夫脱总统7.5万美元的购买力相当于现在的135万美元,但尼克松1969年20万美元的购买力也只能相当于今天的93万美元。所以,虽历经5次加薪,但美国总统的实际购买力却大大降低了。

(二)流通手段

货币是商品交易的媒介,执行流通手段职能。作为价值尺度,货币表明商品是否具有价值,价值大小是多少;而作为流通手段,货币则实现这种价值。货币作为交易媒介将人们从物物交易的束缚中解脱出来,允许买卖行为相分离,商品的交易不再需要寻求交易双方所要求的品种、质量、数量以及时间和地点的一致。人们出售商品时只需要接受货币,人们购买商品时只需要支付货币即可。货币成为交易媒介,大大地提高了交易效率,降低了交易成本。

由于货币具有流通手段职能，在商品——货币——商品的间接交换过程中，人们发现货币本身足不足值，甚至有没有价值并不是最重要的，关键是货币能否帮助商品实现交换，因此货币形态得以从最初的商品货币逐步过渡到纸质的符号，从而在大大节约交易成本的同时，促使货币数量不再受制于金属资源储量和产量的限制，为现代经济的迅速发展提供了货币规模支撑。当然，由于流通手段职能的存在，也造成流通中孕育着很大的风险。

货币具有的流通手段职能提高了人们交换的速度和频率，使生活在市场经济中的人们再也无法离开货币。那么，一个社会在一定时期内会需要多少货币呢？答案很简单，一定时期内整个社会有多少商品需要交换就需要多少货币，货币是依附于商品而存在的，不过货币和商品有一点非常不同——货币不像商品经过一次交换就退出流通领域、进入消费阶段，而是反复参与交换、在不同的交易者手中辗转流动。比如，你今天用10元钱买了一本书，这10元钱会随着你买的书而退出流通吗？不，卖给你书的人又会使用这10元钱去购买其他的东西，这样来看，10元钱的作用绝不止帮助价值10元钱的书完成交换，而一定会是几倍于10元的商品价值量。我们把单位货币在一定时期内完成的交换次数称之为货币流通速度。所以，在考虑到货币流通速度之后，我们会得到这样的结论：一个社会一定时期内需要的货币数量比同一时期的商品数量要少得多，两者之间的关系取决于货币流通速度的变化；如果货币流通速度加快，在商品数量不变的前提下，货币的数量应该减少；反之，如果货币流通速度减缓，则在商品数量不变的前提下，货币的数量应该增加。

(三)贮藏手段

货币的第三种职能是充当贮藏手段，即储存未来的购买力，是一种超越时间的购买力的贮藏。利用货币的价值贮藏职能，我们可以将自己取得收入的时间和花费收入的时间分离开来，更进一步地说，就是货币价值贮藏职能的发挥，在买卖不必同步的前提下，给人类提供了超越时间对付未来经济不确定性的办法，同时推动了社会资本的积累和资本的重新配置。所以，货币的贮藏手段职能对于资本主义经济的发展起到了巨大的推动作用，许多西方学者都从这一职能角度定义货币。例如，弗里德曼指出“货币就是购买力的暂时栖息所”；凯恩斯说“货币只是一种价值贮藏手段，是消费和投资的一种替代品，是一种因对将来的恐惧而牺牲目前利益的灵巧工具，货币的重要性来自它是现在与将来之间的联系这一事实”。

不过，能够充当价值贮藏手段的资产不仅有货币，还有股票、债券等金融资产和房地产、耐用消费品等。这些资产不仅能够储藏价值，而且能够给投资者带来收益，但持有货币，特别是持有现金，却不能够给持有者带来收益，那为什么人们还会偏爱持有一定量的货币呢？这是因为货币，特别是现金具有完全的流动性，而其他资产的流动性则相对较差。为了避免或降低缺乏流动性时可能带来的损失，在自己的财富中人们总会持有一定量的货币。因此，从贮藏财富价值的角度看，货币又是一种最具流动性的资产，人们将根据自己的偏好在流动性和收益性之间进行相应的资产选择。

当然，作为贮藏手段的货币价值会受到通货膨胀的影响。通货膨胀将使货币的购买力下降，从而使其价值贮藏能力下降，于是在通胀时期，尽管货币仍然是流动性最强的资产，但人们会抛出货币而转向其他价值相对上升的资产来保有自己的财富。

（四）支付手段

货币的贮藏手段职能启发我们，货币可以代表社会的财富，并且可以脱离商品而独立运动，于是我们今天能够看到许多专门经营货币的机构和场所，例如银行、证券公司等。当货币不依赖于商品的流转而独立运动时，我们称此时的货币发挥了"支付手段"职能。现实生活中，许多场合都是货币的支付手段职能在起作用，例如领取工资、得到或支付利息、交纳租金与税金等。

货币的支付手段职能的出现大大提高了商品经济的发展水平，因为它促进了信用的发展。信用是一种借贷行为，它是以有偿和计息为条件的经济活动，能够推动经济水平的不断提高。当货币出现以后，货币所具有的支付手段职能直接促使信用行为主要集中在货币身上，因为货币在经济活动过程中的广泛存在使信用得到了极大的扩展和普及，同时单一的货币作为借贷的对象也能够便于形成较为稳定的债权债务的约束规则，从而规范社会的信用行为。由此，经济学中产生了一个新的范畴——金融，反映了货币与信用相互紧密联系在一起、彼此渗透不可分解的经济现象，当然，金融范畴的形成并不意味着货币与信用这两个范畴的消失。

因为货币具备了支付手段职能，所以人们才得以享受"聚沙成塔"和"借鸡生蛋"的好处。所谓"聚沙成塔"是指人们可以将货币存入银行或出借于他人从而获取利息，积少成多最终得到更多的财富；所谓"借鸡生蛋"是指在自己本金不足的情况下，可以通过借入他人暂时闲置的资金来进行投资，只要在所得利润当中拿出一小部分以利息的形式偿还资金的所有人，就可以实现最终的投资目标，赚取可观的收益。在现代经济社会中，这两种积累财富的方式都已经十分普遍了。

现实经济运行中的货币往往交替发挥流通手段和支付手段两种职能，所以被统称为流通中的货币，并且由于很难在数量上将执行两种职能的货币加以细分，因此许多教科书上通常不再区分这两种职能，进而统称为货币的交易媒介职能。

五、从货币层次的划分看货币

（一）货币层次的划分

从货币的层次看货币是对现实货币数量进行计量的客观要求，是货币的实证（经验）定义。它侧重于货币与国民收入的相关关系，界定为可由央行加以控制，并与国民收入有较强关系的流动资产的集合。由于货币在金融和经济中的重要作用，对货币数量的宏观统计也就具有非常重要的意义。目前，在国内外的货币供应量的统计中，基本都是根据资产的流动性来划分货币层次的。所谓资产的流动性是指在资产本来价值不受损失的前提下，将资产迅速转化为现实购买力的能力。于是，依据流动性的大小，各国央行以及国际货币基金组织都大体将货币供应量划分为三个层次，即 M_0、M_1 和 M_2，俗称为货币供应量家族的“三兄弟”（参见图 1－4）。

图 1－4　货币供应量家族的“三兄弟”

资料来源：中国人民银行，《金融知识国民读本》，第 24 页。

M_0 又叫“现钞”，是指流通于银行体系以外的现钞，也就是居民和企业手中的现钞，其流动性最强、最具购买力。M_1 又被称为“狭义货币”，由流通于银行体系以外的现钞（M_0）和银行的活期存款构成，其中活期存款由于随时可以变现（提取），所以流动性和购买力不亚于现钞，M_1 代表了一国中的现实购买力，因此对社会经济生活有着最广泛和最直接的影响。许多国家都把 M_1 作为调控货币供应量的主要对象。M_2 则是“广义货币”，由流通于银行体系之外的现钞加上活期存款（M_1），再加上定期存款、储蓄存款等构成。定期存款、储蓄存款等不能直接变现，所以不能立即变成现实的购买力，但经过一定的时间和手续后，也能够转变为购买力，因此又被叫做“准货币”。由于 M_2 对研究货币流通的整体状况有着重要意义，近年来，很多国家都把货币供应量的调控目标转向 M_2。

根据中国人民银行编著的《金融知识国民读本》中的描述，我国目前货币划分的口径是：

M_0 = 流通中现金

M_1 = M_0 + 活期存款

M_2 = M_1 + 准货币（定期存款 + 居民储蓄存款 + 其他存款）

当然，各国对各层次货币供应量的定义并不一致。例如美国现行的货币供给各个层次的定义为（已加以简化）：

M_1 = 流通中现金 + 支票账户存款 + 旅行支票

M_2 = M_1 + 小额定期存款 + 储蓄存款 + 货币市场存款账户 + 货币市场基金份额（非

机构所有) + 隔日回购协议 + 隔日欧洲美元

$M_3 = M_2$ + 大额定期存款 + 货币市场基金份额(机构所有) + 定期回购协议 + 定期欧洲美元

$L = M_3$ + 短期财政部证券 + 商业票据 + 储蓄债券 + 银行承兑票据

货币量的统计是一种存量,即在某一时刻流通中的货币数量,比如年度、季度和月度的货币供应量,实际上是指的该年度、季度和月度最后一天流通中的货币数量。货币层次的划分有利于中央银行进行宏观经济运行监测和货币政策操作,特别是央行如果以货币供应量作为货币政策的中介目标,则必须要明确到底控制哪一层次的货币以及这一层次货币与其他层次的界限何在,显然没有明确划分的货币层次,货币政策就成为空谈。当然,金融创新会改变一些金融工具的流动性,从而可能突破原有货币层次的界限,使得货币的划分变得模糊起来,以致各国货币统计口径过一段时期就不得不进行调整。

(二)货币结构

三个层次的货币量之比形成货币结构。货币结构通常又叫货币的流动性结构、货币供给的流动效率,即流动性较高的货币与包含着流动性较低的货币的余额之间的比率。由于三个层次的货币量具有不同的流动性,货币结构反映了货币的流动性差异,因而也被称为货币的流动性结构。通常考察 M_0、M_1 与 M_2 的比率:M_0/M_2 与 M_1/M_2。这两个比率越高,表明货币的流动性越强,反之则较弱。由于货币的特殊作用,货币总量的变化和货币结构的变化都将对国民经济的运行产生重要的影响。

图 1-5 对我国 1993~2009 年间的 M_1/M_2 做了简单的回顾。从图中可以清楚地看到,我国自 1995 年以来货币流通结构的变化基本稳定,变化幅度不是很大。但也发现,在 1998 年和 2008 年因为分别受到亚洲金融危机和美国金融危机的影响,货币流通结构较之前一年出现明显下降,而之后在国家宏观调控政策的作用下,伴随着经济的好转,M_1/M_2 又出现一定程度的回升。这种变化符合经济基本规律。

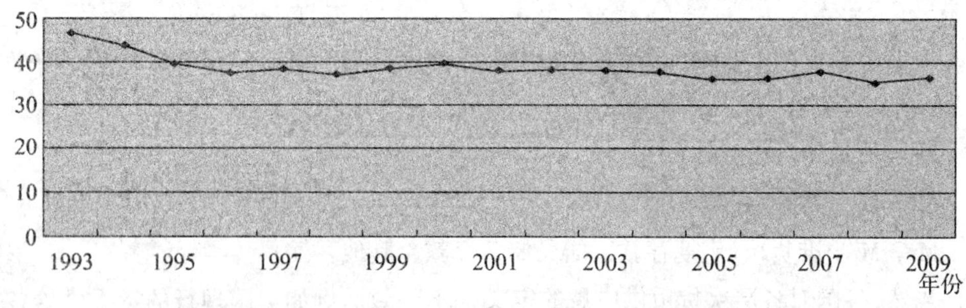

图 1-5 我国 1993~2009 年间的 M_1/M_2 变化图

六、经济学中货币的一般性定义

综上所述，经济学中的货币其实就是在商品或劳务的支付中以及在债务的偿还中被普遍接受的任何东西，是最基本、最重要的一种金融资产。然而，现实中在牢记这个定义的时候，还必须澄清几个密切相关的概念：第一，通货（currency），它是流通中的现金，包括现钞和硬币，显然它是货币的一种，而且大多数人在言及货币时，说的就是通货，但如果把货币仅仅定义为通货，对于经济学而言就过于狭窄了，像支票在购买付款时也是被接受的，像银行卡等电子货币也可以在有计算机终端的地方直接发挥货币功能，所以我们常常需要一个范围更广泛的货币定义，并不存在一个单一而且精确的货币的定义；第二，货币一词经常被用作财富（wealth）的同义词，如果说将通货定义为货币过于狭窄了，那么将财富定义为货币又太宽泛了，因为财富不仅包括货币，而且还包括债券、股票、艺术品、土地房屋、家具、汽车等各类资产；第三，收入（income），收入是某一单位时间内收益的流量，而货币则是一个存量，即某一时点上的一个确定的金额。

第二节 货币制度

货币制度（Monetary System）是一个国家以法律形式确定的该国的货币体系和货币流通的结构及组织形式，简称“币制”。货币制度的确定，保障了本国货币制造与流动的正常、合法程序，并使货币流通的各种构成因素结合而成统一的系统。货币形式的不断演变、货币职能的有效发挥都与货币制度关系紧密，特别是在今天的信用货币时代，没有完善的货币制度的法律保障，正常的货币流通秩序将难以保证。

一、货币制度的构成要素

货币制度的一些要素在前资本主义社会就陆续产生了，但是作为一种系统、完整的货币制度，还是在资本主义建立政权及其经济制度产生之后才形成的，因为资本主义经济制度的核心是建立统一的市场，这必然需要一个统一、稳定和规范的货币流通制度作基础。于是，为了改变当时货币流通的紊乱状况，各国政府先后以法令或条例的形式对货币流通做出了各种规定，从而形成了资本主义的货币制度。货币制度一般由以下四个要素构成：

（一）规定货币币材

即规定哪一种金属作为货币材料。在金属货币流通时代，确定货币金属是整个货币制度的基础，不同的金属充当货币材料，就构成了不同的货币本位。白银与黄金都曾先后被广泛地确定为货币金属。

(二)确定货币单位

随着货币金属的确定,还要规定货币单位名称及货币金属的含量,如英国的货币单位为"镑"(Pound Sterling,缩写为 £ 或 Stg),1816 年的《金币本位法案》规定,1 英镑含成色为 11/12 的黄金 123.27447 格令(合 7.97 克);又如美国的货币单位为"元"(Dollar,缩写为 US $),根据 1934 年 1 月的法令规定,1 美元的含金量为 0.888671 克。中国在 1914 年的"国币条例"中规定货币单位名称为"圆",每圆含纯银库平 6 钱 4 分 8 厘(合 23.977 克),新中国建立以后,我国规定货币单位的名称为"元",法定货币名称为人民币(Renminbi Yuan,简写 RMB ¥)。

货币单位又被称为价格标准,是货币标示商品价格的基准。金属货币流通时期,货币单位主要是确定货币所含金属的重量和成色。而在今天不兑现的货币流通时期,货币单位除了确定货币的名称之外,还隐含着对本国货币对内和对外价值的确定。

(三)各种通货的铸造、发行及流通

由于经济运行的多边性和复杂性,在各种商品、劳务的支付和债务的清偿中,价值往往大小不一,因此一个国家的通货不可能为一种,通常包括主币(即本位币)、辅币和以银行券为主的纸币,它们各有不同的铸造、发行和流通程序。

1.本位币的铸造、发行与流通

本位币(Standard Money)是一国法定的、基本的计价通货。在金属货币流通条件下,本位币是按照国家规定的金属、单位货币的名称和重量铸造的货币。由于它是一国货币制度法定作为价格标准的基本货币,因此它必须是足值的铸币,可以自由铸造和熔化,且具有无限法偿的效力,即法律上规定,无论在何种情况下,也无论支付的金额大小,作为交易的收款方都不得拒收。在不兑现的货币制度下,货币当局则要尽力保证本位币所代表的价值是稳定的。

2.辅币的铸造、发行与流通

辅币(Fractional Money)是本位币以下的小额货币,专供零星支付使用。辅币的特点是,由于面额较小且使用频繁,因此多用贱金属铸造,其实际价值低于名义价值,是不足值的铸币;辅币可以与本位币按照法律规定的固定比例自由兑换,其铸造权由国家垄断,铸造收入归国家所有,数量有限且只具有有限的法偿效力,即在每一次支付行为中使用辅币的数量受限,对于超过限额的部分,收款人可以拒绝接受。例如美国规定,10 分以上的银辅币每次支付限额为 10 美元。不过,向国家纳税或向银行兑换时,辅币的数量不受限制。

3.银行券的发行与流通

金属货币在实际流通中总会有易磨损、携带不便等缺点,使得交易中的成本有所上升,再加上金属储量和产量对经济发展所需货币量的制约问题,所以即使在金属货币制度下,流通中的货币除了铸币之外,还有银行券、纸币或其他形式的信用货币。

银行券是一种银行发行的以自己为债务人的信用货币，产生于货币的支付手段职能。最初由商业银行分散发行，19 世纪以后各国才集中统一由中央银行发行。当代世界各国实际流通的本位货币都是不兑现的信用货币或是作为价值符号的纸币，银行券和纸币已基本成为同一概念。因为一方面各国银行券已经不再兑现金属货币，另一方面各国的纸币已经完全通过银行的信贷程序发放出去。现代社会中，中央银行发行的银行券或纸币是以国家信用作保证的法定支付手段。因此，它必须由法律加以限制和保护。除了法定发行单位以外的任何单位和个人制造和发行的货币都是非法的，必须加以取缔和惩罚。

(四)建立发行准备制度

为了稳定货币，各国货币制度中都包含有发行准备制度的内容。在实行金本位制的条件下，国家集中黄金准备于中央银行或国库，主要有三方面的用途：(1)充当国际支付的准备金；(2)充当国内金属货币流通的准备金；(3)充当支付存款和兑换银行券的准备金。当今世界各国均实行不兑现的信用货币流通制度，黄金准备的后两项作用已失去存在的意义，但是作为国际支付准备金的作用得以保留下来，并且在稳定货币流通、平衡国际收支方面的意义仍然十分重要。

二、货币制度类型的演变

货币制度最早是伴随着国家统一铸造货币而产生的，根据货币制度存在的具体形式，可分为金属货币制度和不兑现的信用货币制度两大类。金属货币制度又可以分为单本位制(Single Standard)和复本位制(Bimetallic Standard)。不兑现的信用货币制度也被称做“不兑现的纸币流通制度”。在货币制度发展的历史过程中，先后经历了银本位、金银复本位、金本位(金铸币本位、金块本位、金汇兑本位)和不兑现的信用货币几种形式(参见图 1－6)。下面我们就按照历史演进的顺序逐一简要介绍这些货币制度的基本内容和主要特点。

(一)银本位制

银本位制(Silver Standard)是以白银作为本位币的一种金属货币制度。银本位制又分为银两本位和银币本位，前者以白银的重量单位——两作为价格标准，实行银块流通，后者则以一定重量和成色的白银铸成一定形状的铸币进行流通。在银本位制下，银币是基本的计价货币，可以自由铸造和熔化，并且可以自由输出入国境，具有无限法偿能力。由于在这种货币制度下仅以白银作为本位币，故也被称做“银单本位制”。

银本位制是最早实行的货币制度之一，而且持续时间也比较长。在纪元前及纪元初期，许多欧洲国家都曾流通过银币。到了中世纪，由于当时欧洲的产金量很少，但却是世界主要的白银产地，白银的年产量大大超过了黄金，因此许多国家实行银本位制，这也是符合当时欧洲商品经济发展水平和欧洲贵金属生产情况的。16～19 世纪，银本

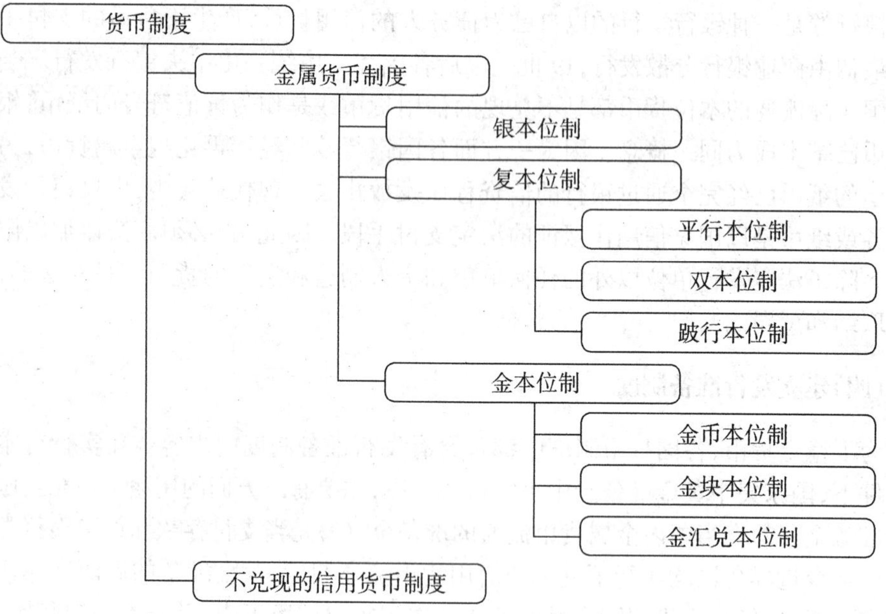

图 1-6　货币制度的类型

位制在世界许多国家盛行。不过，伴随着美洲金、银矿的发现和由此带来的金、银产量的大增，金银比价中的银价不断降低。例如，金银比价在 1519 年为 1:11.3，1556 年至 1608 年之间上升到 1:12.2，1609 年至 1642 年之间进一步升至 1:13.3，1647 年至 1650 年之间则为 1:15.45。商品经济的发展，要求一种单位价值量更大、更加稳定的贵金属作货币，于是黄金逐步取代了白银的地位。到 19 世纪，欧洲各国相继实行金银复本位制，以后又过渡到金本位制。但在 20 世纪初有一些经济落后的国家如中国、印度等国仍然实行银本位制。

白银作为本位币进行流通，最大的缺点就是白银价格起伏不定，主要原因在于银的矿藏分布较多，开采成本较低。随着技术的改革，其产量变动很大，形成了对货币流通的冲击，进而影响到一国经济的发展，加之银币体大值小，不适合巨额支付，从而导致这种货币制度最终被各国放弃。

(二)复本位制

如果一国以法律规定两种金属货币同为本位币，均可自由铸造和熔化，自由输出入，都具有无限法偿能力，则这种货币制度就是复本位制(Bimetallic Standard)。在历史上出现的复本位制绝大多数都是以金币和银币为本位币，所以又称为金银复本位制。

金银复本位制是资本主义发展初期最典型的货币制度。主张复本位制的人认为，这种货币制度除了能使本位货币金属有更充足的来源外，复本位的货币价值比单一实行金本位或银本位更加稳定些，因为复本位制下货币是以两种金属价值为基础的，金、银价值波动会使之平均化。但事实上，复本位制是一种非常不稳定的货币制度。

在金银同为本位货币的情况下，一开始国家遵循市场规律，让金币和银币按照各自的实际价值流通，即金币和银币的兑换比率完全由相对应的生金和生银的市场比价决定，国家并不规定两种铸币间的法定比价，这就是平行本位制。但是，由于生金和生银的市场比价经常变动，这造成了两种不同本位铸币表示的商品价格也随之不断变化，货币作为价值尺度这一最基本职能所要求的货币本身价值的稳定性遭到破坏，结果必然造成价格体系的紊乱。于是，为了克服这一缺点，国家又以法律形式规定了金币和银币之间的比价，从而促使两种铸币间的比率与其市场比价脱离，这就是双本位制。但是，这种用法律规定金银比价的做法，与价值规律的自发作用相矛盾，套利行为导致货币流通出现了“劣币驱逐良币”的现象。

“劣币驱逐良币”一语出自16世纪英国政治家与理财家汤姆斯·格雷欣给英国女王的改铸铸币的建议书中，后来被英国经济学家麦克劳德在其著作《经济学纲要》中加以引用，并命名为“格雷欣法则”。所谓“劣币驱逐良币”规律，是指在双本位制中，当两种金属铸币的法定比价与其市场价格不一致时，市场价格高于法定比价的金属货币（即“良币”）在流通中的数量会逐渐减少，而市场价格低于法定比价的金属货币（即“劣币”）在流通中的数量会不断增加，这意味着法律评价过高的“劣币”将法律评价过低的“良币”“驱逐”出流通领域。

由此可见，复本位制下金币与银币并不能并行流通，而是在某一时期通行金本位，另一时期通行银本位，最终只剩下一种货币流通，形成名义上是复本位制，但事实上是单本位制的结果。美国货币史曾记录过“劣币驱逐良币”规律的现实表现。美国于1791年建立金银复本位制，它以美元作为货币单位，规定金币和银币的比价为1:15，但当时法国等几个实行复本位制的国家规定金银的比价1:15.5。也就是说，在美国金对银的法定比价低于国际市场的比价。这样，人们可以在美国取得1盎司黄金，把它输送到法国去换取15.5盎司的白银，然后又将15.5盎司的白银运回美国，在美国购买1盎司黄金，剩下半盎司的白银，除了弥补运输费用以外，还可以得到一笔利润。于是黄金很快就在美国的流通界消失了，金银复本位制实际上变成了银本位制。1834年，美国重建复本位制，金银的法定比价重新定位为1:16，而当时法国和其他实行复本位制的国家规定的金银比价仍然是1:15.5，这时就出现了相反的情况：由于美国银对金的法定比价定得比国际市场低，因此金币充斥美国市场，银币却被驱逐出流通领域，金银复本位制实际上又变为了金本位制。

在今天不兑现的信用货币制度下，各国货币都只是价值符号，而以本国或本地区经济实力为支撑的各种货币在人们心目中所代表的价值也不尽相同，此时强势经济支持的良币将会逐渐取代弱势经济下的劣币，成为流通中的主要货币，表现出良币驱逐劣币的现象，例如欧元的诞生和美元化现象的出现。

在金银复本位制向金本位制过渡的时候，世界上还曾出现过一种“跛行本位制”，即法律上仍然规定金币和银币都是本位币，两者之间也有兑换比率，但金币可以自由铸造，而银币却不能自由铸造。由于银币实行限制铸造，但金银币之间却固定兑换比价，于是银币的实际价值必然与其名义价值无法保持一致，事实上此时的银币起到的是辅币的作用。所以，跛行本位制已经不是典型的复本位制了。

(三)金本位制

金本位制(Gold Standard)又称为金单本位制，是以黄金作为本位币的一种货币制度，从具体的形式看，可分为金铸币本位(Gold Specie Standard)、金块本位(Gold Bullion Standard)和金汇兑本位(Gold Exchange Standard)三种不同的形态。其中，金铸币本位是最典型的金本位制。

1.金铸币本位制

金铸币本位制简称金币本位制。1816年，英国政府率先颁布法令，正式采用金币本位制，到19世纪末，美国和其他资本主义国家相继实行了金币本位制。金币本位制的特点是，金币作为本位币，可以自由铸造和熔化，辅币和银行券可以自由兑换为金币，黄金可以自由地输出入国境。这种货币制度之所以能够广泛确立，主要是人们普遍认为只有货币和黄金的稳定联系才能使价格水平稳定，因为黄金的贮藏手段功能可以自动调节流通中的货币量以适应商品生产与交换的需要，并且银行券可以自由地按票面金额兑换成黄金的规定促使价值符号在代表一定数量黄金流通的同时，也能避免通货膨胀出现，逐步建立起人们对证券的信心，更为重要的是黄金可以在国际间自由输出和输入的规则保证了各国货币汇率的相对稳定。

金币本位制得以存在的前提可以简单地概括为自由兑换、自由铸造和自由输出入，三者缺一不可。它们使得金币本位制在实践中表现出很大的优点，但也同时表现出金币本位制的致命缺陷，特别是黄金自由输出入这条原则，使人们对一国能否拥有足够的黄金储量来维持金本位发生怀疑。在现实世界中，随着资本主义经济的发展，资本主义国家之间发展不平衡的矛盾日益加剧，全球黄金的分配越来越集中于少数发达国家手中，到1913年末，美、英、法、德、俄五国占有了世界黄金存量的2/3，从而削弱了其他国家金币流通的基础，进而影响到银行券等价值符号与金币自由兑换的基础。同时，为了保证国内有限的黄金准备，一些国家从本国利益出发，开始限制贸易往来，特别是黄金的输出和输入，直接影响到黄金在国际间的流通。随后，一次世界大战爆发，战争结束后，由于金币本位制的基础已经十分薄弱，许多国家放弃了金币本位制，取而代之的是实行金块本位制和金汇兑本位制①。

2.金块本位制

金块本位制，又被称为"生金本位制"、"富人本位制"，它在名义上仍然为金币本位制，也对货币规定含金量，但与金币本位制的最大区别是国内不铸造金币也不流通金币，只发行和流通代表一定金量的银行券，而且黄金只是在有限的范围内才允许兑换，即人们手中只有达到一定数量要求的银行券，才能按照货币的含金量来兑换金块，这个

---

① 但是，美国除外，它是当时唯一恢复实行金币本位制的国家。

数量往往规定得很高，使小额的货币量根本不能兑换。例如，法国在1928年的《货币法》中规定，法郎的含金量为0.065克纯金，但至少须21.5万法郎才能兑换黄金。显然，这样的规定可使流通中的金量得以缩减，节约黄金的使用。

金块本位制实行的条件是保持国际收支平衡和拥有大量的黄金准备以用于平衡国际收支。所以，一旦国际收支失衡，大量的黄金外流或国家的黄金储备难以支撑时，金块本位制就不可能继续维持。于是，1930年以后，许多国家如英、法、比利时、荷兰等，在经济大危机的冲击下，先后放弃了这一货币制度。

3.金汇兑本位制

金汇兑本位制又称“虚金本位制”，这种货币制度的特点是，国家不铸造金币，流通领域没有任何金币流通，只有银行券在流通。虽然货币仍有含金量的规定，但银行券并不能直接兑换到黄金，无论数量有多大，不过本国银行券可以兑换外汇，然后再通过外汇兑换到黄金。所以，实行金汇兑本位制的国家要将本国货币与某一个实行金币本位制或金块本位制国家的货币保持一定的固定比价，并将黄金、外汇存放在这个国家作为外汇基金，从而通过市场买卖来维持固定比例。金汇兑本位制的优点之一是，实行这种制度的国家，其货币准备金可以不是黄金，而是外币债权，这种债权往往是以外国有价证券或银行存款方式持有的，能够获得一定的利息收入。但该国同时也会承担一定的风险，如果持有外币的国家，放弃金本位或者实行货币的贬值，即减少单位货币的含金量，或者出于某种原因拒绝用其货币兑换黄金，那么实行金汇兑制的国家就可能会经济受损和货币运行混乱。实行金汇兑本位制的国家大多数是一些小国，并且经济和政治上往往依附于与之挂钩的国家。可见，金汇兑本位制实际上是一种附庸的货币制度。

第二次世界大战以后，在国际领域建立的布雷顿森林货币体系也是金汇兑本位制的一种体现。这种制度是在战后美国拥有世界黄金大部分储量，并且经济上属于支配地位的背景下建立的。它的安排是美国实行一种条件更为苛刻的金块本位，即国内不流通金币，也不允许居民兑换与持有黄金，只是允许持有美元债权的外国政府按重新规定的美元含金量来兑换黄金。各国本币与美元挂钩、美元与黄金挂钩，美元居于一种等价于黄金的关键地位。所以，这种制度又称为以美元为中心的国际货币制度。这种制度在1948～1971年间只运行了20多年，虽然对国际经济的有效交往起到过广泛的影响，但由于内在的缺陷，最后崩溃了。

从上述的一些分析中，我们可以看出金本位货币制度的双重矛盾作用：一方面作为货币制度的基础，会使人们树立起信心，另一方面正是由于货币的发行受制于黄金，也就是受制于黄金的流出、流入和黄金的自然开采，因此这种货币制度不能满足商品生产与交换的不断扩大的需要。这种双重矛盾正是金本位制衰落的最根本原因。而金块本位制和金汇兑本位制都是一种残缺不全的本位制，实行的时间都不长，很快就在1929～1933年的大危机冲击下崩溃了。从此，世界上绝大多数国家的货币都不再与贵重金属相联系，人类进入到纯信用货币时代。

（四）不兑现的信用货币制度

目前各国实行的均是不兑现的信用货币制度，也称为信用本位制，或称为管理纸币本位。如前所述，这种货币制度的广泛实行是20世纪30年代经济危机和货币危机的结果之一，其主要特征是货币不再与黄金挂钩，既不规定含金量，也不能兑换黄金；货币发行不再需要黄金准备，而是银行体系通过信用程序投入到流通领域，主要形式是不兑现的银行券和银行存款。当然，在目前的货币制度下，各国一般仍然会保持一定的黄金储备，主要作为国际间的一般支付手段的准备。信用本位制是一种管理货币制度，由于货币的发行流通已经摆脱资源的束缚，可以满足任何经济发展规模的要求，因此需要一国的中央银行或货币管理当局运用各种政策手段调节货币供应量，以保持货币对内和对外价值的稳定性。

在信用本位制度下，一国的货币供应量主要取决于一国政府对经济发展或其他因素的判断而制定的货币政策。尽管一些国家货币发行的权力独立于政府，但实际上，各国的货币发行都要或多或少地受制于政府。由于在这种发行制度下，货币创造过程轻而易举、成本费用微不足道，并且受政府不同程度的控制，因此这种制度自实行之日起，就存在着不同的争论。一些人表示担心，害怕政府会滥用发行货币的职能，造成通货膨胀，指出只有使货币能兑换为黄金，才能从物质保证上限制政府的草率行为；但赞同信用本位制的人则认为，在当今的经济社会中，货币供应量的变化对经济的影响十分广泛，作用很大。通过改变货币供应量，来使经济达到政府预定的经济目标，已成为政府经济政策不可缺少的组成部分。而在金本位制下，那种认为黄金自动调节货币流通并保持货币稳定的功能早已成为过时的观念，不适合于目前已经高度专业化与整体化的经济社会。许多著名的经济学家不仅从理论上论证了与黄金相联系的货币制度的不合理性，而且也从感情上表达了对这种制度的愤慨。凯恩斯早在20世纪20年代就把金本位看成是“野蛮的痕迹”；而著名的美国经济学家特里芬教授则认为，把天涯海角的黄金从地里挖出来，仅仅是为了立即运送并把它重新埋在别的深洞里，这是对人力资源的愚蠢的浪费。

20世纪中后期，依托于互联网络的迅猛发展，人们越来越习惯于使用电子货币。与现钞转手、传统的账面存款划转相比，电子货币具有更方便、更准确、更节约、更安全的优点，因此受到了越来越多人的认可，而电子货币恰恰反映了现代信用货币形式的发展方向，体现出现代市场经济高度发达和银行转账清算技术不断进化的趋势。

三、我国的人民币制度

（一）人民币制度的主要内容

我国货币制度是人民币制度。1948年12月1日中国人民银行正式成立，同时发行了人民币，并迅速收兑了旧经济制度下的法币、金圆券、银元券，同时通过收兑原解放区自行发行的货币而统一了全国的货币市场，形成了新中国货币制度。今天，经过改革开放 30 多年的发展，我国在国际经济、政治、社会文化等各个领域都取得了令人瞩目的巨大进步，人民币正逐步成为国际上的一种重要货币，了解人民币制度的主要内容是每个中国公民的基本义务。

首先，人民币是我国唯一的合法通货。人民币是由中国人民银行发行的信用货币，是我国的无限法偿货币，没有法定含金量，也不能自由兑换黄金。人民币的单位为"元"，元是本位币，辅币的名称是"角"和"分"。人民币以"￥"作为符号。

其次，中国人民银行是货币发行的唯一机关，并集中管理货币发行基金。中国人民银行根据经济发展的需要，在由国务院批准的额度内，组织年度的货币发行和货币回笼。人民币的发行是根据商品生产的发展和流通的扩大对货币的需要而发行的，这种发行有商品物资作基础，可以稳定币值，这是人民币发行的首要保证。除此之外，人民币的发行还有政府债券、商业票据、银行票据等大量的信用保证，黄金、外汇储备也是人民币发行的一种保证。

最后，人民币实行有管理的货币制度。目前，人民币汇率实行以市场供求为基础的、单一的、有管理的浮动汇率制度。我国于 1980 年 4 月 17 日恢复了国际货币基金组织席位，依据《国际货币基金协定》第 14 条款的过渡性安排，保留了一些汇兑限制；1994 年以来更加快了外汇管理体制改革的步伐，如实行汇率并轨、银行结售汇、取消外汇计划审批等，实现了人民币经常项目下有条件的可兑换①；从 1996 年 7 月 1 日起，对外商投资企业实行银行结汇和售汇，取消对其经常项目用汇的限制，同时根据实际情况提高了居民个人用汇供汇标准，扩大了供汇范围，这样在 1996 年底以前实现了人民币经常项目的可兑换，在国家统一规定的国内外汇市场可买卖外汇。

（二）"一国两制"下香港的货币制度

1997 年 7 月 1 日，我国政府恢复对香港行使主权，香港特别行政区成立。我国的货币制度改为实行一个主权国家两种社会制度下的两种货币、两种货币制度并存的货币制度。在内地仍然继续实行人民币制度，在香港实行独立的港币制度，在货币发行、流通与管理等方面分别自成体系，人民币和港币分别作为内地和香港的法定货币在两地流通。

根据《中华人民共和国香港特别行政区基本法》的规定，港元为香港的法定货币。中国银行、汇丰银行、渣打银行为港币发行的指定银行，港币的发行必须有百分之百的准备金；香港货币单位为"元"，简称港元，用符号"HK＄"表示，港元实行与美元联系的

---

① 所谓可兑换是指一国货币可以兑换成其他国家货币的可能性。货币按能否兑换的不同程度可分为不可兑换货币、经常项目可兑换和资本项目可兑换三种。不可兑换货币指在实行严格的汇兑限制下，不允许经常项目和资本项目的对外支付和转移。经常项目可兑换指对国际收支中经常发生的交易项目，包括进出口贸易收支和运输、旅行等非贸易收支，以及与国际组织往来、无偿援助、捐助及无偿转让等不实行汇兑限制。资本项目可兑换即取消资本流入、流出的汇兑限制。

汇率制度,即7.8港元兑换1美元,香港外汇基金由香港特别行政区政府管理和支配,主要用于调节港元汇价;香港特别行政区不实行外汇管制,港元可以自由兑换,外汇、黄金、证券和期货等金融市场完全开放。

第三节　国际货币体系

当货币制度问题超过国界的时候,就成为国际货币制度或国际货币体系的问题。在一个开放的经济社会中,国际货币体系安排的是否合理不仅关乎全球经济是否能够平衡、有序地发展,也会通过贸易和资本流动进而影响到各国内部经济的发展。从历史上看,人类一直在不懈努力地寻求一个良好的国际货币体系,但是伴随着快速的经济发展及不断变化的经济环境,呼吁改革国际货币体系的声音却从未间断过,特别是在2008年爆发美国金融危机之后,这个古老而又悬而未决的问题再次摆在了人们的面前。

一、什么是国际货币体系

国际货币体系(International Currency System),就是各国政府为适应国际贸易与国际支付的需要,对货币在国际范围内发挥世界货币职能所确定的原则、采取的措施和建立的组织形式的总称。它反映了国与国之间在货币兑换、资金流动及债权债务关系清算中所涉及的规则和秩序,是国际间货币关系的综合体现。

国际货币体系的核心内容涉及三方面:一是国际本位货币的确定和国际储备货币形成的机制,二是汇率制度的确定,三是国际货币收支平衡的调节机制。

建立国际货币体系的目标是保障国家贸易和世界经济稳定、有序地发展,进而使各国的资源得到有效的开发利用。国际货币体系的运行,可以通过在各国建立合理的汇率机制来防止循环的恶性贬值,并能为国际收支不平衡的调节提供有利手段和解决途径,最终促进各国经济协调、持续发展。

二、国际货币体系的发展演进历程

国际货币体系在其发展过程中经历了三个重要的历史时期,即1870~1914年的金本位时期、1945~1973年的布雷顿森林体系下的固定汇率时期和1976年牙买加协议以来的国际货币多元化及浮动汇率时期。

(一)国际金本位时期

国际金本位制度是以一定成色及重量的黄金为本位货币的制度。这是历史上第一个国际货币制度,其主要内容包括:(1)黄金是国际货币体系的基础,可以自由输出输入国境，是国际储备资产和结算货币；(2)金铸币可以自由流通和储藏，也可以按法定含金量自由铸造，各种金铸币或银行券可以自由兑换成黄金；(3)国际收支可以实现自动调节。当一国发生对外收支逆差时，黄金外流，国内货币供应量减少，物价下降，成本降低，进而引起出口扩大、进口减少，对外收支转向顺差；反之亦然。

显然，国际金本位制度具有一些明显的优势，如它是一种较为稳定的货币制度，表现为该体系下各国货币之间的比价、黄金以及其他代表黄金流通的铸币和银行券之间的比价以及各国物价水平都相对稳定，因而对汇率稳定、国际贸易、国际资本流动和各国经济发展起到了积极作用。但是，该制度过于依赖黄金，而现实中黄金产量的增长远远无法满足世界经济贸易增长对黄金的需求，也就是实体黄金不够用。再加上各国经济实力的巨大差距造成黄金储备分布的极端不平衡，于是银行券的发行日益增多，导致黄金的兑换愈加困难。之后，随着一次世界大战的爆发，各国便中止了黄金的自由输出，并停止了银行券与黄金之间的自由兑换，国际金本位制度宣告解体。

一战结束之后，1922年，在意大利热那亚召开的国际货币金融会议上确定了国际虚金本位制，其基本内容包括：

(1)黄金依旧是国际货币体系的基础，各国纸币仍规定有含金量，代替黄金执行流通、清算和支付手段的职能。

(2)本国货币与黄金直接挂钩或通过另一种同黄金挂钩的货币与黄金间接挂钩，与黄金直接或间接保持固定的比价。

(3)间接挂钩的条件下，本国货币只能兑换外汇来获取黄金，而不能直接兑换黄金。

(4)黄金只有在最后关头才能充当支付手段，以维持汇率稳定。

这种国际货币制度在一定程度上节约了黄金的使用，弥补了金本位中黄金量不足的劣势。但是，世界贸易的发展中对黄金的需求和黄金产量的缺口仍然存在，尤其是在汇率频繁波动时用黄金干预外汇市场来维系固定比价更显得力不从心。于是，当1929~1933年世界经济大危机爆发之后，国际虚金本位制度也随之瓦解。

危机过后一直到二战之前，国际贸易体系进入了长达十几年的混乱时期，其间形成了英、美、法三大国为中心的三个货币集团(英镑集团、美元集团、法郎集团)，三大集团以各自国家的货币作为储备货币和国际清偿力主要来源，同时展开了世界范围内争夺国际货币金融主导权的斗争，这种局面一直持续到二战结束。

(二)布雷顿森林体系

1944年7月，二战即将结束之时，在英国和美国的组织下于美国新罕布什尔州的布雷顿森林召开了由44个国家参加的国际货币金融会议，建立了战后以美元为中心的新的国际货币体系——布雷顿森林体系。

1.布雷顿森林协定的主要内容

(1)建立一个永久性的国际金融机构，即国际货币基金组织，对国际货币事项进行磋商。

(2)实行黄金—美元本位制,即以黄金为基础并以美元为最主要的国际储备。这是一种以美元为中心的国际金汇兑本位制,实行双挂钩原则:美元按每盎司黄金35美元的官价与黄金挂钩,美国承担用黄金兑换各国官方持有美元的义务;各国货币按固定比价与美元挂钩,各国政府有义务通过干预外汇市场使汇率波动不超过上下各1%的幅度。会员国只有在出现国际收支根本性不平衡的情况下,才能在与基金组织协商之后改变币值。这也意味着它采取的是可调整的盯住汇率制度。

(3)国际货币基金通过向会员国提供资金融通,帮助它们调整国际收支不平衡。

(4)取消外汇管制。《国际货币基金协定》第8条规定会员国不得限制经常项目支付,不得采取歧视性的货币政策措施,并实行自由多边结算制度。

(5)争取实现国际收支的对称性调节。基金组织有权宣布国际收支持续顺差国的货币为稀缺货币。其他国家有权对稀缺货币采取临时性的兑换限制。不过这一项内容并未得到实际贯彻。

与两次世界大战之间的国际金汇兑本位制相比,布雷顿森林体系的特点概括如下:首先,它是一个全球性的国际金汇兑本位制,世界各国货币都只与美元挂钩,美元是唯一的居统治地位的外汇储备;而以往的国际金汇兑本位制局限于货币区的范围,并且存在英镑、美元、法郎三种主要外汇储备。其次,它在黄金兑换方面是一种被削弱了的国际金汇兑本位制,它只允许外国官方用美元兑换黄金,而战前在不同程度上允许私人用本币或外汇兑换黄金。最后,它拥有一个国际金融组织,国际货币基金组织成为维护国际货币秩序的中心,而战前不存在这样的持久性国际机构。

2.布雷顿森林体系的积极作用

布雷顿森林体系对战后世界经济的恢复和发展发挥了十分重要的作用。这具体表现在以下几个方面:

(1)它在黄金生产日益滞后于世界经济发展的情况下,通过建立以美元为中心的国际储备体系,解决了国际储备供应不足的问题,特别是为战后初期的世界经济提供了当时十分短缺的支付手段,刺激了世界市场需求和世界经济增长。

(2)它所推行的固定汇率制显著减少了国际经济往来中的外汇风险,促进了国际贸易、国际信贷和国际投资的发展。战后国际贸易和国际投资的发展速度都显著超过了世界生产的增长速度,国际分工得到了深化,世界各国的相互依赖性显著提高,而且固定汇率制所强调的货币纪律有效地抑制了世界各国的通货膨胀。

(3)它所制定的取消外汇管制等一系列规则有利于各国对外开放程度的提高,并使市场机制更有效地在全球范围内发挥其资源配置的功能。

(4)它建立的国际货币基金组织在促进国际货币事务协商、建立多边结算体系、帮助国际收支逆差国克服暂时困难等方面做了许多工作,有助于缓和国际收支危机、债务危机和金融动荡,推进了世界经济的稳定增长。

在20世纪70年代初布雷顿森林体系瓦解之前,世界经济出现了人类历史上少有的黄金时代。世界多数国家国内生产总值增长很快,就业大量增加,物价比较稳定,人民生活显著提高。这些成绩的取得都与布雷顿森林体系的运行有密切关系。

3.布雷顿森林体系的内在缺陷

(1)美国可利用该国际货币制度牟取特殊利益。这首先表现为美国可获取铸币税。铸币税是指发行货币获得的净收益,即铸币或纸币面值超过金银条块铸造成本或纸币印刷成本给货币发行者带来的利益。美国只要开动印钞机,就可以支配相当于美元面值的他国的实际资源,包括进口和购买他国企业。其次,它增强了美国国际金融中心的地位。各国所持有的美元外汇储备往往会以美元存款或购买美国国库券等形式流入美国,美元债权债务的清算也往往通过美国的金融机构进行,美国可利用这种国际金融中心地位获取诸多利益。最后,它使美国在一定程度上操纵其他国家的货币政策。例如,当美元大量外流时,其他国家为维持固定汇率,需要政府出面收购美元,在外汇储备大量增加时,不得不实行通货膨胀政策。

(2)国际清偿能力供应与美元信誉二者不可兼得,即所谓的特里芬难题。美国经济学家特里芬在研究布雷顿森林体系的运行时,发现了一个问题:一方面该货币制度运行的必要条件是人们对美元有信心,为了保证美元信誉,美国需要维持国际收支平衡;另一方面,该货币制度运行的另一项必要条件是保证国际清偿能力的供应,为此美元需要大量外流,而这又意味着美国必须持续存在巨额国际收支逆差,并导致人们对美元丧失信心。

(3)该国际货币制度的国际收支调节机制过分依赖于国内政策手段,而限制汇率政策等手段的运用。从原则上看,布雷顿森林体系属于可调整的盯住汇率制,各国政府有法定升值或法定贬值的余地。但是在其运行过程中,国际货币基金实际上很少允许会员国运用汇率政策调节国际收支。各国通过财政、货币政策进行调节,往往给经济运行带来其他方面的消极影响,使其经济政策自主权受到限制。

(4)在特定时期,它会引发特大规模的外汇投机风潮。在这种货币制度下,外汇投机具有收益和风险的不对称性。由于国际货币基金只允许各国在国际收支逆差十分严重时实行货币贬值政策,汇率运动的方向是单向的,故外汇投机行为几乎没有多少外汇风险。又由于在固定汇率制下贬值幅度往往较大,故外汇投机一旦成功可获得额外的高收益。在布雷顿森林体系时期发生的美元危机和英镑危机中,外汇投机行为都起着推波助澜的作用。

(三)牙买加货币体系

布雷顿森林体系是在美国占据世界经济绝对优势的条件下建立的①,因而其盛衰与美国经济实力和地位的变化有着密切联系。随着战后全球经济从“美元荒”到“美元灾”的转变,美元开始不断贬值。许多国家为了回避汇率风险,不愿在国际支付中再接受美元。美元地位极度虚弱,经常成为被抛售的对象。1960 年 10 月爆发了第一次美元

① 1945 年美国国民生产总值占全部资本主义国家国民生产总值的 60%。

危机,1968年3月又爆发了空前严重的第二次美元危机。1971年8月15日美国政府宣布停止各国中央银行按官价向美国兑换黄金,同年12月宣布美元贬值7.89%,将黄金官价从每盎司35美元提高到38美元,但这些措施并未能阻止美国国际收支危机和美元危机的继续发展。1973年2月,由于美国国际收支逆差严重,美元信用猛降,国际金融市场又一次掀起了抛售美元、抢购原西德马克和日元并进而抢购黄金的风潮。在此局面下,美国政府于1973年2月12日再次宣布美元贬值10%,黄金官价增至每盎司42.22美元。然而,美元的两次贬值并未能阻止“美元灾”,1973年3月,西欧又出现了抛售美元、抢购黄金和原西德马克的风潮,伦敦黄金市场的黄金价格一度涨到96美元一盎司。最终导致二战后以美元为中心的固定汇率制度崩溃,人类进入到浮动汇率和国际货币多元化的时代中。

1976年1月,经过长期讨论与协商,在牙买加的首都,国际货币基金组织通过《牙买加协定》,确认了布雷顿森林体系崩溃后浮动汇率的合法性,继续维持全球多边自由支付原则。其具体内容包括:(1)黄金非货币化,即黄金与各国货币彻底脱钩,不再是汇价的基础;(2)国际储备多元化,美元、英镑、日元、黄金、特别提款权等;(3)浮动汇率制合法化,浮动的形式也是多样化的,可单独浮动、联合浮动,也可采取盯住浮动制、管理浮动制;(4)货币调解机制多样化,有汇率调节、利率调节、国际货币基金组织干预和贷款调节等。

在牙买加货币体系下,各国的国际储备实现了多元化,摆脱对单一货币的依赖,货币供应和使用更加方便灵活,并解决了“特里芬难题”。同时,浮动汇率制可灵敏地反映出各国经济的动态变化,并在此基础上实现经济的相对调节。另外,在该体系下多种货币调解机制能够相互补充,避免了布雷顿体系下调节失灵的尴尬。

但是,在具有上述优势的同时,牙买加货币体系也存在显著的缺陷,如国际货币格局不稳定、管理调节复杂性强、难度高;浮动汇率制加剧了国际金融市场和体系的动荡和混乱,套汇、套利等短线投机活动大量泛滥,先后引发多次金融危机,且难以预测的汇率变动也不利于国际贸易和投资。特别是尽管调解机制多样化,但也不能从根本上改变国际收支失衡的矛盾,在一些金融危机中,国际货币基金组织的几次干预失败就是最好的例证。

不过还要说明的是,虽然美元的国际本位和国际储备货币地位遭到削弱,但其在国际货币体系中的领导地位和国际储备货币职能仍得以延续,国际货币基金组织下的原组织机构和职能也得以续存,只是布雷顿森林体系下的准则与规范已不再完整。因此,现存的这一国际货币体系被人们戏称为“无体系的体系”,规则弱化导致重重矛盾。特别是经济全球化引发的金融市场全球化趋势在20世纪90年代进一步加强时,该体系所固有的矛盾日益凸现,由此引发的改革国际货币体系的声音此起彼伏。

三、当前国际货币体系的特点

由于布雷顿森林体系解体后,各国相继实施了自由化的经济政策和浮动汇率,直接加速了资本的跨境流动并推动了金融全球化的进程。金融资本在高速的流动中迅速增值与膨胀，并部分表现出与现实的脱离。而美国则凭借美元在货币金字塔中的顶端位置，成为唯一完全可以根据国内目标（就业、外贸出口）而不论美元汇率的浮动情况如何来推行某种国内政策的国家，因此，与以美元为中心的国际货币体系相联系的国际收支不平衡，也一直伴随着世界经济的发展。资本的全球化与地区经济发展的差异，也使得全球区域经济协调与合作取得了突飞猛进的发展，从而使得这一时期的国际货币体系表现出金融全球化、金融资本与现实的脱离、汇率不稳定、以美元为中心与国际收支不平衡、区域货币合作等显著特征。

四、欧元的诞生和美元化

欧元（EURO）是欧洲货币联盟（EMU）国家单一货币的名称，是 EMU 国家的统一法定货币。欧元是自罗马帝国以来欧洲货币改革最为重大的结果，它不仅仅使欧洲单一市场得以完善，欧元区国家间自由贸易更加方便，而且更是欧盟一体化进程的重要组成部分。欧元由 1998 年 7 月 1 日成立的欧洲中央银行（European Central Bank，ECB）和各欧元区国家的中央银行组成的欧洲中央银行系统（European System of Central Banks，ESCB）负责管理。总部坐落于德国法兰克福的欧洲中央银行有独立制定货币政策的权力，欧元区国家的中央银行参与欧元纸币和欧元硬币的印刷、铸造与发行，并负责欧元区支付系统的运作。

欧元于 1999 年 1 月 1 日起在奥地利、比利时、法国、德国、芬兰、荷兰、卢森堡、爱尔兰、意大利、葡萄牙和西班牙等 11 个国家（以下称为“欧元区内国家”）开始正式使用，并于 2002 年 1 月 1 日取代上述 11 国的货币。之后，希腊、斯洛文尼亚、塞浦路斯、马耳他和斯洛伐克先后加入欧元区，从而使欧元区成员国增至目前的 16 个。

欧盟之所以要实行统一货币，主要是提升欧洲国家的政治和经济地位。二战前，欧洲以其强大的经济实力为后盾，曾长期称雄于世界。二战后，欧洲国家的世界地位大幅度下降，随着欧洲复兴计划的实施，欧洲各国越来越希望在政治、经济上联合起来，以达到与美国、日本等经济强国相抗衡的目的。从 1958 年的欧共体发展到 1991 年的欧盟，欧洲各国在经济上的合作不断加深。从经济利益的角度讲，实行统一的货币能够促使欧盟各国增强自身经济实力、提高竞争力，并减少内部矛盾、防范和化解金融风险，同时还能简化各国间商品与资金流通的手续，从而降低交易成本，最终在增加社会消费、刺激企业投资的作用机制下实现欧盟总体经济的良性发展。

一般而言，美元化的基本含义可以从事实化、过程化和政策化三个角度阐述：作为一种事实，它是指美元在世界各地已经扮演了重要的角色；作为一种过程，它是指美元在美国境外的货币金融活动中无论是深度还是广度均将发挥越来越重要的作用；作为一种政策，它是指一国或一个经济体的政府让美元逐步取代自己的货币并最终自动放弃货币或金融主权的行动。这里的美元化指的是政策美元化。

经济全球化、尤其是资本的全球化，深刻地改变了国际经济的运行机制。在资本流动的规模和速度均不是很大和很快的年代，一个经济体最可能遇到的外部冲击，主要来自于进出口价格。那时，决策者保留调整汇率的权力是有意义的。然而到了今天，对于那些弱小经济体、特别是新兴市场经济而言，最大且最可能的外部冲击或威胁，已不再是进出口价格的变化，而是资本流动方向和数量的突然改变，并不可避免地导致猛烈的、不情愿的货币贬值。这种冲击的杀伤力巨大，亚洲危机便是前车之鉴。结果，在独立小币种受到外来冲击的可能性大增的事实面前，实施类似美元化政策或建立货币局体制以规避汇率风险，顺理成章地作为一个十分现实的选择摆到了许多经济体决策者的桌面上。

美元化经济体从美元化中能够得到两大好处，尤其是对那些与美国在贸易及投资方面联系密切的经济体：一是汇率风险将消失或极大地降低，二是可以为经济长期稳定发展创造一个良好的政策条件。当然，美元化对放弃货币主权的经济体而言，也会有很大的成本，即失去独立的货币政策和因为发行主权货币而带来的中央财政的铸币税收入。

【本章小结】

1.从货币的起源看，货币起源于商品，是商品交换的产物；从货币的形态演变看，货币先后经历了实物货币、金属货币、代用货币、信用货币和电子货币五种形态，推动货币形态更迭的动因是交易成本的降低，保证是信用制度的发展；从货币的本质看，代表性的观点有价值本质说、名目本质说和信用本质说；从货币的职能看，货币通常具有价值尺度、流通手段、贮藏手动和支付手段四大职能，然而货币自身的价值则是通过货币购买力来表现；从货币层次的划分看，依据资产流动性的不同，货币可以分为 M_0（流通中的现金）、M_1（狭义货币）和 M_2（广义货币）三个层次。总之，货币就是在商品或劳务的支付中以及在债务的偿还中被普遍接受的任何东西，是最基本、最重要的一种金融资产。

2.人类迄今为止先后经历过银本位制、复本位制、金本位制等金属货币制度和不兑现的信用货币制度。在复本位制下，如果实行了双本位制，就会出现“劣币驱逐良币”的现象。今天的社会实行信用本位制，货币不再与黄金挂钩，既不规定含金量，也不能兑换黄金；货币发行不再需要黄金准备，而是银行体系通过信用程序投入流通领域，主要形式是不兑现的银行券和银行存款。我国实行“一国两制”，大陆和香港分别实行不同的货币制度。

3.国际货币体系是规范国家间货币行为的准则，是世界各国开展对外金融活动的依据。国际货币体系在其发展过程中经历了三个重要的历史时期，即 1870 ~ 1914 年的金本位时期、1945 ~ 1973 年的布雷顿森林体系下的固定汇率时期和 1976 年牙买加协议以来的国际货币多元化及浮动汇率时期。欧元的诞生和美元化现象预示着人类开始对传统货币制度的主权进行挑战。

【复习思考题】

1.推动货币形态演变的动力是什么？

2.货币的价值贮藏职能对现代经济发展的意义何在?

3.简述不兑现银行券的基本性质。

4.什么是格雷欣法则?并结合欧元的诞生和美元化现象谈谈你对今天的货币替代问题是如何看待的。

5.国际货币体系主要涉及哪些重要内容?自美国2008年爆发金融危机以来,国际上改革现行国际货币体系的呼声日益强烈,请结合所学知识,并在参阅专业文献的基础上说说你的观点。

第二章 CHAPTER 2 利息与利率

【学习目标】

本章要求学生明确利率体系及利率的种类,掌握单利和复利的计息方法以及现值与终值的计算,理解一般利率水平的决定理论,并了解利率的风险结构和期限结构理论。

【重要概念】

信用　利率　单利　复利　现值　终值　年金　净现值　到期收益率　古典利率理论　流动性偏好利率理论　可贷资金利率理论　利率风险结构　利率期限结构　预期理论　市场分割理论　期限选择理论

利率是货币对实际经济发生影响的重要渠道。作为一个古老的经济范畴,早在重商主义时期人们便开始把利率作为经济运行中的一个变量来加以研究。长期以来,人们对利率问题的争议主要集中在两个方面:一是利息的实质,二是利率的大小及其决定。本章将通过对主要利率理论的分析和介绍,展示这方面的丰富内容。此外,本章还运用相当篇幅讨论利率形式和利率结构,以有助于对当今经济生活中错综复杂的利率体系及其对整个经济活动的影响进行深入研究。

第一节　信用与利息

一、信用概念的演进

(一)经济学中的信用

信用是一个应用非常广泛、具有多层含义的范畴。信用产生的根源是商品货币经济及其发展，在信用发展的过程中，形成了各种不同的信用制度。在现代商品经济中，信用关系已经成为各经济主体间的一种极为普遍的关系，现代经济称为信用经济。

"信用"一词在日常生活中应用非常广泛，是一个具有多层次、多侧面含义的范畴。《辞海》(1989)列出了信用的三种释义："信任使用"，"遵守诺言、实践成约、从而取得别人对他的信任"，"价值运动的特殊形式"。信用的英文单词为 Credit，其含义更为丰富。在《郎文当代英语词典》(1987)列出的名词和动词释义中，与汉语"信用"一词接近的主要有"信仰或相信某事物的正当合理性"、"在还债或处理货币事务中受信任的品质"、"购买商品或服务后一段时间内偿付的制度"。

上述释义对信用的含义似乎解释得比较清楚了，但这些解释并没有涵盖社会经济生活中全部的信用行为，因此我们必须对信用范畴进行全面剖析。

从历史来看，对信用的研究最集中的时期是在 18 世纪和 19 世纪，但或许由于这个时期的研究者多数是实践家出身，对信用一词的含义不能给出完美的解释，一般把信用定义为"信任"。作为一个经济学概念，这个定义显得很不严格。由于当时银行信用十分发达，且在民商法中确立了"债"的概念，Credit 越来越多地被理解为"信贷"或"借贷"，涉及 Credit 的当事人也被称做"债权人"和"债务人"。马克思就曾说过，"这个运动——以偿还为条件的付出——一般地说就是贷和借的运动，即只是货币或商品有条件的让渡的这种独特形式的运动"。进入 20 世纪，信用行为更发达更丰富了，但遗憾的是，对信用范畴的理解却并没有随之进一步深化，仍然停留在"借贷"的基础上。如《中国大百科全书》(经济卷Ⅲ，1988)认为信用"即借贷活动，以偿还为条件的价值运动的特殊形式。在商品交换和货币流通存在的条件下，债权人以有条件让渡的形式贷出货币或赊销商品，债务人则按约定的日期偿还借款或偿还贷款，并支付利息"。与《辞海》和《郎文当代英语词典》相比，《中国大百科全书》只取了其中一种意思，似乎信用一词的其他含义与经济学全无关系，这是比较片面的。

制度经济学创始者之一的康芒斯(J. R. Commons)认为信用不只是一种心理现象，也不只是一种活动，它是制度。要准确地把握作为一种制度的信用，可以从以下几个方面入手：

第一，信用是一种心理现象，其特征是信任和安全感。心理上的信任是一切信用形式的共同基础。如果我们认为某人办事"不讲信用"，意思是指这个人不值得信任。商业银行对客户发放"信用贷款"，即信任该客户会按时还款。如果信用双方相互不信任或出现信任危机，信用关系是不可能发生的，即使发生了，也不能长久持续下去。

第二，信用是一种人与人的关系，是由人类个体集结成人类社会的一个必要条件，信用的社会学和经济学意义首先在于它构成了社会的信任结构。

第三，信用往往涉及时间间隔。如果所有的活动均能立竿见影地显示出后果，人人都只活在现在，则一切"预期"、"信任"都将失去其存在的必要性。

第四，信用是以还本付息为条件的。信用关系一旦确立，债务人将承担按期还本付息的义务，债权人将拥有按期收回本息的权利。

(二)信用与货币

信用与货币是两个不同的经济范畴。信用是一种借贷行为,是不同所有制关系之间调剂财富余缺的一种形式;货币是一般等价物,作为价值尺度,是商品所有者之间商品交换的媒介。但是两者之间又有着紧密的联系。

信用和货币的产生都与私有制紧密相关,信用和货币表现的都是不同商品生产者之间的经济关系,都是价值运动的形式。在现代商品经济中货币借贷的出现使信用获得更大的发展:一方面,货币借贷扩展了信用的范围和规模;另一方面,信用也促进了货币形式和货币流通的发展。信用的出现不仅发展了货币的支付手段职能,使货币能在更大范围内作为媒介进行商品流通,而且还加速了货币的流动。由此可以看出,货币与信用是相互促进发展的。在金属货币退出流通领域,实行不兑现信用货币制度条件下,信用与货币的关系又进一步发展了。在信用货币制度下,信用和货币不可分割地联系在一起,整个货币制度是建立在信用制度基础之上的。从货币形式看,货币形式同时就是一种信用工具,货币是通过程序发行和流通的,任何信用活动都会导致货币的变动。信用扩张会增加货币供给,信用紧缩将减少货币供给,信用资金的调剂将影响货币流通速度和货币供给的结构。货币与信用相互渗透则形成了一个新范畴——金融。

(三)信用与金融

金融一词是信用与货币流通的融合。从产生时间上看,信用产生于原始社会末期,是产品剩余及商品交易发展的产物;金融则是在信用经济发展到了相当程度后,货币借贷已经成为信用的主要形式的条件下诞生的。从内涵上讲,凡有债权债务关系的经济活动都应纳入信用的范围,它既包括实物信用,又有货币信用;而金融专指货币融通和资金运动,包括货币信用和股票融资,不包括实物信用。目前信用活动通常意味着资金的融通。实物信用已变得不足以对经济发展产生较大影响;对投资者来说,买卖转让股票,也同债券一样,是一种提供信用的工具。两者在一定条件下能相互替代。

信用是以还本付息为条件的,因而信用和利息具有不可分割的联系。我们研究信用,就必然要进一步研究利息。

二、利息的实质

利息的实质即利息究竟从何而来,这是理解利息和利率的首要问题。从重商主义开始把利率作为经济运行中的一个变量加以研究以来,不同学派关于利息的实质形成了不同的观点和学说。下面就其主要学说进行简要介绍。

(一)马克思的利息理论

马克思对利息实质进行了深入的剖析。他从借贷资本运动的全过程来分析利息的产生和起源,而不仅仅是将其作为运动的起点和终点来分析。他认为借贷资本运动的全过程是双重支出和双重回流，连接双重支出和双重回流的是生产过程。

$$G - G \cdots W \begin{cases} P_m \\ A \end{cases} \cdots W' - G' - G' \qquad (2-1)$$

由公式(2－1)可以看出，借贷资本的运动与现实资本的运动和社会再生产有着非常密切的关系，借贷资本只有转化成现实资本，进入生产过程，才能繁衍。因此，利息来源于生产过程，是生产力创造的剩余价值的一部分，体现了职能资本家与借贷资本家共同剥削工人以及共同瓜分剩余价值的关系。由此，企业的利润被分割成两部分：企业收入和利息。

（二）古典学派的利息理论

1.早期的利息理论

早期的利息理论主要分为三种学说：一是威廉·配第与约翰·洛克(J. Locke)的"利息报酬说"，二是巴本(N. Barbon)、达德利·诺思(D. Norgh)和约瑟夫·马西(J. Massie)的"利息源于实物资本说"，三是亚当·斯密的"利息剩余价值说"。

生活在重商主义盛行时期的配第和洛克虽然都是"利息报酬说"的倡导者，但他们论述的重点却不同。配第认为利息是"因暂时放弃货币的使用权而获得的报酬"[①]。因为借贷货币会给贷出方带来诸多不便，所以贷出方对"自己不方便可以索取补偿，……这种补偿，我们通常叫利息"[②]。洛克也认为利息是贷款人借出货币的报酬，但他认为利息是贷款人因承担了风险而得到的报酬，并认为报酬的多少应与所承担风险的大小相适应。

配第和洛克的利息理论盛行了30年，并获得了约翰·劳、孟德斯鸠等著名经济学家的推崇和宣传。到17世纪末，巴本和诺思先后发表专著，提出人们借贷的不是货币而是资本，是实物；利息并非产生于货币，而是产生于资本。其中，诺思采用的分析方法类似于配第和洛克，也是从地租引出利息。由于他已经把作为资本的货币和作为货币的货币区别开来，因而成了"第一个正确理解利息的人"。马西进一步推出，利息的来源是利润，利息是运用资本所得利润的一部分。利息的支付并不取决于借者是否赚得了利润，而取决于借款者在借入资本后如适当加以运用就能够产生利润这一可能性。马克思认为这是一个伟大的发现。

"利息源于实物资本说"所论述的资本概念仅限于商业资本，把利息也仅视作商业利润的一部分，因而是比较片面的。直到1776年，英国古典政治经济学的主要代表人物亚当·斯密接受了巴本、诺思、马西等人的重要见解，并融合了自己的鲜明观点，提出了"利息剩余价值说"。斯密认为，资本是包括工业资本和农业资本等在内的产业资本，出借人贷出产业资本所获得的利息是产业利润的一部分。并且这种利息是出借人因放弃产业资本获利的机会所得到的一种报酬，它是企业家所获利润的一部分，是一种由利

---

① 威廉·配第，《货币略论》，商务印书馆，1978年版。

② 《马克思恩格斯全集》，第26卷，第395页。

润派生出来的收入。

2.近现代的利息理论

近现代的利息理论主要包括纳骚·西尼尔的"节欲论"、庞巴维克的"时差利息论"和欧文·费雪的"人性不耐说"等。

西尼尔的"节欲论"认为,价值取决于生产费用,生产费用由工资和利润两部分组成,工资是工人劳动的报酬,利润则是资本家节欲的报酬。工人放弃了安逸和休息而去劳动,这就作出了牺牲,工资就是这种牺牲的报酬;资本家放弃了个人消费,利润就是对这种牺牲的报酬。借贷资本只是总资本的一部分,利息也只是总利润的一部分,所以利息也是资本家节欲的结果。

庞巴维克的"时差利息论"是西方经济学中颇具代表性的理论。他认为,利息是现在物品和未来物品之间在价值上的差别所产生的。一般情况下,对于同一数量、同一质量的商品而言,消费者可以有两种选择:现在消费和将来消费。消费者普遍认为现在消费更能给他带来消费的满足感,因此如果要他推迟消费,就必须要给他一块额外的补偿,这就是利息。因此利息是时间偏好的产物。

费雪完全从心理因素出发来解释利息现象,提出了"人性不耐说"。他认为,人性具有偏好现在就可提供收入的资本财富,而不耐心地等待将来提供收入的资本财富的心理。当然,这也因人而异。有人也可能偏好未来物品而让渡一部分现在物品,其条件是必须取得一定的补贴或报酬,即取得利息;同时也有人可能愿意支付利息,从而以较多的未来收入换取较少的现在收入,两者的差额就是利息。因此,"利息是不耐的指标"。

(三)凯恩斯的利息理论

凯恩斯提出的"流动性偏好论"是当代西方经济学界最有影响的利息理论。凯恩斯认为将利息看成是等待或延期消费的报酬是完全错误的,因为等待或延期消费本身并不一定能够带来利息收入。人们保存财富的方式有两种:一是持有货币,二是持有有价证券等生息资产。由于货币具有完全的流动性和最小的风险性,人们在考虑财富的持有形式时,大多倾向于选择货币。但是在一定时期内,货币生产的弹性很小,货币供给量是有限的,人们要取得货币,就必须以支付一定的报酬为条件来诱使他人让渡一部分货币。在凯恩斯看来,这种为取得货币而支付的报酬就是利息,它是对社会公众在一定时期内放弃对货币流动性控制权所支付的报酬。同时,货币的借贷和利息的支付都是以货币的形式进行的,所以利息完全是一种货币现象。

第二节　利率体系

利率是指一定时期内利息额同贷出资本额(本金)的比率。即:

利率 = 利息/本金

由于利率是让渡一段时间的货币使用权所获得的报酬(利息)与所让渡的货币数量(本金)的比率,因此,利率也可视为货币资产的价格。但是,利率这种货币资产价格与物质资产(一般商品)价格不同的是,支付一般商品价格购买的是商品的所有权(包括使用权),而支付利率获得的只是一段时间货币的使用权。因此,借款不仅要支付利息,而且要归还本金。

现实经济生活中的利率都是以某种具体形式存在的,如 1 年期存款利率、6 个月期贷款利率、同业拆借利率等。1997 年《中国金融年鉴》所列的我国现行利率有几百种,市场经济国家的利率种类更是繁多。种类繁多的利率构成了一个庞大的利率体系,其中有一种利率在众多利率中起决定作用,其变动会影响到其他利率水平,这就是基准利率。为了全面深入地理解利率,我们可以按照不同的标准划分出多种利率类别。

一、市场平均利率与基准利率

市场平均利率用来代表市场利率的整体水平,一般只是用于理论分析,而不是有某种具体的统计意义的指标。基准利率是指在多种利率并存的条件下起决定性作用的利率,当基准利率变动时,其他利率也相应发生变化。基准利率是通过市场机制形成的无风险利率。

二、年利率、日利率与月利率

年利率、月利率与日利率是按照计息的时间长短分类的。年利率是以年为单位计息,通常用百分之几表示;月利率是以月为单位计息,通常用千分之几表示;日利率(拆息)是以日为单位计息,通常用万分之几表示。年利率与月利率之间的换算关系是年利率除以 12 为月利率。月利率与日利率之间的换算关系是月利率除以 30 为日利率。

我国的习惯是不论年息、月息、日息都用“厘”作单位,但年息的厘是指百分之一,月息的厘是指千分之一,日息的厘是指万分之一。如贷出 1 万元,日息 2 厘意味着每日利息为 2 元,不计复利,每月利息为 60 元,每年利息为 720 元。

三、市场利率与官定利率

市场利率与官定利率是按照利率的决定方法分类的。市场利率是指由市场上货币资金的供求关系决定的利率。货币资金供大于求,市场利率下跌;反之则上升。西方市场经济国家的利率大多是市场利率,其水平高低是由市场供求的均衡点来决定的。

官定利率则是由政府金融管理部门或中央银行确定的利率,是国家实现宏观调控的一个政策手段。我国的利率属于官定利率。但随着利率市场化改革的进行,市场利率的范围将逐步扩大。

四、长期利率与短期利率

长期利率与短期利率是按照借贷的期限分类的。长期利率是指借贷期限在一年以上的金融工具的利率,如各种中长期债券利率、中长期贷款利率等。短期利率指的是借贷期限在一年以下的金融工具的利率。

五、固定利率与浮动利率

固定利率与浮动利率是按照借贷期间内利率是否调整分类的。固定利率是指在借贷期内不做调整的利率,实行固定利率对于衡量债权债务双方的收益与成本比较方便。但是由于近几十年来,通货膨胀成为经济运行的普遍现象,实行固定利率对债权人,尤其是长期放贷的债权人会带来较大的损失。为了减少债权人的风险,浮动利率就应运而生。

浮动利率是在借贷期间内可定期调整的利率。根据借贷双方的约定,由一方在规定的时间依据某种市场利率进行调整,一般调整期为半年。由于浮动利率降低了债权人的利息损失,因此以浮动利率计息的借贷规模不断扩大。浮动利率的调整要依据权威的短期利率。例如,在欧洲货币市场上,浮动利率多以伦敦同业拆借利率(libor)为根据。

在我国的利率结构中,人民币的存贷款一般实行固定利率。而外汇贷款一般采用浮动利率计息,原因在于中国银行筹集资金时采用的是浮动利率。

六、名义利率与实际利率

名义利率与实际利率是按照利率的真实水平分类的。在借贷过程中,债权人不但要承担债务人到期无法归还本金的信用风险,而且要承担货币贬值的通货膨胀风险。名义利率与实际利率的划分就是从这个角度进行的。

名义利率也称货币利率,是以货币为标准计算出来的利率,它是投资者根据借贷契约应该收到的利率或债务人应该支付的利率。显然,名义利率并没有考虑借贷期内的通货膨胀因素,我们在经济生活中所直接接触到的主要是名义利率。

实际利率,也叫真实利率,是对名义利率按货币购买力的变动修正后的利率。粗略地讲,实际利率=名义利率-通货膨胀率。最早对上述现象进行详细分析的是美国货币经济学家欧文·费雪,所以把名义利率随预期通货膨胀率的上升而上升的现象,称为“费雪效应”。

但上述名义利率与实际利率的关系仅仅考虑了本金随通货膨胀而贬值的问题,如果进一步考虑本金产生的利息也将一同贬值,则精确的计算公式为:

$$1+\text{实际利率}=\frac{1+\text{名义利率}}{1+\text{预期通货膨胀率}} \tag{2-2}$$

或

$$实际利率 = \frac{名义利率 - 预期通货膨胀率}{1 + 预期通货膨胀率} \quad (2-3)$$

从公式(2－2)和(2－3)可以看出,名义利率随预期通货膨胀率的升高而升高,随预期通货膨胀率的下降而下降。但名义利率一般不可能为负,这是因为利息不仅包含对通货膨胀风险的补偿,还包含对机会成本和信用风险的补偿。判断利率水平的高低不能只看名义利率,而必须以实际利率为主要依据,因为实际利率虽然难以操作,却对经济具有实质性的影响。如在1988年,中国的通货膨胀率高达18.5%,而当时的银行存款利率远低于物价上涨率,所以在1988年的前三个季度居民在银行的储蓄存款的实际购买力在日益下降。老百姓的反应就是到银行排队取款,然后抢购,以保护自己的财产,因此就发生了1988年夏天银行挤兑和抢购之风,银行存款急剧减少。

七、单利与复利

(一)单利

单利是指不管期限长短,仅以本金为基数计息,本金所产生的利息不再加入本金重复计算。

单利的计算公式为:

$$I = P \cdot r \cdot n \quad (2-4)$$

$$S = P + I = P(1 + r \cdot n) \quad (2-5)$$

其中,I 为利息额,P 为本金,r 为利率,n 为与利率指标相对应的期限,S 为本金与利息之和。

单利的特点是计算方法简单,债务人利息负担较轻,适合于短期借贷。

(二)复利

复利也称利滚利,是将每一期的利息加入本金一并计算下一期的计息。

复利的计算公式为:

$$I = P[(1 + r)^n - 1] \quad (2-6)$$

$$S = P(1 + r)^n \quad (2-7)$$

其中,S、P、n、I 的含义与前面相同。

复利的特点是考虑了资金的时间价值因素,有利于提高资金的使用效益,并强化利率杠杆的作用,适合于长期借贷。但是在实际操作过程中,必须合理地确定单利与复利的水平,否则就会出现套利行为。

(三)连续复利

连续复利是指不断缩短计算复利的时间间隔,所得到的按复利方法计算的利息。

设本金为P,年利率为r,每半年支付一次利息,则6个月末的本利和为:

$$S = P(1 + \frac{r}{2}) \tag{2-8}$$

年末本利和为：

$$S = P(1 + \frac{r}{2})^2 \tag{2-9}$$

显然，如果一年中计息的次数增加，则年末本利和会越来越大。

更一般的假设，每年的计息数为 m，则 n 年末的本利和公式为：

$$S = P(1 + \frac{r}{m})^{nm} \tag{2-10}$$

第三节　货币的时间价值：终值与现值

一、终值与现值的应用——决策规则

(一)终值与现值

终值与现值是一对相互对应的概念，终值是未来某一时点上的本利和，一般是指到期的本利和，而现值是指未来本利和的现在价值。现值与终值的关系是，在终值公式中，现值被作为投资本金看待；在现值公式中，终值被作为未来收益看待。两者使用同一参照利率，利率在现值公式中是被作为贴现因子使用的。现值是终值的逆运算。

现值与终值之间是可以相互换算的，但换算是通过复利方法来完成的。根据现值计算终值，就是前面介绍过的本利和公式。设：现值为 PV，利率为 r，终值为 FV，期限为 n，则：

$$FV = PV(1 + r)^n \tag{2-11}$$

根据终值计算现值，称为贴现，计算公式为：

$$PV = \frac{FV}{(1 + r)^n} \tag{2-12}$$

式中，r 为贴现率。

一般地讲，随着贴现率的升高，现值开始下降，但以递减的速度下降，因此两者之间是非线性关系。现值概念在实践中的应用非常广泛，如银行票据贴现业务中贴现额的计算，不同投资方案的比较选择等。

(二)年金的终值与现值

1.年金的定义

年金指的是一系列均等的现金流。年金有两个基本特点：一是每次发生的金额相同，二是每次发生的时间间隔相等。在现实生活中，年金的例子随处可见，如零存整取、均等偿付的住房抵押贷款、养老保险金以及住房公积金等等。最常见的年金类型为普通年金和即时年金。其中，普通年金也称为后付年金，是在现期的期末才开始的一系列均等的现金流；即时年金也称为先付年金，是在每期期初开始的一系列均等现金流。

2.年金的终值

普通年金终值指一定时期内，每期期末等额收入或支出的本利和，也就是将每一期的金额按复利换算到最后一期期末的终值，然后加总，即得该年金终值。

例如：你现在在某银行开设了一个零存整取的账户，存期五年，每年年末存入1万元，每年计息一次，利率为6%，那么到第五年结束时，你的账户上会有多少钱呢？

首先，根据前面的终值公式，我们可以得到各年存入账户的终值如下：

第一年：$10000 \times (1+6\%)^4$

第二年：$10000 \times (1+6\%)^3$

第三年：$10000 \times (1+6\%)^2$

第四年：$10000 \times (1+6\%)^1$

第五年：$10000 \times (1+6\%)^0$

将各年存入金额的终值相加，就得到第五年结束时你的账户上的余额：

$10000 \times [(1+6\%)^0 + (1+6\%)^1 + (1+6\%)^2 + (1+6\%)^3 + (1+6\%)^4]$

一般的，设普通年金的终值为 AFV，利率为 r，期限为 n，每期发生的等量现金流为 C，则普通年金的终值计算公式为：

$$AFV = \frac{(1+r)^n - 1}{r}C \qquad (2-13)$$

即时年金由于是在每期的期初付款，因此，其每期现金流的终值应该比普通年金多计一次利息。所以，即时年金的终值公式为普通年金终值公式乘上(1+r)，即

$$AFV = (1+r)\frac{(1+r)^n - 1}{r}C = \frac{(1+r)^{n+1} - (1+r)}{r}C \qquad (2-14)$$

3.年金的现值

年金现值计算是其终值计算的逆运算。

假定利率为6%，存期为5年，以后每年末支取2000元，存入资金满一年后在每年的年末支取，这属于普通年金。设第i年年末支取的2000元年金的现值为PV_i，根据终值公式，分别得到如下关系式：

$PV_1 \times (1+6\%) = 2000$

$PV_2 \times (1+6\%)^2 = 2000$

$PV_3 \times (1+6\%)^3 = 2000$

$PV_4 \times (1+6\%)^4 = 2000$

$PV_5 \times (1+6\%)^5 = 2000$

现在所要存入的金额就是未来5年中每年支取2000元的现值的和，即：

$$PV = \sum_{i=1}^{5} PVi = 2000 \times \left(\frac{1}{1.06} + \frac{1}{1.06^2} + \frac{1}{1.06^3} + \frac{1}{1.06^4} + \frac{1}{1.06^5}\right) = 8424.73\text{元}$$

一般的，我们设普通年金为A，利率为r，年限为n，现在一次存入的金额即一系列未来年金的现值，其计算公式如下：

$$APV = A \cdot \frac{(1+r)^n - 1}{r(1+r)^n} \tag{2-15}$$

特殊的存款方式——整存零取就属于上述普通年金现值，即一次存入一定的金额，在以后的预定期限内每月（或每周、每年）提取相等金额的货币，当到期时本利一次全部提取。

例如，三年期的整存零取的年利率为年复利15%，某存款者存入10000元，则此人在每年年底零取的金额是多少？

根据已知条件PV = 10000元，r = 15%，n = 3，代入公式(2－15)，则：

$$A = PV \cdot \frac{r(1+r)^n}{(1+r)^n - 1} = 10000 \times \frac{15\%(1+15\%)^3}{(1+15\%)^3 - 1} = 4379.8(\text{元})$$

即时年金由于是在每期的期初付款，因此，其每期现金流的现值应该比普通年金少贴现一次。所以，即时年金的现值公式为普通年金现值公式乘上(1+r)，即

$$APV = A \cdot \frac{(1+r)^n - 1}{r(1+r)^n}(1+r) \tag{2-16}$$

(三)现金流贴现决策规则

现金流贴现方法既考虑了投资项目的现金流量，又考虑了现金流量产生的时间，即时间价值，是一种非常重要的微观金融决策分析方法。其中最基本的决策规则包括净现值法、现值指数法和内含报酬率法。

1.净现值法

净现值(Net Present Value，NPV)是指一项投资所产生的未来流入的所有现金的现值和与未来流出的所有现金的现值和之间的差额。设 CI_t 和 CO_t 分别为t期的现金流入和流出，则其计算公式为：

$$NPV = \sum_{t=1}^{n}\left[\frac{1}{(1+i)^t}(CI_t - CO_t)\right] \tag{2-17}$$

如果一个投资项目的净现值为正值，则说明该投资项目是有效益的，方案可行；若净现值是负值，则说明该投资方案不可行。在多个项目比较中，净现值越大，投资方案越好。

例如：现有A、B两个投资方案，预计净现金流量见表2－1，折现率为10%，分别计算A、B项目的净现值，并选择一个最优方案。

表2－1　A、B方案净现金流量表　　单位：万元

时间	0	1	2	3	4	5
A方案	－100	30	30	30	30	30
B方案	－100	15	20	30	30	50

$NPV_A = 30 \times [\frac{1}{1+10\%} + \frac{1}{(1+10\%)^2} + \frac{1}{(1+10\%)^3} + \frac{1}{(1+10\%)^4} + \frac{1}{(1+10\%)^5}] - 100 = 13.73$（万元）

$NPV_B = 15 \times \frac{1}{1+10\%} + 20 \times \frac{1}{(1+10\%)^2} + 30 \times \frac{1}{(1+10\%)^3} + 30 \times \frac{1}{(1+10\%)^4} + 50 \times \frac{1}{(1+10\%)^5} - 100 = 104.23 - 100 = 4.23$（万元）

由上述计算可知，NPV_A 和 NPV_B 都是正值，均为可行方案，但由于 $NPV_A > NPV_B$，所以方案 A 是最优方案。

净现值法的优点是充分考虑了货币的时间价值，使不同时间发生的净现金流量的差异得到体现；并考虑了全过程的净现金流量，体现了流动性与收益性的统一。

但是，净现值法也存在一定的缺点，如净现值的计算较麻烦，并且一般只能应用于各备选方案投资额相等的情况，如果各备选方案项目投资额不相等，则无法准确判断方案的优劣。

2.现值指数法

现值指数（Present Value Index，PVI）是指投资项目在整个计算期内，经营期净现金流量现值之和与投资额的总现值之比。其计算公式为：

$$现值指数(PVI) = \frac{\sum 经营期净现金流量现值}{\sum 投资额现值} \tag{2-18}$$

当现值指数 > 1，投资方案可行；现值指数 = 1，投资方案恰好保本；现值指数 < 1，投资方案不可行。如果两个或两个以上投资方案的现值指数均大于 1，应选择现值指数最大的方案。

我们沿用上述净现值法中的例子，计算 A、B 方案的现值指数。

$$PVI_A = \frac{113.73}{100} = 1.14$$

$$PVI_B = \frac{104.23}{100} = 1.04$$

以上计算表明：A、B 两方案现值指数大于 1，均为可行方案，由于 $PVI_A > PVI_B$，因此 A 方案为最佳方案。

同一项目的净现值和现值指数有如下关系：NPV > 0，则 PVI > 1；NPV = 0，则 PVI = 1；NPV < 0，则 PVI < 1。

净现值、现值指数指标都考虑了现金流量和产生的时间，但现值指数是一个相对指标，可以用来对投资额不同的多个方案进行评价选优。

3.内含报酬率法

内含报酬率（Internal Rate of Return，IRR）是指投资方案实际渴望达到的报酬率，它是在生产经营期内净现金流量的现值正好等于投资额现值的假设条件下所求出的折现率,也就是使投资方案的净现值等于零时的折现率。其决策规则为:当投资项目内含报酬率高于其预期收益率或资金成本时,该项目是可行的;否则是不可行的。当多个项目的内含报酬率都高于其预期收益率时,内含报酬率最高的项目最优。

内含报酬率的计算方法如下:

(1)当投资方案的全部投资均于建设起点一次投入,建设期为零,经营期每年净现金流量均相等时,可按年金的方法计算内含报酬率。

例如:某投资项目的计算期为5年,无建设期,资金成本为10%,各年净现金流量见表2-2。计算该方案的内含报酬率。

表2-2　各年净现金流量表　　单位:万元

年份	0	1	2	3	4	5
净现金流量	-100	30	30	30	30	30

把每年净现金流量30万元看成普通年金,把投资额100万元看成年金现值,可按普通年金现值计算公式求年金现值系数:

$$年金现值系数 = \frac{100}{30} = 3.333$$

在年金现值表中无法直接查到系数3.333,与其相邻的年金现值系数和对应的折现率如下,应用插值法计算内含报酬率:

年金现值系数			折现率		
3.352	0.019	0.078	15%	x%	1%
3.333			?		
3.274			16%		

$$\frac{0.019}{0.078} = \frac{x\%}{1\%} \qquad x = 0.24$$

投资方案的内含报酬率 = 15% + 0.24% = 15.24%

投资方案的内含报酬率15.24%大于资金成本10%,该方案可行。

(2)当建设期不为零,或建设期为零,但各年的净现金流量不相等时,只能采用逐次测试法并结合插值法计算。逐次测试法是先设定一个折现率,然后计算投资方案的净现值,如果净现值为正值,则应提高折现率,再重新计算;如果净现值为负值,则应降低折现率,并重新计算。重复上述步骤,直到找到净现值最接近零的一个正值和一个负值,然后用插值法求出内含报酬率。

例如:某公司进行一项目投资,资金成本为9%,投资分两次投入,建设期2年,生产经营期5年,各年净现金流量见表2-3。计算该项目的内含报酬率。

表2-3　各年净现金流量表　　单位:万元

年份	0	1	2	3	4	5	6	7
净现金流量	-200	-200	0	130	150	150	140	140

设折现率为 10%，计算其净现值：

$$净现值 = [130 \times \frac{1}{(1+10\%)^3} + 150 \times \frac{1}{(1+10\%)^4} + 150 \times \frac{1}{(1+10\%)^5} + 140 \times \frac{1}{(1+10\%)^6} + 140 \times \frac{1}{(1+10\%)^7}] - [200 + 200 \times \frac{1}{1+10\%}] = 62.35(万元)$$

净现值 62.35 万元是正值，说明折现率 10%小于内含报酬率，应提高折现率。

设折现率为 12%，计算其净现值：

$$净现值 = [130 \times \frac{1}{(1+12\%)^3} + 150 \times \frac{1}{(1+12\%)^4} + 150 \times \frac{1}{(1+12\%)^5} + 140 \times \frac{1}{(1+12\%)^6} + 140 \times \frac{1}{(1+12\%)^7}] - [200 + 200 \times \frac{1}{1+12\%}] = 28.67(万元)$$

净现值 28.67 万元是正值，说明折现率 12%小于内含报酬率，应提高折现率。

设折现率为 15%，计算其净现值：

$$净现值 = [130 \times \frac{1}{(1+15\%)^3} + 150 \times \frac{1}{(1+15\%)^4} + 150 \times \frac{1}{(1+15\%)^5} + 140 \times \frac{1}{(1+15\%)^6} + 140 \times \frac{1}{(1+15\%)^7}] - [200 + 200 \times \frac{1}{1+15\%}] = -14.99(万元)$$

通过三次测试的结果，说明内含报酬率在 12%和 15%之间，用插值法具体计算内含报酬率：

净现值			折现率		
28.67	28.67	43.66	12%	x%	3%
0			?		
-14.99			15%		

$$\frac{28.67}{43.66} = \frac{x\%}{3\%} \qquad x = 1.97$$

内含报酬率 = 12% + 1.97% = 13.97%

该内含报酬率为 13.97%，高于 9%的资金成本，故该投资方案可行。

内含报酬率指标考虑了货币时间价值，对投资方案现金流量的折现不必事先选择折现率，而是根据项目本身的内含报酬率作为折现依据，该指标能够反映出项目本身的获利水平，对于评价不同投资额的投资方案是一种较好的方法。但该方法计算较为复杂。

二、衡量利率的确切指标——到期收益率

到期收益率是使得债务工具在未来收入的现值与其今天的价值相等时的利率。由于到期收益率具有显著的经济学含义，所以经济学家普遍认为它是最精确的利率计量指标。为了更好地理解到期收益率，我们下面介绍四种常见债务工具的到期收益率的计算方法。

到期收益率的计算要弄清这样几个问题:首先,你现在投下去的钱是多少;其次,债务工具什么时候到期,到期时你将得到多少钱;再次,在到期之前你将得到多少利息。然后,只需列出一个一元方程,方程的左边是你今天投下去的钱,右边是将来收回本利的现值之和,未知数就是要求的到期收益率。

(一)简易贷款

简易贷款是指贷款人向借款人按双方约定的利率提供一笔一定期限的资金,贷款到期时,借款人向贷款人一次性偿还本金和利息。这是一种最常见的融资方式。例如,某企业从银行获得600万元的贷款,期限为一年,一年后该企业连本带利还给银行630万元,则这笔贷款的到期收益率可通过下述方程求得:

$$600 = \frac{630}{1 + r}$$

$$r = 5\%$$

(二)分期付款的贷款

分期付款的贷款是指贷款人向借款人按双方约定的利息提供一笔一定期限的资金,在贷款期限内,借款人分期偿还贷款。在每次偿还的金额中,既包括一部分本金,也包括当时应付的利息。消费信贷和抵押贷款通常采取这种形式。例如,某消费者申请到一笔10000元的分期付款贷款,期限为5年,要求每年偿付2400元,则这笔贷款的到期收益率可通过下列方程求得:

$$10000 = \frac{2400}{1 + r} + \frac{2400}{(1 + r)^2} + \frac{2400}{(1 + r)^3} + \frac{2400}{(1 + r)^4} + \frac{2400}{(1 + r)^5}$$

即

$$10000 = \sum_{n=1}^{5} \frac{2400}{(1 + r)^n}$$

$$r = 6.4\%$$

(三)息票债券

息票债券是一种附有息票的债券,其发行人按照债券的本金和票面利率定时向债券的持有者支付利息,在债券到期时,将本金连同最后一期的利息一并支付。中长期国库券和公司债券通常采用这种方式。例如,某投资者花950元购买面值为1000元的息票债券,期限为5年,利息率为6%,则该息票债券的到期收益率可通过下述方程式计算:

$$950 = \frac{1000 \times 6\%}{1 + r} + \frac{1000 \times 6\%}{(1 + r)^2} + \cdots + \frac{1000 \times 6\%}{(1 + r)^5} + \frac{1000}{(1 + r)^5}$$

即

$$950=\sum_{n=1}^{5}\frac{1000\times 6\%}{(1+r)^{n}}+\frac{1000}{(1+r)^{5}}$$

$$r=7.23\%$$

显然，这种息票债券的到期收益率高于息票债券的利率，这是因为该债券的市场价格低于面值；如果息票债券的市场价格等于面值，则可计算出到期收益率等于息票债券的利率；如果息票债券的市场价格高于面值，则可计算出到期收益率低于息票债券的利率。由此我们得到一个非常重要的结论：息票债券的市场价格与到期收益率成反方向变化。

（四）贴现债券

贴现债券是指债券发行人以低于债券面值的价格发行，在债券到期前不支付任何利息，债券到期时以债券面值偿付的一种债券。美国的短期国库券、储蓄债券和零息债券通常采取这种形式。例如，1 张面值为 1000 元、期限为 1 年的贴现债券，发行人以 900 元的价格出售，期满后，债券发行人按债券面值 1000 元偿付。贴现债券的利息实际上等于折扣价与面值之差。则该贴现债券的到期收益率可通过下述方程式计算：

$$900=\frac{1000}{1+r}$$

$$r=11.1\%$$

当期收益率是息票债券到期收益率的近似值，它等于息票债券的年利息收入除以息票债券的价格。之所以采用当期收益率这一利率指标，主要原因在于到期收益率虽然比较精确，但计算起来比较复杂，而当期收益率虽然精确度略差，但计算相对比较容易，故报纸杂志在进行相关报道时经常采用。

当期收益率的计算公式为：

$$r=\frac{c}{p}$$

其中，r 为当期收益率，C 为息票债券的年利息收入，P 为息票债券的价格。

比较当期收益率与到期收益率的计算公式，我们可以发现：债券价格越接近债券面值，期限越长，则其当期收益率就越接近到期收益率；反之，则当期收益率就越偏离到期收益率。

持有期收益率，是衡量一定时期内投资者持有债券能得到多少收益的指标，是使利息的现值与卖出价的现值之和等于买入价的贴现率。例如，某投资者花了 950 元购买面值为 1000 元的 5 年期息票债券，利息率为 6%，后来投资者在第 4 年以 1200 元价格将债券卖出，则持有期收益率可通过下述方程式求得：

$$950=\sum_{t=1}^{4}\frac{1000\times 6\%}{(1+r)^{t}}+\frac{1200}{(1+r)^{4}}$$

第四节 利率水平的决定

一、马克思的利率决定理论

马克思的利率决定理论是以剩余价值在不同资本家之间的分割作为起点的。马克思认为,利息是贷出资本家从借入资本家那里分割来的一部分剩余价值,剩余价值表现为利润,因此利息的最高界限就取决于利润总额,利息率取决于平均利润率,否则借入资本家将无利可图。利率也不可能为零,否则贷出资本家将无利可图。因此,利率的变化范围是在零与平均利润率之间。当然,利率超出平均利润率或为负数的情况也在某些特殊条件下存在。

马克思认为,既然利润率决定利率,因此当平均利润率随着技术的发展和资本有机构成的提高而呈下降趋势时,平均利率也呈下降趋势。但平均利润率的下降是一个非常缓慢的过程,就某一阶段来考察,是相当稳定的,从而使得平均利率相当稳定。马克思还认为,利率的高低是两类资本家对利润分割的结果,因而利率的决定具有很大的偶然性。

二、古典利率理论

西方利率决定理论都是从供求关系来解释利率的决定,但不同学派对供求关系的解释是不同的。

古典利率理论在凯恩斯理论出现之前广为流行,主要代表人物是庞巴维克、马歇尔和费雪。

古典利率理论的主要观点是强调资本供求关系对利率的决定作用,资本的供给来源于储蓄,资本的需求来源于投资,因此利率是由储蓄和投资决定的。并且认为通过利率的变动,能够使储蓄和投资自动地达到一致,从而使经济始终维持在充分的就业水平。

资本的供给来源于储蓄,而储蓄取决于“时间偏好”、“节欲”、“等待”等因素。在这些因素既定的条件下,利率越高,储蓄的报酬越多,储蓄量就会增加;反之,就会减少。因此,储蓄是利率的增函数,即:

$$S = S(r), \frac{ds}{dr} > 0 \qquad (2-19)$$

其中,S 为储蓄,r 为利率。

资本的需求取决于投资,而投资的大小是由投资的边际收益率决定的。当边际收益率提高时,单位投资可以承担较高的利息成本,因而利率一定时,投资量将增加;反之,投资将会减少。因此,投资是利率的减函数,即:

$$I = I(r), \frac{dI}{dr} < 0 \quad (2-20)$$

其中,I 为投资,r 为利率。

既然储蓄与投资都是利率的函数,那么将它们结合起来,便可以决定均衡利率。如图 2－1 所示,储蓄曲线 S 和投资曲线 I 的交点 E,即为均衡利率。

按照这一理论,只要利率是灵活变动的,那么它就和商品的价格一样,具有自动调节功能,从而使储蓄和投资趋于一致。因为当储蓄大于投资时,利率就会下降,从而使储蓄减少,投资增加,最终两者趋于一致;反之亦然。因此古典学派坚持认为,经济不会出现长期的供求失衡,它将自动趋于充分的就业水平。

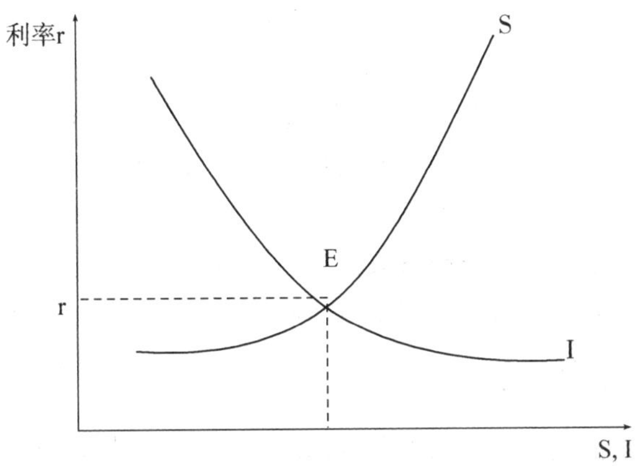

图 2－1 古典利率决定论

古典利率理论具有如下特点:

第一,从实际经济变量来说明利率的决定,认为利率的决定同货币量、货币流通速度无关,因此又称实际利率论。

第二,储蓄和投资决定于利率,与收入无关。

第三,采用流量分析法,用储蓄和投资流量的变化来解释利率的变化。

三、流动性偏好利率理论

20 世纪 30 年代西方经济大危机摧毁了以利率自动调节为核心的古典利率理论。随着凯恩斯经济思想的盛行,其流动性偏好利率理论逐渐占据上风。凯恩斯的利率理论对古典利率理论提出了尖锐的批评。首先,他认为将利息看成是等待或延期消费的报酬是根本错误的,利息是丧失流动性的报酬。其次,根据古典学派的储蓄和投资曲线并不能得出均衡利率水平,因为它们都是和实际收入相关的,因而不可能独立地变动。

凯恩斯认为,既然利息是牺牲流动性的报酬,那么利率便是使公众愿意以货币形式持有的财富量等于现有货币存量的价格,即利率纯粹是一种货币现象,取决于货币的供给和需求。

货币供给由货币当局决定，是一个外生变量，故没有利率弹性。货币需求则取决于人们心理上的流动性偏好，即由于货币具有完全的流动性而引起人们对货币的偏好。而流动性偏好又是由交易动机、预防动机和投机动机三种动机决定的。

交易动机是指企业或个人为了应付日常的交易而愿意持有部分货币。这种动机的货币需求主要取决于收入的大小，随收入的增加而增加。预防动机是指企业或个人为了应付突然发生的意外支出而愿意保留一部分货币，这部分货币需求也同收入成正向相关关系。

投机动机是凯恩斯理论中的真正创新之处，是指人们为了在将来某一适当时机进行投资活动而愿意持有一部分货币。因为凯恩斯认为人们可以以两种方式持有财富：货币或以长期政府债券为代表的生息资产。影响人们在这二者之间进行选择的因素就是影响投机性货币需求的因素。影响人们选择的因素在于两种资产的预期报酬率。凯恩斯假定，货币的预期报酬率为零，债券的预期报酬却有两种：利息与资本利得。利息的大小显然取决于利率的高低，资本利得取决于买入价与卖出价之间的差额，而债券的价格与利率是负相关的。因此，利率越高，持有生息资产越有利，生息资产的吸引力变大，投机性货币需求便减少，由此可以得出结论，投机动机的货币需求是利率的减函数。

如果用 L_1 代表满足交易动机和预防动机的货币需求量，Y 代表收入，则：

$$L_1 = L_1(Y), \frac{dL_1}{dY} > 0 \quad (2-21)$$

如果用 L_2 代表满足投机动机的货币需求量，r 代表利率，则：

$$L_2 = L_2(r), \frac{dL_2}{dr} < 0 \quad (2-22)$$

因此，货币总需求为：

$$L = L_1 + L_2 = L_1(Y) + L_2(r), \frac{dL_1}{dY} > 0, \frac{dL_2}{dr} < 0 \quad (2-23)$$

如果用 M 代表货币供给，那么均衡利率取决于货币供求的平衡关系：

$$M = L = L_1(Y) + L_2(r) \quad (2-24)$$

如图 2-2 所示，利率就决定于 L 和 M 的均衡点。

流动性偏好利率理论与古典利率理论相比，有鲜明的特点：

第一，凯恩斯把利率看作是一种纯粹的货币现象，利率的决定取决于货币的供求，与储蓄、投资等实际变量无关。

第二，如果货币供给曲线与货币需求曲线的平坦部分相交，则货币供给的增加不会对利率和物价产生任何影响，这就形成所谓的“流动性陷阱”。

第三，采用存量分析方法，货币供求都是存量概念，利率则由某一时点上的货币供求量决定。

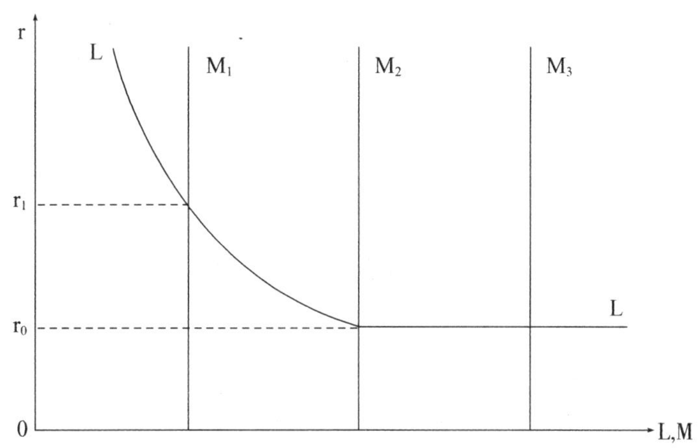

图 2－2　流动性偏好利率理论

四、可贷资金利率理论

凯恩斯的《通论》发表以后，遭到了许多人的批评，认为流动性偏好利率论将利率纯粹视为一种货币现象是比较片面的，同时也认为古典利率理论忽视货币现象也是比较片面的，因此试图建立一种将实物因素与货币因素结合在一起的利率理论。早年凯恩斯在剑桥大学任教时，他的学生罗伯逊(D.H.Robertson)提出了可贷资金利率理论，后来得到瑞典学派经济学家俄林(Ohlin)和米尔达尔(Myrdal)的支持，以后由英国经济学家勒纳(A.P.Lerner)将其公式化而成为现代流行的一种利率决定理论。可贷资金利率理论者认为既然利息产生于资金的贷放过程，那么就应该从可用于贷放的资金的供给和需求来考察利率的决定。因此，利率是由可贷放资金的供求决定的。

可贷放资金的供给和需求是由什么决定的呢？

从现实来看，可贷放资金的需求并不完全来源于投资，还有可能来源于窖藏(hoarding)。这是因为一方面货币不只是交易媒介，也可以是贮藏手段，储蓄者有可能窖藏一部分货币而不借出；另一方面借款者也可能窖藏一部分资金而不用于投资，因此可贷资金的需求包括投资和窖藏两部分。投资 I 与利率成反比关系，故有：

$$I = I(r), \frac{dI}{dr} < 0 \qquad (2-25)$$

窖藏 H，也与利率成反比关系，因为窖藏货币会牺牲利息收入，形成窖藏货币的机会成本。显然，利率越高，窖藏货币的机会成本就越大，窖藏的货币数量就越少，故有：

$$H = H(r), \frac{dH}{dr} < 0 \qquad (2-26)$$

可贷资金的需求可表示为：

$$L^d = I(r) + H(r) \qquad (2-27)$$

可贷资金的供给不仅仅限于储蓄，还包括新增货币量和货币的反窖藏。储蓄 S，与利率成正比关系，故有：

$$S = S(r), \frac{dS}{dr} > 0 \tag{2-28}$$

新增货币量$\triangle M$，包括中央银行增发的货币和商业银行所创造的信用，是一个关于利率的外生变量，与利率无关。货币的反窖藏 DH(Dishoarding)是将上一年的窖藏货币拿出来用于投资，这部分货币的增加与利率水平成正比关系，故有：

$$DH = DH(r), \frac{dDH}{dr} > 0 \tag{2-29}$$

则可贷资金的供给可表示为：

$$L^S = S(r) + \Delta M + DH(r) \tag{2-30}$$

但在进行分析时，一般把货币的窖藏和反窖藏合并起来，从而得出在一定时期内的货币净窖藏△H，它是一定时期内新增的货币需求，与利率负相关。按照可贷资金利率理论，利率取决于可贷资金的供应与需求的均衡点，故可以用以下公式表示：

$$L^d = L^s$$

图 2-3 中 r_e 即为在可贷资金供求均衡条件下决定的均衡利率：

$$I(r) + \Delta H(r) = S(r) + \Delta M$$

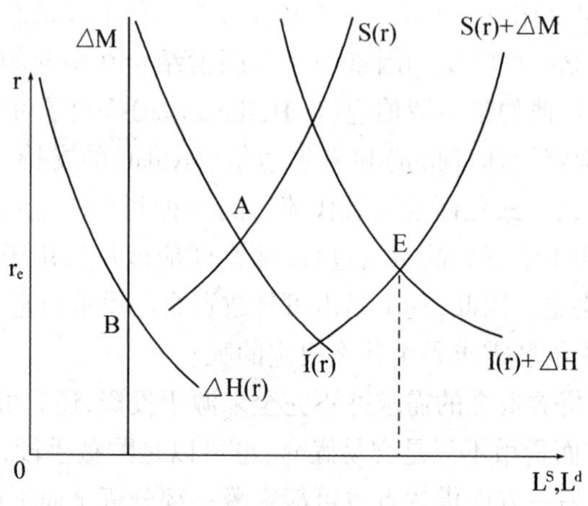

图 2-3　可贷资金利率理论

可贷资金利率理论认为，可贷资金供求均衡时决定的利率为市场利率，而由储蓄与投资决定的利率为自然利率。从长期的或整个经济的角度来看，使可贷资金供求相等的市场利率也必然会使储蓄和投资相等。

可贷资金利率理论与流动性偏好利率理论有很大区别，主要表现在：

第一，流动性偏好利率理论强调短期货币供求因素对利率的决定作用，实际上是一种短期货币利率理论；可贷资金利率论虽然考虑了货币因素对利率决定的影响，但强调了实际经济变量如储蓄、投资对利率的决定作用，是一种长期利率理论。

第二，流动性偏好利率理论的货币供求都是存量，对利率决定的分析是存量分析；

而可贷资金利率理论把流量分析和存量分析相结合，不仅有存量分析，而且有流量分析。

第三，流动性偏好利率理论主要分析短期市场利率，而可贷资金利率理论重点在于说明实际利率的长期变动。

五、IS－LM 模型中的利率决定

古典利率理论和流动性偏好利率理论分别从商品市场和货币市场的均衡来说明利率的决定，而可贷资金利率理论则试图把两者结合起来。但是英国著名经济学家希克斯(J. Hicks)等人则认为以上三种利率理论都没有考虑收入因素，因而无法确定利率水平，不能明确得出利率究竟是多少的结论。为此，希克斯于 1937 年发表《凯恩斯先生与古典学派》一文，提出了 *IS－LM* 曲线模型。后经美国的凯恩斯主义者汉森加以推导和阐释，并易名为 *IS－LM* 模型，从而使得这一模型盛行于世。在 *IS－LM* 模型中，利率与收入是在储蓄和投资、货币供应和货币需求作用之下同时决定的。

IS 曲线是产品市场均衡时利率与收入相互影响的曲线。由于 $Y=S+C=I+C$，因此 $S=I$ 是产品市场的均衡条件，储蓄 S 是收入 Y 的递增函数，故有：

$$S=S(Y),\frac{dS}{dY}>0$$

投资 I 是利率的递减函数，故有：

$$I=I(r),\frac{dI}{dr}<0$$

IS 曲线的位置取决于两条曲线 S(Y)和 I(r)的位置。当边际储蓄倾向增大时，*IS* 曲线将向左下方移动；当边际储蓄倾向降低时，*IS* 曲线将向右上方移动。当投资的边际收益增大时，*IS* 曲线将向右上方移动；当投资的边际收益下降时，*IS* 曲线将向左下方移动。从图 2－4 可以看出，*IS* 曲线向右下方倾斜，表明 *IS* 曲线的斜率为负，这是因为利率的上升会引起私人投资需求的下降，从而使总需求及收入水平也随之下降。

LM 曲线是货币市场均衡时利率与收入相互影响的曲线。货币市场的均衡条件为 $M=L=L_1(Y)+L_2(r)$，其中 $L_1(Y)$为交易和预防动机的货币需求，$L_2(r)$为投机动机的货币需求。

LM 曲线的位置受货币供给 M 和货币需求 L 的影响。当货币供给增加时，$L_1(Y)$不变，而 $L_2(r)$将增大，因此利率将下降，*LM* 曲线将向下移动。而货币需求 L 是由流动性偏好决定的。当流动性偏好增强，即相同的收入对应的 L_1 增大时，L_2 将减小，从而利率将提高，*LM* 曲线向上移动。当 L_2 发生变化，如向上移动时，表明相对同样的投机需求，利率却提高了，*LM* 曲线将向上移动。

从图 2－4 可以看出，*LM* 曲线向右上方倾斜，*LM* 曲线的斜率为正，这是因为当货币供给 M 不变时，因收入水平上升引起的货币需求 L_1 的增加必须通过由利率上升引起的货币需求 L_2 的下降来加以抵消，才能使货币市场继续保持平衡。

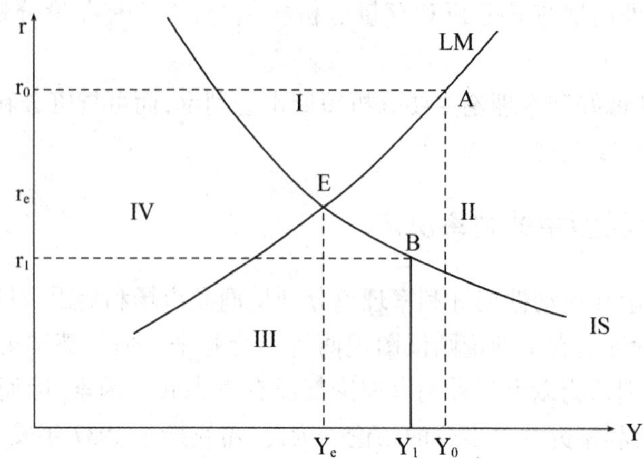

图 2-4　模型中的利率决定

由于 *IS* 曲线和 *LM* 曲线都表示利率和收入之间的函数关系，它们的交点必然就是利率与收入共同决定的均衡点，并且在这个均衡点上，不仅投资与储蓄处于均衡状态，而且货币供给与需求也处于均衡状态。也就是说，利率不仅决定于投资与储蓄的均衡状态，而且也决定于货币供给与货币需求的均衡状态。图 2-4 就是这样决定的均衡利率。

除了 *IS* 曲线和 *LM* 曲线相交决定的均衡利率 r_e 之外，其余各点都意味着产品市场和货币市场未同时处于均衡状态。如图 2-4 所示，*IS* 曲线和 *LM* 曲线把坐标平面分成四个区域：Ⅰ、Ⅱ、Ⅲ、Ⅳ。在区域Ⅰ中的任何一点，一方面在 *IS* 曲线的右上方，因此产品市场中有投资Ⅰ小于储蓄 S 的非均衡；另一方面又在 *LM* 曲线的左上方，因此有货币需求 L 小于供给 M 的非均衡。同理，在区域Ⅱ中的任何一点，有 I < S，L > M；在区域Ⅲ中的任何一点，有 I > S，L > M；在区域Ⅳ中的任何一点，有 I > S，L < M。

IS-LM 模型与前面几种利率决定理论不同，并不是从经济的某一方面的均衡去论述利率的决定，而是从商品市场和货币市场（即整个经济）的全面均衡状态去阐述利率的决定。该模型的这一特点无可争辩地显示出其优越性，因而它受到西方经济学家的普遍赞誉，并逐渐成为当代西方经济学中占据主导地位的利率理论和宏观经济学中的一个重要的分析工具。

第五节　利率的风险结构和期限结构

上述利率决定理论和对利率变动影响因素的分析只阐释了市场平均利率，反映了利率的总体走势。但由于现实生活中存在的利率种类繁多，因此必须了解各种利率之间的关系，也就是利率的结构。

一、利率的风险结构

利率的风险结构是指期限相同的金融资产因风险差异而产生的不同的利率。这一定义中的风险主要是指违约风险、流动性风险和税收风险。

(一)违约风险

违约风险是指由于债券发行者的经营状况不稳定,而有可能违约,即不能及时偿还债券本息的风险。

中央政府发行的债券,通常被认为是无风险的,因为中央政府总可能通过征税、甚至发行货币等方式来偿付债券的本息。地方政府也有一定的征税能力,但其偿债的能力显然不如中央政府,因而被认为有一定的风险(如美国的奥兰治县,曾经因为金融衍生工具而破产)。风险更大的是公司债券,因为公司没有征税权,只能在竞争中生存。而竞争又是非常残酷的,任何经营决策的失误或外部经济环境的变化,都可能使一家信誉卓著的公司面临资不抵债的境地,因而不确定性高,违约风险也大。

显然,债券的违约风险越大,它对投资者的吸引力就越小,因而债券发行者所应支付的利率就越高。有风险债券与无风险债券利率之差被称为风险升水。

假定在分析之初,公司债券没有违约的可能,故像中央政府债券那样属于无风险债券。在这种情况下,两种债券具有相同的风险和期限,相等的初始均衡价格和均衡利率。但由于公司经营出现问题,本息偿还的不确定性增加,投资者对公司债券的需求减少,则需求曲线左移,同时投资者对政府公债的需求增加,需求曲线右移。结果一方面公司债券的利率上升,另一方面政府公债的利率下降。风险升水等于改变后的两种利率之差。

但一般的投资者不可能全面地了解市场上交易的各种债券的具体情况,所以就需要有一些专门的评级机构对他们进行调查,并做出相应的评级。在美国,有四家权威的私人评级机构,穆迪投资者服务公司(Moody's Investors Service)、标准普尔公司(Standard & Poor's Corporation)、惠誉公司(Fitch Publishing Corporation)和价值线投资调查公司(Value Line Investment Survey)。各家评级机构对债券级别的划分没有统一的标准,表示方法也各不相同。以标准普尔公司为例,债券被分为 AAA、AA、A、BBB、BB、B、CCC、CC、C、D 十个等级,其安全性逐渐降低。其中前四个等级被认为是投资等级,违约风险较小。后面六个等级的债券通常被称为垃圾债券,具有很强的投机性。

(二)流动性风险

流动性风险是指因资产变现速度慢或变现时发生损失而引起的风险。一般来讲,政府债券发行量大,交易量大,变现能力强,且费用较低,因此流动性较强;而公司债券交易量相对政府债券而言较小,在紧急情况下难以迅速找到买主,交易成本较高,变现能力差,流动性相对较低。流动性强的债券,流动风险较小,利率相对较低;流动性弱的债券,违约风险较大,利率相应较高。公司债券的利率一般高于政府债券。

流动性风险往往与违约风险相伴而生,因此,风险溢价中包含着违约风险溢价和流动性风险溢价。

(三)税收风险

相同期限债券之间的利率差异,不仅反映了债券之间违约风险、流动性的不同,而且还受到税收因素的影响。债券持有人真正关心的是税后的实际利率,因此如果利息收入的税收水平存在差异,这种差异必然要反映到税前利率上来。税率越高的债券,税前利率也应该越高。

自40年代以来,违约风险为零、且有着极高流动性的美国联邦政府债券,其利率却始终高于有一定的违约风险且流动性更低的地方政府债券。究其原因,在于两种债券所得税的不同。正如前面章节所讲到的,在美国地方政府债券的利息收入可以免交联邦所得税,因而其税前利率自然要低于利息收入要交联邦所得税的联邦政府债券。

二、利率的期限结构

利率的期限结构研究的是风险结构相同的各种债券的利率与期限的关系,即在风险相同情况下,期限不同的债券之间的利率差异由哪些因素决定。

在研究利率的期限结构方面,收益率曲线是一种十分有用的工具。收益率曲线是根据在其他方面相同、唯独期限不同的债券的收益率所绘制的曲线。一般说来,收益率曲线有向上倾斜、水平、向下倾斜三种可能的形状,基本上反映了利率期限结构的三种类型。向上倾斜的收益率曲线表示长期利率高于短期利率,水平的收益率曲线表示长期利率等于短期利率,向下倾斜的收益率曲线表示长期利率低于短期利率。一般来讲,各种期限债券的利率往往是同向波动的,并且长期债券的利率往往高于短期债券的利率。为了解释上述现象,我们介绍几种颇具代表性的理论。

(一)预期理论

预期理论是最古老的预期结构理论,也是最著名、最容易应用的定量化期限结构理论。它认为长期债券的利率等于该债券到期前人们对短期利率预期的平均值。当人们预期将来的短期利率要上升时,长期利率就高于短期利率,则收益率曲线向上倾斜;当预期未来的短期利率要下降时,长期利率就低于短期利率,则收益曲线向下倾斜;当人们预期未来短期利率不变时,则收益率曲线是水平的。

预期理论假定投资者对债券的期限没有偏好,总是倾向于购买预期收益率较高的债券,并且收益率相同而期限不同的债券之间完全可以互相替代。

假设从时点t起第1年的短期利率为r_t,第2年的短期利率为r^e_{t+1},第3年的短期利率为r^e_{t+2},…,从第(n-1)年末到第n年末的短期利率为r^e_{t+n-1},从时点t起到第n年末的长期利率为r_{nt},则有:

$$(1+r_t)(1+r_{t+1}^e)\cdots\cdots(1+r_{t+n-1}^e)=(1+r_{nt})^n$$

$$r_{nt}=\sqrt[n]{(1+r_t)(1+r_{t+1}^e)+\cdots\cdots+(1+r_{t+n-1}^e)}-1$$

从上式可以看出，当预计未来短期利率呈上升趋势时，则长期债券的利率大于短期债券的利率，从而收益率曲线向上倾斜；当预计未来短期利率呈下降趋势时，则长期债券的利率小于短期债券的利率，从而收益率曲线向下倾斜；如果预计未来短期利率保持不变，则长期债券的利率等于短期债券的利率，从而收益率曲线呈水平状。

但如前所述，长期债券的利率大于短期债券的利率是金融市场上常见的现象，那么是否意味着人们总是预计未来短期利率呈上升趋势呢？这显然是不现实的。于是，有的经济学家提出了市场分割理论。

（二）市场分割理论

与预期理论正好相反，市场分割理论认为各种期限的债券之间毫无替代性，它们的市场是完全分离的，每种债券的利率仅仅取决于各自市场上对该债券的供给和需求，不受其他期限债券预期收益率变动的影响。

根据市场分割理论，收益率曲线的不同形状是由不同期限债券的供求差异所造成的。一般说来，如果投资者偏好期限较短、利率风险较小的债券，则对短期债券的需求相对高于对长期债券的需求，所以长期债券价格较低，利率较高，收益率曲线向上倾斜。这就可以比较清楚地解释长期债券的利率为何往往高于短期债券的利率。反过来，当投资者对长期债券的需求相对高于对短期债券的需求时，长期债券具有较高的价格和较低的利率，则收益率曲线向下倾斜。

市场分割理论虽然可以解释收益率曲线向上倾斜的原因，但由于它将不同期限的市场视为完全分割的，所以一种期限债券利率的上升不会影响其他期限债券的利率，因而它无法解释为什么不同期限的债券利率往往是同向波动的。于是有的经济学家便试图提出能对上述两种常见现象同时作出解释的理论，这就是期限选择理论。

（三）期限选择理论

期限选择理论认为，长期债券的利率等于该债券到期前人们对短期利率预期的平均值加上该种债券随供求条件的变化而变化的期限补偿。

期限选择理论假定，市场是由具有不同期限偏好的投资者所组成的，但这种偏好并不是绝对的。投资者在对某种期限的债券进行投资时，仍然关心的是那些非偏好期限债券的预期收益率的变动。当不同期限债券之间的预期收益率的差距达到一定程度时，投资者就会放弃偏好期限债券，转而去购买非偏好期限的债券。

期限选择理论对不同形状的收益率曲线是这样解释的：

如果投资者对短期债券有着较强偏好，则为了使投资者偏离这种偏好，转而持有长期债券，必须向他们支付正值的期限补偿。因此，即使短期利率在未来的平均水平保持不变，长期利率仍然会高于短期利率，所以收益率曲线往往是向上倾斜的。如果投资者更偏好长期债券，则期限补偿为负值。但这并不是常见的情况，原因在于长期债券的价格对利率较为敏感，波动性较大，所以期限补偿一般为正值。

如果投资者预计未来短期利率会下降，当未来短期利率预期的平均值加上正的期限补偿仍然小于现行的短期利率时，则长期利率低于短期利率，收益率曲线将向下倾斜；当未来短期利率预期的平均值加上正的期限补偿仍然大于现行的短期利率时，则长期利率高于短期利率，收益率曲线将向上倾斜。

由此可见，期限选择理论既能比较好地解释为什么长期利率往往高于短期利率，又能解释为什么不同期限的利率往往同向波动，因而是最广泛接受的利率期限结构理论。

【本章小结】

1.计算利息的方法分为单利法和复利法。单利是指不管期限长短，仅以本金为基数计息，本金所产生的利息不再加入本金重复计算。复利也称利滚利，是将每一期的利息加入本金一并计算下一期的利息。

2.终值是未来某一时点上的本利和，一般是指到期的本利和，而现值是指未来本利和的现在价值。现值与终值的关系是在终值公式中现值被作为投资本金看待；在现值公式中，终值被作为未来收益看待。两者使用同一参照利率，利率在现值公式中是被作为贴现因子使用的。现值是终值的逆运算。

3.现金流贴现方法既考虑了投资项目的现金流量，又考虑了现金流量产生的时间，即时间价值，是一种非常重要的微观金融决策分析方法。其中最基本的决策规则包括净现值法、现值指数法和内含报酬率法。

4.关于利率水平的决定，主要有马克思的利率决定理论、古典利率理论、流动性偏好利率理论、可贷资金利率理论、*IS* - *LM* 模型中的利率决定。它们研究利率水平的决定机制、对经济影响的过程和程度。

5.利率的风险结构是指期限相同的金融资产因风险差异而产生的不同的利率。这一定义中的风险主要是指违约风险、流动性风险和税收风险。

6.利率的期限结构研究的是风险结构相同的各种债券的利率与期限的关系。即在风险相同情况下，期限不同的债券之间的利率差异由哪些因素决定。主要有预期理论、市场分割理论和期限选择理论。它们对收益率曲线形状的决定给出了不同的解释。

【复习思考题】

1.你如何理解信用与利息之间的关系？

2.什么是基准利率、名义利率与实际利率？

3.如何利用连续复利进行计息？

4.简述现金流贴现决策规则的三种方法。

5.试比较一般利率决定理论的差异。

6.简述利率期限结构的三种理论。

CHAPTER 3 第三章
外汇与汇率

【学习目标】

本章希望学生首先要掌握外汇静态和动态概念的界定及外汇的分类；其次要掌握汇率的概念和不同的标价方法及汇率的分类，熟悉套算汇率计算的基本规则和远期汇率的报价及基本计算原理；最后要理解固定汇率制、浮动汇率制和中间汇率制的优缺点；掌握一价定律的概念和主要的汇率决定理论。

【重要概念】

外汇 直接标价法 间接标价法 美元标价法 固定汇率 浮动汇率 买入汇率 卖出汇率 中间汇率 基本汇率 套算汇率 即期汇率 远期汇率 名义汇率 实际汇率 有效汇率 固定汇率制 浮动汇率制 爬行钉住汇率制 汇率目标区制 货币局制 一价定律 绝对购买力平价 相对购买力平价 套补利率平价 非套补利率平价 货币模型 超调模型

在全球经济一体化的背景下，各国间的经济往来越来越密切，对外经贸日益成为各国经济增长中不可忽视的组成部分，进而导致各国在外汇市场中的活动越来越频繁。开放经济下的商品与要素的国际流动必然会涉及外汇、汇率等，因此要了解国际金融的运转就必须先了解外汇和汇率以及与之紧密相关的汇率制度，而汇率的决定又是一个十分复杂的问题，它一直是国际金融理论研究中非常重要的领域。在本章下面的三节内容中，我们将依次进行阐述。

第一节 外 汇

货币收支行为不仅仅发生在一国之内，国际间的经济、政治、文化、体育、卫生等诸多领域中也时时刻刻发生着个人、企业、国家等多方面的交往,而这些交往自然也常常需要货币收支如影随形,何况在今天这样一个全球化趋势日益加强、国家之间的联系日益密切的现代货币经济社会中,跨国交往时对货币的依赖就更加突出了,从而促使我们越来越重视这个金融范畴——外汇。

一、外汇的定义

外汇(foreign exchange)的本质是对外国商品和劳务的要求权,可以从静态和动态两个角度来理解。静态的外汇是指以外币表示的、能用来清算国际收支差额的资产。这种支付手段包括以外币表示的信用工具和有价证券。人们通常所说的外汇,是就其静态含义而言的。动态的外汇等同于国际结算,是指把一国货币兑换成另一国货币,用以清偿国际间的债权债务以及进行资金转移的活动。

但是,并不是所有的外国货币资产都是外汇。一种外币资产成为外汇要同时满足以下三个条件:第一,自由兑换性,即这种外币资产能与主要的国际货币进行自由兑换;第二,普遍接受性,即这种外币资产在国际经济往来中能被各国普遍地接受和使用;第三,可偿性,即这种外币资产是可以得到保证的。

按照我国 2008 年 8 月 1 日国务院通过的《中华人民共和国外汇管理条例》的规定,外汇是指下列以外币表示的可以用作国际清偿的支付手段和资产:

一是外币现钞,包括纸币、铸币;

二是外币支付凭证或者支付工具,包括票据、银行存款凭证、银行卡等;

三是外币有价证券,包括债券、股票等;

四是特别提款权;

五是其他外汇资产。

二、外汇的种类

(一)按照外汇自由兑换的程度来划分,外汇可分为自由兑换外汇、有限自由兑换外汇和记账外汇三种

1.自由兑换外汇

又称自由外汇,是指不需要经货币发行国外汇管理当局批准,可自由兑换成其他货币,或者可向第三者办理支付的外国货币及其支付手段。例如美元、英镑、欧元、日元等货币以及用这些货币表示的各种有价证券和支付凭证。

根据《国际货币基金组织协定》第 8 条会员国的一般义务的规定,一国货币成为自由外汇,必须符合三个条件:(1) 对本国国际收支中的经常往来项目(贸易和非贸易的付款)和资金转移不加限制;(2) 不采取歧视性的货币措施或多种货币汇率;(3) 在另一个会员国要求下,随时有义务购回对方经常项目往来中所结存的本国货币。

2.有限自由兑换外汇

它是指只有经过货币发行国货币管理当局批准，才能自由兑换成其他货币或对第三者进行支付的外汇。目前，世界上多数国家的货币属于有限自由兑换货币。

有限自由兑换外汇又大体分为两种形式：

(1)在一定条件下的可自由兑换外汇。如人民币不是自由兑换外汇，但我国于1996年12月1日起接受《国际货币基金组织协定》第8条的义务，实行人民币经常项目下的可兑换制度，所以人民币是有限制的可自由兑换外汇。

(2)区域性的可自由兑换外汇。在一些货币区域内，各成员国的货币盯住区域内关键货币，同其保持固定比价，并可自由兑换为关键货币，区域内资金转移不受限制。但如果将各货币区域内的货币兑换成关键货币以外的货币，或将资金转移到区域外的国家或地区，则要受到各种不同程度的限制。

3.记账外汇

又称双边外汇、协定外汇或清算外汇，是指在两国政府签订的双边贸易或双边清算协定中，由进出口贸易所引起的债权债务不用现汇逐笔结算，而是通过对方国家银行专门账户进行相互冲销所使用的外汇。这种外汇不能兑换成自由外汇或对第三者进行支付，只能在双方银行专门账户上使用。

它的使用有利于促进国际贸易的发展，同时节省了现汇，是国际贸易活动中普遍使用的一种国际清算手段。

【拓展阅读】

人民币经常项目下的可兑换的实践

在1994年实行外汇改革之前，我国基本上实行的是固定汇率制度，其中还曾有过双轨制汇率时期。

1994年1月1日，我国开始外汇管理体制改革，这次改革的最终目标是实现人民币的完全可自由兑换，从而拉开了我国人民币自由兑换的序幕。从这一天起人民币汇率实行并轨，取消官方汇率，以1993年底外汇调剂市场汇率1美元合8.72元人民币作为全国统一的人民币市场汇率，并实行以市场供求为基础的、有管理的浮动汇率制。

1994年4月4日，中国外汇交易中心系统正式运营，人民币汇率由国内外汇市场上的外汇供给水平决定。于是，人民币汇率的确定进一步走向市场化。

1996年7月以前，外商投资企业的外汇买卖仍须委托外汇指定银行通过当地外汇调剂中心进行，统一按照银行间外汇市场的汇率结算。

1996年7月以后，国家取消了对外商投资企业的经常性用汇限制，将它们的经常项目外汇收支纳入银行结售汇体系。除以上措施外，还几次提高居民个人兑换外汇的标准；取消了出入境展览、招商等非贸易经常性用汇的限制；允许驻华机构、来华人员的合法人民币收入兑换外汇汇出。

通过一系列的改革，我国于1996年12月1日起接受《国际货币基金组织协定》第8

条的义务,实行人民币经常项目下的可兑换。

资料来源:宿玉海,《国际金融学》(第一版),第100页。

(二)按照来源和用途不同,外汇可分为贸易外汇和非贸易外汇

1.贸易外汇

它是指因进出口贸易及其从属费用而收付的外汇。从属费用包括与商品进出口直接关联的运输、保险等所用的外汇。

自2012年8月1日起施行的《货物贸易外汇管理指引实施细则》中规定的企业贸易外汇收支包括:(1)从境外、境内保税监管区域收回的出口货款,向境外、境内保税监管区域支付的进口货款;(2)从离岸账户、境外机构境内账户收回的出口货款,向离岸账户、境外机构境内账户支付的进口货款;(3)深加工结转项下境内收付款;(4)转口贸易项下收付款;(5)其他与贸易相关的收付款。

2.非贸易外汇

它是指与进出口贸易无关的外汇,如:捐赠、侨汇、旅游、海运、保险、银行、海关、邮电、工程承包、资本流动等所收付的外汇。

我国财政部于1993年1月1日起在中国银行总行建立非贸易外汇收入总账户,各地财政部门在当地相应的中国银行分、支行建立非贸易外汇收入分账户。通过以上账户进行非贸易外汇的核算。

(三)根据交割期限不同,外汇可分为即期外汇和远期外汇

1.即期外汇

又称现汇,是指外汇买卖成交后,交易双方于当天或两个交易日内办理交割的外汇。

即期外汇交易是按照标的外汇在交易当日的汇率成交的。在外汇市场上,报价银行在报出外汇交易价格时采用双向报价法,即同时报出该银行的买入价和卖出价。客户直接在报价银行柜面上与银行进行外汇买卖,按照银行报出的买入价将手中的外汇卖给银行,按照银行报出的卖出价从银行手中买入相应的外汇。如客户A持有100美元现钞并且想要将这100美元兑换成人民币,那么,按照表3-1给出的外汇牌价,他将以630.53的现钞买入价将这100美元的现钞卖出,得到630.53元人民币。

表3-1 2012年8月2日15:56:23中国银行外汇牌价

货币名称	交易单位	现汇买入价	现钞买入价	现汇卖出价	现钞卖出价	中间价	中行折算价
英镑	100	985.18	954.76	993.09	993.09	984.29	984.29
港币	100	81.97	81.31	82.28	82.28	81.74	81.74
美元	100	635.63	630.53	638.17	638.17	633.92	633.92
瑞士法郎	100	646.47	626.51	651.67	651.67	–	648.6
新加坡元	100	509.11	493.39	513.2	513.2	–	510.77

（续表）

货币名称	交易单位	现汇买入价	现钞买入价	现汇卖出价	现钞卖出价	中间价	中行折算价
瑞典克朗	100	93.71	90.82	94.46	94.46	-	93.79
日元	100	8.0876	7.838	8.1444	8.1444	8.077	8.077
加拿大元	100	631.32	611.83	636.39	636.39	630.58	630.58
澳大利亚元	100	665.18	644.65	670.52	670.52	662.41	662.41
欧元	100	777.62	753.61	783.87	783.87	775.25	775.25

资料来源：新浪外汇。

2.远期外汇

又称期汇，是指交易双方在外汇买卖成交后并不立即办理交割，而是事先签订买卖合约，规定外汇买卖的币种、数量、期限和交割时间、汇率等，到约定日期才按合约规定的汇率进行交割的外汇。在签订合同时，除交纳10%的保证金外，不发生任何资金转移。远期交易的期限有1个月、3个月、6个月和1年等，其中3个月最为普遍。

人们选择远期外汇交易的目的主要有两方面：一是套期保值以规避汇率变动风险，二是投机以从汇率变动中赚取利润。

【拓展阅读】

外汇衍生品

一、外汇期货

它是以某种外汇为标的物的金融期货，是规定交易双方按约定的时间、约定的价格买卖标的外汇的标准化合约。它在期货市场进行交易。它的产生源于外汇市场巨大的汇率风险。

1972年5月16日，美国芝加哥商品交易所率先推出英镑、加拿大元、联邦德国马克、意大利里拉、日元和瑞士法郎等外汇期货，创立了世界上第一个外汇期货交易市场。目前，外汇期货已成为世界金融市场重要的外汇套期保值工具和投资工具。

外汇期货交易是以合约为单位的，一张合约称为“一手”。交易所对每种合约的交易币种、合同规模、交易时间、交割时间等都有统一规定。但是，期货合约的价格却是每天都在变动的，它是在期货交易所大厅内以买卖双方公开竞价的方式确定。每天的外汇期货交易行情有开盘价、最高价、最低价等，具体可见表3-2所示的外汇期货行情。

表3-2 2012年8月3日09:43:40外汇期货行情

名称	涨跌幅	最新价	昨收	今开	最高	最低
IMM-英镑	+0.002	↑1.552	1.550	1.551	1.552	1.550
IMM-加元	+0.002	↑0.993	0.991	0.992	0.993	0.992
美元指数期货	0.000	83.310	83.310	83.310	83.370	83.290
IMM-欧元	+0.000	↑1.219	1.218	1.219	1.219	1.217
IMM-日元	+0.002	1.281	1.279	1.279	1.282	1.278
IMM-瑞郎	+0.000	↑1.015	1.014	1.015	1.015	1.014

资料来源：新浪外汇。

注:1.IMM为芝加哥国际货币市场。

2.IMM的合同规模。

英镑:62500

日元:12500000

欧元:125000

瑞士法郎:125000

3.IMM的交割月份和交割日期及合约终止日。

交割月份:3月、6月、9月、12月。

交割日期:交割月份的第三个星期三。

合约终止日:交割日前的第二个营业日。

二、外汇期权

外汇期权就是在将来的一定时间内以约定价格买或不买、卖或不卖某种外汇的选择权利。外汇期权合约是一种标准化合约,它规定作为买卖标的外汇的规格、品种、期限、买卖价格和买卖双方各自的权利和义务。但是,买卖双方的权利和义务是不对称的:买方支付一定的期权费给卖方以获得在将来一定时间内以敲定的价格买或不买、卖或不卖标的外汇的选择权利;而卖方只剩下在对方选择买进(或卖出)时以敲定的价格卖出(或买进)相应的外汇的义务。这是外汇期权与外汇期货的根本区别。

三、外汇互换

也称货币互换,它是指互换双方将自己持有的以一种货币表示的资产或负债换成另一种货币表示的资产或负债的行为。发生货币互换的主要原因是双方在各自国家中的金融市场上具有比较优势。

例如,A公司需要借入一笔5年期固定利率的1000万英镑款项,该公司能够以11.6%的借款利率获得这笔款项。B公司需要借入一笔5年期固定利率的1500万美元款项,该公司能够以10%的借款利率获得这笔款项。这时英镑和美元汇率为1英镑=1.5000美元。这时,假定A的信用等级等情况好于B,A和B将有如下情况:如果是A借入5年期固定利率的1500万美元款项,它将以8%的利率支付利息;如果是B借入一笔5年期固定利率的1000万英镑款项,它将以12%的利率支付利息。那么,A在美元市场上有比较优势,而B在英镑市场上有比较优势。这样双方就可以按照自己的比较优势借款,然后通过互换得到自己想要的资金,并通过分享互换收益降低筹资成本。

资料来源:宿玉海,《国际金融学》(第一版),第七章。

(四)在我国外汇银行业务中,外汇还可分为外币现钞和外币现汇

1.外币现钞

它是指外国的钞票、铸币,主要由境外携入。由于它具有实体,当要把现钞转移出境时,客户可以通过携带或汇出(客户必须承担运输费)的方式。

2.外币现汇

它是指其实体在货币发行国本土银行的存款账户中的自由兑换的外汇。外币现汇主要由国外收入,或境外携入、寄入的外币票据,经银行托收,收妥后存入来实现的。由于它只是账面上的外汇,不具有实体,那么它的转移出境可以直接汇出,即进行账面上的划转。

第二节 汇率和汇率制度

在货币服务于国际交往的过程中,不同主权国家的经济发展基础和水平都存在差异,并且不同的国家或地区采用不同的货币,因此在跨国贸易和非贸易交往中各国必然面临本国货币与其他国家或地区货币的折算比率问题,而这就是汇率问题。

一、汇率的概念

汇率(exchange rate)又称汇价、外汇行市、外汇牌价、货币兑换率等。它是指一国货币折算成为另一国货币的比率或比价,或以一种货币表示的另一种货币的相对价格。

我们可以将汇率理解为一种价格,这种价格与我们平时所说的物品之间的交换比率是一样的,只不过汇率是货币之间的互换比率。如北京时间 2012 年 8 月 8 日 10:04:33的 USD/CNY6.3694 表示的是想要获得 1 美元就需要用 6.3694 元人民币来兑换,或者想要获得 1 元人民币就需要用 1/6.3694 美元来兑换。

二、汇率的标价方法

汇率的标价方法是指基准货币的确定方法。那么,我们在学习汇率的标价方法之前要清楚两个概念——基准货币和标价货币。基准货币(based currency)是指在各种标价法下数量固定不变的货币。标价货币(quoted currency)是指在各种标价法下数量变化的那种货币。于是,在各种标价方法下都有一定单位的基准货币 = xx 单位的标价货币。

基准货币是本国货币、外国货币还是美元,将决定着不同的汇率标价方法。据此,国际上主要有三种汇率标价方法:直接标价法、间接标价法和美元标价法。

(一)直接标价法(direct quotation)

又称应付标价法。在直接标价法下,外国货币为基准货币,本国货币为标价货币。它是以一定单位(1、100、10000、100000 等)的外国货币为基准,折算这些单位的外国货币应付多少单位的本国货币。目前大多数国家采用直接标价法,如日本、瑞士、加拿大等,我国人民币的牌价也是采用的直接标价法。

在直接标价法下,一定单位的外国货币 = xx 单位的本国货币,我们可以将这一定单位的外国货币看作一种商品,把本国货币看作是可以购买这种特殊商品的货币,那么直接标价法下的汇率就是一定单位外国货币值多少钱(本国货币)。

按照以上的理解,在直接标价法下:若汇率上升,也就是在当前时期一定单位的外国货币折算成的本国货币比前一个时期多了,即当前时期的外国货币较前一时期更"值钱",则说明外国货币相对于本国货币升值了,本国货币相对于这种外国货币贬值了;反之,如果汇率下降,即当前时期的外国货币不如前一时期"值钱"了,则说明外币贬值,本币升值。综上所述,在直接标价法下,我们得到以下结论:外汇汇率的升降同本币对外价值的增减方向相反。

(二)间接标价法(indirect quotation)

又称应收标价法。在间接标价法下,本国货币为基准货币,外国货币为标价货币。它是以一定单位(1、100、10000、100000 等)的本国货币为基准,折算这些单位的本国货币应收多少单位的外国货币。美国、英国、欧元区、新西兰、澳大利亚和爱尔兰等国家采用间接标价法。

在间接标价法下,一定单位的本国货币 = xx 单位的外国货币。可见它与直接标价法下的汇率表示外国货币的价格不同,表示的是本国货币的对外价格。那么,在间接标价法下的汇率就是一定单位的本国货币值多少钱(外国货币)。

在间接标价法下,外汇汇率升降同本币对外价值的增减方向相同:若汇率上升,也就是在当前时期一定单位的本国货币折算成的外国货币比前一个时期多了,即当前时期的本国货币较前一时期更"值钱",则说明本国货币相对于外国货币升值了,外国货币相对于本国货币贬值了;反之,如果汇率下降,即当前时期的本国货币不如前一时期"值钱",则说明本币贬值,外币升值。

虽然两种标价方法的基准货币不同,但表示的一国货币对同一种外国货币的升降意义并无不同,两者只是在数值上互为倒数。如北京时间 2012 年 8 月 8 日 10:04:33 的我国外汇市场上 USD1 = CNY6.3694, 2012 年 8 月 9 日 17:14:25 的 USD1 = CNY6.3620,在直接标价法下汇率下降,人民币升值;在间接标价法下,两个时间段的汇率分别是 CHY1 = USD0.1570 和 CHY1 = USD0.1572,汇率上升,人民币升值。可见,无论是哪种标价法,都会得到人民币升值的结论。

(三)美元标价法(U.S. dollar quotation)

又称纽约标价法,是以一定单位的美元为基准折合多少其他国家货币单位(除欧元、英镑等极少数货币外)的一种直接标价法。它由美国在 1978 年 9 月 1 日制定并执行,是目前国际金融市场上通行的汇率标价方法,世界各大国际金融中心的货币汇率和世界各大银行的外汇标价均采用美元标价法。

国际金融市场中的交易涉及的货币可能都不是本国货币,这样就很难用前面所提到的直接标价法和间接标价法来进行相应的换算与兑换。全球化的外汇交易需要统一的汇率表示方式,美元标价法由此产生,它的出现简化了报价并促使广泛比较各种货币的汇价变得可能。

【拓展阅读】

货币名称、货币符号和汇率标价的国际惯例

按照国际市场惯例，汇率标价由5位有效数字组成，精确到小数点以后的第4位。在小数点以后的4位有效数字中，从右边向左边数过去，第一位称为个（基本）点，简称基点，它是汇率变动的最小单位；第二位称为十个（基本）点；第三位称为百个（基本）点。如：USD/HKD汇价由7.8900变为7.8910，就说汇价上升了10个点。

我们对主要货币制定的货币符号，可见表3－3：

表3－3　主要货币名称及世界标准化组织制定的货币符号

货币名称	货币符号	货币名称	货币符号
人民币	CNY	美元	USD
英镑	GBP	日元	JPY
瑞士法郎	CHF	港元	HKD
法国法郎	FRF	德国马克	DEM
欧元	EUR	加拿大元	CAD

三、汇率的分类

（一）按照汇率制度的不同，可将汇率划分为固定汇率和浮动汇率

1.固定汇率（fixed rate）

它是指基本固定的、波动幅度限制在一定范围以内的不同货币之间的汇率。固定汇率由于是在货币当局的调控之下并且在法定幅度内波动，因而具有相对稳定性。在二战至20世纪70年代初期，世界各国的货币间采取了固定汇率制。

2.浮动汇率（floating rate）

它是指可以自由变动的、听任外汇市场供求决定的汇率。在布雷顿森林体系崩溃后，大部分国家货币之间的汇率采用了浮动汇率。

在直接标价法下，当外汇市场上的外汇供给大于需求时，外国货币的价格下跌，汇率下浮；反之，当外汇市场上的外汇供给小于需求时，外国货币的价格上涨，汇率上浮。

（二）从银行买卖外汇的角度，可将外汇划分为买入汇率、卖出汇率和中间汇率

在进行外汇交易时，报价银行普遍采用双向报价法向询价者报出价格，即同时报出两个价格——买入价（买入汇率）和卖出价（卖出汇率）。值得注意的一点是，这里提到

的买和卖都是针对银行来说的。银行的买价低、卖价高,买卖差价就是银行进行外汇交易的收益,一般为1‰~5‰。

1.三种汇率的定义

(1)买入汇率(buying rate)。它是指银行向同业或客户买入外汇时所使用的汇率。

(2) 卖出汇率(selling rate)。它是指银行向同业或客户卖出外汇时所使用的汇率。

(3)中间汇率(middle rate)。它是买入价和卖出价的算术平均数,即中间价=(买入价+卖出价)/2。它一般用于新闻媒体报道中,为了让公众了解汇率的基本水平。

2.不同标价方法下的银行报价方法

(1)直接标价方法下的银行报价方法。在直接标价法下,银行报出的价格:前面一个较小的数字是买入价,后面一个较大的数字是卖出价。标明的价格直接就是银行买或卖一定单位外币所需要的本币单位数或收入的本币单位数。

(2)间接标价方法下的银行报价方法。在间接标价法下,银行报出的价格:前面一个较小的数字是卖出价,后面一个较大的数字是买入价。卖出价表示的是银行收进一定单位的本币卖出外币时,付给客户的外币数;买入价表示的是银行付出一定单位的本币购买外汇时,向客户收取的外汇数。

此外,银行在对外挂牌公布汇率时,另注明了现钞汇率,这主要针对一些对外汇实行管制的国家。因为外币现钞具有实体,当客户把现钞转移出境时,通过携带方式或汇出方式时要花费一定的运费和保险费,所以银行的现钞买入价要略低于现汇买入价,但两种卖出价相同。

(三)按照汇率制定方法的不同,可将汇率划分为基本汇率和套算汇率

1.基本汇率(basic rate)

它是指一国货币对关键货币的汇率。一国选择关键货币一般来说要遵循以下三个原则:第一,必须是在该国国际收支中,尤其是在国际贸易中使用最多的货币;第二,必须是在该国外汇储备中所占比重最大的货币;第三,必须是自由兑换的、在国际上可以被普遍接受的货币。世界上大多数国家将美元作为关键货币,将本国货币和美元之间的汇率作为关键汇率。

一个国家的各个银行在报出外汇汇率时,通常只报出基本汇率,至于其他国家的货币与本国货币之间的汇率,则需要通过各国的基本汇率进行换算。

2.套算汇率(cross rate)

又称交叉汇率。它是指两种货币通过各自对第三种货币的汇率推算出来的汇率,也就是通过基本汇率套算出来的汇率。通常情况下是根据世界上各主要外汇市场上公布的美元对各种其他国家货币的汇率套算出来的两种非美元货币之间的汇率。

关于套算汇率计算的基本规则,将以举例的形式呈现:

(1)两种汇率的标价方法不同时,相应数字同向相乘。

① 汇率给出的是中间汇率时

英国市场 GBP1 = USDx,中国市场 USD1 = CNYy,想要获知英镑兑人民币的汇率,可以通过英镑兑美元和美元兑人民币的汇率加以套算。那么,套算汇率 GBP1 = CNY(x × y)。

② 汇率给出的是买入价/卖出价时

英国市场 GBP1 = USD x/y,中国市场 USD1 = CNY m/n。那么,套算汇率 GBP1 = CNY(x × m)/(y × n)。

(2)两种汇率的标价方法相同时,相应数字交叉相除。

① 汇率给出的是中间汇率时

中国市场 USD1 = CNY x,日本市场 USD1 = JPY y,想要获知人民币兑日元的汇率,可以通过美元兑人民币和美元兑日元的汇率加以套算。那么,套算汇率 CNY1 = JPY(y/x)

② 汇率给出的是买入价/卖出价时

中国市场 USD1 = CNY x/y,日本市场 USD1 = JPY m/n。那么,套算汇率 CNY1 = JPY (m/x)/(n/y)。

(四)按照价格期限的不同,可将汇率划分为即期汇率和远期汇率

1.两种汇率的定义

(1)即期汇率(spot rate)。它是指适用于即期外汇交易的汇率。

(2)远期汇率(forward rate)。它是指适用于远期外汇交易的汇率。

2.远期汇率的报价方法

(1)完整汇率报价。又称直接报价,与即期汇率报价方法相同。它直接将各种不同交割期限的外汇的买入价和卖出价表示出来。这种报价方法常用于银行对客户报价,在银行同业交易中瑞士、日本等国也采用这种方法。如表 3 - 4,中国工商银行报出的人民币远期外汇牌价。

表 3 - 4　中国工商银行人民币远期外汇牌价

单位:人民币/100 美元

期限	美元兑人民币			
	中间价	现汇买入价	现汇卖出价	起息日
7 天(7D)	827.71	825.64	829.78	2003 - 10 - 23
20 天(20D)	827.79	825.72	829.86	2003 - 11 - 05
1 个月(1M)	827.85	825.78	829.92	2003 - 11 - 17
2 个月(2M)	828	825.93	830.07	2003 - 12 - 16
3 个月(3M)	828.13	826.06	830.2	2004 - 01 - 16

（续表）

期限	美元兑人民币			
	中间价	现汇买入价	现汇卖出价	起息日
4个月(4M)	828.26	826.18	830.33	2004-02-16
5个月(5M)	828.36	826.29	830.43	2004-03-16
6个月(6M)	828.44	826.36	830.51	2004-04-16
7个月(7M)	828.46	826.19	830.74	2004-05-17
8个月(8M)	828.48	825.99	830.96	2004-06-16
9个月(9M)	828.40	825.71	831.1	2004-07-16
10个月(10M)	828.24	825.35	831.14	2004-08-16
11个月(11M)	828	824.89	831.1	2004-09-16
12个月(12M)	827.69	824.38	831	2004-10-18

资料来源:中国工商银行网站。

(2)远期差价报价法。又称掉期率报价法。在这种报价方法下,银行不直接报出远期汇率,而是只报出远期汇率和即期汇率之间存在的差价,然后由交易者自己根据即期汇率和远期差价来计算远期汇率。英、美、德、法等国均采用此报价方法进行远期汇率的报价。

某一时点上的掉期率或远期差价 = 这一时点上的远期汇率 - 这一时点上的即期汇率。

远期差价分为升水和贴水:升水无论在直接标价法下或是在间接标价法下,都表示外国货币远期升值;贴水无论在哪种标价法下,都表示外国货币远期贬值。当远期汇率和即期汇率相等时,称为远期平价。

升贴水的幅度一般用点数表示,通常万分之一为一点。

3.远期汇率的计算方法

(1)给出的即期汇率和远期差价为中间价时。

① 直接标价法下

远期汇率 = 即期汇率 + 升水额

远期汇率 = 即期汇率 - 贴水额

②间接标价法下

远期汇率 = 即期汇率 - 升水额

远期汇率 = 即期汇率 + 贴水额

(2)给出的即期汇率和远期差价为买入价和卖出价时,这时要比较掉期率中竖线左右两侧的数字。

① 左低右高,将即期汇率的竖线左右的数字分别加上掉期率中相应的竖线左右的数字。简单来说就是“左低右高,往上加”。

② 左高右低,将即期汇率的竖线左右的数字分别减去掉期率中相应的竖线左右的数字。简单来说就是“左高右低,往下减”。

(五)按照指定汇率的方法,可将汇率划分为单一汇率和复汇率

1.单一汇率(single exchange rate)

它是指一种货币(或一个国家)只有一种汇率,这种汇率通常用于该国所有的国际经济往来。

2.复汇率(multiple exchange rate)

它是指一种货币(或一个国家)有两种或两种以上的汇率,不同的汇率用于不同的国际经贸活动。

我国曾存在两种汇率并存的时期。1979 年 8 月,国务院决定改革外汇管理体制,除官方汇率外,决定从 1981 年 1 月 1 日起开始试行贸易内部结算汇率,从而形成了人民币双重汇率制度。1985 年 1 月 1 日,我国取消了贸易内部结算汇率,恢复了单一汇率。虽然这个时候我国在名义上实行了单一汇率,但由于外汇调剂市场汇率的存在,形成了官方汇率与外汇调剂汇率共存的局面,实际上又形成了新的双重汇率制。由于双重汇率引发的问题愈发严重,我国决定于 1994 年初对外汇管理体制进行重大改革,通过改革实现人民币官方汇率与外汇调剂市场汇率的并轨,并轨后的人民币实行以市场供求为基础的、单一的、有管理的浮动汇率制度。

(六)按照外汇交易支付的通知方式,可将汇率划分为电汇汇率、信汇汇率和票汇汇率

1.三种汇率的定义

(1)电汇汇率(telegraphic transfer rate, T/T rate)。它是指经营外汇业务的银行以电讯方式(电报、电传或电讯网络等方式)买卖外汇时所使用的汇率。如银行在卖出外汇后以电讯方式委托其国外分支行或代理行付款时所使用的汇率。

(2)信汇汇率(mail transfer rate, M/T rate)。它是指银行以信函方式通知收付款时所使用的汇率。如银行开具付款委托书,以信函方式通过航邮寄给付款地银行,由其转付给收款人时所使用的汇率。

(3)票汇汇率(demand draft rate, D/D rate)。它是指银行在买卖外汇汇票时所使用的汇率。票汇汇率分为即期票汇汇率和远期票汇汇率。如银行卖出外汇时,开出汇票并交给汇款人,由其自带或邮寄国外来交给收款人,在出票银行的国外分支行或代理行取款。

2.三种汇率之间的关系

电汇汇率是外汇市场的基础汇率,信汇汇率和票汇汇率都是以其为基础计算出来的。由于在银行通过信函方式邮寄汇款委托书的邮程期间,银行可利用汇款资金,并且信函成本比电汇低,所以,信汇汇率比电汇汇率低。由于票汇汇率从卖出外汇到支付外汇有一段时间,银行可以在这段时间内使用客户的资金,所以票汇汇率一般比电汇汇率低,并且票汇汇率低于信汇汇率。

(七)汇率还可划分为名义汇率、实际汇率和有效汇率

1.名义汇率(nominal exchange rate)

也就是汇率的市场标价,我们平时所见到的公布的汇率基本上都是名义汇率。

2.实际汇率(real exchange rate)

它是名义汇率用两国价格水平调整后的汇率。实际汇率的计算公式为:

$q = eP^*/P$(直接标价法)

其中,q 为实际汇率,e 为名义汇率,P^* 为以外币表示的外国商品的价格水平,P 为以本币表示的本国商品的价格水平。

实际汇率反映的是以同种货币表示的两国的商品价格水平的比较,从而反映了本国商品的国际竞争力:$q\uparrow$,意味着本国商品的国际竞争力增强,国际收支账户将得到改善或进一步顺差;$q\downarrow$,意味着本国商品的国际竞争力下降,国际收支账户将趋向于均衡或继续恶化。

3.有效汇率(effective exchange rate, EER)

它是以贸易比重为权数,计算的本国货币兑一组外国货币的汇率的加权平均数。有效汇率反映的是一国货币汇率在国际贸易中的总体竞争力和总体波动幅度。有效汇率的计算公式为:

A币的有效汇率=∑〔A国货币对i国货币的汇率指数×(A国同 i 国的贸易值/A国全部贸易值)〕

其中A国货币对 i 国货币的汇率指数的基期为100。

之所以使用有效汇率来观察某种货币在国际贸易中的总体竞争力和总体波动幅度,是基于以下事实:一个国家的产品出口到不同的国家可能使用不同的汇率;一国货币在对某一种货币升值时也可能同时在对另一种货币贬值,即使该种货币同时对所有其他货币贬值(或升值),其程度也不一样。

四、汇率制度的概念及主要形式

汇率制度(exchange rate regime)是指一国货币当局对本国汇率水平的确定、汇率变动方式等问题所作的一系列安排或规定。汇率制度的内容包括:确定汇率的原则和依据,维持与调整汇率的办法,制定、维持与管理汇率的机构,管理汇率的法令、体制和政策等。

按照汇率变动方式,汇率制度最主要的两种形式是固定汇率制和浮动汇率制。

(一)固定汇率制

固定汇率制是政府用行政或法律的手段确定、公布、维持本国货币与某种参考物之间固定比价的汇率制度。这里的参考物可以是黄金,也可以是某种外国货币。

历史上存在两种典型的固定汇率制——金本位制下的固定汇率制和布雷顿森林体系下的固定汇率制。

1.金本位制下的固定汇率制

在金本位制下，黄金是国际货币制度的基础，各国货币都规定有含金量，并且各国货币的含金量之比所形成的金平价决定了它们之间的兑换比率，即汇率。并且，外汇市场上的实际汇率就环绕着金平价在一定限度内上下波动。

2.布雷顿森林体系下的固定汇率制

在布雷顿森林体系下，实行“双挂钩制度”，即美元与黄金挂钩、各国货币与美元挂钩。我们人为规定美元按35美元等于1盎司黄金与黄金保持固定比价，各国政府可随时用美元向美国政府按这一比价兑换黄金。各国货币则与美元保持可调整的固定比率，各国货币对美元的波动幅度为平均上下各1%，这样的固定汇率制称为可调整的钉住汇率制（adjustable pegging system）。各国当局有义务在外汇市场上进行干预以保持汇率稳定，只有当一国国际收支发生“根本性不平衡”时，才允许升值或贬值。

（二）浮动汇率制

浮动汇率制是指汇率水平完全由外汇市场上的供求关系决定、政府不加任何干预的汇率制度。但是，当今世界是不存在完全的、纯粹的浮动汇率制，采取浮动汇率制的国家或多或少地对其汇率水平加以干预或指导来达到自己国家的经济目标。按照不同的分类标准，浮动汇率制有以下分类：

1.按照一国政府是否对外汇市场进行干预，浮动汇率制可分为自由浮动汇率制和管理浮动汇率制

（1）自由浮动汇率制（free floating exchange rate regime）。又称清洁浮动汇率制（clean floating exchange rate regime），也就是完全的、纯粹的浮动汇率制，是政府不对汇率进行任何干预的汇率制度。

（2）管理浮动汇率制（managed floating exchange rate regime）。又称肮脏浮动汇率制（dirty floating exchange rate regime），是指货币当局出于一定的经济目的，或明或暗地对外汇市场进行干预或指导，使汇率朝着对自己国家有利的方向变动的汇率制度。管理浮动汇率制是目前浮动汇率制的主要形式。

2.按照一国货币价值是否与其他国家保持某种特殊联系，浮动汇率制可分为单独浮动汇率制、联合浮动汇率制、钉住浮动汇率制和弹性浮动汇率制

（1）单独浮动汇率制（independent floating exchange rate regime）。它是指本国货币不与任何外国货币发生固定联系，其汇率根据外汇市场的供求状况单独浮动的汇率制度。如美元、日元、澳大利亚元、加拿大元等。

（2）联合浮动汇率制（joint floating exchange rate regime）。它是指某些国家出于保护和发展本国经济的目的，组成某种形式的经济联合体，在联合体内，各成员国之间使用制定出来的固定汇率，并规定其上下波动的界限，而对成员国以外的国家的货币汇率采取共同浮动的汇率制度。如1999年1月欧元启动前，欧洲经济共同体成员国的货币一直实行联合浮动汇率制。

(3)钉住浮动汇率制(pegged floating exchange rate regime)。它是指一国货币与另一国货币挂钩或与另几国货币组成的“篮子货币”挂钩,即制定出它们之间的固定汇率,然后随所挂钩货币的汇率的波动而波动的汇率制度。目前,世界上采用钉住浮动汇率制的国家大多是发展中国家,其货币大都钉住美元、日元、法郎等。

(4)弹性浮动汇率制(elastic floating exchange rate regime)。它是指一国根据自身发展的需要,规定钉住汇率在一定弹性范围内可自由浮动,或按一整套程序对汇率进行调整,从而避免钉住汇率制的缺陷,获得在外汇管理和货币政策等方面更多的自主权的汇率制度。

【拓展阅读】

IMF定义的汇率制度种类及其变化

时间	汇率制度的分类
1950~1973	1.存在平价值或中心汇率——运用中心汇率的平价值 2.除了可适用于所有或大部分的交易的平价值或中心汇率外,还存在固定的或波动的有效汇率
1974	1.汇率维持在相对狭窄的幅度内,相对于美元、英镑、法国法郎、南非兰德、西班牙比塞塔、一组货币以及主要贸易伙伴汇率的平均值而言 2.汇率没有维持在一个狭窄的幅度内
1975~1978	1.汇率维持在相对狭窄的幅度内,相对于美元、英镑、法国法郎、南非兰德或西班牙比塞塔、一组货币(在有共同干预安排的情况下)以及组合货币而言 2.汇率没有维持在一个狭窄的幅度内
1979~1982	1.汇率维持在相对狭窄的幅度内,相对于美元、英镑、法国法郎、澳元、葡萄牙埃斯库多、南非兰德或西班牙比塞塔、一组货币(在有共同干预安排的情况下)、组合货币以及一组指数而言 2.汇率没有维持在一个狭窄的幅度内
1983~1996	1.钉住美元、英镑、法国法郎、其他货币以及组合货币 2.有限弹性(有关单一货币和合作性货币的安排) 3.更富弹性的安排:根据一组指数来调整以及其他管理浮动 4.独立浮动
1997~1998	1.钉住单一货币、组合货币 2.有限弹性 3.管理浮动 4.独立浮动
1999~2009	1.无法定独立货币的汇率安排 2.货币局制度 3.传统的钉住汇率安排 4.水平带内的钉住汇率制度 5.爬行钉住 6.爬行带 7.不事先公布干预方式的管理浮动制度 8.独立浮动

(三)固定汇率制和浮动汇率制的优劣比较

由于汇率的特定水平及其调整对经济有着重大影响,并且不同汇率制度本身也意味着政府在实现内外均衡目标的过程中需要遵循不同的规则,所以我们比较上述两个最主要的汇率制度类型——固定汇率制和浮动汇率制的优劣是十分有必要的。本质上,我们对这两种汇率制度的比较与选择是各国货币当局对汇率安排的“可信度”和“灵活度”的权衡。

到目前为止,学术界对固定汇率制和浮动汇率制的优劣比较仍处于激烈的争论当中。许多经济学家赞成浮动汇率制,如弗里德曼(M. Friedman)、约翰逊(H. Johnson)、哈伯勒(G. Haberler)等;但纳克斯(Nurkse)、蒙代尔(R. Mundell)、金德尔格(C. Kindleberger)等则赞成固定汇率制。下面将这一争论所涉及的问题进行简单的归纳:

1. 实现内外均衡的自动调节效率问题

固定汇率制与浮动汇率制的最大区别在于出现国际收支不平衡后经济恢复内外均衡的自动调节机制。它们各自的调节机制如下所示:

在固定汇率制下,若一国出现国际收支顺差,此时外汇的供给大于需求,汇率有下浮的压力。这时,为维持本国政府公布的固定汇率就需要动用外汇储备,政府应该增加外汇储备以消除外汇市场上供给与需求的缺口,即买入外汇的同时向市场上抛出本币,相应的,本币货币供应量增多,可以使萧条的经济复苏。反之,若出现国际收支逆差,政府就要减少外汇储备以维持固定汇率,相应的,本国货币的货币供应量减少,可以给过热的经济降温。

在浮动汇率制下,若出现国际收支顺差,此时的外汇供给大于需求,那么,汇率会下降,本币升值,重新达到外汇供求平衡的状态。反之,若出现国际收支逆差,此时的外汇供给小于需求,那么,汇率会上升,本币贬值,恢复外汇供求平衡的状态。

下面从四个方面来分析哪种汇率制度在实现内外均衡的自动调节上更有效率。

(1)单一性。如果 $P > eP^*$(e 为直接标价法下的汇率),折合成同一种货币的本国产品的价格水平高于外国产品的价格水平,本国产品的国际竞争力下降,出口将减少,进口将增多,造成国际收支的不平衡。

浮动汇率制的支持者认为:在浮动汇率制下,政府只需听任汇率 e 的调整,调整的时间快、成本低;在固定汇率制下,政府必须通过货币供应量的变化调整本国价格体系,牵涉到许多变量,尤其是在价格调整存在黏性时,浮动汇率的优势更为明显。

固定汇率制的支持者认为:在很多情况下,对本国价格体系的调整是非常有必要的,完全通过汇率变动调整是不合理的。例如,当本国产品国际竞争力下降是由于出口部门的劳动生产率提高缓慢造成成本过高时,货币贬值只能在短期内增加出口,但在长期内不利于本国产品国际竞争力的提升。而在固定汇率制下,相关产业被迫主动采取措施降低成本,提高技术水平,而且这一价格调整往往是不可回避的。

(2)自发性。浮动汇率制的支持者认为:在浮动汇率制下,只要一国国际收支出现失衡,货币就会自动贬值或升值,从而对国际收支自发调节;在固定汇率制下,国际收支失衡一般都需要政府制定出特定的政策组合来加以解决,如采取动用外汇储备的措施,这一过程中存在的时滞等问题使其效率较低。

固定汇率制的支持者认为:首先,导致汇率变动的因素很多,汇率未必能按照平衡国际收支所需要的方向进行调整。例如,一国的国际收支账户是由经常账户以及资本和金融账户组成,当一国经常账户出现较大逆差时,如果存在大规模的资本流入,本币会升值而不是贬值,这一升值如果持续时间较长将不利于本国的出口产业的发展;反之,当一国经常账户出现较大顺差时,如果存在大规模的资本流出,本币会贬值而不是升值,这一贬值如果持续时间较长将进一步加剧该国外部经济的不平衡。其次,汇率只能通过价格因素影响到国际收支平衡,而国际收支平衡是由多种因素共同决定的,如在一国产品由于其高质量而很少有其他国家产品能替代时,汇率变动并不能改变对其的需求。最后,汇率对国际收支平衡的调整往往需要国内政策的支持,如采取贬值刺激出口措施时,必须有国内相应的紧缩政策才能避免通胀来抵消贬值作用。

(3)微调性。浮动汇率制的支持者认为:在浮动汇率制下,汇率可以根据一国国际收支的变动情况进行连续地微调而避免经济的急剧波动;在固定汇率制下,一国对国际收支的调整往往是问题积累到相当程度时才进行的,这一调整一般幅度较大,使经济的波动比较剧烈。

固定汇率制的支持者并不否认固定汇率制下的调整较为僵硬,但他们认为固定汇率制可以避免许多无谓的汇率调整,尤其是当这些调整是货币性的干扰因素造成的时候。例如,当资本在市场上发生需求与供给的暂时性变化时,在固定汇率制下可以动用外汇储备予以消除,从而避免造成汇率的频繁调整。当资本流动对汇率形成产生决定性影响时,浮动汇率制的无谓调整是很剧烈的,对经济的冲击也是非常大的。

(4)稳定性。浮动汇率制的支持者认为:一方面,浮动汇率制下的投机主要是一种稳定性投机,投机者低买高卖,从而对市场价格的影响是稳定的,倾向于降低市场价格的波幅。另一方面,在浮动汇率制下,汇率是根据外汇市场的供求状况随时进行调整的,并且政府也不承诺维持某一汇率水平,因此投机性资金不易找到汇率明显被高估或被低估的机会,同时还必须承担汇率反向变动带来的风险;而固定汇率制下,政府较少调整汇率,所以给投机性资金找到汇率错误定值的时机,并且在政府承诺对汇率水平进行支持时,投机性资金可以在不承担风险的情况下进行投机,可见固定汇率制下的投机活动具有不稳定性。

固定汇率制的支持者认为:一方面,由于投机者的心理往往是非理性的,浮动汇率制下盛行的是非稳定性投机,交易者往往在价格上涨时争相买进,在价格下跌时纷纷卖出,扩大了市场价格的波幅;而固定汇率制下,由于投机者预期汇率将向固定水平调整,在现实汇率水平与平价之间存在差异时,交易者通过缩小差异获利。另一方面,固定汇率制下政府的介入至少使市场交易者心理上存在名义锚,可以通过改变投机者的预期对汇率的稳定施加影响,消除不确定性;而浮动汇率制下对未来汇率预期的不确定性使外汇市场完全成为投机者的乐园。

2. 实现内外均衡的政策利益问题

在固定汇率制下，各国在应对国际收支不平衡的同时使得货币供给量发生了变化，因此政府必须将货币政策运用于汇率水平之上，而在浮动汇率制下则对货币政策等无限制。两种汇率制度的支持者从以下几个方面论述自己的观点：

(1)政策的自由性。浮动汇率制的支持者认为：要求实行浮动汇率制的重要理由之一就是货币政策可以从对汇率政策的依附中解脱出来，让汇率自发调节以实现外部均衡，让财政政策和货币政策专注于内部均衡，并且，在浮动汇率制下一国可以将外国的通货膨胀隔绝在外，独立制定本国经济稳定与发展的政策；在固定汇率制下，如果购买力平价成立($P=eP^*$)，汇率不变时，P^*上升必然带来P上升，一国无法控制本国的通货膨胀。

固定汇率制的支持者认为：一是完全利用汇率政策来解决外部均衡问题，就意味着政府准备接受任何的汇率水平，显然是不可能的；二是汇率调整必须有国内相应的其他政策的配合才能发挥效力；三是浮动汇率制不可能真正隔绝外国通胀对本国的影响，外国货币的贬值会通过各种途径对国内物价水平产生影响。

(2)政策纪律性。浮动汇率制的拥护者指出：因为浮动汇率已脱离当局的控制而由市场供求决定，所以浮动汇率制可以防止货币当局对汇率政策的滥用。它可以避免一国在需要大量进口时，故意高估本国货币价值；可以避免一国在想要促进出口时，故意低估本币价值。

固定汇率制的支持者认为：固定汇率制可以防止对货币政策的滥用，如扩张的货币政策使本国利率降低，会引起外汇储备外流，从而对固定汇率制构成威胁；但在浮动汇率制下，一国却可以更加自主地使用货币政策，而不会顾及到本国货币的价值。

(3)政策放大性。浮动汇率制的支持者认为：浮动汇率制下，货币、财政政策对收入等实际变量的影响比固定汇率制下的影响一般要大，这是因为汇率的调整增强了原有政策的效果。

固定汇率制的支持者认为：政府在对固定汇率制的维系中，会获得执行政策始终一致的声誉，这样在政府的政策实施过程中，会通过影响人们的心理预期而收到额外的效果。

3. 对国际经济关系的影响

(1)对国际贸易、投资等活动的影响。浮动汇率制的拥护者认为：浮动汇率有利于国际间经济交往，因为汇率可以自由浮动，使得固定汇率制下政府为维持固定汇率而采取的种种直接管制措施失去出现的必要性；浮动汇率制还可以推动经济自由化，会促进与他国的国际经济交往的发展；同时浮动汇率的不确定因素可以通过远期交易等方式进行规避，国际金融创新的飞速发展使这一问题的严重性大大降低了。

固定汇率制的支持者则认为：进行各项规避风险的交易本身就有成本，在成本比较高时就会对国际经济活动产生影响，而且很多经济活动是无法规避汇率风险的，例如，跨国的实物投资、人力资源投资等。此外,发展中国家由于金融市场不发达,缺乏远期交易等规避风险的工具,浮动汇率制对它们是特别不利的。

(2)对通货膨胀国际传播的影响。浮动汇率制的拥护者认为:浮动汇率制下的汇率变动有利于隔绝通货膨胀的国际传递。但是,在固定汇率制下,国外物价上涨,则国内物价相对便宜,导致出口增加,进口减少,本国货币有升值压力。为维护固定汇率制度,货币当局必须在市场上买入外汇,抛出本国货币,结果,国内货币供应量上升,物价随之上升,国内也会出现通货膨胀。

固定汇率制的支持者认为:浮动汇率制下同样存在通货膨胀的传递问题,并且这一传递具有不对称性。当本币贬值时,进口成本上升,物价上升;而当本币升值时,进口成本则因价格刚性而不容易下降或下降不足,其净效应是物价的上升。扩大到两个国家的相互关系来看,一国货币的升值便是另一国货币的贬值,贬值国的物价上升幅度要超过升值国家的物价下降的幅度。其净效应便是世界物价水平的上升。这称为不对称效应或棘轮效应(ratchet effect)。

(3)对国际间政策协调的影响。一般认为,在浮动汇率制下,由于缺乏关于汇率的有约束力的协议,当各国将国内经济目标摆在首位时,易于利用汇率的自由波动而推行竞争性贬值这一"以邻为壑"的政策,会造成国际经济秩序的混乱。

然而,浮动汇率制的拥护者认为:一是汇率本质上是个具有"竞争性"的变量,任何一种汇率制度都不可能完全解决这一问题;二是在浮动汇率制下,汇率的大幅度波动往往会引起各国的关注,进而形成国际间的磋商协调机制,这在某种程度上反而会加强各国的政策协调性。

(四)中间汇率制度

除汇率制度最主要的分类——固定汇率制和浮动汇率制外,还存在处于固定汇率制与浮动汇率制之间的汇率制度,也就是所谓的中间汇率制度,如爬行钉住汇率制度、汇率目标区制度和货币局制度等。

1. 爬行钉住汇率制(crawling pegging exchange rate regime)

它是指汇率可以作出经常的、小幅度调整的固定汇率制度。20世纪60年代,爬行钉住汇率制在国际范围内受到了较大的关注,自那时起,一些国家相继采取了这一制度,如智利、韩国等。

该种汇率制度中的"爬行钉住"有别于钉住汇率制度的偶然性的、突发性的、跳跃性的大幅度调整,而是经常的、小幅度的调整;"钉住"指的是实行这种汇率制度的国家负有维持某种平价的义务或使市场汇率保持在这一平价上下的一定范围内的义务。以上两点就是爬行钉住汇率制的基本特征。

爬行钉住汇率制将浮动汇率制的灵活性和固定汇率制的稳定性有效地结合起来,它具有以下优点:第一,提供了一种更有效的内外均衡调节机制。它的经常性调整和小幅度调整避免了出现可调整钉住制下因汇率调整滞后而带来的投机冲击和因调整幅度过大而带来的冲击。另外,它可以避免浮动汇率制下汇率不稳定所带来的种种不便。第二,可以使一国抵制境外通胀的输入。它具有的可以及时调整的特征使得这种汇率制度能够发挥出浮动汇率制的抵消国外通货膨胀的功能。第三,可以减少一国持有的外汇储备的数量。这是因为它不需要政府长期维持某一汇率水平,当出现较严重的国际收支赤字趋势时,可以通过本国货币的经常贬值予以解决。

但爬行钉住汇率制也具有一些严重的缺陷:第一,国内货币政策仍然受到来自外部的严重制约。在此制度下,短期的货币贬值措施要求本国利率相应的上升以维持国际收支平衡。但是,它的经常性调整使得本国的货币政策受到比可调整的钉住汇率制更为严格的制约。第二,汇率调整的速度不够迅速。由于它对汇率的调整是小幅度的,因此当国民经济遭到突然的外在冲击而需要对汇率进行较大调整时,它就无法及时、到位地做到。第三,汇率调整极易转化为国内的通胀。由于它的调整是相对有规律地进行的,因此极易导致国内价格体系、工资采取与汇率相挂钩的指数化措施,这会使货币贬值迅速转化为国内价格水平的上升,从而抵消贬值的效果。

2. 汇率目标区制(exchange rate target - zone regime)

汇率目标区制的含义有广义和狭义两种。广义的汇率目标区制是泛指将汇率浮动限定在一定区域内(如中心汇率的上下各 10%)的汇率制度。狭义的汇率目标区制是特指美国学者威廉森姆(John Williamson)于 20 世纪 80 年代初提出的以限制汇率波动范围为核心的,包括中心汇率及变动幅度的确定方法、维系目标区的国内政策搭配、实施目标区的国际政策协调等一整套内容的国际政策协调方案。我们在此分析的主要是广义的汇率目标区制。

汇率目标区制是不同于浮动汇率制和固定汇率制的一种汇率制度。它与浮动汇率制在两个方面有所不同:在目标区制下,当局在一定时期内对汇率波动制定出比较确定的区间限制;在目标区制下,当局更为关注汇率的变动,必要时要采取货币政策等措施将汇率变动尽可能地限制在目标区内。它与可调整钉住制相比也有两个方面不同:在目标区制下,政府并不严格承诺在任何情况下都对外汇市场进行干预以将汇率维持在目标区内;在目标区制下,汇率变动的范围更大。

依据目标区区域的幅度、目标区调整的频率、目标区的公开程度以及对目标区进行维持的承诺程度,目标区制可分为严格的目标区制与宽松的目标区制。严格的目标区制的区域较小、极少变动,目标区域公开,政府负有较大的维系目标区的义务。而宽松的目标区制则区域较大、经常进行调整,目标区域保密,政府只是有限度地将货币政策运用于对汇率目标区的维持。

汇率目标区的汇率变动有两个效应:

(1)蜜月效应(honeymoon effect)。如图 3 - 1 所示,目标区下的汇率围绕中心汇率而上下变动,当离开中心汇率达到一定程度后便会自发向中心汇率趋近,这一情形宛如在热恋当中的情侣短暂分离一段时间后便会尽可能地抗拒进一步的分离而急于寻求重聚,这就是所谓的“蜜月效应”。

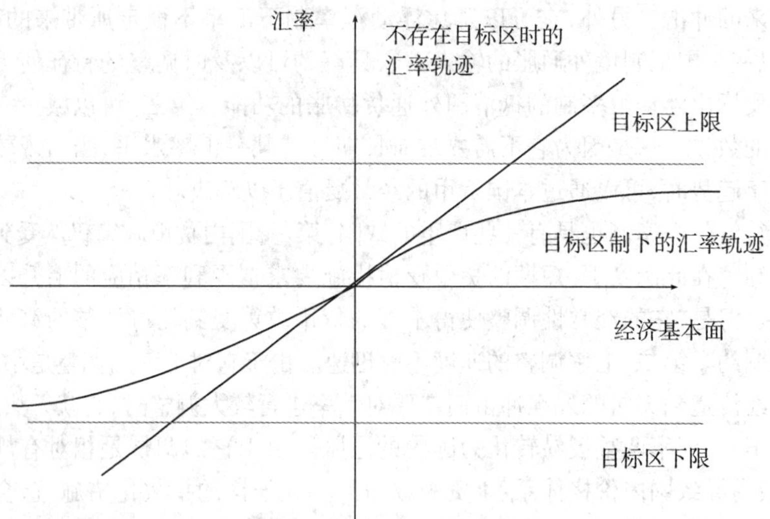

图 3-1 蜜月效应

当目标区是完全可信时,也就是交易者确信汇率将永远在目标区以内变动时,政府仅在汇率变动超出目标区时才进行干预,经济基本面的变动是随机的。这种情况下会出现蜜月效应,具体过程如下:

当汇率的变动逐渐接近目标区的边缘时,交易者对预期汇率将很快做出相反的调整,重新趋于中心汇率。这一预期会产生稳定性的作用,使得汇率的变动在没有政府干预的情况下也不会超过目标区的范围,而是保持在目标区边缘并且常常会自动向中心汇率调整。

(2)离婚效应(divorce effect)。这是汇率目标区制的汇率变动的另一种效应。出现这种效应的原因是经济基本面向某一方向的变动程度很大并且已经变为长期趋势,市场交易者普遍预期汇率目标区的中心汇率将作较大调整,此时汇率目标区不再具有可信性。这时,对中心汇率的投机发生了,市场汇率的变动将不再倾向于中心汇率,并且汇率的变动非常剧烈,甚至超过浮动汇率制下的正常汇率的变动幅度。我们形象地把这种现象称为"离婚效应",如图 3-2 所示:

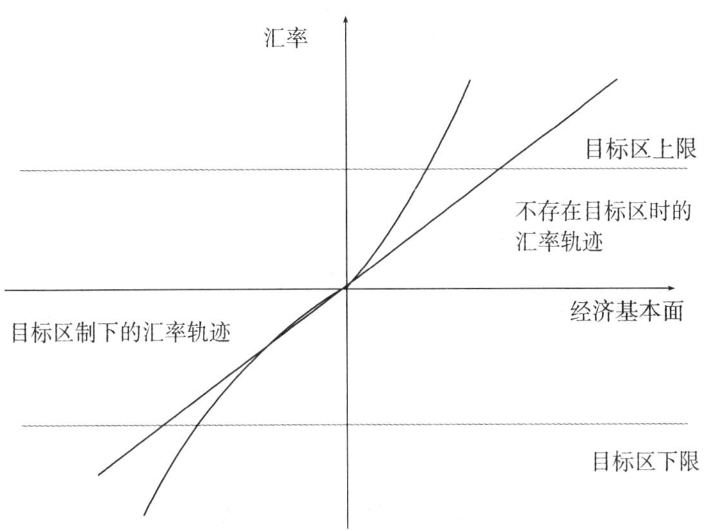

图 3－2 离婚效应

3．货币局制(currency board regime)

它是指在法律中明确规定本国货币与某一外国可兑换货币保持固定的交换率，并且对本国货币的发行作特殊限制以保证履行这一法定义务的汇率制度，它通常要求货币发行必须以一定的(通常是百分之百)这种外国货币作为准备金，并且要求在货币流通中始终满足这一准备金的要求。

历史上有一些小国或小经济体曾采用过货币局制，但一些国家在面临重大外部冲击时放弃了该制度，目前还有香港和爱沙尼亚仍实行货币局制。

货币局制是一种特殊的固定汇率制。与普通的固定汇率制的区别在于：首先，它对汇率水平作出了严格的法律规定，并且这一法律规定是公开的。这时，政府想要改变汇率水平是十分困难的。其次，最为重要的是，它对储备货币的创造来源作出了严格的法律限制，货币局只有在拥有外国货币作为后备时才可发行货币，这也就是所谓的“后备规则”(backing rule)。最后，它对货币局为财政赤字提供融资作出了严格的限制，不会出现为弥补赤字而大量发行货币的现象。

货币局制的优点表现为：一方面，其管理与操作非常简便。它高度规划了金融制度，它的运行可以为普通公众所监督，并且大大简化了货币局的管理难度。这样一来，它对于那些缺乏中央银行管理经验和环境的小型开放经济而言，特别有吸引力。另一方面，赋予货币政策高度可信性。由于货币局制对货币当局的货币发行以及融资弥补财政赤字作出了一定的限制，因此它可以清楚地向公众表明政府的意向，从而调整公众预期，提高了政府各项政策的效力。它对于那些面临高度通货膨胀而政府稳定性政策很难奏效的国家来说有十分显著的效果。

但是，货币局制的高度规则化也构成了它的主要缺点：第一，名义汇率僵硬。当名义汇率固定而两国通货膨胀率不同时，由于价格黏性以及不完全的商品套利等原因，一价定律很难成立。实际汇率变动到一定程度而名义利率不能对之进行调整时,必然对经济造成严重损害进而破坏一国的国际竞争力,并极易招致投机攻击的恶果。另外,在经济遇到较大外来冲击时,汇率的僵硬也会带来严重后果。第二,金融系统脆弱。货币局制下发行的基础货币都是有相应外汇作为后盾的,但这一基础货币通过商业银行的货币信用创造后,流通中的现金与存款数额就大大超过货币局所拥有的外汇储备。如果出现大规模将存款兑换成外汇的挤兑现象,货币局就很难克服危机。同时,货币局缺乏最后贷款人的功能,这将导致它对商业银行经营中出现的临时性困难无法及时予以解决。第三,中央银行职能的部分丧失。第四,财政政策受到严重限制。

总体来说,货币局制在处理汇率制度的可信性与灵活性这一问题时,采用了将可信性推至极端的做法。

第三节　汇率决定理论

汇率决定是汇率理论中的核心问题,也是非常复杂的问题:一方面,在现代不可兑现的信用货币制度下,各国流通的都是没有价值的纸币,而它们之间之所以可比,是因为它们都具有购买力,然而如何比较购买力却十分困难;另一方面,外汇供求的变化始终是汇率波动最根本的影响因素,可是外汇供求变化背后的因素却又是复杂多变的。于是,学术界出现了各种汇率决定理论。

一、汇率与价格水平的关系:购买力平价说

购买力平价说(theory of purchasing power of parity, PPP)是由瑞典经济学家卡塞尔(G. Cassel)提出的,并于1922年在其代表作《1914年以后的货币与外汇理论》中进行了系统阐述,该理论是汇率决定理论中最具影响力的理论之一。

购买力平价说的基本思想:货币的价值在于其具有的购买力,因此不同货币之间的兑换比率取决于它们各自具有的购买力的对比,也就是汇率与各国的价格水平之间具有直接的联系。

(一)开放经济条件的“一价定律”

首先,按照同一商品在不同区域间的价格差异能否通过套利活动予以消除,我们可以将一国内部的商品划分为可贸易商品(tradable goods)和不可贸易商品(non - tradable goods)。显然,区域间的价格差异可以通过套利活动予以消除的是可贸易商品,否则就是不可贸易商品。不可贸易商品一般主要包括不动产和个人劳务项目,这两种商品具有不可移动性或套利活动交易成本无限高的特点,这就决定了它们不会发生套利活动。

一价定律(one price rule)针对的是可贸易商品,它与不可贸易商品是无关的。除此之外,一价定律还必须满足以下几个条件:一是位于不同地区的同一种商品是同质的,

不存在任何商品质量及其他方面的差别；二是商品的价格是可以灵活调整的，不存在任何价格上的黏性；三是不考虑交易成本。

1. 封闭经济下的一价定律

对于可贸易商品，套利活动将它的地区间的价格差异完全消除。那么，封闭条件下的一价定律指的就是同种可贸易商品在各地的价格都是一致的。

2.开放经济下的一价定律

在开放经济下，我们要讨论的是某一可贸易商品在不同国家的价格之间的联系。由于涉及不同的国家，不同的国家使用不同的货币，因此对商品价格的比较必须要折算成同一种货币才能进行。并且，在商品的买卖过程中一定会有不同货币间的买卖。

由封闭经济下的一价定律我们可以推知开放经济下的一价定律：以同一种货币衡量的不同国家的某种可贸易商品的价格应该是一致的，即：

$P_i = e \times P_i^*$

其中 e 表示直接标价法下的汇率，P_i 为第 i 种可贸易商品在一国内部的价格，P_i^* 表示第 i 种可贸易商品在其他国家的价格。

（二）购买力平价说的基本形式

购买力平价有如下形式——绝对购买力平价和弱购买力平价或相对购买力平价。下面分别介绍这两种形式的购买力平价。

1. 绝对购买力平价

(1)绝对购买力平价的前提

一是对任何一种可贸易商品，一价定律均成立。于是，对于 n 种可贸易商品均有：$P_1 = e \times P_1^*$，$P_2 = e \times P_2^*$，…，$P_i = e \times P_i^*$，…，$P_n = e \times P_n^*$。

二是在两国物价指数的编制中，各种可贸易商品所占的权重相等。

(2)绝对购买力平价的一般形式的推导

假设两国都有 n 种可贸易商品被编入各自的物价指数，第 i 种可贸易商品在其中所占的权重为 a_i。根据以上条件可以得到：

$a_1 \times P_1 = a_1 \times e \times P_1^*$，$a_2 \times P_2 = a_2 \times e \times P_2^*$，…，$a_i \times P_i = a_i \times e \times P_i^*$，…，$a_n \times P_n = a_n \times e \times P_n^*$

将其加总得：$\sum a_i P_i = \sum a_i e P_i^*$

如果我们用 P 表示一国国内的物价指数，用 P^* 表示其他国家的物价指数，那么我们就可以得到：$P = e \times P^*$。这个式子的含义是：不同国家的可贸易商品的物价水平以同一种货币计量时是相等的。

我们将其变形，得 $e = P/P^*$，这就是绝对购买力平价的一般形式，它意味着汇率取决于不同货币衡量的可贸易商品的价格水平之比，即取决于不同货币对可贸易商品的购买力之比。

2. 弱购买力平价与相对购买力平价

(1)弱购买力平价。弱购买力平价是在放松绝对购买力平价的假定的基础上得到的。它认为交易成本的存在使一价定律并不能完全成立,即 P_i 与 $e \times P_i^*$ 不是相等的;各国在物价指数的编制中,各种可贸易商品所占的权重都是存在差异的。因此,不同国家的可贸易商品的物价水平在使用同一种货币计量时是不完全相等的,而是存在一定的、较为稳定的偏离(只要这些因素不发生变动),即:

$e = (\theta \cdot P)/P^*$,其中 θ 为常数

(2)相对购买力平价。将弱购买力评价公式写成对数形式,再取变动率,可得相对购买力平价的一般形式:

$\Delta e = \Delta P - \Delta P^*$

其中,Δe 为汇率的变动率,ΔP 为本国的通货膨胀率,ΔP^* 为其他国家的通货膨胀率。

相对购买力平价意味着汇率的升值与贬值是由两国的通货膨胀率的差异决定的。如果本国通货膨胀率超过外国,本币将贬值;如果外国通货膨胀率超过本国,本币将升值。

由于相对购买力平价避开了绝对购买力平价过于脱离现实的假定,同时通货膨胀率的数据更加易于得到,因此,与绝对购买力平价相比,相对购买力平价更具有实际的应用价值。

(三)对购买力平价说的评价

1. 购买力平价说的地位

购买力平价说是最具有影响力的汇率理论之一,它被普遍作为汇率的长期均衡标准而被应用于其他汇率理论的分析中。它是从货币的基本功能(具有购买力)角度分析货币的交换问题,符合逻辑,易于理解,表达形式最为简单,对汇率决定这样一个复杂问题给出了最简洁的描述。它所涉及的一系列问题都是汇率决定中非常基本的问题,处于汇率理论的核心位置。

2. 购买力平价说的缺陷

第一,忽略了国际资本流动对汇率的影响。尽管购买力平价理论在揭示汇率长期变动的根本原因和趋势上有其不可替代的优势,但在中短期内,国际资本流动对汇率的影响越来越大。

第二,购买力平价理论忽视了非贸易商品因素,也忽视了贸易成本和贸易壁垒对国际商品套利的制约。

第三,计算购买力平价的诸多技术性困难使其具体应用受到了限制:

(1)物价指数的选择不同,可以导致不同的购买力平价,而采用何种指数最恰当尚存争议。

(2)商品分类上的主观性可以扭曲购买力平价,不同的国家很难在商品分类上做到

分类标准和具体操作的统一。

(3)计算相对购买力平价时,很难准确选择一个汇率达到或基本达到均衡的基期年。

二、汇率与利率的关系:利率平价说

利率平价说是由凯恩斯于1923年在《货币改革理论》一书中首次系统阐述的,他提出了远期差价决定的利率平价说。后来,英国学者艾因齐格在其1931年出版的《远期外汇理论》和1937年出版的《外汇史》中进一步提出动态利率平价的"互交原理",揭示了即期汇率、远期汇率、利率、国际资本流动之间的相互影响。经过凯恩斯和艾因齐格等人完整阐述后的利率平价说突破了传统的国际收支和物价水平的范畴,从资本流动角度研究汇率与利率所存在的关系,奠定了现代汇率理论的基础。

利率平价说所讨论的汇率与利率之间的关系,比购买力平价说讨论的汇率与价格之间的关系更加密切。购买力平价说与利率平价说的关系可表示为:就购买力平价说(中长期分析、在商品市场上)而言,传导过程是货币数量→购买力(商品价格)→汇率;就利率平价说(短期内分析、在金融市场上)而言,传导过程是货币(资金)供求数量→利率(资金价格)→汇率

(一)利率平价关系的机制——"一价定律"

与购买力平价关系的机制相似,利率平价关系的机制也是"一价定律"。假设资金在国际间的流动不存在任何限制和交易成本,投资者可以在本国投资,也可以在外国投资,这将取决于国内外的投资收益率:如果两个国家的投资收益率存在差异,则存在套利的机会,资本就会从低投资收益率国家流向高投资收益率国家,直至两国投资收益率相等才达到均衡。这种投资收益率的相等就是利率平价说所涉及的"一价定律"。

在这里,由于涉及了两种货币的兑换,套利者在考虑收益的同时也会考虑到外汇风险,从而进行远期交易,因此我们一定要注意,资本的投资收益不仅仅与利率有关,还与即期汇率、远期汇率、预期汇率等有关联。

(二)利率平价说的两种形式

现举例说明:假设资金在国际间转移不存在任何限制与交易成本,本国投资者可以选择在本国或外国金融市场投资一年期存款,利率分别为 i 和 i^*,即期汇率为 S(直接标价法),一年期远期汇率为 F,投资者预期一年后的汇率为 Ef。

若投资者手中持有一笔资金,我们不妨设其为一单位的本国货币。对于这一单位的货币,他可以进行以下两种操作:

一是投资于本国金融市场,则一年后资金增值到:$1+(1\times i)=1+i$。

二是投资于外国金融市场,步骤如下:首先,将这一单位的本币在即期外汇市场上换成外币,可换得 $1/S$ 单位的外币;其次,将这 $1/S$ 单位的外币存入外国银行,存期一

年，期满可获得本利和 $1/S(1+i^*)$；最后存款到期后，将外币存款的本利和在外汇市场上换成本币。

由于一年后的汇率是未知的，于是投资国外金融市场的投资收益率是不确定的，投资者面临着一定的汇率风险。那么，进行怎样的投资操作还是要看投资者对风险的态度。不同的投资者对风险有着不同的态度，据此我们可以将投资者分为风险厌恶者、风险中立者和风险偏好者：风险厌恶者或风险中立者既想获得国际利差，又想将国际套利风险降到最低，他们可以选择远期交易以降低汇率风险，也就是会进行套补套利的操作；风险偏好者会根据自己对未来汇率变动的预测而计算预期收益，在承担一定汇率风险的情况下进行投资活动，即进行非套补套利的操作。

根据投资者套利活动的不同，利率平价说可分为套补的利率平价和非套补的利率平价，下面我们将分别介绍这两种利率平价。

（一）套补的利率平价（covered interest - rate parity，CIP）

由于一年后的即期汇率是不确定的，那么，投资于外国金融市场的最终收益也是很难确定的，且具有较大的汇率风险。为消除不确定性，风险厌恶者或风险中立者可以购买一年期的远期合约，远期汇率为 F，则一年后投资于国外的本利和为：

$$F/S(1+i^*)$$

投资者选择哪种方式投资，取决于国内和国外收益率的大小。投资于国内金融市场的收益率为 $1+i$，投资于国外金融市场的收益率为 $F/S(1+i^*)$：

如果 $1+i>F/S(1+i^*)$，则投资于本国金融市场；

如果 $1+i<F/S(1+i^*)$，则投资于外国金融市场；

如果 $1+i=F/S(1+i^*)$，投资于哪个国家的金融市场都可以。

我们假设此时 $1+i<F/S(1+i^*)$，市场上的投资者都会选择投资于国外金融市场。众多的投资者将资金从国内金融市场投入到国外金融市场，在即期外汇市场上买入外币卖出本币，这种对于外汇的需求将导致即期汇率提高，即 S 增大。在这种投资方式下，投资者不必等到外币存款到期后再将外币兑换成本币，而是在将本币兑换成外币进行国外金融市场投资的同时，在远期外汇市场上将投资到期的外币的本利和 $1/S(1+i^*)$ 按远期汇率 F 卖出，这种对于远期外汇的需求下降将导致远期汇率下降，即 F 减小。此时 S 的增大和 F 的减小，将导致 $F/S(1+i^*)$ 的减小。只有当这两种投资方式的收益率（套利的结果）完全相同时，市场才会处于平衡状态，这时利率和汇率间形成下列关系：

$$1+i=F/S(1+i^*)$$

整理得：

$$F/S=(1+i)/(1+i^*)$$

我们记即期汇率和远期汇率之间的升贴水率为 Δf，整理得：

$$\Delta f=i-i^*$$

这就是套补的利率平价的一般形式，其经济含义是汇率的远期升贴水率等于两国货币利率之差；如果本国利率高于外国利率，本币在远期将贬值，如果本国利率低于外国利率，本币在远期将升值；高利率国家的货币即期升值，远期贬值，低利率国家的货币即期贬值，远期升值。

套补的利率平价具有很高的实践价值。根据对市场交易者的实际调查，套补的利率平价作为指导公式被广泛地运用于交易中，做市商基本上是根据各国间利率差异来确定远期汇率的升贴水额。在实证检验中，除了外汇市场动荡激烈的时期，套补的利率平价基本上能较好地成立。当然，实际汇率变动与套补利率平价间也存在着一定的偏离，这一偏离被认为反映了交易成本、外汇管制以及各种风险等方面。

（二）非套补的利率平价（uncovered interest - rate parity，UIP）

风险偏好者会根据自己对未来汇率的预期 Ef 来计算预期收益，他们不会进行远期交易，而是在承担一定汇率风险的情况下进行投资活动：他们在国外金融市场上的投资活动最终可获得的收入为 $Ef/S(1+i^*)$，如果这一收入与投资国内金融市场的收入 $1+i$ 存在差异，则投资者将会在市场上进行相应的操作最终使两者相等。最终，市场处于平衡状态时，有下式成立：

$$1+i=Ef/S(1+i^*)$$

整理得：

$$E\Delta f=i-i^*$$

其中，$E\Delta f$ 表示预期的未来汇率变动率。

此式为非套补的利率平价的一般形式。非套补的利率平价的经济含义：预期的未来汇率变动率等于两国货币利率之差；UIP 成立时，如果本国利率高于外国利率，则意味着市场预期本币在远期将贬值，反之，则意味着市场预期本币在远期将升值；本国政府提高利率，则当市场预期未来的即期汇率不变时，本币的即期汇率将升值。

（三）套补的利率平价和非套补的利率平价的联系

外汇市场上的另外一种交易者——投机者的存在使两种利率平价得以统一起来。当预期的未来汇率和相应的远期汇率不一致时，投资者就认为有利可图了。

我们假定 $Ef>F$，这意味着投机者认为远期汇率值低估了未来的外币价值，因此他将买入远期外汇，并在期满后以合约规定的价格 F 买入外汇，当汇率变到预期水平 Ef 时，再以 Ef 的价格卖出这些外汇，从而获得这一差价形成的利润。投机者在远期外汇市场上的交易会使 F 增大，直到与 Ef 相等为止。可见，投机者的活动使远期汇率完全由预期未来汇率决定，此时套补的利率平价和非套补的利率平价同时成立，即：

$$Ef=F$$

$$\Delta f=E\Delta f=i-i^*$$

$Ef=F$ 有以下的经济含义：人们可以将远期汇率作为相对应的未来即期汇率预测

值的替代物,也就是说,远期汇率是对未来即期汇率的无偏预测。这是因为外汇市场对未来即期汇率的预测值是一个主观指标,人们往往不易直接察觉到。但远期汇率却是一个客观指标,人们可以将远期汇率作为相对应的未来即期汇率预测值的替代物。

(四)对利率平价说的简单评价

首先,利率平价说的研究角度从商品流动转移到资本流动,这对于正确认识外汇市场上的,尤其是在资本流动非常迅速、频繁的外汇市场上的汇率机制的形成来说是十分重要的。

其次,它并不是一个独立的汇率决定理论,而只是描述了汇率和利率之间存在的关系。汇率和利率之间是相互作用的,不仅利率的差异会影响到汇率的变动,汇率的变动也会通过资金流动而影响不同市场上资金供求关系进而影响到利率。更为重要的一点是,利率和汇率可能同时受到更为基本的因素的作用而发生变化,利率平价只是这一变化过程中表现出来的利率和汇率两者间的联系。因此,利率平价与其他汇率决定理论之间是相互补充而不是相互对立的,它常常作为一种基本的关系式而被运用在其他外汇决定理论的分析中。

再次,它具有特别的实践价值。为中央银行对外汇市场进行灵活的调节提供了有效的途径,即培育了一个发达的、有效率的货币市场,在货币市场上利用利率尤其是短期利率的变动对汇率进行调节。

最后,利率平价说也存在一定的缺陷,如没有考虑资本流动的交易成本、资本流动障碍、套利资金规模的有限性等。

三、汇率与国际收支的关系:国际收支说

国际收支说是从国际收支角度来分析汇率决定的一种理论,考虑了国际收支对外汇的影响,弥补了利率平价说所忽略的国际贸易在汇率决定中的作用。它的理论渊源可以追溯到 14 世纪。1861 年英国学者葛逊(G. L. Goschen)较为完整地阐述了汇率与国际收支的关系,他的理论被称为国际借贷说。在第二次世界大战后,随着凯恩斯主义的宏观经济分析被广泛运用,很多学者应用凯恩斯模型来说明影响国际收支的主要因素,进而分析了这些因素是如何通过国际收支作用到汇率的,从而形成了国际收支说的现代形式。下面我们就分别介绍这两种理论。

(一)国际收支的早期形式:国际借贷说(theory of international indebtedness)

国际借贷说认为,由于汇率是外汇的价格,那么汇率是由外汇市场的供求关系决定的,而外汇供求是由国际收支状况决定的。商品的进出口、资本买卖等都会记入国际收支,但并不是所有的国际收支都会影响到外汇供求,只有已进入实际收支阶段的国际收支才符合要求,包括流动债务(进入支出阶段的外汇)和流动债权(进入收入阶段的外汇)。那么,也就是一国对外流动借贷状况在影响着外汇的供求。

当一国进入支出阶段的外汇支出大于进入收入阶段的外汇收入时,外汇需求大于外汇供给,此时外汇汇率增大;反之,外汇汇率将减小;若进入收支阶段的外汇供求相等,汇率便处于均衡状态。

国际借贷说也存在一定的缺陷,比如该理论没有说清楚哪些因素具体影响到外汇的供求,从而大大限制了这一理论的应用价值。国际借贷说的这一缺陷在现代国际收支说中得到了弥补。

(二)现代国际收支说

我们假定汇率完全自由浮动,于是汇率就是外汇市场上的价格,它可以通过自身变动实现外汇市场的供求平衡,从而使国际收支始终处于平衡状态。国际收支账户包括经常账户(CA)和资本与金融账户(KA),当国际收支处于均衡状态时,有:

$$BP = CA + KA = 0$$

如果将经常账户简单地视为贸易账户,则它主要是由商品和劳务的进出口决定的。那么,影响进口的主要因素有本国国民收入(Y)、汇率(e)、相对价格(P、P^*);影响出口的主要因素有外国国民收入(Y^*)、汇率(e)、相对价格(P、P^*)。其中的汇率(e)、相对价格(P、P^*)主要是以实际汇率(eP^*/P)的形式来影响进出口的。我们可以以公式的形式表现这些因素对经常账户的影响:

$$CA = f(Y, Y^*, P, P^*, e)$$

我们假定资本与金融账户的收支取决于本国利率(i)、外国利率(i^*)和对未来汇率水平变化的预期$\frac{Ef-e}{e}$,同样以公式的形式表现这些因素对资本与金融账户的影响:

$$KA = f(i, i^*, e, Ef)$$

综合起来,影响国际收支的主要因素及国际收支均衡条件为:

$$BP = f(Y, Y^*, P, P^*, i, i^*, e, Ef) = 0$$

如果将除汇率以外的其他变量都视为给定的外生变量,则汇率将在这些因素的共同作用下变化至某一水平,以平衡国际收支状况,即:

$$e = g(Y, Y^*, P, P^*, i, i^*, Ef)$$

通过上式我们可以清晰地看到影响汇率变化的主要因素有国内外的国民收入、国内外的价格水平、国内外的利率水平和人们对未来汇率的预期。

与国际借贷说相同,现代国际收支说也认为汇率是由外汇市场的供求关系决定的,而外汇供求是由国际收支状况决定的。但是,它比国际借贷说更加完备的一点是,它分析了哪些具体因素通过影响外汇供求影响到了汇率,并简单说明了是如何影响的。下面我们来具体分析一下:

1. 国民收入的变动

在其他条件不变的情况下,$Y\uparrow \rightarrow M$(进口)$\uparrow \rightarrow$对外汇的需求$\uparrow \rightarrow e\uparrow$;$Y^*\uparrow \rightarrow X$(出口)$\uparrow \rightarrow$外汇供给$\uparrow \rightarrow e\downarrow$。

2. 价格水平的变动

在其他条件不变的情况下，P↑→实际汇率↓→本国产品竞争力↓→CA恶化→e↑（此时实际汇率恢复原状）；P^*↑→实际汇率↑→本国产品竞争力↑→CA改善→e↓（此时实际汇率恢复原状）。

3. 利率水平的变动

在其他条件不变的情况下，i↑→资本内流↑→对外汇的供给↑→e↓；i^*↑→资本外流↑→外汇需求↑→e↑。

4. 对未来汇率预期的变动

在其他条件不变的情况下，Ef↑→资金外流↑→外汇需求↑→e↑；Ef↓→资金内流↑→外汇供给↑→e↓。

值得注意的是各变量变动对汇率影响的分析是在其他条件不变的情况下得出的，而实际上，这些变量之间本身存在着复杂的关系。

（三）对国际收支说的简单评价

首先，国际收支是重要的宏观经济变量，国际收支说从宏观经济角度而不是从货币数量角度研究汇率，是现代汇率理论的一个重要分支。

其次，国际收支说不能被视为完整的汇率决定理论，而只是表明汇率与其他宏观经济变量之间存在着密切的联系，而影响国际收支的众多变量之间及其与汇率之间的关系的是错综复杂的，它并没有对之进行深入分析，得出具有明显因果关系的结论。

最后，国际收支说是关于汇率决定的流量理论，认为国际收支引起的外汇供求流量决定汇率水平及其变动，但并没有进一步分析哪些因素决定了这一流量。

四、汇率与国际资本流动：资产市场说

20世纪70年代以来，国际资金流动的发展对汇率变动产生了重大影响。在资本流动成为决定汇率变动的主要力量之后，外汇市场上的汇率呈现出了与股票市场等资产市场上的价格变动相近的特点，这启发人们应将汇率看成一种资产的价格。那么，在一国金融市场供求存量失衡后，市场均衡的恢复不仅可以通过商品市场的调整来完成，在各国资产具有完全流动性的条件下，还能通过国内外资产市场的调整来完成。均衡汇率就是指两国资产市场供求存量保持均衡时两国货币之间的相对价格，这样的分析方法被统称为汇率决定的资产市场说。

与传统理论相比，资产市场说在分析方法上有两点不同：一是决定汇率的是存量因素而不是流量因素。资产市场说是将汇率看成一种资产的价格，而对于资产价格而言，它在市场上的供给与需求反映的是对这一资产持有量进行调整的需要，所以进行存量的分析是十分必要的。二是在当期汇率决定中，预期发挥了十分重要的作用。在资本市场上，对未来经济条件的预期会非常迅速地反映在即期价格上，对资产价值评价的改变在相当程度上是由于预期的变化，这将导致在现实经济没有明显变化的情况下，汇率

变动却可能极为剧烈。

(一)资产市场说的假定与分类

1.资产市场说的假定

第一,外汇市场是有效的,也就是市场当前价格反映了所有可能得到的信息。

第二,分析的对象是一个高度开放的小国(假定其为本国)。本国无法影响到国际市场上的利率,同时外国居民不持有本国资产,本国居民不持有外国货币。那么,本国居民主要持有三种资产:本国货币、本国发行的金融资产(主要是本国债券)、外国发行的金融资产(主要是外国债券)。与之相对应的,本国的资产市场是由本国货币市场、本国债券市场和外国债券市场组成。

第三,资金是完全流动的,套补的利率平价成立。

2.资产市场说的分类

按照本币资产与外币资产可替代性的不同假定,资产市场说有如下分类:

对本外币资产可替代性的假定不同
- 货币分析法(monetary approach,本外币资产是完全可替代的,即投资者风险中立,此时非套补利率平价成立)
  - (对价格弹性的假定不同)
    - 弹性价格货币分析法(flexible – price monetary approach),简称为“汇率的货币模型”
    - 黏性价格分析法(sticky – price monetary approach),简称为“超调模型”
- 资产组合分析法(portfolio approach)

(二)汇率的弹性价格货币分析法

汇率的弹性价格货币分析法是由美国经济学家弗兰克和比尔森等人首先提出的。它属于货币分析法,本币资产和外币资产是完全可以替代的,那么,这两种资产市场是一个统一的市场。根据一般均衡原理,只要本国货币市场和外国货币市场都处于平衡状态,资产市场就必然是平衡的。因此,此模型重点分析的是货币市场上货币供求的变动对汇率的影响。

1. 汇率的弹性价格货币分析法的基本模型

(1)基本模型的三个假定。第一,垂直的总供给曲线。这时,价格完全弹性,经济始终处于充分就业状态,货币供给的变化只能引起价格水平的迅速调整,但不会影响利率和产出。如图 3 – 3 所示,政府增加货币供给,使总需求曲线向右移动,这时增加需求的政策并不能改变产出,只能造成物价上涨。

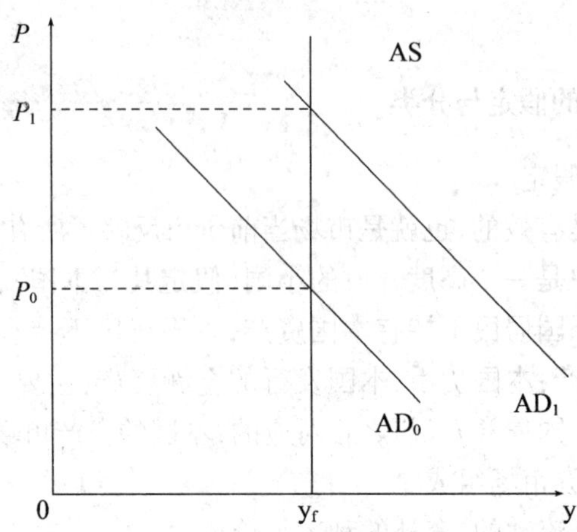

图 3－3　垂直的总供给曲线

第二，稳定的货币需求。本国的实际货币需求是收入和利率的稳定函数，即$M_d-P=ay-bi(a>0,b>0)$，此式中，除了利率 i 外，其他变量均为对数形式，a 和 b 均为某一常数，分别表示货币需求的收入弹性和利率弹性。同时，我们假定外国的货币需求函数的形式与本国相同，即 $M_d^*-P^*=ay^*-bi^*$。

第三，购买力平价成立。将其公式写为对数形式：$e=P-P^*$，其中 e、P 和 P^* 均为对数形式。

(2)基本模型的建立。

此时，货币供给量是政府控制的外生变量，那么分析的中心是在汇率自由调整后各因素对汇率水平决定的影响是怎样的。在上述假定的前提下我们有如下分析：

当本国货币市场均衡时有：$M_s=M_d$

根据假定，本国有稳定的货币需求，即 $M_d-P=ay-bi(a>0,b>0)$，于是有：

$$M_s-P=ay-bi(a>0,b>0)$$

整理得：

$$P=M_s-ay+bi$$

相同地，外国的价格水平表达式为：

$$P^*=M_s^*-ay^*+bi^*$$

由于购买力平价成立，于是有(变量为对数形式)：

$$\begin{aligned}e=P-P^*&=(M_s-ay+bi)-(M_s^*-ay^*+bi^*)\\&=a(y^*-y)+b(i-i^*)+(M_s-M_s^*)\end{aligned}$$

上式就是汇率的弹性价格货币分析法的基本模型。从中可以看出，本国与外国之间的国民收入水平、利率水平以及货币供给水平通过各自对物价水平的影响而决定了汇率。于是，弹性货币分析法将货币市场上的一系列因素引进了汇率水平的决定之中。

(3)基本模型的分析。

①本国货币供给水平一次性增加。如图 3－4a 所示：

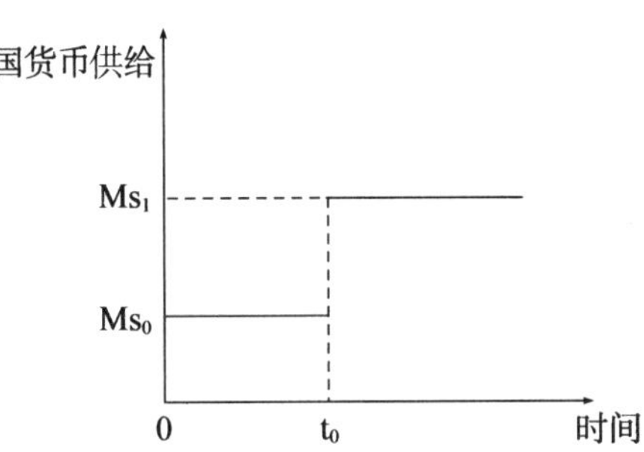

图 3－4a　本国货币供给水平一次性增加

一方面，会对本国的价格水平和汇率产生影响。在其他因素不变的情况下，M_s 一次性增加→现有价格水平上的超额货币供给，即 $M_s/P > L_1(y) + L_2(i)$→公众将增加支出以减少他们持有的货币余额→在总供给曲线垂直时，总需求曲线向右移动→在产出不变的情况下，使本国价格水平上升，直至 $M_s/P = L_1(y) + L_2(i)$，这时价格水平上升的比例与本国货币供给水平一次性增加的比例相同→本国货币同比例贬值（$e = P/P^*$）。这个过程可见图 3－4b、图 3－4c：

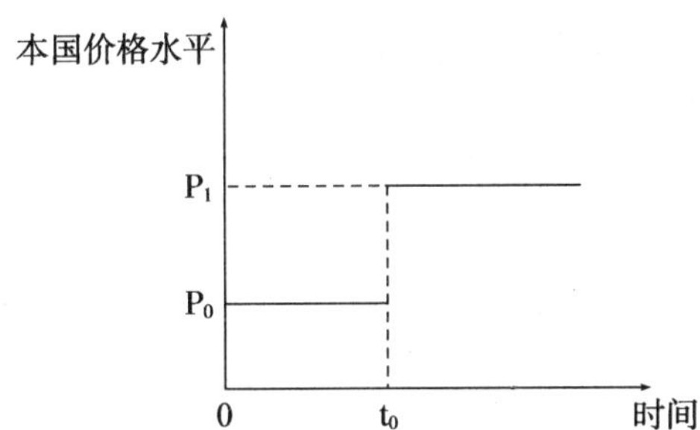

图 3－4b　本国货币供给水平一次性增加时本国价格水平的变化

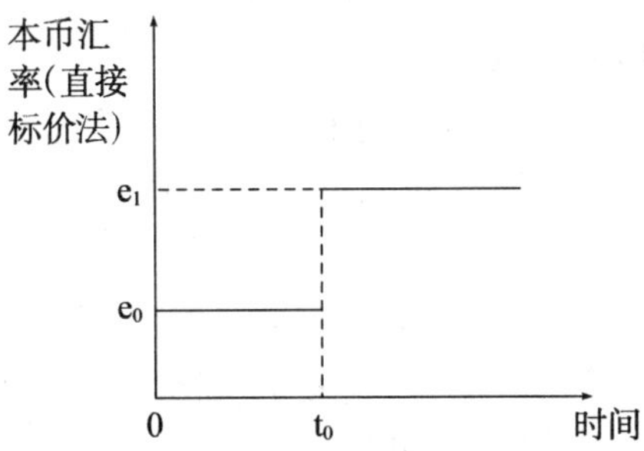

图 3－4c　本国货币供给水平一次性增加时本币汇率的变化

另一方面,本国货币供给的一次性增加,在总供给曲线垂直时,对利率和产出是没有影响的。如图 3-4d 所示:

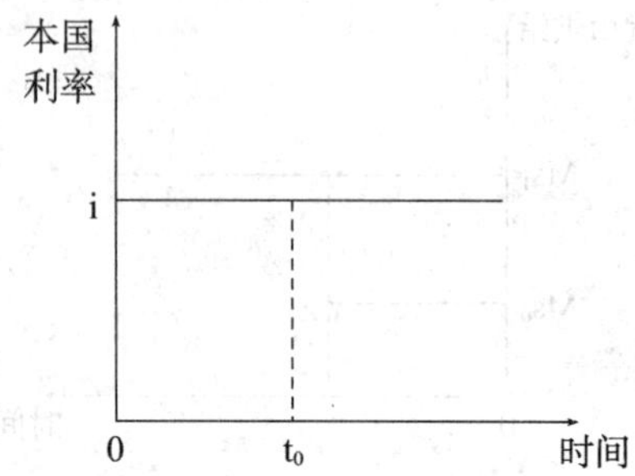

图 3-4d　本国货币供给水平一次性增加时本国利率的变化

②本国国民收入的增加。在其他因素不变的情况下,本国国民收入增加→货币需求增加→在现有价格水平上,由于货币供给量并没有增加,因此居民持有的货币的实际余额降低,支出将减少→总需求曲线向左移动→价格水平下降,直至实际货币余额恢复到原有水平为止,即使 M_s/P 与 M_d/P 重新相等→价格水平的下降会使汇率相应下降,本币升值。

③本国利率水平的上升。在其他因素不变的情况下,利率上升→货币需求下降→支出增加→价格水平上升→本币贬值。具体过程与本国国民收入变化对汇率的影响相似,这里不再赘述。

2. 对汇率的弹性价格货币分析法的评价

(1)汇率的弹性价格货币分析法的地位。

首先,该理论将购买力平价理论引入到资产市场上,将汇率视为一种资产价格,从而抓住了汇率这一变量的特殊性质。这在一定程度上符合资金高度流动的事实,对现实生活中汇率的频繁变动提供了一种解释。

其次,该模型引入了诸如货币供给量、国民收入等经济变量,从而比购买力平价在现实分析中得到更广泛地运用。

再次,该模型是一般均衡分析,包含了商品市场的平衡、货币市场的平衡和外汇市场的平衡,这使得它与局部均衡模型相区别。

最后,该模型是资产市场说中最为简单的一种形式,但它却反映了这一分析方法的基本特点。它的这一简单性使它在各种分析中被经常使用,同时它也是更为复杂的汇率理论的基础。

(2)汇率的弹性价格货币分析法的不足。汇率的弹性价格货币分析法的不足主要是针对它的三个假定的可信度来说的:一是假定价格是完全弹性的,是受到争议的,在现实生活中难以实现;二是假定货币需求是稳定的,这一点至少在实证研究中是存在争议的;三是它是以购买力平价为理论前提的,若是购买力平价在现实中难以成立的话,该模型的可信度就会下降。

(三)汇率的黏性价格货币分析法

汇率的黏性价格货币分析法简称为“超调模型”(overshooting model),是由多恩布什(R·Dornbucsh)于20世纪70年代提出的。与货币模型相比,该模型的最大特点在于认为商品市场与资产市场的调整速度是不同的,商品市场上的价格水平具有黏性的特点,这使得PPP在短期内不成立,经济存在着由短期向长期平衡调整的过程。

1. 超调模型的分析

(1)基本假定。第一,稳定的货币需求。第二,非套补的利率平价是成立的。第三,商品价格存在黏性,于是有:①购买力平价在短期内不成立,但在长期中可以成立。汇率作为一种资产的价格是可以迅速调整的,但在短期内,当商品价格存在黏性时,使得e与P/P^*不相等,PPP不会成立;在长期中,价格是可以充分调整的,所以$e=P/P^*$是成立的。②总供给曲线在短期内不是垂直的,它在不同时期有着不同的形状。由于价格粘性,短期内价格是完全不发生变动的,如图3-5a所示,总供给曲线是水平的,总需求的增长只会引起产出的增加,而不会引起价格水平的上涨;随后一个时期,价格开始缓慢调整,如图3-5b所示,总供给曲线呈现出由左下方向右上方倾斜的形状,总需求的上升在提高产出的同时也会引起价格的上涨;在长期中,价格可以对产出水平的变动进行充分调整,如图3-5c所示,总供给曲线是垂直的,总需求的上升只能引起价格水平的上升,而不会使产出增加。

(2)超调模型中的经济平衡调整过程。由于商品市场价格黏性的存在,当货币供给一次性增加以后,本币汇率的瞬时贬值程度大于其长期贬值程度,我们称这一现象为汇率的超调(overshooting)。

由于长期中的价格是可以充分调整的,那么,超调模型与货币模型的最终结果是相同的,不同的是超调模型有长时间的调整过程。基于这一点,我们可以借助于货币模型来分析这一长期平衡时各变量的调整情况。

以本国货币供给一次性增加为例,超调模型在经过长期调整达到平衡时也有与货币供给量提高比例相同的本国价格水平的同比例上升、本国货币的同比例贬值和本国利率和产出的恢复原状。具体调整过程如图3-6a、图3-6b、图3-6c、图3-6d所示:

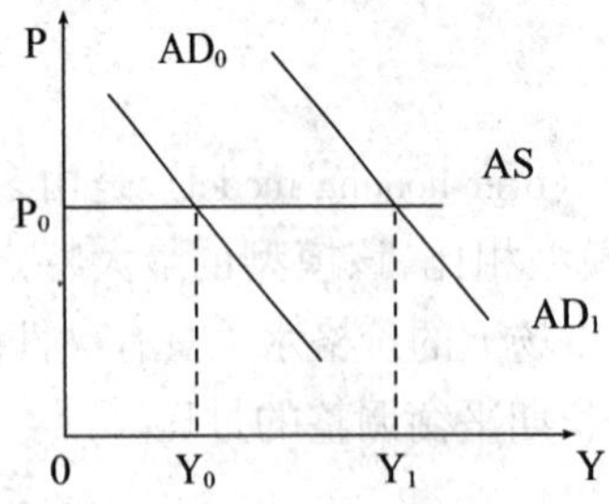

图3-5a　总供给曲线水平

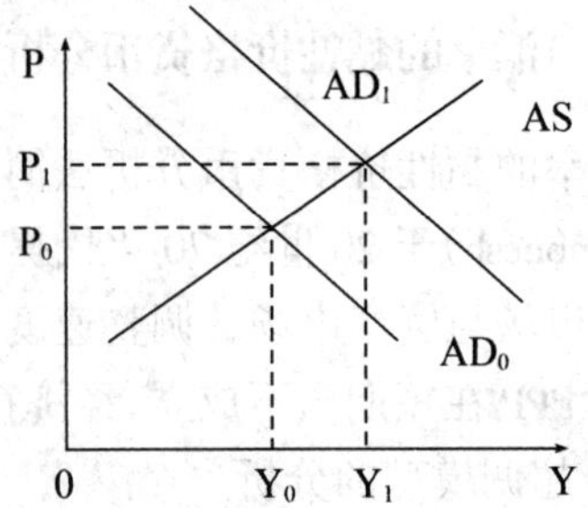

图3-5b　总供给曲线斜率为正

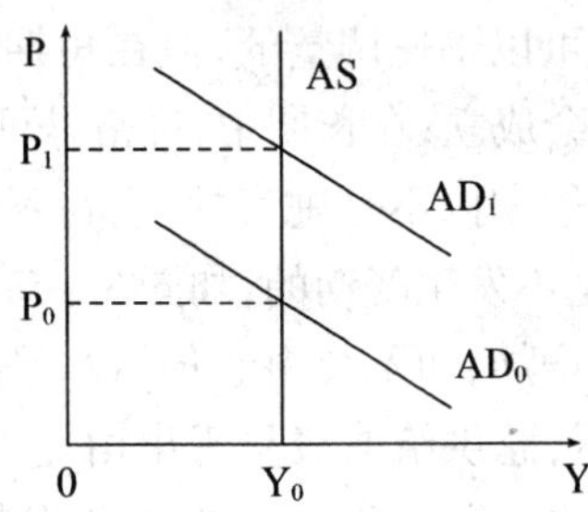

图3-5c　总供给曲线垂直

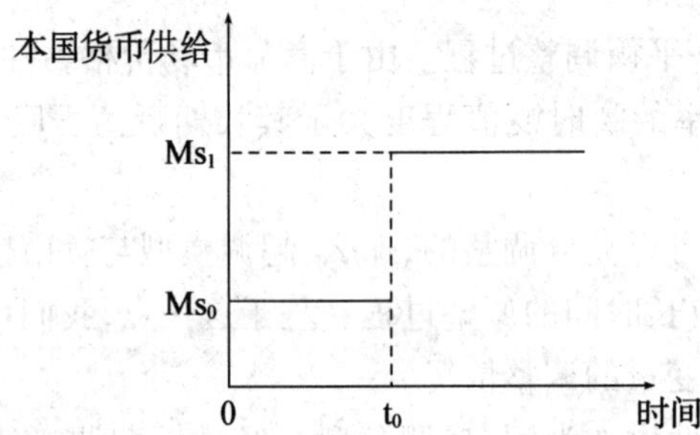

图 3-6a　本国货币供给水平一次性增加

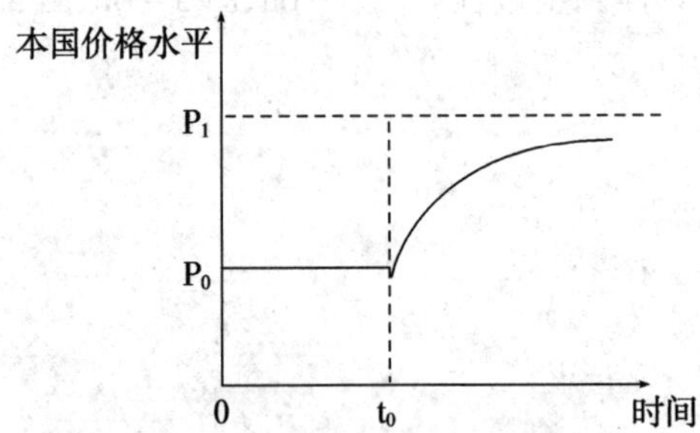

图 3-6b　本国货币供给水平一次性增加时本国价格水平的变化

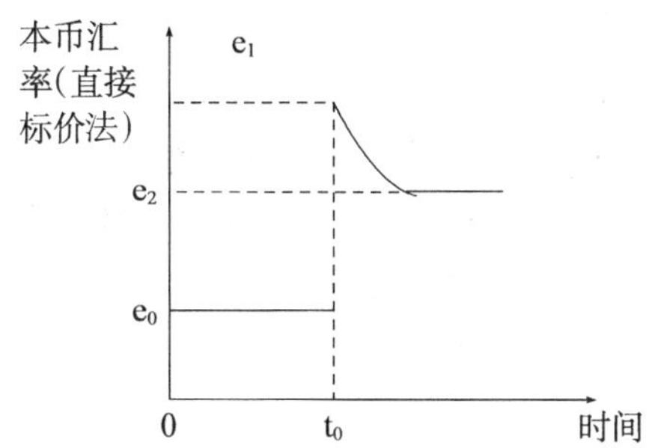

图 3 - 6c　本国货币供给水平一次性增加时本币汇率的变化

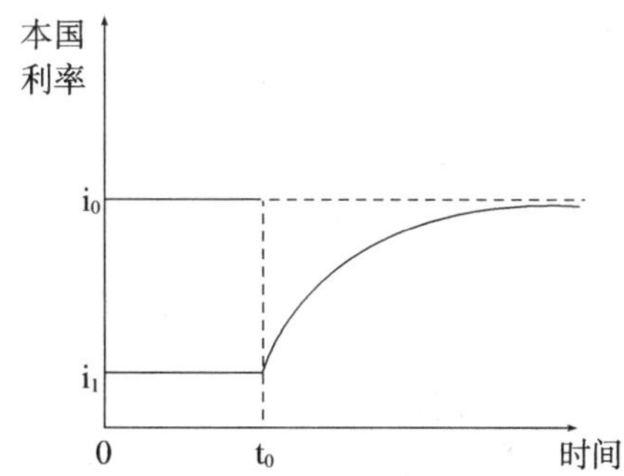

图 3 - 6d　本国货币供给水平一次性增加时本国利率的变化

2. 对超调模型的评价

(1)超调模型的重要地位。首先,超调模型是货币主义与凯恩斯主义的一种综合,成为开放经济下汇率分析的一般模型。它在货币模型的框架内展开分析,但又采用了商品价格黏性这一被认为更切合实际生活的带有凯恩斯主义传统的分析方法,对开放经济下的宏观经济作了较全面、系统的描述。它成为国际金融学中对开放经济进行宏观分析的最基本的模型。

其次,超调模型首次涉及了汇率的动态调整问题,从而创立了汇率理论的一个重要分支——汇率动态学(exchange rate dynamics)。

最后,超调模型具有鲜明的政策含义。既然超调模型是在资金自由流动的条件下汇率自由调整的必然结果,而在这一过程中汇率的过度波动会给金融市场与实际经济带来很大的冲击甚至破坏,那么完全放任资金自由流动、完全自由浮动的汇率制度并不是最合理的,政府有必要对资金流动、汇率乃至整个经济进行干预与管理。

(2)超调模型的缺陷。一是从其假定的现实可行性方面考虑,它确实存在一定的缺陷;二是作为存量理论的超调模型忽略了对国际收支流量的分析。

(四)资产组合分析法

鉴于货币论存在片面强调货币市场均衡的作用、各国资产完全替代假定等不足,布朗森(W·Branson)等学者认为:一方面,由于国内外资产之间不具有完全的替代性、风险等因素使 UIP 不成立,从而对本币资产与外币资产的供求平衡要在两个独立的市场上进行考察;另一方面,将本国资产总量直接引入了模型,本国资产总量直接制约着各种资产的持有总量,而经常账户的变动会对这一资产总量造成影响。这样,就形成了将流量因素与存量因素结合起来的资产组合分析法。

1. 资产组合分析法的基本模型

(1)基本模型的假定。第一,本国居民持有三种资产:本国货币(M)、本国政府发行的本币债券(B)、外国发行的以外币为面值的债券(F)。第二,在短期内不考虑持有债券的利息收入对资产总量的影响。第三,假定预期未来汇率不发生变动,这样,影响持有外国债券的收益率的因素仅是外国利率的变动。

(2)资产组合模型的基本形式和图形分析(短期内)。理性的投资者会将其拥有的财富,按照对风险与收益权衡的结果,配置于各种可供选择的资产上。一国居民所持有的金融资产包括本国货币、本国债券、外币债券。并且,本国债券与外国债券是不可完全替代的,非套补的利率平价不成立,则一国私人部门的财富持有情况可表示为:

$$W = M + B + e \cdot F$$

其中,W 表示私人部门持有的财富净额,即一国的资产总量;M 表示本国货币量;B 表示本国居民持有的本币债券量;F 表示本国居民持有的外币债券量。

由上式可知,影响一国资产总量的因素有:各种资产的供给量;本币的汇率,它通过影响既定数量的外国债券资产的本币价值而影响到以本币衡量的一国资产总量。

由于本国居民只有三种资产——本国货币(M)、本国政府发行的本币债券(B)、外国发行的以外币为面值的债券(F),因此资产组合模型涉及三个市场:本国货币市场、本国债券市场和外国债券市场。由于各个市场是相互关联的,因此只有当三个市场都处于均衡状态时,该国的资产市场才处于平衡状态。这样,在短期内,在各种资产的供给量给定的前提下,对各种资产的需求将决定本国的均衡汇率。下面我们来分别分析各市场的均衡,并在 $i-e$ 空间内给出表示三个市场均衡条件的曲线:

①本国货币市场。货币市场均衡的条件是货币供给量 = 货币需求量,货币供给量是政府控制的外生变量,货币需求量则是本国利率、外国利率和资产总量的函数:货币需求是本国利率的减函数,也是外国利率的减函数;由于投资者会将其拥有的财富,按照对风险与收益权衡结果,配置于这三种资产上,那么当资产总量增加时,投资者倾向于将增加了的资产总量按照原有比例分配在每种资产上,于是,货币需求是资产总量的增函数。

我们以图 3-7 中的 MM 表示在 $i-e$ 空间的货币市场均衡时的曲线,这一曲线斜率为正,也就是在 $e\uparrow$ 时,为使货币市场均衡要有 $i\uparrow$。其原因为:$e\uparrow \rightarrow e \cdot F\uparrow$(短期内,外国债券的供给是外在的固定值)$\rightarrow W\uparrow \rightarrow$ 货币需求 $\uparrow \rightarrow$ 在货币供给一定的情况下,需要降低货币需求,这就要提高本国利率以维持货币市场的均衡。

在货币市场上,货币供给量的变化将导致 MM 曲线的平移。如图 3-7 所示,当货币供给增加时，MM 向左平移，这是由于在汇率既定时，货币市场上的供给超过需求，为恢复货币市场的均衡，利率必须下降以提高货币需求；当货币供给减少时，MM 向右平移。

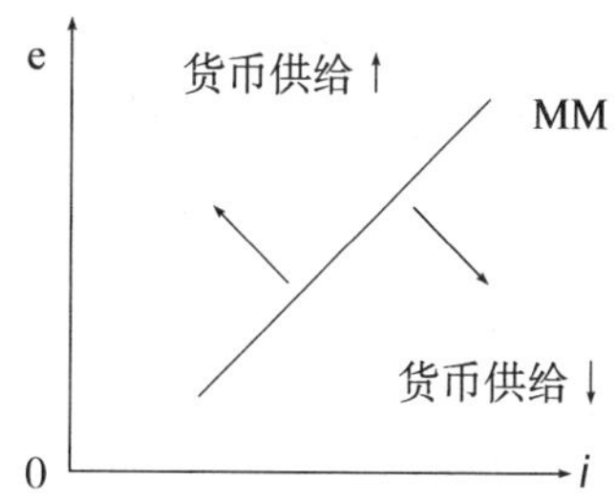

图 3－7 货币市场平衡时本国利率与汇率的组合

②本国债券市场。本国债券市场均衡的条件是本国债券的供给量＝本国债券的需求量，本国债券的供给量是政府控制的外生变量，本国债券的需求量则是本国利率、外国利率和资产总量的函数：由于利率是债券的收益，于是本国债券的需求是本国利率的增函数，是外国利率的减函数；同样地，本国债券的需求是资产总量的增函数。

我们以图 3－8 中的 BB 表示在 $i-e$ 空间的本国债券市场均衡时的曲线，这一曲线斜率为负，其原因为：e↑→W↑→本国债券的需求↑→本国债券价格↑→利率↓。

如图 3－8 所示，当本国债券的供给增加时，BB 向右平移，这是由于在汇率既定时，本国债券市场上的供给超过需求，债券价格下降，本国利率水平上升，使得 BB 曲线向右平移；当本国债券的供给减少时，BB 向左平移。

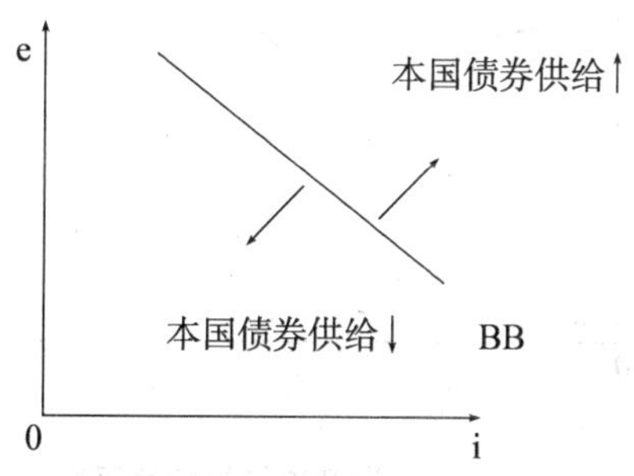

图 3－8 本国债券市场平衡时本国利率与汇率的组合

③外国债券市场。外国债券市场均衡的条件是外国债券的供给量＝外国债券的需求量，外国债券的供给量是通过经常账户的盈余获得的，在短期内我们假定经常账户状况不发生变动，外国债券的供给是外生的固定值，外国债券的需求量则是本国利率、外国利率和资产总量的函数。它是本国利率的减函数、外国利率的增函数、资产总量的增函数。

我们以图 3－9 中的 FF 表示在 $i-e$ 空间的外国债券市场均衡时的曲线，这一曲线斜率为负，其原因为：e↑→资产总量随之上升，但这一增加的资产总量只有一部分用于持有外国债券↓→外国债券在市场上出现超额供给→需要降低本国利率来提高对外国债券的需求。

由于本国债券市场对本国利率的变化更为敏感,同样的汇率变动在本国债券市场上只需要较小的利率调整便能维持平衡,因此,FF 比 BB 要更平缓。

如图 3-9 所示,当外国债券的供给增加时,FF 向左平移,这是由于在汇率既定时,外国债券市场上的供给超过需求,需要本国利率下降以抵消这一超额供给,这使得 FF 曲线向左平移;当外国债券的供给减少时,FF 向右平移。

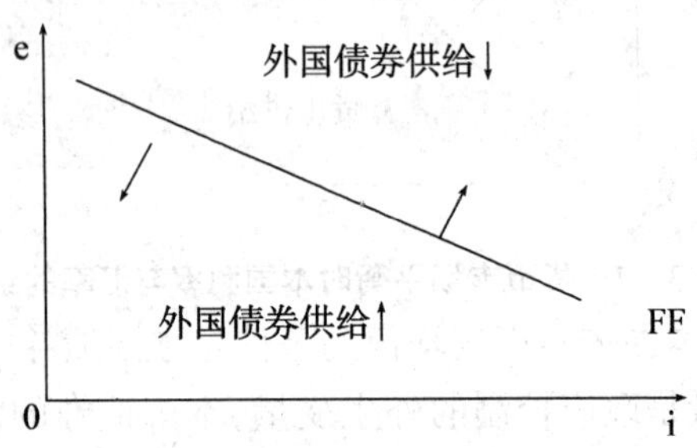

图 3-9　外国债券市场平衡时本国利率与汇率的组合

④短期内经济处于平衡时,三个市场同时均衡,即三条曲线相交于一点,如图 3-10 所示:

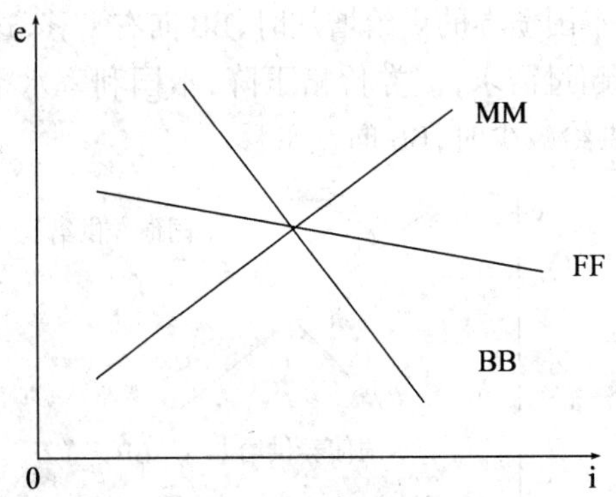

图 3-10　资产市场的短期平衡

2. 资产组合基本模型的内容分析

(1)资产供给变动与资产市场的短期调整。以短期内货币供给量的变动引起三个市场的自动调节以恢复经济平衡为例,运用此模型,我们可以分析货币政策的短期效应。

如果中央银行为融通财政赤字而导致货币供应量增加,即 $M\uparrow\rightarrow W\uparrow\rightarrow$对货币需求量、本国债券的需求和外国债券的需求均增加→在短期内,本国债券和外国债券的供给量都没有增加,于是在原有平衡点 A 会出现这两个市场的超额需求。于是,本国债券市场上,对于既定汇率来说,对本国债券的超额需求会导致利率下降→BB 曲线左移;外国债券市场上,对于既定汇率来说,对外国债券的超额需求需要提高本国利率予以消除→FF 曲线右移；同时，货币市场上的 MM 曲线会因为货币供应量的增加而向左平移。结果三条曲线最终相交于一点 B，B 点即为新的短期平衡点，货币供给的增加导致汇率上升和利率下降。具体调节过程可见图 3－11：

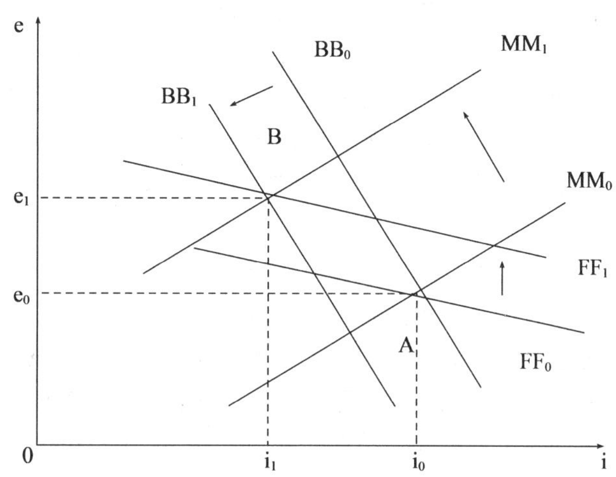

图 3－11　融通赤字带来的货币供应量增加的经济效应

(2)资产供给变动与资产市场的长期调整。在长期内，对于本国既定的货币供给与债券供给来说，经常账户的失衡会带来本国持有的外国债券的总量的变动，这一变动又会引起资产市场的调整。因此，在长期内，还要求经常账户处于平衡状态。

当经济在短期平衡位置存在经常账户赤字或盈余时，由短期平衡向长期平衡的调整机制就体现为经常账户差额与汇率互相作用的动态反馈机制。例如，当经常账户赤字时，会造成本币汇率的贬值，而本币汇率的贬值又会影响到经常账户的变动，这种反馈过程将会持续进行。长期平衡能否达到，关键在于本币贬值能否增加经常账户盈余，这意味着要符合马歇尔－勒纳条件。当这一条件满足时，经济的动态调整将会实现经常账户平衡，调整结束后，经济将处于长期平衡状态。

3. 对资产组合分析法的评价

资产组合分析法的主要贡献是克服了货币论中关于国内外资产完全替代的假定问题，并纳入了传统理论中所强调的经常账户收支理论，从而将汇率模型对各种因素的综合程度提高到了前所未有的程度。它对汇率研究的方法进行了重大变革：用一般均衡分析代替局部均衡分析，用存量分析代替了流量分析，用动态分析代替了静态分析，将长短期分析结合起来。

但它也存在一定的缺陷：一方面，没有将针对商品市场失衡对汇率的影响纳入分析；另一方面，用财富总额代替收入作为影响资产组合的因素，但没有进一步说明收入对财富的影响。

【本章小结】

1.外汇的本质是对外国商品和劳务的要求权，它是指以外币表示的、能用来清算国际收支差额的资产。一种外币资产能成为外汇需要具备三个条件:自由兑换性、普遍接受性、可偿性。

2. 汇率是指一国货币折算成为另一国货币的比率或比价,或以一种货币表示的另一种货币的相对价格。汇率的标价方法是指基准货币的确定方法,基准货币是本国货币、外国货币还是美元,将决定着不同的汇率标价方法,据此,国际上主要有三种汇率标价方法:直接标价法、间接标价法和美元标价法,大部分国家采用的是直接标价法。根据不同的角度,汇率可分为多种类型,如固定汇率和浮动汇率、基本汇率和套算汇率、买入汇率和卖出汇率及中间汇率、即期汇率和远期汇率、名义汇率和实际汇率及有效汇率等等。

3.汇率制度是指一国货币当局对本国汇率水平的确定、汇率变动的方式等问题所作的一系列安排或规定。由于汇率的特定水平及其调整对经济有着重大影响,并且不同的汇率制度本身也意味着政府在实现内外均衡目标的过程中需要遵循不同的规则,因此选择合理的汇率制度是一国乃至国际货币制度面临的非常重要的问题。汇率制度最基本的两种类型是固定汇率制和浮动汇率制,作为汇率制度的两极,完全的固定汇率制和完全的浮动汇率制的优劣一直是学术研究的焦点,其他中间汇率制的优劣可以从浮动汇率制和固定汇率制的争论中延伸出来。

4.“一价定律”在汇率决定理论中占据举足轻重的地位。它针对的是可贸易商品,与不可贸易商品是无关的。对于可贸易商品来说,套利活动将它的地区间的价格差异完全消除。那么,封闭条件下的一价定律指的就是同种可贸易商品在各地的价格都是一致的。由封闭经济下的一价定律我们可以推知开放经济下的一价定律:以同一种货币衡量的不同国家的某种可贸易商品的价格应该是一致的。当然,一价定律的成立要建立在一定的假定基础之上,如不考虑交易成本、商品的价格可以灵活调整等。

5. 购买力平价理论是汇率决定理论中最具有影响的理论之一。它的基本思想是:货币的价值在于其具有的购买力,因此不同货币之间的兑换比率取决于它们各自具有的购买力的对比,也就是汇率与各国的价格水平之间具有直接的联系。购买力平价可分为绝对购买力平价和弱购买力平价或相对购买力平价,由于相对购买力平价避开了绝对购买力平价过于脱离现实的假定,同时通货膨胀率的数据更易于得到,因此,与绝对购买力平价相比,相对购买力平价更具有实际的应用价值。

6.经过凯恩斯和艾因齐格等人完整阐述后的利率平价说突破了传统的国际收支和物价水平的范畴,从资本流动的角度研究汇率与利率所存在的关系,奠定了现代汇率理论的基础。利率平价说可分为套补的利率平价和非套补的利率平价,投机者的活动使这两种利率平价统一了起来,从而对远期汇率的形成起到了决定性的作用。

7. 国际收支说是从国际收支的角度来分析汇率决定的一种理论,考虑了国际收支对外汇的影响,弥补了利率平价说所忽略的国际贸易在汇率决定中的作用。它是由国际借贷说发展而来的。

8. 20世纪70年代以来,国际资金流动的发展对汇率变动产生了重大的影响。在一国金融市场供求存量失衡后,市场均衡的恢复不仅可以通过商品市场的调整来完成,在各国资产具有完全流动性的条件下,还能通过国内外资产市场的调整来完成。均衡汇率就是指两国资产市场供求存量保持均衡时两国货币之间的相对价格,这样的分析方法被统称为汇率决定的资产市场说。依据对本币资产与外币资产可替代性的不同假定,资产市场说可分为货币分析法与资产组合分析法,在货币分析法内部,又依据对价格弹性的假定不同,分为弹性价格货币分析法和黏性价格货币分析法。

【复习思考题】

1.外汇和外币的区别是什么?

2.汇率的基本分类有哪些?

3.试对固定汇率制和浮动汇率制进行比较。

4.简述爬行钉住汇率制的优缺点。

5.简述开放经济条件下的"一价定律"。

6.简述购买力平价说的基本内容。

7.简述利率平价说的主要内容。

9.简述国际收支说的主要内容。

10.简述资产组合模型的主要内容。

第 二 篇

金融资产:投资与融资

CHAPTER 4 第四章 金融资产

【学习目标】

本章要求学生掌握金融资产的含义及特性；了解主要的原生金融资产的类型；掌握金融远期、金融期货、金融期权、金融互换的含义及其功能；理解金融资产价值评估的基础；掌握债券和股票价值评估的基本方法。

【重要概念】

金融资产　信用资产　权益资产　远期利率协定　远期外汇合约　看涨期权　看跌期权　金融期货　套期保值　利率互换　货币互换

人们有了一定的财富后，就有一个如何安排财富、存储财富的问题。人们可以用现金、存款、股票、债券、家具、文物、房地产等各种方式储存自己的财富，随着金融体系的发展和完善，人们的财富载体更多地体现在金融资产形态上。作为金融体系的基本构成要素，金融资产以其独特的经济功能和特征而区别于其他资产，了解可供人们投资选择的金融资产的种类和金融资产价值评估的基本方法，有利于人们进行科学的投资决策。

第一节　金融资产的特性与种类

资产是指任何具有交换价值的所有物。资产可以分为有形资产和无形资产。有形资产具有一定的物理形状，如房屋、汽车等。无形资产是指没有一定的物理形状，触摸不到，但具有价值或权益的资产，如商标权、专利权、股票等。金融资产是典型的无形资产，这些资产可以从不同的角度分类，并具有多种特性。

一、金融资产与金融工具

金融资产与金融工具事实上是描述一个事物的两个角度。金融工具(Financial Instruments)是资金短缺方为了筹集资金而发行的各种书面凭证,它一般规定了资金盈余者向短缺者转让金融剩余的金额、条件和期限等。金融工具对交易双方所应承担的义务与享有的权利均具有法律效力,通常具有规范化的书面格式和社会的广泛接受性。金融工具的持有者可以在未来某个时间凭借该凭证向其发行者索取规定的收益,因而金融工具对于其持有者而言就是金融资产(Financial Assets)。金融资产作为一种未来收益的索取权,还可以在到期之前在不同的投资者之间进行转让,即对金融资产的所有权进行买卖,由此又形成了金融资产流通的市场价格。这种价格反映的是投资者对金融工具未来收益的预期变化,因而其转让的市场价格往往具有较大的波动性和不确定性,所以一般将金融资产界定为具有现实价格和未来估价、且具有特定权利归属关系的金融工具的总称。但抛开持有者,孤立地考察金融工具,它们便不能被称为金融资产,如中央银行所发行的货币和企业所发行的债券,对于发行它们的中央银行和企业来说,货币、债券是它们的负债而不是资产。由于金融资产可以像商品一样在金融市场上转让、流通,人们也称这些金融资产为金融商品(Financial Products)。

金融资产具有两个重要的经济功能,即资源配置功能和风险转移功能。正是通过金融资产的发行和交易,资金从盈余方转向短缺方,从而实现了社会金融资源跨越时空的优化配置;而通过金融资产的流通转让,在资金重新分配的过程中,也分散或转移了风险,例如通过股票的出售可以将单个股票价格下跌的风险转移给其他投资者。

金融资产与实物资产都是持有者的财富,但两者存在显著不同:(1)金融资产是典型的无形资产,没有一定的物理形状,触摸不到;实物资产是指以住宅、大宗耐用消费品、工厂、设备等物理形式存在的资产;(2)实物资产可以直接为我们带来效用或服务,你拥有一台电视机,你就可以在周末收看足球比赛,拥有一台电脑,你就可以上网对弈;而金融资产以价值形态存在,代表了对商品和服务的请求权,并不能给持有者带来直接的效用和满足;(3)与实物资产相比,金融资产具有更强的流动性和较低的保存成本,当然在高通货膨胀的环境下,金融资产的保值性较差。

二、金融资产的特征

一般而言,金融资产都有期限性、流动性、风险性和收益性四个基本特征。不同类型的投资者正是根据金融资产在这些方面的特殊性质进行资产选择的。

1.期限性。也称偿还性或到期期限,是指所有的金融资产都有一定的时间限制,到期必须还本付息。在种类繁多的金融资产中,偿还期限存在两种特例,一是现金和活期存款的期限可以视为零,因为它们基本上可以随时实现清偿;二是股票这种权益性资产和永久性债券的偿还期限为无穷,因为无论持有多长时间,发行者都不可能偿还本金。

在金融资产的收益计算中,应该特别注意投资者的有效持有期限,因为在实际投资过程中,投资者并不总是在金融工具的发行之日就持有并一直持有至到期日。

2.流动性。流动性是金融资产在本身价值不受损失的前提下,转化为现实购买力的能力。一般来说,资产的流动性主要包括三个方面:第一,在资产持有者想用钱时,是否可以把它合法地抛掉?第二,出卖资产的过程是不是很麻烦?是否需要付佣金或者费劲地去寻找买主?第三,资产的市场价格是不是起伏很大?当资产持有者想出售资产时,会不会因正赶上资产价格很低而蒙受损失?所以考察金融资产的流动性强弱一般通过其变现成本加以衡量,如资产变现所付的佣金、变现难易和快慢(时间成本)、资产自身价格的稳定性和可预测性等。变现期限短、成本低的金融资产流动性较强,交易活跃的金融资产流动性较强,自身价格稳定性强的金融资产流动性较强,如债券的流动性强于股票,当然,在所有的金融资产中,货币资产的流动性最强。

3.风险性。风险性是指购买金融资产的本金和预期收益遭受损失的可能性。通常表现为融资方的违约风险和金融资产价格波动而带来的市场风险。违约风险是指债务人不履行约定按期还本付息的风险,如发行债券的公司破产,债券持有者得不到偿还的风险。市场风险是指金融资产价格下降可能带来的风险,如发行股票的公司经营恶化或股市低迷,股票持有者面临价格下跌的风险。

4.收益性。收益性则是指持有金融资产能够带来一定的收益,这是投资者因放弃资金使用权而承担了机会成本和风险而应得的补偿。例如债券持有者可以获得利息,股票持有者可以获得股息和红利等。一般来说,收益性和风险性成正比,风险大的资产,预期收益高。收益的高低由收益率来表示,即持有金融资产所获得的收益与本金的比率。人们往往关注如下几种收益率的计算:

(1)名义收益率,是金融资产票面收益与票面额的比率。如某种债券面值 100 元,目前市场价格 95 元,到期期限为 2 年,每年支付利息 8 元,则该债券的名义收益率就是 8%。

(2)现时收益率(也叫本期收益率),是金融资产的年收益额与其当前市场价格的比率。如上例中债券的市场价格为 95 元,则现时收益率为 8/95,即 8.42%。

(3)到期收益率是使得债务工具未来收益的现值等于其现在价格时的利率(贴现率)。到期收益率相当于投资人按照当前价格购买债券(或其他债务工具)并且一直持有到期满时可以获得的年平均收益率,是最精确的收益率计量指标。上例中债券的到期收益率可以通过下列方程求得,其中未知数 i 为到期收益率:

$$95=\frac{8}{(1+i)^1}+\frac{8}{(1+i)^2}+\frac{100}{(1+i)^2}$$

(4)平均收益率是将现时收益与资本损益共同考虑的收益率,也称为持有期收益率。持有期为一个周期的单期的平均收益率可以通过下式计算:

$$i=[C+(P_1-P_0)]/P_0$$

其中,i 为平均收益率,C 为资产的单期收益,(P_1—P_0)为资本损益,P_1、P_0 分别为资产的卖出价格和买入价格。上例中，当投资者以95元价格购买2年期债券并持有一年后以98元价格卖出，获得利息8元，则其持有期的平均收益率为(8+98-95)/95=11.58%，平均收益率与投资者投资金融资产之前对其价格变化的预期有关，投资者往往根据事先预期的平均收益率进行投资选择，但事后的平均收益率一般与事前预期的平均收益率有差异，这也是持有金融资产的风险所在。

三、金融资产的类型

现实中金融资产种类繁多，图4-1罗列了目前存在的主要金融资产形式。从图中可以看出，每一大类金融资产下又有许多具体的金融资产品种。一方面，各种金融资产各有其特点，以适应不同的投资者和融资者的需要；另一方面，这些金融资产又有许多共同的地方，因而可以在某些方面互相替代，从而为投资者和融资者提供了众多可供选择的金融工具。

种类繁多的各种传统金融工具近几百年来为各国金融市场和国民经济的发展做出了重要的贡献。但是，这些传统工具仍然不能完全满足金融和经济迅速发展的需要。自20世纪60年代以来，金融创新，特别是金融工具的创新层出不穷。概括起来，主要有金融远期、金融期货、金融期权和金融互换等基本类型。通常我们将传统金融资产称为原生资产或原生工具，而将这些建立在原生工具基础上的新型金融资产称为衍生资产。随着金融和经济的发展，金融工具方面的创新还将不断涌现。

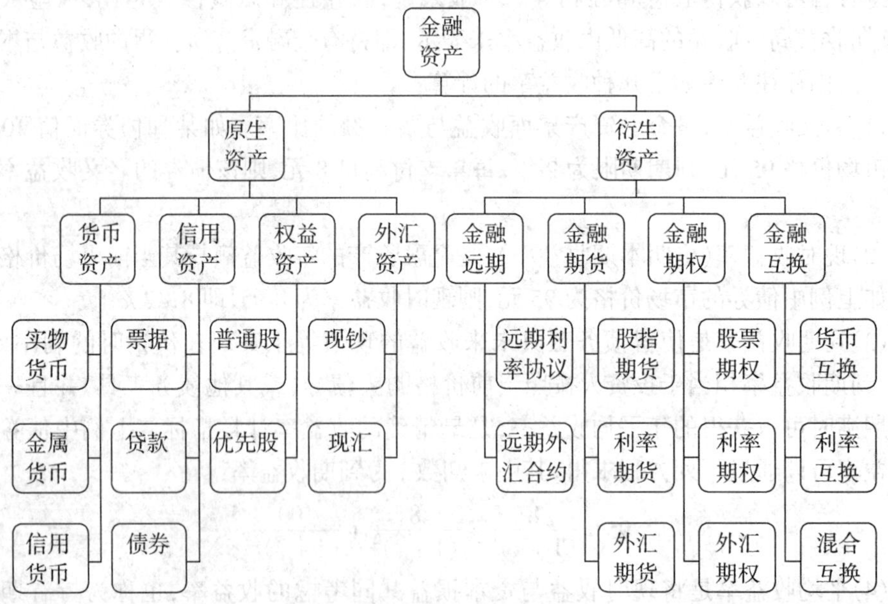

图4-1 金融资产的类型

第二节 原生金融资产

原生金融资产种类主要包括货币资产、信用资产、权益资产三大类，还有用于国际间支付结算的外汇资产，下面逐一予以介绍。

一、货币资产

货币资产作为交易媒介和财富贮藏手段，是最基本的和最重要的金融资产，在金融和经济发展中扮演着极为重要的角色。根据第一章的讲述，我们知道历史上货币经历了实物货币、金属货币、信用货币和电子货币等，在目前的信用货币制度下，货币资产包括现金和银行存款（有关内容可参见第1章）。相对于其他资产而言，货币资产的收益比较稳定，可以预测，它一般不会受到资本损失，流动性较强，其风险主要来自通货膨胀的变化。

二、信用资产

信用资产是由借贷行为产生而形成的对债务人在未来某个时间收回本金和获取利息的索取权，是早期在货币资产基础上产生的重要的传统金融工具。从广义上说，信用货币制度下的货币资产也属于信用资产，你在银行的存款也是你对银行的债权。我们这里的信用资产是较为狭义的，主要特指商业票据、银行票据、银行贷款和债券等信用资产。信用资产不但在其初次借贷行为发生时形成一种债权债务关系，而且这种债权债务关系还可以在金融市场上转让。因此，信用资产也是一种重要的金融市场工具。相对于货币资产而言，大部分信用资产的流动性差些，而且有可能遭受本金损失的危险。

1.商业票据（Commercial Paper）。商业票据是由工商企业发行的无抵押品的短期债务凭证，是对发行企业未来还本付息的索取权。商业票据的签发通常是与商品交易活动相联系的。具有较好信用的工商企业，在赊购商品时，签发延期付款的商业票据，以获得赊销商品企业提供的商业信用。商业票据包括商业本票和商业汇票。本票是出票人签发的，承诺自己在见票时无条件支付确定的金额给收款人或者持票人的票据，它是一种书面承诺书。汇票是出票人签发的，委托付款人在见票时或者在指定日期无条件向持票人或者收款人支付确定金额的票据，它是一种书面命令书。按承兑人的不同，商业汇票又可分为商业承兑汇票和银行承兑汇票。商业承兑汇票是由收款人或付款人签发，经作为付款人的企业承兑的票据。而银行承兑汇票是由收款人或付款人出票，经付款人委托其开户银行承兑的票据。承兑是指汇票的付款人在汇票上签字承诺在票据到期日支付汇票金额的行为。被签发的票据，通常可以通过背书的方式在票据市场流通，

也可以向银行申请贴现,以获得其所需要的资金。而银行可以将其持有的有效票据向其他银行进行转贴现,或向中央银行申请再贴现。因此,商业票据是一种重要的货币市场工具。

随着商业票据应用范围的发展,还出现了金融性商业票据,是高信用等级的大公司为了筹措资金,出售给投资者的一种短期无担保债务凭证。在美国商业票据市场上,这种金融性商业票据的发行面额大都在 100000 美元以上,期限较短,一般不超过 270 天,许多公司广泛地使用商业票据来为它们对自己客户的贷款筹资,如通用汽车公司通过发行商业票据借入资金,然后将资金贷给购买汽车的消费者。

2.银行票据(Bank Paper)。早期的银行票据主要是指银行券,它是在商业票据的基础上产生并使用、以代替商业票据的银行家的票据。银行提供贷款和贴现的资金首先来自其吸收的存款,当这些资金不足以满足其资金需求时,银行发现可以通过签发自己的票据来筹集资金或直接为商业票据提供贴现,于是商业银行纷纷签发自己不定期的银行票据,即银行券。随着银行券发行权向中央银行的集中,这个意义上的银行票据也就消失了。现在日常经济生活中存在的银行票据主要有银行支票、银行本票和银行汇票,它们要么是银行签发的,要么是银行要承担的付款义务。

3.贷款(Bank Loan)。贷款是银行按一定利率向借款人提供资金、并约定到期还本付息的资金借贷凭证,是银行对借款人未来还本付息的索取权。发放贷款是商业银行主要的信用资产业务。由于贷款是建立在借款人到期能够还本付息的承诺之上的,但到期后借款人能否完全还本付息具有一定的不确定性,因此贷款业务的信用风险是商业银行面临的主要风险之一。贷款期限的固定性或相对固定性还使得提供贷款的银行面临流动性风险和利率风险,为了降低这些风险,银行推出了可变利率贷款和贷款证券化等新的金融工具。

4.债券(Bond)。债券是由债务人发行的承诺在未来某个时间以约定的利率还本付息的债务凭证。它具有明确的期限规定,发行时必须标明面值,即通过券面载明财产内容,具有法律效力的债权债务关系的享有和转移,以出示和转让债券为前提。债券不同于一般的借款凭证,它可以将借款总额划分为很多单位,通过标准化的设计,在同一时间,以同一条件,从众多的投资者那里筹措资金,并可以以与当时的平均收益率相当的价格转让,从而使债券发行者能够在短期内筹集到较多的资金,也使投资者面临较低的流动性风险,因此近几十年来债券市场获得了迅速的发展。

(1)根据发行主体的不同,债券可分为政府债券、公司债券和金融债券。政府债券是政府为弥补预算赤字发行的、具有一定面额和偿还条件的债务凭证。政府债券又可分为中央政府债券和地方政府债券(也称市政债券),前者简称国债,其中短期国债又称为国库券,流动性强、信誉好,是货币市场的重要工具。公司债券是由公司企业发行的融资工具,以中长期债券居多,其利息多采用固定利率、每年定期支付的方式。金融债券则是由银行等金融机构发行的债券。我国商业银行发行金融债券始于 1985 年,其他非银行金融机构于 1988 年开始发行金融债券。

(2)按照债券的偿还期限,可以分为短期债券、中期债券和长期债券。较为通行的划分是期限在1年以下的为短期债券,在1~10年之间的为中期债券,在10年以上的为长期债券。

(3)按照债券是否有担保,可以分为担保债券和信用债券。担保债券是以某种抵押品为担保而发行的,当发行人不能按期支付利息和本金时,债券持有人可以将抵押品出售;信用债券则完全是凭发行人的信用发行的。

(4)按照债券的利率是否固定,可以分为固定利率债券和浮动利率债券。前者的利率在整个期限内都是固定不变的,后者的利率会定期随市场利率的变化而进行相应的调整。

(5)按照债券的利息支付方式,可以分为息票债券和贴现债券。息票债券,也称附息债券,附有各期的利息票,上面载有付息的时间和金额。息票到期时,债券持有人凭从债券上剪下的息票领取利息。贴现债券则不附息票,也不按规定的利率支付利息,而是采取折价出售的方式发行,到期再按票面金额偿还,其利息体现在债券面值与其出售价格的差额上。

三、权益资产

权益资产是指不用偿还本金但有权益要求权的金融资产,这类资产的持有者拥有对公司在偿付债务后的收益进行分配的收益索取权和对公司经营决策的投票权。典型的权益资产就是股票。

股票是股份有限公司在筹集资本时向出资人公开发行的、用以证明出资人的股东身份和权利,并根据股票持有人所持有的股份数享有权益和承担义务的可转让的书面凭证。同一类别的每一份股票所代表的公司所有权是相等的。每个股东所拥有的公司所有权份额的大小,取决于其持有的股票数量占公司总股本的比重。

一般而言,股票这种权益资产具有以下几个方面的特点:(1)期限上具有永久性。如果你花了10万元购买了某家公司的股票,以后要求该公司退还你购买股票时所花的10万元本金是不可能的。但你可以分得该公司相应比例的利润,也可以通过转让收回或部分收回你的投资。(2)公司利润分配上具有剩余性。你购买股票的这家公司今年赚取了2亿元的利润,但要支付完其他债务的利息和应付税金之后,才能给你分配相应的利润。(3)清偿上具有附属性。如果你购买股票的这家公司出现了2亿元的亏损,资不抵债,那么,它就要破产了。只有当该公司所欠的全部债务清偿完了以后,如果还有剩余资产,你才能按照你所持有股份的比例,得到相应份额的剩余资产。所以相对于债券而言,股票的风险性较高。(4)权利与责任上具有有限性。股东是公司的所有者,以其出资额为限对公司负有限责任,承担风险,分享收益。如果公司的总资本为2亿股,你所购买的股份只占总股本的万分之一。若公司所赚2亿元的利润在支付完债务利息和应付税金、提取公积金后,还有1亿元的利润可以分配,那么,你就能得到其中1万元的红利。如果该公司经营很差,出现了巨额亏损,你所承担的损失也只以你所购买股票时的支出为限,不会超过10万元,即责任是有限的。

股票通常分为普通股和优先股两种。普通股是指在公司的经营管理和盈利及财产的分配上享有普通权利的股份,投资者满足所有债权偿付要求及优先股东的收益权与求偿权要求后对企业盈利和剩余财产的索取权。普通股构成公司资本的基础,是股票的一种基本形式。而相对于普通股而言,优先股则是在利润分红及剩余财产分配的权利方面优先于普通股的股票。

当然,相对于信用资产而言,股票流动性较差,具有较高的风险性和较高的预期收益,其价格波动性较大,但也为愿意承担风险的投资者提供了一种较好地应对通货膨胀风险的金融工具。

第三节　衍生金融资产

衍生金融资产(Financial Derivative Asset)是在原生金融资产的基础上派生出来的、其价值依赖于原生金融资产的金融资产。所谓“衍生”就是在各种金融原生资产(股票、外汇、债券等)的基础上设计而派生出来的新的金融资产。一方面,这些衍生金融资产是以某种原生金融资产的存在为前提,并以其为标的物进行交易的。因此,衍生金融资产与其原生资产之间存在紧密的联系,特别是二者价格之间的相互影响极为密切。另一方面,衍生金融资产作为原生资产的派生物,其功能并非其原生资产的简单重复,而是有许多新的扩展,从而使其具有许多新的特点,其主要功能不在于调剂资金的余缺和直接促进储蓄向投资的转化,而是管理与原生资产相关的风险暴露。

一、衍生金融资产的产生与发展

金融衍生资产的迅速发展是20世纪70年代以来的事情。由于70年代高通货膨胀率以及普遍实行的浮动汇率制度,规避通货膨胀风险、利率风险和汇率风险成为金融交易的一项重要需求。

在金融衍生资产的迅速拓展中,还有一个及其重要的因素,那就是期权定价公式的问世。对于期权如何定价,曾是一个多年研究而难以解决的题目。1997年诺贝尔经济学奖获得者斯科尔斯和默顿,在70年代初推出了他们据以获奖的定价公式,解决了这一难题。许多相关领域的定价问题也连带获得解决。迄今为止,金融衍生资产已经形成一个新的金融产品“家庭”,其种类繁多、结构复杂,并且不断有新的成员进入。

迅速发展的金融衍生工具,为规避形形色色的金融风险提供了灵活方便、极具针对性且交易成本日趋降低的手段。这对现代经济的发展起到了有力的促进作用。但衍生工具的发展也促成了巨大的世界性投机活动。目前世界性的投机资本,其运作的主要手段就是衍生工具。衍生工具的交易实行保证金制度,在这种交易中的保证金是用以承诺履约的资金;相对于交易额来说,对保证金所要求的比例不超过10%。因而投机资本往往可以支配 5 ~ 10 倍于本身的资本进行投机操作,具有巨大的杠杆投资效应。如 1995 年,英国具有 200 多年历史的巴林银行,竟然由于它的一个分支机构的职员进行衍生工具投机失败而宣告破产。

在国际金融投机中,投机资本利用衍生工具冲击一国金融市场并造成该国金融动荡和危机的也有几个例子。如由于受到国际投机资本的冲击,1992 年英镑退出欧洲汇率体系;1997 年 7 月泰国放弃了泰铢对美元的固定汇率并引发了东南亚的金融大动荡等。

我国目前的金融衍生工具市场仅处于起步阶段,品种少,规模小。但随着资本市场的发展和金融风险的提高,衍生工具市场必然有较快的发展。

根据合约标的不同,衍生资产可以分为商品衍生资产和金融衍生资产。商品衍生资产是以实物商品为标的资产的衍生资产,如大豆期货、黄铜期权等。金融衍生资产是指以金融资产为标的资产的衍生资产。目前主要的金融衍生资产包括金融远期合约、金融期货合约、金融期权合约和金融互换合约。其他任何复杂的合约都是以此为基础演化而来的。

二、金融远期合约

金融远期合约(Financial Forward Contracts)是指交易双方约定在未来的某个时间,按照预先签订的价格买卖一定数量的某种金融资产的合约。远期合约通常是在金融机构之间或金融机构与公司客户之间签订,且在场外进行交易。

远期合约是适应规避现货交易风险的需要而产生的。现货交易的最大缺点在于无法规避价格风险,一个农场主的命运完全掌握在他的农作物收割时农作物的现货市场价格手中。如果在播种时就能确定农作物收割时的卖出价格,农场主就可以安心地致力于农作物的生产了。远期合约正是适应规避现货交易风险的需要而产生的,从最初的农产品远期合约发展到为规避金融交易中的风险而产生的金融远期合约。

在远期合约中,用于交易的资产称为标的资产,又称为基础资产。许诺在未来某一特定时间以确定的价格购买标的资产的一方称为多头(Long Position),而许诺以约定价格在未来出售标的资产的一方称为空头(Short Position),远期合约所确定的交割时间即为到期日,合约中规定的未来买卖的标的资产价格称为交割价格(Delivery Price),使得远期合约价值为零的交割价格成为远期价格(Forward Price)。这个远期价格显然是理论价格,它与远期合约在实际交易中形成的实际价格(即双方签约时所确定的交割价格)并不一定相等。

远期合约的特点是,在签署远期合约之前,双方可以就交割地点、交割时间、交割价格、合约规模、标的物的品质等细节进行谈判,以便尽量满足双方的要求,因此形式简洁、灵活性较大,是非标准化合约,远期合约期初支付金额几乎总是为零;由于远期合约千差万别,因此流动性较差;同时交易在私下进行,信用风险较大,所以参与者多为信用高的金融机构和企业。

在远期合约的有效期以内，合约的价值随标的资产市场价格的波动而变化。但是到了到期日双方进行交割时，如果市场价格高于合约价格，则空方应向多方支付价差金额；如果市场价格低于合约价格，则多方应向空方支付价差金额。通过图 4－2 可以看出参与这种交易的多、空双方的收益和损失关系。

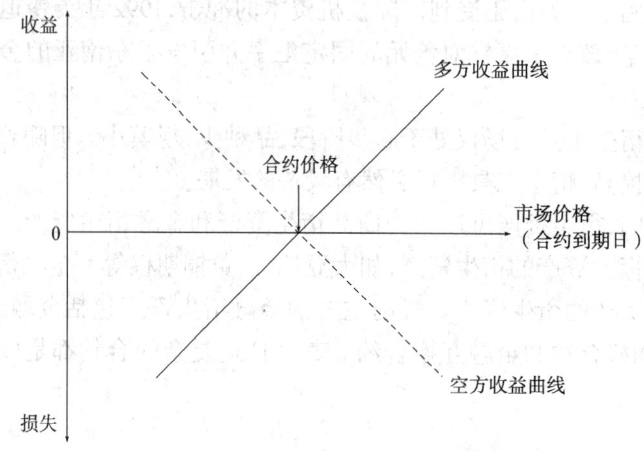

图 4－2　远期合约买卖双方的收益/损失图

常见的金融远期合约主要有远期外汇合约和远期利率协议。

远期外汇合约是指双方约定在将来某一时间按约定的远期汇率买卖一定金额的某种外汇的合约。远期外汇合约在外汇市场上十分普遍，因为它能够有效地防范汇率波动的风险。例如一家外贸公司预计将在 3 个月后收到一笔外汇货款，为了避免外币贬值的风险，它就可以同银行签订一个 3 个月的远期合约，约定在 3 个月后以某一既定的价格向银行出售这笔外汇。这样，无论 3 个月后该种外汇的汇率如何变动，该外贸公司都可以得到既定的本币收入。显然，若 3 个月后该种外汇在现汇市场上的汇率等于远期合约中规定的汇率，则该外贸公司是否进行这笔远期交易都一样，换句话说，该远期合约的价值为零；若前者小于后者，则外贸公司就可以从这笔远期合约中获益，或者说该远期合约对它有正的价值(相应的，对银行有负的价值)；反之，若前者大于后者，则外贸公司如果不签订远期合约，直接在现汇市场卖出外汇就更有利，也就是说，该合约对它有负的价值。这就是为什么我们说衍生金融工具的价值取决于其标的资产价格变动状况的原因。

远期利率协议是买卖双方同意从未来某一商定的时期开始在某一特定时期内按协议利率借贷一笔数额确定、以具体货币表示的名义本金的协议。

【例题 4.1】假定你是某公司的财务经理，打算在 3 个月后为你所在的公司借款 5000 万元，现在的市场利率为 5.25%。但是，你预计 3 个月后的市场利率可能会上升到 5.75%。同时，有一家银行预计 3 个月后的市场利率可能会下降到 5.00%。为了规避市场利率上升的危险，你就可以与某一家银行签订一份远期利率协议，约定在 3 个月后以 5.25% 的利率从该银行借入 5000 万元的资金。如果 3 个月后，市场利率真的上升到了 5.75%，那么，由于你事先与该银行签订了远期利率协议，你就可以以 5.25%的利率为公司借入资金，成功的通过远期利率协议规避了利率上升的风险。反之，如市场利率没有像你预期的那样上升，而是下跌到了 5.00%，那么，公司也必须以 5.25%的利率借入 5000 万元。由此可见，该银行就通过远期利率协议而规避了利率下降的风险。

三、金融期货合约

金融期货合约是在远期交易的基础上发展起来的，实际上就是由交易所推出的标准化的远期买卖合同，能够克服远期交易中所存在的信息不对称和违约风险高的缺陷。

金融期货合约(Financial Futures Contracts)是指协议双方同意在约定的将来某个日期按约定的条件(包括价格、交割地点、交割方式)买入或卖出一定标准数量的某种金融资产的标准化协议。合约中规定的价格就是期货价格，期货价格是所有参与期货合约交易的人对未来某一特定时间的现货价格的期望或预期。

正式的期货交易开始于 1865 年的芝加哥交易所(Chicago Board of Trade，简称 CBOT)。当时芝加哥是美国最大的谷物集散地，随着谷物交易的不断集中和远期交易方式的发展，1848 年，由 82 位谷物交易商发起组建了芝加哥期货交易所，该交易所成立后，对交易规则不断加以完善，于 1865 年用标准的期货合约取代了远期合同，并实行了保证金制度。直到 20 世纪 70 年代以前，期货交易仍主要局限于农产品的交易，但是到 70 年代以后，期货交易的品种大大增加，首先是一些非农产品，如有色金属等成为交易的对象，其次是各种金融期货开始出现，并取得了迅速发展，交易量超过了传统的商品期货。金融期货的交易对象包括外汇、债券、利率和股票价格指数等金融资产或工具，交易目的主要是为了套期保值或投机获利。

(一)金融期货合约的特征

金融期货合约的交易具有以下显著特征：(1)期货交易在交易所内进行，买卖双方不直接接触，而是各自跟交易所的清算部或专设的清算公司结算；(2)交易集中在交易所内以公开竞价的方式进行价格决定；(3)期货合约采用标准化形式，合约规模、交割日期、交割地点等都在合约上有明确规定，交易双方无需再商定；(4)期货合约一般在交割日之前采取对冲交易来结束期货头寸(平仓)，只有很少比例的交易进行实物交割；(5)期货交易每天进行结算，而不是到期一次性进行结算，而且买卖双方在交易之前都必须在经纪公司开立专门的保证金账户；(6)具有显著的杠杆投资效应，买卖双方只需在经纪公司存入一定量的保证金，就可以进行数倍以上资金的交易活动，这样扩大了交易规模，但同时也增加了交易风险。

(二)金融期货的交易方式

1.开仓与平仓

开仓是指投资者最初买入或卖出某种期货合约，从而确立自己在该种合约交易中的头寸位置。期货合约的买入者处于多头头寸，卖出者处于空头头寸。原先拥有多头或空头头寸的投资者可以通过进行一笔反向的交易来结清其头寸，这叫做平仓。例如在3月份的某一天买入一份9月份到期的玉米合约的投资者，可以在4月份的某一天卖出一份该种合约，从而使自己的净头寸为零；在4月份卖出一份6月份到期的玉米合约的投资者也可以在该种合约的最后交易日之前买入一份该种合约来冲销其原先的空头头寸。当然在这期间，合约的价格会发生某种变化，由此而导致的损益也就是投资者从事期货交易的损益。交易所每天都会统计当日没有被平仓的期货合约的数量，这被称为“未平仓量”。

实际上，绝大部分的期货交易都是以上述方式冲销的，只有很少的部分会进行实际的交割，这是期货交易高效率的一个体现，也是期货交易和远期交易的重要区别之一。

2.最小变动价位和每日最大价格变动幅度

期货交易所规定了每种期货的报价单位，这种报价单位也就构成了该种期货的最小变动价位。例如，纽约商品交易所的原油期货价格是以每桶原油的美元数来报价的，并且取两位小数(即精确到美分)，因此，该种期货在交易中的最小变动价位就是每桶0.01美元。又如，CBOT的中期国债和长期国债期货是以美元和1/32美元倍数来报价的，因此它们的最小变动价位就是1/32美元。

为了维护价格的稳定，各交易所还规定了每种期货的每日最大价格变动幅度，一旦价格变动超出该幅度，当天的交易就自动停止。这和我国股市上的涨停板制度是一样的。

3.保证金制度

期货合约和股票一样在交易所公开竞价成交，并且价格随市场行情的波动而波动。所不同的是，在期货交易中，不是期货合约的购买者马上向其出售者交纳现金，并获得相应的资产，而是买卖双方都在各自的经纪商那里存入一定比例的保证金；同时经纪商必须在交易所所属的结算所存入一定比例的保证金(如果经纪商不是结算所的会员，那就应在某一会员经纪商处存入保证金)。从这个意义上来说，期货合约的买卖双方不是交易了一笔资产，而是签订了一个未来交易的合约。对于投资者来说，保证金还有初始保证金和维持保证金之分。初始保证金是投资者开仓时应存入的保证金，它一般只占投资者所买卖的期货合约价值的5%～10%。维持保证金则是在投资者平仓之前，投资者必须始终保留在其保证金账户上的最低金额。它一般约占初始保证金的75%。由于期货交易实行的是每日结算制度，投资者每天的损益都立即计入投资者的保证金账户，因此可能发生保证金的不足或过剩。在投资者的保证金账户中，超过初始保证金的部分，投资者可以支取；而一旦保证金余额低于维持保证金，投资者就应该在24小时内将保证金追加到初始保证金的水平，否则经纪商就会强行对它进行平仓(即抛售其先前买进的期货合约，或者买进其先前出售的期货合约，从而消除其多头或空头的地位)。

4.每日结算制度

期货交易和其他交易方式的最大不同，在于实行每日结算制度，也就是要在每个交易日结束时，根据当天的收盘价，将投资者的损益计入其保证金账户。例如，在 1997 年 9 月 1 日，某投资者在纽约商品交易所以每盎司黄金 400 美元的价格买入一张 12 月份的黄金期货合约，由于在该交易所内，每张黄金期货合约代表的黄金数量为 100 盎司，因此这笔交易所涉及的总金额为 40000 美元。假定该投资者的经纪商规定的保证金比例为 5%，维持保证金为初始保证金的 75%，则该投资者应在其经纪商处存入 2000 美元的初始保证金，并且在平仓之前，始终在保证金账户上保有不低于 1500 美元的余额。若当天收盘时，12 月份的黄金期货价格上涨到每盎司 402 美元，则该投资者就有 200 美元的盈利。这 200 美元就马上增加到他的保证金账户中去，并且该投资者还可以将这部分多余的保证金提走。反之，如果在此后的某一天里，该期货的收盘价下降到每盎司 394 美元，则扣除相应的亏损额后，该投资者的保证金账户余额就只有 1400 美元，低于 1500 美元的维持保证金水平，其经纪商就会向他发出追加保证金的通知，要求该投资者在 24 小时内将其保证金补足到 2000 美元，否则就对他进行强行平仓。

通过实行保证金和每日结算制度，交易所实际上充当了买卖双方的交易中介。交易双方无需知道他们卖出的期货合约是被谁买入的，或者他们买进的期货合约又是谁卖出的，而只需把他们所进行的买卖活动看成是和交易所发生的交易即可，所以不必担心履约问题，这就大大提高了期货交易的效率。

（三）金融期货的功能

金融期货具有价格发现、套期保值和投资三大基本功能。

1.价格发现功能

金融期货价格是由交易双方在期货市场上以公开竞价的方式形成的，反映了参与人对未来某一特定时间的现货价格的期望或预期。金融期货市场近似于完全竞争市场，每个参与人根据其所掌握的信息和立场做出买卖委托，其价格较为真实地反映了市场的供求状况，反映了市场供求双方对交易的金融资产未来价格变动趋势的预期。该价格变动与金融资产的现货价格变动紧密相连，同时它的变动又对金融资产的现货价格变动趋势具有预测和指导作用，因而具有价格发现功能。

2.套期保值功能

套期保值是指已面临价格风险的主体利用一种或几种套期保值工具，试图抵消其所冒风险的行为。金融期货的套期保值指在现货市场和期货市场对同一种类的金融商品同时进行数量相等但方向相反的买卖活动。由于期货价格与现货价格具有很强的趋同性，因此在未来有现货出售的投资者，可以通过事先出售相应金融期货将其未来要出售的金融资产价格固定，从而规避未来现货价格可能下跌的风险（称为“卖出套期保值”或“空头套期保值”）；在未来有需要购进现货的投资者，可以通过事先购进相应的金融期货将其未来要购进的金融资产价格固定，从而规避未来现货价格可能上涨的风险（称为“买入套期保值”或“多头套期保值”）。

【例题 4.2】假定在 6 月 1 日，某公司有 100 万暂时闲置的美元，可以进行 3 个月的短期投资。当时英镑的存款利率高于美元,所以该公司打算把美元换成英镑存款。但是它又担心3个月后英镑贬值,反而得不偿失,这个时候就可以利用期货市场来套期保值。该公司可以在现货市场上买进价值100万美元的英镑,并把它变成3个月的存款,同时在期货市场上卖出金额大致相当的9月份英镑期货。这样一旦3个月后英镑真的贬值,那么它的期货价格也将下降,该公司就可以在现汇市场卖出英镑的同时,在期货市场上买进与先前卖出数量相同的9月份英镑期货,从而消除其英镑期货的多头地位,并获得差价,以此来弥补它在现货市场上的损失。

实际上,前文所述签订远期利率协议的财务经理,由于未来需要资金,通过签订远期利率协议,并使自己处于多头地位(简称"买入远期利率协议"),其结果是将未来的利率水平固定在某一水平上,避免了未来利率上升给自己造成的损失,也是一种典型的买入套期保值行为。而与他做交易的银行实施的是卖出套期保值。套期保值是所有衍生金融工具产生的最主要动因之一。

3.投资功能

金融期货价格的变动也为投资者进行投资获利提供了可能。特别是金融期货交易成交时并不需要支付所有的金额,而只需要交纳一定比例的保证金,因而其投资盈利和亏损具有巨大的杠杆放大效应。这为那些愿意冒险的投资者提供了一个重要的投资工具。

【例题4.3】美元兑人民币汇率,2005年12月底为1:8,预计2006年12月底将变动为1:7.8。B企业在2006年初出售了100亿美元的1年期美元期货,价格为1:7.95,保证金比率为5%。B企业实际支付的保证金为$7.95 \times 100 \times 5\% = 39.75$亿元人民币。如果2006年底美元汇率实际为1:7.75,则该企业可以通过购买美元现汇来进行期货的现货交割,也可以通过买进同期的外汇期货进行平仓。其盈利为:$(7.95 - 7.75) \times 100 = 20$亿元人民币,盈利率为$20/39.75 = 50.31\%$。而同期美元贬值为$(8 - 7.75)/8 = 3.125\%$,可见其巨大的杠杆放大效应。如果年底美元汇率为1:8.15,B企业的盈利有何变化?请比照前面的逻辑进行分析。

(四)金融期货的基本类型

金融期货的基本类型主要有外汇期货、利率期货和股票指数期货。

1.外汇期货

外汇期货是以某种外汇为标的物的金融期货。它的产生源于外汇市场巨大的汇率风险。外汇期货是最早出现的金融期货。其主要品种有美元、英镑、加拿大元、荷兰盾、德国马克、法国法郎、瑞士法郎、日元、墨西哥比索等主要可兑换货币。外汇期货是规避汇率风险、套期保值的重要工具。

2.利率期货

利率期货是以某种利率为标的物的金融期货。它的产生源于金融市场巨大的利率风险。投资者为了控制利率风险而需要相应的套期保值工具。最早出现的利率期货是

1975年芝加哥交易委员会推出的政府全国抵押协会(GNMA)抵押担保证券期货合约。主要的利率期货品种有3个月国库券期货、3个月欧洲美元存单期货、1个月伦敦同业拆借利率(LIBOR)和30天联邦基金期货、中期国债期货和市政债券期货。我国在1993~1995年曾在证券交易所开设国债期货交易。

3.股票指数期货

股票指数期货是以股票指数为标的物的金融期货。由于股票指数是当期股票价格的平均值与基期价格的平均值之间的比率,并不是实在性的金融资产,其本身无法进行交割,因此这种交易通常采用的是现金交割的方式。股票价格的急剧波动使投资者面临极大的价格风险。股票指数期货的基本功能是套期保值和作为投资工具,投资者可以在现货市场买进股票的同时卖出相应数量的股票指数期货,当未来大多数股票价格实际下降时,股票指数也相应下跌,可以达到套期保值、规避系统性风险的目的;而对于一些没有时间和能力选择个股的投资者,也可以通过股票指数期货交易进行间接的投资。

我国在2006年下半年设立中国金融期货交易所,并计划推出以沪深300股票指数为标的物的股票指数期货。最终沪深300股指数期货合约自2010年4月16日起上市交易。

【拓展阅读】

衍生品交易与巴林银行倒闭

1995年2月26日,一条消息震惊了整个世界金融市场。具有230多年历史、在世界1000家大银行中按核心资本排名第489位的英国巴林银行,因进行巨额金融期货投机交易,造成9.16亿英镑的巨额亏损,在经过英格兰银行先前一个周末的拯救失败之后,被迫宣布破产。

巴林银行(Barings Bank)创建于1763年,创始人是弗朗西斯·巴林爵士,由于经营灵活变通、富于创新,巴林银行很快就在国际金融领域获得了巨大的成功。后来巴林银行主要从事投资银行业务和证券交易业务,投资银行业务集中在欧洲,而证券业务则集中于亚洲及南美。

令人震惊的是,这样一个让巴林银行惨痛的结局,出自于一个普通的证券交易员尼克·里森之手。里森1989年加盟巴林银行,1992年被派往新加坡,成为巴林银行新加坡期货公司总经理,而里森搞垮巴林银行的事发地也正是在新加坡。

1992年巴林银行有一个账号为“99905”的“错误账号”,专门处理交易过程中因疏忽而造成的差错,如将买入误为卖出等。新加坡巴林期货公司的差错记录均进入这一账号,并发往伦敦总部。1992年夏天,伦敦总部的清算负责人乔丹·鲍塞要求里森另行开设一个“错误账户”,以记录小额差错,并自行处理,以省却伦敦的麻烦,此“错误账户”以代码“88888”为名设立。数周之后,巴林总部换了一套新的电脑系统,重新决定新加坡巴林期货公司的所有差错记录仍经由“99905”账户向伦敦报告,“88888”差错账户因此搁置不用,但却成为一个真正的错误账户留存在电脑之中,成为里森造假的工具。

1992年7月17日,里森手下一名刚加盟巴林的王姓交易员手头出了一笔差错:将客户的20份日经指数期货合约买入委托误为卖出。里森在当晚清算时发现了这笔差错。要矫正这笔差错就须买回40份合约,按当日收盘价计算,损失为2万英镑,并应报告巴林总部。在种种考虑之下,里森决定利用错误账户“88888”承接了40份卖出合约,以使账面平衡。数天以后,日经指数上升了200点,这笔空头头寸的损失也由2万英镑增加到6万英镑。仅其后不到半年的时间里,该账户就吸收了30次差错。幸运的是,到1993年7月,“88888”账户居然由于自营获利而转亏为盈,却也从反面为他继续利用“88888”账户吸收差错增添了信心。

1994年下半年起,里森在日本东京市场上做了一种十分复杂、期望值很高、风险也极大的衍生金融商品交易 - - 日本日经指数期货。他认为日本经济走出衰退,日元坚挺,日本股市必大有可为。日经指数将会在19000点以上浮动,如果跌破此位,一般说日本政府会出面干预,故想赌日本股市劲升,便逐渐买入日经225指数期货。1995年1月26日,里森竟用了270亿美元进行日经指数期货投机。不料,日经指数从1月初起一路下滑,到1995年1月18日又发生了日本神户大地震,股市因此暴跌。里森所持的多头头寸遭受重创。为了反败为胜,他继续从伦敦调入巨资,增加持仓,即大量买进日经指数期货,并沽空日本政府债券期货。

到2月10日,里森已在新加坡国际金融交易所持有55000份日经股价指数期货合约及2万份日本政府债券期货空头头寸,创出该所的历史记录。为维持数额如此巨大的交易,2月中旬,巴林总部转至新加坡5亿多英镑,已超过了其47000万英镑的股本金。

1995年2月23日,日经股价指数急剧下挫276.6点,收报17885点,里森持有的多头合约已达6万余份,面对日本政府债券价格的一路上扬,持有的空头合约也多达26000份。由此造成的损失则激增至令人咋舌的86000万英镑,并决定了巴林银行的最终垮台。

在英国央行及有关方面协助下,3月2日,在日经指数期货反弹三百多点的情况下,巴林银行所有(不只新加坡的)未平仓期货合约(包括日经指数及日本国债期货等)分别在新加坡国际金融期货交易所、东京及大阪交易所几近全部平掉。至此,巴林银行由于金融衍生工具投资失败引致的亏损高达9.16亿英镑,约合14亿多美元。

事情表面看起来很简单,里森的判断失误是整个事件的导火线。然而,正是这次事件引起了全世界密切关注,金融衍生工具的高风险被广泛认识。从里森个人的判断失误到整个巴林银行的倒闭,伴随着金融衍生工具成倍放大的投资回报率的是同样成倍放大的投资风险。这是金融衍生工具本身的“杠杆”特性决定的。

四、金融期权合约

(一) 金融期权的基本概念

金融期权(Financial Option)就是在未来某时间内按照约定的价格买或不买、卖或不卖某种金融资产的选择权利,这种选择权的交易是通过在期权交易所或证券交易所买卖期权合约来进行的。期权合约是一种标准化的合约,它规定买卖的标的物的规格、品种、期限、买卖价格和买卖双方各自的权利和义务。只有期权本身的价格，即期权费(Option Premium)是随市场上供求变化而不断变化的。期权的买方在付出一定的期权费后，便获得合约中所规定的相应权利，而期权卖方则在收取期权费后承担相应的义务。金融期权作为一种新的金融衍生工具，其标的物既包括作为原生资产的股票、债券、利率、汇率和股票指数等，也包括作为衍生工具的金融期货等。期权合约中标的物的交易价格称为敲定价格(Strike Price)或约定价格。

按期权买者的权利划分，期权可分为看涨期权和看跌期权。根据期权到期之前是否可以行使期权将其分为欧式期权和美式期权。欧式期权只有在期权到期时才能够选择行使期权，而美式期权则是在到期日之前的任何时候均可选择行使期权。

(二)看涨期权

看涨期权(Call Option)也叫买入期权，其赋予期权买方在未来约定的时期内按敲定价格买或不买某种金融资产的权利。而看涨期权的卖方则只拥有在对方选择买进时以敲定的价格卖出相应金融资产的义务，当对方不行使买权时，他也就不能卖。看涨期权中，买卖双方的收益和损失见图 4-3，从图中可知，看涨期权的买方随着标的资产价格的上涨可实现无限的收益，在合约到期日，当标的资产的价格高于敲定价格加上期权费时，买方开始盈利；随着标的资产价格的下降，买方因放弃期权的行使而将损失限定在期权费之内。

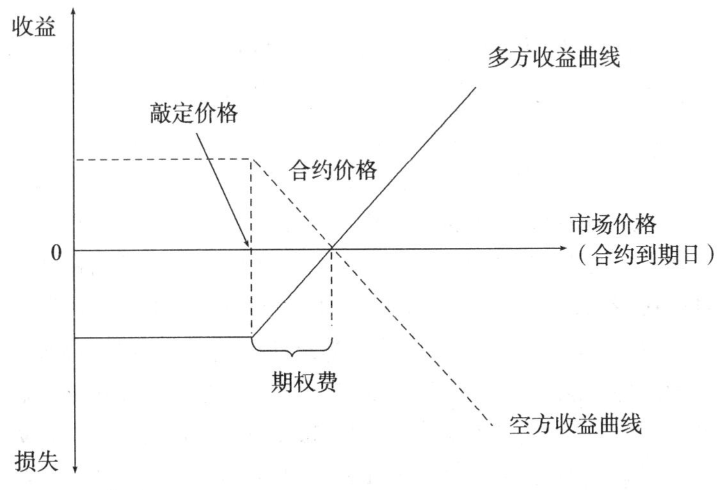

图 4-3　看涨期权的买卖双方收益/损失图

(三)看跌期权

看跌期权(Put Option)也叫卖出期权，其赋予期权买方在未来约定的时期内以敲定价格卖出或不卖某种金融资产的权利。而看跌期权的卖方则只有在对方选择卖出时履行以敲定的价格从对方买进相应的金融资产的义务，当对方不行使卖权时，他也就不能买。看跌期权中,买卖双方的收益和损失见图 4-4。从图中可知,随着标的资产价格的下降,看跌期权买方的收益增加,当标的资产的市场价格降为 0 时,看跌期权买方可获得的最大收益为敲定价格减去期权费,而随着标的资产价格的上涨,看跌期权买方可放弃期权的行使而将损失限定在期权费之内。

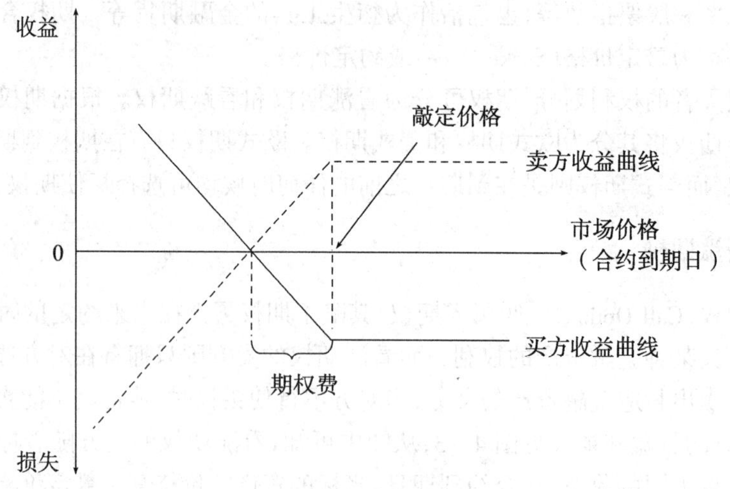

图 4-4 看跌期权的买卖双方收益/损失图

(四)金融期权的基本功能

1.避险功能。金融期权可以规避非对称性金融风险,利用期权进行避险时,既可以规避标的资产不利价格变动的风险,又可以对其有利价格变动加以利用。

【例题 4.4】假定目前 IBM 公司的股票价格为每股 50 美元,投资者 A 估计它会上涨,所以打算买进 100 股,但是又担心会因股价下跌而损失惨重。这时候他便可以在以每股 50 美元价格买进 100 股股票的同时买进一份该股票的看跌期权。假定该期权允许 A 在 3 个月内以每股 50 美元的价格出售 100 股 IBM 股票,且期权费为每股 5 美元,则 A 共需支付期权费 500 美元。若 3 个月内 IBM 公司的股价果真上涨至每股 60 美元,则 A 在现货市场盈利 100×(60-50)=1000 美元,同时放弃行使看跌期权,损失 500 美元的期权费,净剩余为 500 美元。若股价降至每股 30 美元,则 A 行使看跌期权,以每股 50 美元价格卖出,与原来的股票买入价持平,同时净损失 500 美元的期权费。而且无论股价下降多少,A 的损失都不会超过 500 美元。或者换一个角度将现货交易和期权交易分开看,当股价降至 30 美元时,其现货市场亏损(50-30)×100=2000 美元,期权交易获利为(50-30-5)×100=1500 美元,净损失 500 美元,与前面的分析结论一致。

2.投资功能。利用期权进行投资有两大优点,一是可以以小搏大(即较高的杠杆率),因为购买期权进行投资时只需要支付一定的期权费,而不需要支付全部金融资产的价格;二是较低的风险性,购买期权投资的最大损失就是支付的全部期权费。

【例题 4.5】假定投资者 B 在股价为每股 28 美元时,预计某股票会继续上涨很多,从而花500美元买了一份看涨期权(每股股票的期权费为5元),该期权允许他在3个月内以每股25美元的价格买入100股股票。假定3个月内,股价上涨至每股40美元,B行使其看涨期权,可以获得1000美元【=(40-25)×100-500】的净剩余,利润率达200%(=1000/500)。反之,如果B不是利用期权进行投资(投机),而是在开始的时候直接买进股票,那么他投入500美元只能买到约18股(500/28=18)股票,从而获利仅为216美元【=(40-28)×18】,利润率仅为43.2%(=216/500)。所以作为一种投资手段,期权交易也有其独特的优点。

【拓展阅读】

股票看涨期权与认股权证

认股权证,又称“认股证”或“权证”,其英文名称为Warrants,故在香港又译“窝轮”。是一种约定该证券的持有人可以在规定的某段期间内,有权利(而非义务)按约定价格向发行人购买标的股票的权利凭证。按照发行主体,认股权证分为股本认股权证和备兑权证两种。股本认股权证属于狭义的认股权证,是由上市公司发行的。备兑权证则属于广义认股权证,是由上市公司以外的第三方(一般为证券公司、银行等)发行的,不增加股份公司的股本。

认股权证与股票看涨期权有很多共同之处:两者均是权利的象征,持有者可以履行这种权利,也可以放弃权利;两者都是可以转让的。

但两者仍有一定的区别:

(1)认股权证通常既可由上市公司也可由专门的投资银行发行,而期权是由独立的期权卖方开出的。有时所称的认股证是广义的(包括认购证和认股证两种,分别表示对标的资产有买进或卖出的权利),但更多的则是仅仅指认购证;而在香港则往往是指备兑认股证。

(2)认股权证(股本认股权证)通常是发行公司为改善其债务工具的条件而发行的,可以提高投资者认购股票或债券的积极性,备兑权证发行时间没有限制;而期权则是由期权卖方在期权市场上出售的。

(3)有的认股权证无期限,而期权都是有期限的。

(4)认股权证通常是非标准化的,在发行量、执行价、发行日和有效期等方面,发行人通常可以自行设定,而交易所交易的股票期权绝大多数是高度标准化的合约。理论上,期权的供给量是无限的,并且期权合约条款是由交易所制定的,在标的物的选择上比较有限。而权证的流通量通常是比较固定的,标的股票的选择范围也相对较为广泛,备兑权证相对于期权更易受到供求关系和市场情绪的影响,价格短期波动也可能会更加剧烈。

权证和期权具有替代性。在香港,个股期权于1995年推出后,成交量一直偏低,一方面是由于权证推出的时间较早,已经大量占有香港市场,另一方面也是由于期权本身的结构和操作都相对复杂,无法将权证的投资者吸引到期权这边。而在美国则正好相反,期权市场发展成熟,散户投资者占了期权市场成交量的一半以上,期权已成为美国投资者对冲风险和扩大收益的重要金融工具。这也是权证市场在美国不太发达的重要原因。从全球来看,股票期权的交易量远远大于衍生权证的交易量。

五、金融互换合约

金融互换合约(Financial Swaps)是交易双方约定在一定时间内按商定条件交换一系列现金流的合约。金融互换的产生源于20世纪70年代发展起来的平行贷款和背对背贷款。当时,许多国家实行外汇管制,限制了众多公司海外融资和投资的机会。如美国的母公司不能直接给其在日本的子公司融资,日本的母公司也不能直接给其在美国的子公司融资。但是,美国的母公司可以给日本在美国的子公司融资,日本的母公司也可以给美国在日本的子公司融资。这样的平行贷款和背对背贷款就绕开了外汇管制的限制,从而给双方带来了便利。但是,这两种贷款方式却不能够消除汇率波动的风险,特别是随着浮动汇率的实行、外汇管制的放松,汇率风险成为阻碍国际投融资活动发展的重要因素,于是可以回避汇率风险的货币互换行为应运而生,并获得了极为迅速的发展。目前,金融互换已经成为降低长期资金筹资成本和资产、负债管理中防范利率风险及汇率风险的重要工具。互换的动因是比较优势。

根据互换的金融资产的类型,可以将金融互换划分为三种基本类型:货币互换、利率互换、混合互换。

货币互换(Currency Swap)是指互换双方将自己持有的以一种货币表示的资产或负债换成以另一种货币表示的资产或负债的行为。签订货币互换合约时并不一定立即支付货币,既可以向对方提供新的资金也可以不提供资金,但都可以用来规避汇率风险。

货币互换的主要原因是双方在各自国家中的金融市场上具有比较优势。假定英镑和美元汇率为1英镑=1.5美元,A想借入5年期的1000万英镑借款,B想借入5年期的1500万美元借款。假设A在美国市场上有比较优势,而B在英国市场上有比较优势,这样,双方就可以利用各自的比较优势借款,然后通过互换得到自己想要的资金,且通过互换降低筹资成本。

利率互换(Interest Rate Swap)是指互换双方将自己持有的以一种计息方式计息的资产或负债换成以同种货币表示的,但采用另一种计息方式计息的资产或负债的行为。利率互换只交换利息而不交换本金。利率互换合约上的本金只是一种概念上的本金而非实际的本金。互换合约到期时,一方只向另一方支付利息差额而不用支付计息用的本金。

货币利率互换(Currency and Interest Rate Swap)又称混合互换,是指互换双方将自己持有的以一种货币表示的、以一种计息方式计息的资产或负债换成以另一种货币表示的、采用另一种计息方式计息的资产或负债的行为。它是货币互换和利率互换的综合。互换双方可同时改变资产或负债的货币种类和计息方式,因此它可以被用来规避汇率和利率风险。

【例题4.6】假定A、B公司都想借入5年期的1000万美元的借款,A想借入与6个月期相关的浮动利率借款,B想借入固定利率借款。但两家公司信用等级不同,故市场向它们提供的利率也不相同,如表4-1所示。

表4-1 两家公司A、B面临的市场利率环境

	固定利率	浮动利率
A公司	10.00%	6个月期LIBOR+0.30%
B公司	11.20%	6个月期LIBOR+1.00%

注:LIBOR(London Inter bank Offered Rate),伦敦同业拆借利率,是目前国际间最重要和最常用的市场利率基准。

从表中可以看出,A的借款利率均比B低,即A在两个市场上都具有绝对优势。但在固定利率市场上,A比B的绝对优势为1.2%,而在浮动利率市场上,A比B的绝对优势为0.7%。这就是说,A在固定利率市场上有比较优势,而B在浮动利率市场上有比较优势。这样双方就可以利用各自的比较优势为对方借款,然后互换,从而达到共同降低筹资成本的目的。即A以10%的固定利率借入1000万美元,而B以LIBOR+1%的浮动利率借入1000万美元。由于本金相同,故双方不必交换本金,而只交换利息的现金流。即A向B支付浮动利息,B向A支付固定利息。

通过各自发挥比较优势并互换,双方总的筹资成本降低了0.5%(即11.20%+6个月期LIBOR+0.30%-10.00%-6个月期LIBOR-1.00%),这就是互换利益。互换利益是双方合作的结果,理应由双方分担。具体分享比例由双方谈判决定。我们假定双方各自分享一半,则双方都将使筹资成本降低0.25%,即双方最终实际筹资成本分别为:A支付LIBOR+0.05%浮动利率,B支付10.95%的固定利率。

这样,双方就可根据借款成本与实际筹资成本的差异计算各自向对方支付的现金流,即A向B支付按LIBOR计算的利息,B向A支付按9.95%计算的利息。

在上述交换中,每隔6个月为利息支付日,因此互换协议的条款应规定每6个月一方向另一方支付固定利率与浮动利率的差额。假定某一支付日的LIBOR为11.00%,则A应支付给B 5.25万美元【=1000万×0.5×(11.00%-9.95%)】。若某一支付日的LIBOR为9%,则B应支付给A 4.75万元【=1000万×0.5×(9.95%-9%)】。利率交换的流程如图:

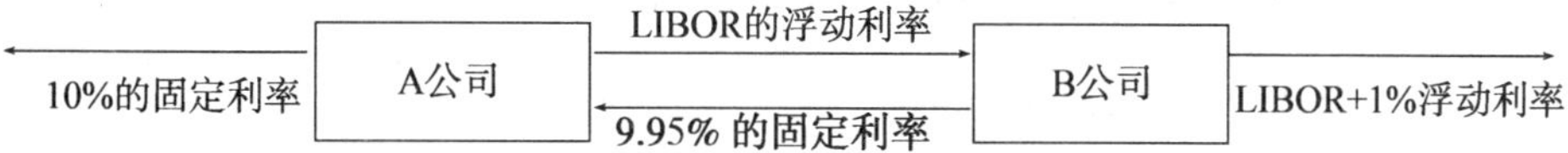

图4-5 利率互换流程图

从上例可以看出,A公司成功地将固定利率支出通过利率互换转化为LIBOR +0.05%的浮动利率。在预期利率大幅下降时,或者当公司本身持有大量浮动利率资产时,A公司可以通过互换实现套期保值。

再比如,2007年1月1日,甲公司在信贷市场上以10%的利率签订了一项为期2年

的1000万美元的借款协议,每半年付息一次。为规避美元利率下降的风险,甲公司同时签订了一份名义本金为1000万美元、期限两年的利率互换协议,协议规定,甲公司在每半年收取对方10%固定利息的同时,需要支付对方 LIBOR +0.5%的浮动利息。这样,甲公司通过利率互换协议进行套期,有效地规避了美元利率下降给企业带来的风险,即当美元利率下降时,LIBOR 也会相应下降,而企业只需按照 LIBOR +0.5%支付利息即可。当然,当美元利率上升时,LIBOR 也会相应上升,企业也因此会承担比套期前更多的利息。

第四节　金融资产的价值评估

人们进行金融投资决策时,需要遵循的一个基本原则就是价值最大化,即选择能够给其带来最大收益的投资项目或方案。有价证券的价格随行就市,似乎变幻无常,但无论怎样变化,均会围绕其内在价值形成一定的变化区间。有价证券的价值评估是决定投资方案的关键因素之一,金融分析师的任务之一就是挖掘并推荐人们购买价值被低估的金融资产,发现并提醒人们卖出价值被高估的金融资产。

一、金融资产价值评估的基础

(一)金融资产内在价值的概念

金融资产的内在价值并不等同于实物资产的账面价值。在金融分析中,金融资产的内在价值被定义为信息充分的投资者在完全竞争的市场上购买该资产时必须支付的价格。只有在信息充分、完全竞争的市场上,资产价格才能充分地反映其价值,也可以说金融资产的内在价值是其合理价格。现实市场的信息可能是不充分的、竞争可能是不完全的,资产的市场价格通常并不等于其内在价值,而是围绕其价值波动。信息充分的专业人士努力寻找价格偏离价值的资产,缩小了该资产的市场价格与内在价值之间的差别。著名的投资大家本杰明.格雷厄姆说:“内在价值是一个非常难以把握的概念,一般来说,内在价值是指一种有事实(如资产、收益、股息、明确的前景)作为根据的价值,它有别于受到人为操纵和心理因素干扰的市场价格”。

(二)金融资产价值评估方法

1.现金流贴现法(绝对定价法)

现金流是指投资于一项金融资产而预期每期将获得的现金。一个被普遍使用的评估资产内在价值的方法是现金流贴现法,即资产的内在价值或合理价格应该等于持有者在资产持有期间内预期获得的所有现金流的贴现值。这种方法的基本理念是,既然投资的目的是为了在未来取得投资收益,那么未来可能形成收益的多少就在本质上决定了投资对象内在价值的高低。根据我们前面(第二章)学过的现值的含义,如果贴现率为10%,1年后100元的现值是90.91元,对于是选择今天的90.91元,还是1年以后的100元,投资者完全无所谓,这体现了资金时间价值的本质。当前资产的价值也必须处于这样的水平,使得出售者对是继续得到由资产提供的现金流还是接受资产的卖出价感到无所谓。

用现金流贴现法计算证券价值包括如下三步:第一,估计投资对象的未来现金流量,而金融资产的种类和发行人的特征决定了预期现金流的确定性程度,对权益类金融资产的现金流的估计与债务类相比有较大的难度;第二,选择可以准确反映投资风险的贴现率,风险相同的资产采用相同的贴现率,投资者察觉到预期现金流风险越大,就要要求越高的风险报酬,进而选择较高的贴现率,最终投资者选择的贴现率等于无风险利率与投资者要求的风险溢价之和;第三,根据投资期限对现金流进行贴现,计算金融资产的内在价值。后面我们对债券和股票进行价值评估时主要用的就是这种方法。

2.一价定律、套利与相对定价法

证券市场上的一价定律是指在竞争性的市场上,如果两种资产的内在价值相等,那么这两种资产的市场价格会趋于一致。

套利是指买入某种资产后立刻卖出以赚取差价利润的行为。如果证券A和证券B内在价值相等,A的市场价格高于B的市场价格,投资者就会更多地投资于B而放弃投资于A,最终使两者的市场价格趋于一致,从而保证了一价定律的实现。

一价定律和套利机制保障了一个完善的金融市场自动地稳定在无套利均衡的状态,一旦偏离这种均衡,套利行为就会发生,并在很短的时间内回到原来的均衡状态,所以一价定律也被称为无套利定价原则。这样,金融资产在市场上的合理价格(内在价值),是这个价格使得市场不存在无风险套利机会,研究者唯一需要确定的是当市场中其他资产价格给定的时候,某种资产的价格应该是多少,才使得市场中不存在套利机会。

相对定价法就是以一种资产的价格来确定另一种资产的价格。如果两种资产的收益是相同的(假设风险相同),那么两种资产的市场价格理论上也应该是相同的,否则就会出现套利行为。相对定价法是建立在绝对定价法的基础之上的,在相对定价法中被用作参照物的证券价格,被默认为体现了它的内在价值。本章后面股票价值评估的市盈率法就是相对定价法。

二、债券价值评估

要决定债券在某一时点的价值,就必须要知道债券的到期期限、面值、票面利息,以及具有类似风险和偿还期的债券利率(即投资者对该债券所要求的必要收益率)。有了这些数据,就可以计算现金流量的现值。下面我们分别介绍零息债券和附息债券的内在价值评估。

(一)零息债券的价值评估

零息债券(Zero - Coupon Bond)是一种贴现发行的债券,承诺只在未来期末以面值清偿债券,现在则以低于面值的价格发行的债券。从性质上看,零息债券属于到期一次性还本付息的债券。

根据我们前面学过的利率的风险结构和期限结构的有关理论,市场上具有类似风险和偿还期限的债券,应该具有相同的到期收益率,这个收益率就是投资者进行债券价值评估时所采用的贴现率,下面行文时我们将用市场利率来统称。

当零息债券的面值和市场利率确定之后,其销售价格理论上应该等于多少呢?其销售价格理论上等于其未来收益的现值。

$$P = \frac{F}{(1+i)^N} \tag{4-1}$$

上面公式中,P 为债券的理论价格(或内在价值),F 为债券面值,N 为债券到期时间,i 为市场利率。

零息债券的价格随到期时间的缩短而上升,随市场利率的提高而下降。由于零息债券价值评估是其他债券价值评估的基础,据此可得出已知现金流的资产价值评估的基本原则:市场上所有已经存在的那些承诺在未来支付固定金额的资产,其价格会因市场利率的变化而反向变化,也会随到期时间的缩短而上升。由于债券到期之前的市场利率变动是不确定的,因此,固定收入债券的价格在到期之前也是不确定的。

(二)附息债券的价值评估

附息债券是在债券存续期限内定期向债券持有人支付利息,最后一次还本的债券,又称为息票债券,附息债券往往有息票利率的规定。附息债券的息票利率为按面值支付利息使用的利率。同样的,市场上具有类似风险和偿还期限的附息债券,也应该具有相同的到期收益率。

1.附息债券的内在价值评估模型

当附息债券的面值、息票利率和市场利率(当前市场上具有类似风险和偿还期的债券的到期收益率)确定之后,其销售价格理论上应该等于多少呢?其销售价格理论上等于其未来收益的现值。

$$PV = \sum_{t=1}^{n} \frac{PMT}{(1+i)^t} + \frac{FV}{(1+i)^n} \tag{4-2}$$

其中,PV 为债券的内在价值;n 为债券到期前支付利息的次数;PMT 为每次支付的利息;i 为到期收益率(也称市场利率),可以通过参考当前市场上具有类似风险和偿还期的债券的到期收益率来确定;FV 为债券到期的面值。利用公式(4-2),我们可以在购买债券前,参考市场利率水平,合理地估计债券的理论价格。

【**例题 4.7**】假设 A 公司计划发行 10 年期的债券,该债券的年票面利息是 80 元,同类债券的到期收益率为 8%。A 公司将在接下来的 10 年中，每年支付 80 元的票面利息。10 年后，A 公司将支付给债券持有人 1000 元。问这张债券的理论价格是多少？

将已知条件代入上面的公式(4-2)，可得：

$$PV = \sum_{t=1}^{10} \frac{80}{(1+8\%)^t} + \frac{1000}{(1+8\%)^{10}}$$

求解，PV 为 1000 元，即债券理论上能够以面值 1000 元出售。

债券是否总能够以面值出售呢？假定 1 年后，上例中 A 公司的债券还有 9 年就要到期。但这时，市场上具有类似风险的新债券的收益率（即市场利率）为 10%，这张债券理论上的销售价格是多少？

依条件，求解：

$$PV = \sum_{t=1}^{9} \frac{80}{(1+10\%)^t} + \frac{1000}{(1+10\%)^{9}}$$

可得这张债券的价值为 884.82 元，即这张票面利率 8% 的债券应该定价在 885 元。

2. 等价债券、溢价债券和折价债券

事实上，当市场利率水平上升时，息票利率低于市场利率的老债券的出售者必须把价格下降到使得老债券的购买者所获得的收益率正好等于类似的新债券的收益率。由于债券的息票利率是事先确定好的，且在整个债券的存续期间内不能变动。这就意味着随着市场利率的上升，固定利率债券的价值将会下降，反之亦然。结果造成附息债券的价格与其面值出现三种情况：

（1）等价债券。市场价格等于其面值的附息债券称为等价债券（Par Bond）。当债券息票利率等于市场利率时，债券的价格等于其面值。

（2）溢价债券。溢价债券（Premium Bond）是债券价格高于其面值的债券。当市场利率低于其息票利率时，债券价格将高于其面值。如上例中，A 公司的债券发行 1 年后，市场利率降为 6% 时，则该债券的交易价格理论上等于多少呢？

$$PV = \sum_{t=1}^{9} \frac{80}{(1+6\%)^t} + \frac{1000}{(1+6\%)^{9}}$$

求解，可得这张债券的价格为 1136 元，该投资者能够以高于面值 1000 元的价格将其出售。

若投资者真的以 1136 元的价格买入并持有到期，则其得到的到期收益率为 6%，低于本期收益率 7%（80/1136）。所以，溢价债券的到期收益率低于其本期收益率，本期收益率低于其息票利率。溢价的幅度越大，到期收益率低于其息票利率的幅度就越大，反之亦然。

（3）折价债券。折价债券（Discount Bond）是债券价格低于其面值的债券。当市场利率高于其息票利率时，债券价格将低于其面值。同样的道理，折价债券的到期收益率高于其本期收益率，本期收益率高于其息票利率。折价的幅度越大，到期收益率高于其息票利率的幅度就越大，反之亦然。

三、股票价值评估

股票价值评估的方法主要有两种:股利贴现模型和市盈率法。

(一)股利贴现模型

股利贴现模型是通过计算股票的未来预期现金流的现值来估计股票价值的,是利用现金流贴现方法来评估普通股价值的基本方法之一。可按照股息零增长、股息稳定增长和公司盈余用于再投资三种情况来分析。

投资者购买股票后,可以获得股息,股息的支付水平通常由董事会参考公司管理层的建议来确定;股东还有权出售股票。同其他资产一样,我们通过计算所有未来的现金流的现值来对普通股票进行定价。

股东从股票得到的现金流或者来自股息,或者来自股票的出售,也可能来自这两者。最简单的定价模型假定——你购买股票,持有一个时期,享受一次股息支付,然后将其出售。

【例题 4.8】假定你得知奔腾公司的股票目前每股售价 50 元,每年付息 0.16 元,证券分析师预测该股票一年后的每股售价将为 60 元,你应该购买该股票吗?

要回答这个问题,首先要确定它现在的售价是否准确反映了分析师的预测。(4-3)式可用于计算股票的价格:

$$P_0 = \frac{D_1 + P_1}{1 + k} \tag{4-3}$$

P_0 表示股票的现价(零下标表示时期为零或现在);D_1 表示年末所付股息;P_1 表示在第一个时期末的价格;k 为适当的贴现率,是经风险调整的贴现率,也称为市场资本报酬率,是为吸引投资者投资于该股票而应达到的预期收益率,一般通过无风险利率加上风险溢价求得,反映了股东所要求的必要收益率,该收益率可以根据第十章将要学习的资本资产定价模型(CAPM)计算求得。

假定你在仔细考虑后,认为股票投资比债券投资风险大,该收益率 k 高于债券利率(假定为 10%)你才会满意。你认为你会对 12% 的收益率感到满意,将有关数据代入(4-3)式,得到以下结果:

$$P_0 = \frac{0.16}{1+0.12} + \frac{60}{1+0.12} = 0.14 + 53.57 = 53.71$$

根据你的分析,你发现该股票值 53.71 元,而目前市场定价偏低,那么你会购买它。只有时间能够验证究竟是你、还是市场上的其他人正确。

可见,要计算股票的当前价格,就必须先预测年末股票的价格。根据式(4-3),当年年末股票价格计算公式可写为:

$$P_1 = \frac{D_2 + P_2}{1 + k} \tag{4-4}$$

将式(4－4)带入(4－3),得:

$$P_0 = \frac{D_1}{1+k} + \frac{D_2 + P_2}{(1+k)^2}$$

无限推导下去,可得到股利贴现模型的一般表达式:

$$P_0 = \sum_{t=1}^{\infty} \frac{D_t}{(1+k)^t} \tag{4-5}$$

所以,股票的内在价值就是用市场资本报酬率贴现的未来所有预期股利之和的现值。虽然股利贴现模型的一般表达式揭示了股票价值的基本决定因素,但是,直接用它估计股票价值是不现实的,因此需要对它做一些变形处理。以下分为股息保持零增长、股息保持稳定增长和部分盈余用于再投资三种情况来讨论。

1.股息零增长的股票价值评估

假设某种股票每期分红股息相等,如优先股就是一种典型的股息保持零增长的股票,现实中一些公司对普通股也采取每期分配等额股息的政策。

由于该种股票每期分红股息相当,即 $D_1 = D_2 = D_t = D$。因此,(4－5)式可改写为:

$$P_0 = \sum_{t=1}^{\infty} \frac{D}{(1+k)^t} \tag{4-6}$$

可见,这是一个无限期年金现值。根据无限期年金现值公式,(4－6)式可改写为:

$$P_0 = D/k \tag{4-7}$$

【例题 4.9】如果某公司股票每年固定分配股息 0.10 元,而市场资本报酬率为 2%,则该公司股票的内在价值为:$P_0 = 0.1/0.02 = 5$ 元。

2.股息稳定增长的股票价值评估

一些公司采取股利分配稳定增长的政策。假设上期股利为 D_0,每期股利增长率为 g,则每期股利为:

$$D_t = D_0(1+g)^t \tag{4-8}$$

将式(4－8)带入(4－5),得:

$$P_0 = D_0 \sum_{t=1}^{\infty} \frac{(1+g)^t}{(1+k)^t} \tag{4-9}$$

由于$\sum_{t=1}^{\infty} \frac{(1+g)^t}{(1+k)^t}$为幂级数,当 $g < k$ 时,该式收敛。利用幂级数求和公式得:

$$\sum_{t=1}^{\infty} \frac{(1+g)^t}{(1+k)^t} = \frac{(1+g)}{(k-g)}$$

带入式(4－9)得:

$$P_0 = D_0 \frac{(1+g)}{(k-g)} = \frac{D_1}{(k-g)} \tag{4-10}$$

【例题 4.10】某公司今年已发放股利为每股 0.20 元,今后每年将按 5% 的比率增长,市场资本报酬率为 6%,则目前该股票每股理论价格为:

$P_0 = 0.2(1+0.05)/(0.06-0.05) = 21$

该式不仅可以用于股票价值评估，也可用于对保持稳定增长率的无期限现金流进行估值。但应注意使用该公式时，必须 $g<k$，这是个合理的假定，在理论上如果股利增长率高于股东所要求的必要收益率，那么从长期看公司会扩大到不可能的程度。

【拓展阅读】

股票新王

在1997年，微软和奔腾合并的股票市值超过2240亿美元。这个数字超过了通用汽车、福特、波音、柯达、J.P Moorgan等8家公司市值的总和。如此辉煌的微软和奔腾的收入加起来仅为303亿美元，而其他8家公司的收入总和达4252亿美元。

在微软和奔腾的收入如此之低的情况下，是什么使投资者对微软和奔腾的股票的定价如此之高？原因就在于增长率。微软和奔腾的收益增长率在过去一直大大地高于传统公司。在过去四年，微软的收益每年增长36%，奔腾的收益每年增长37%。投资者明确地预期这种高速的增长能够继续下去，而其预期就在股票价格上反映出来。

资料来源：《华尔街日报》，1997年3月24日。

3.公司盈余用于再投资时的股票定价

上市公司并不会把所有的盈利都分配给股东。在股利分配前，管理层可能会将部分利润提取用于扩大公司的生产规模。设在每股收益E中，管理层决定将其中的h部分以留存利润的形式保留下来用于再投资，因此，股东实际上得到的每股收益为E(1－h)。再设再投资的收益率为r，市场资本报酬率为k。根据这些条件，得到：

分配给股东的初始每股收益为：$E(1-h)$ (4－11)

每股收益的增长率为：$g=h\cdot r$ (4－12)

将这些变量带入股息稳定增长的股利贴现模型(4－10)式，可得到将部分利润用于再投资时的股票定价模型：

$$p_h=\frac{E(1-h)}{k-h\cdot r} \tag{4－13}$$

【例题4.11】某公司当前每股收益为1元，预计若不扩大规模，以后每年能保持这一水平。假设管理层决定将每股收益的30%用于投资，扩大公司物质资本，另外的70%分配给股东。用于再投资的资本收益率为20%，同时假定市场资本报酬率为8%。这样就有：第一年分配给股东的每股收益 $E=1\times0.7=0.7$ 元，股利增长率为 $g=0.3\times20\%=6\%$，该种情况下股票价格为：

$$p_h=\frac{0.7}{8\%-6\%}=35$$

与公司不进行再投资相比，股票价格(35元)比将利润全部分配给股东时要高(若全部分配给股东，其股票理论价格为1/8%＝12.5元)。股票价格高的原因是因为再投资时获得的收益率20%高于市场资本报酬率8%。

若上例中再投资的资本收益率为5%，低于市场资本报酬率8%，则股票价格为：

$$p_h = \frac{0.7}{8\% - 0.3 \times 5\%} = 10.77$$

该价格(10.77 元)低于将利润全部分配给股东的价格(12.5 元)。可见,增加投资本身并不能增加公司股票的价值,关键在于投资的收益,只有投资收益率高于市场资本报酬率时才能增加公司股票的价值。

【拓展阅读】

定价的困难与定价的误差

在学习了股利定价模型后,我们真的能够将其运用于对真实公司的定价吗?

1.估计增长的困难。不变增长模型要求分析师估计公司将保有不变的增长率,你可能通过计算股息、销售额或净利润的增长率来估计未来的增长,但是这种方法没有考虑公司的变化或可能影响增长率的经济情势变化,罗伯特·霍金在他的《新金融》一书中写道,竞争将使高增长的公司不能维持其历史的增长率。

2.估计风险的困难。股息定价模型要求分析师估计公司股票的必要收益率,这通常使用资本资产定价模型来完成。但正如第十章所强调的那样,该模型可能没有考虑到影响公司价值的所有风险,而且计算出来的贝塔系数可能没有反映公司现在的真实风险。

3.预测股息的困难。即使能够准确地估计一家公司的增长率与必要收益率,我们仍然面对这样的困难,即我们难以确定公司将把多少收益用于股息支付,而影响公司股息支付率的因素很多,如公司未来的发展机会以及管理层对未来现金流的关注等。

(二)市盈率定价法

从理论上讲,股票定价的最好方法就是股利定价法。但有时候,该方法难以运用。如果一家公司不支付股息,或者股息的增长率极不稳定,那么运用这种方法的结果就可能令人不满意。市盈率定价法是比较流行的方法之一。

市盈率是公司股票市场价格与其每股收益之比,又称价格收益比或本益比。即:

$$MER_t = P_t / E_t$$

其中,MER 为市盈率;P 为股票价格;E 为每股收益。

市盈率是股市上投资者每天言及的一个概念,不同公司和行业之间市盈率的变动非常大。处于同行业的公司从长远看会有相似的市盈率。

市盈率之所以是衡量股票价值的一个重要指标,是因为当每股收益不变时,它在静态上反映了投资者完全靠现金股利来收回投资本金所需要的时间,市盈率越高,收回投入的本金所花的时间就越长;反之,市盈率越低,收回投资所花费的时间就越短。

对高市盈率一般有两种解释:高市盈率可能意味着市场预期公司盈利在未来会上升,公司盈利上升将会使市盈率回落到比较正常的水平;高市盈率可能表明市场感觉该公司收益的风险非常低,因此愿意为其付出溢价。因此,市盈率要和公司的成长性结合在一起来看,才能完全反映股票的投资价值。

市盈率定价法就是将被评估公司近期的每股收益乘以多个可比公司的平均市盈率以估计该公司股票价值的方法,是一种相对定价法,即:

股票价格 = 可比公司的平均市盈率 × 每股收益

市盈率定价法对私人持股的公司和不支付股息的公司定价非常有用。如果我们持有某个交易并不活跃的家族公司的股份,这些股票的价值如何呢?如果我们可以找到一家上市公司,盈利能力、风险状况和成长机会都与这家公司基本相同,我们就有可能得到令人满意的估计结果,只要将该公司的利润与参照公司的市盈率相乘即可。

在市盈率定价法中被用作参照物的证券价格,被默认为体现了它的内在价值,或者认为可比公司的市盈率是合理的,因此该定价法的弱点是,由于使用行业的平均市盈率,可能造成一家公司长期市盈率高于或低于平均值,因此,一些特殊的因素在分析中被忽略了。

【拓展阅读】

招商银行的股票定价

招商银行2002年4月9日上市交易,其股票价值的评估可采用其2001年的每股收益(0.34元)乘以上海已上市银行的平均市盈率推算。当时两地已上市银行共两家:浦东发展银行和民生银行。民生银行2001年每股收益为0.29元,2002年4月8日的股票收盘价格为13.60元,其市盈率为13.60/0.29 = 46.897倍;浦东发展银行2001年底每股收益为0.441元,2002年4月8日的股票收盘价格为16.93元,其市盈率 = 16.93/0.441 = 38.39倍。两家银行的简单平均市盈率为:(38.39 + 46.897)/2 = 42.644倍。据此可以推算招商银行的股票价值约为0.34 × 42.644 = 14.50元。

但是,招商银行与其他两家上市银行并不完全可比。招商银行和浦东发展银行均为国家控股银行,民生银行是民营银行,因此,招商银行与浦东发展银行比与民生银行更可比。从表4-2可见,招商银行的总股本和流通股均比其他两个银行大得多,流通A股招商银行比浦东发展银行多63%,比民生银行多25%。每股净资产方面,招商银行比浦东发展银行低8.67%。因此,招商银行的股票市盈率可能比浦东发展银行低20~30%,按低20%计算市盈率为31.992倍,股票价值为10.88元,按低30%计算市盈率为29.5倍,股票价值为10.04元。如果仅考虑流通股规模的影响,招商银行的股票市盈率可能比浦东发展银行低63%,则其股票价值为8.01元。2002年4月9日招商银行上市开盘价为10.51元,最高价为10.88元。以后一路下跌,最低跌到8.52元。可见,利用可比资产价格来评估资产价值时,必须分析其可比因素与不可比因素,并尽量剔除不可比因素的影响。

表 4－2　上海证券交易所上市的 3 家银行 2001 年的主要财务指标

	招商银行	浦东发展银行	民生银行
流通 A 股(万股)	65365.54	40000.00	52325.00
总股本(万股)	570681.80	241000.00	258672.13
每股净资产(元)	2.779	3.043	2.175
每股净收益(元)	0.340	0.441	0.290
市盈率(倍)	预测 29.5－32.0	38.39	46.897

资料来源:上海证券交易所上市公司统计报表。

【本章小结】

1. 金融资产是具有现实价格和未来估价、且具有特定权利归属关系的金融工具的总称,是对某种收益的合法索取权。金融资产的两个重要功能是资源配置功能和风险转移功能。金融资产具有期限性(偿还性)、流动性、风险性和收益性,这些特性决定了资产对不同类型投资者的价值和吸引力。

2. 金融资产包括原生金融资产和衍生金融资产。原生金融资产包括货币资产、信用资产、权益资产和外汇资产,现代信用货币制度下的货币资产也属于信用资产,衍生金融资产主要包括金融远期、金融期货、金融期权和金融互换等基本类型。

3. 金融远期合约是指交易双方约定在未来的某个时间,按照预先签订的价格买卖一定数量的某种金融资产的合约,是非标准化合约,远期合约多方和空方的到期损益正好相反。

4. 金融期货合约是指协议双方同意在约定的将来某个日期按约定的条件(包括价格、交割地点、交割方式)买入或卖出一定标准数量的某种金融资产的标准化协议。金融期货具有价格发现、套期保值和投资三大基本功能。金融期货的基本类型主要有外汇期货、利率期货和股票指数期货三种。

5. 金融期权就是在未来某时间内按照约定的价格买或不买、卖或不卖某种金融资产的选择权利。金融期权交易是通过在期权交易所或证券交易所买卖期权合约来进行的。金融期权合约是一种标准化的合约,它规定买卖标的物的规格、品种、期限、买卖价格和买卖双方各自的权利和义务。期权可分为看涨期权和看跌期权。金融期权的基本功能包括避险功能和投资功能。

6. 金融互换合约是交易双方约定在一定时间内按商定条件交换一系列现金流的合约。互换的动因是比较优势。

7. 金融资产的内在价值被定义为信息充分的投资者在完全竞争的市场上购买该资产时必须支付的价格。现金流贴现法认为资产的内在价值或合理价格应该等于持有者在资产持有期间内预期获得的所有现金流的贴现值。

8. 当零息债券的面值和市场利率(当前市场上具有类似风险和偿还期的债券利率)确定之后,其内在价值(理论价格)等于未来收益的现值。零息债券的价格随到期时间的缩短而上升,随市场利率的提高而下降。

9.附息债券的内在价值等于其未来收益的现值。由于附息债券的息票利率是事先确定好的,且在整个债券存续时间内不能变动,所以随着市场利率的变化,造成附息债券的价格与其面值出现三种情况:平价债券、溢价债券和折价债券。附息债券的票面利率、当期收益率和到期收益率有不同的含义。

10.股利贴现模型是通过计算股票的未来预期现金流的现值来估计股票价值的。根据对未来股息增长率的不同假定,将股利贴现模型分为:零增长模型、股息稳定增长模型和盈余用于再投资时的股票定价模型。

11.市盈率是公司股票市场价格与其每股收益之比,在静态上反映了投资者完全靠现金股利来收回投资本金所需要的时间。市盈率法也是股票估价的常用方法,是将被评估公司近期的每股收益乘以多个可比公司的平均市盈率以估计该公司股票价值的方法。

【复习思考题】

1.什么是金融资产,它有哪些基本特征和基本功能?

2.什么是信用资产、权益资产、外汇资产?它们各有哪些基本类型?股票有哪些特征?

3.金融衍生资产有哪些基本类型?它们各自具有什么特点与功能?利用期权与期货避险有何不同?

4.何谓一价原则,它是什么经济行为的结果?为什么?

5.什么是市盈率?如何用它对股票进行价值评估?

6.债券和股票价值评估的基本方法是怎样的?

7.你有两张除了票面利息和价格外,完全一模一样的债券。到期期限都是2年,面值1000元,第一张的票面利率是10%,销售价格为935元。如果第二张的票面利率是12%,你认为它的卖价应该是多少?

8.某投资者持有X公司股票1000股,该股票当前购买价格是25元,该投资者担心股票价格下跌,于是以每股2元的期权费购买了该股票的看跌期权,他有权在3个月后以每股25元的价格向期权的卖方卖出1000股X股票。请问:(1)若3个月后X股票的市场价格是20元,则该投资者是否执行权利?其期权投资的盈亏如何?(2)若3个月后X股票的市场价格是30元呢?请画出其期权投资的损益曲线。(3)若3个月后X股票的市场价格是30元,综合考虑股票现货和期权投资后,该投资者总的盈亏如何?

9.某公司发行2年期的附息债券,票面价格是100元,票面利率是10%,若发行价格是95元,请问:(1)若发行当天你以95元买入并持有到期则获得的到期收益率是多少?(2)该投资的本期收益率是多少?

CHAPTER 5 第五章

风险与资产选择

【学习目标】

本章要求学生掌握金融风险的含义及其种类,明确金融投资中主要风险的衡量方法以及金融风险的管理过程及方法,正确理解风险分散与资产组合的原理。

【重要概念】

金融风险　系统性风险　非系统性风险　价格风险　信用风险　预期收益率　信用评级　β系数　分散化　风险管理　相关性　资产组合

在资金融通的过程中,资金盈余者在利用各种金融资产投资时,可能面临许多由不确定性因素带来损失的风险。为了有效地进行金融投资,就必须对其面临的金融风险进行有效的管理。本章将简要讨论金融风险的度量和金融风险管理的基本理论和方法,以对金融风险管理有一个基本的了解。

第一节　金融风险的种类与度量

一、金融风险的种类

(一)金融风险的内涵

风险是由于不确定性因素而造成损失的可能性。风险产生的根源是不确定性。所谓不确定性是指事物的未来发展或变化有多种可能状态,而人们无法事先准确预知将来会是何种状态。

金融风险是指投资收益的不确定性,即金融变量的各种可能值偏离其期望值的可能性和幅度,也可以简单地理解为金融投资过程中发生意外损失或额外收益的可能性。人们通常关注由于不确定性变化而带来损失的可能性。

金融风险是风险的一个子集。关于金融风险的基本含义有两种观点:第一种观点认为,金融风险是指由于金融资产价格的波动,而造成投资收益率的不确定性或易变性,并且这种易变性可用收益率的方差或者标准差度量。第二种观点认为,金融风险是由于资产价格的波动而给投资者造成损失的可能性或损失的不确定性。该观点认为只有在价格波动给投资者造成损失时才有风险,不造成损失时的任何波动都不应视为风险。

(二)金融风险的分类

风险的种类很多,按照不同的分类方法可以将其分为不同的类型。

1. 信用风险、市场风险和操作风险

新《巴塞尔协议》中将金融风险划分为三大类,分别是信用风险、市场风险和操作风险。

信用风险一般指受信方拒绝或无力按时、全额支付所欠债务时,给信用提供方带来的潜在损失。信用风险一般分为商业信用风险和银行信用风险,信用风险的范畴还可以进一步扩展到信用的接受者。例如,购买者或借款方也可能承受供货方或银行带来的风险。这种风险主要表现在,供货方或银行可能因资金原因而无法提供商品、服务和使受信方的交易持续进行的融资活动。

市场风险指因市场价格,包括利率、汇率、股票价格和商品价格等的不利变动而使银行表内和表外业务发生损失的风险。这类风险与金融市场本身的成熟程度相关,市场越成熟,市场风险就越小。市场风险一旦大规模爆发,不但给投资者带来极大的损失和伤害,而且给整个金融市场带来灾难性的破坏。广大投资者很难进行市场风险的管理,必须通过政府来规范市场秩序,打击恶意操纵市场的各种违规行为,进行综合治理,使市场在公开、公平、有序的条件下进行。市场风险可以分为利率风险、汇率风险和价格风险等。

利率风险是指由于利率的变动给投资者带来损失的可能性,或是指由于预期利率水平和到期时的实际市场利率水平产生的差异而给投资者带来损失的可能性。这是固定收益证券持有者面临的主要风险。

汇率风险是指汇率变动给投资者带来损失的可能性,这是持有外汇现金流的投资者面临的主要风险。例如,如果一种货币的汇率下降,这种货币的持有者将遭受损失;反之,如果一种货币的汇率上升,这种货币的需求者将遭受损失。

价格风险是指商品或金融资产价格的不确定变化造成投资收益率的不确定性或易变性,而给投资者造成损失的可能性。证券价格的变化直接影响到投资者买卖证券的损益情况,证券价格风险主要来自于股票市场上空头市场和多头市场的交替出现而引起的行情变化。证券市场价格变动的影响因素是十分复杂的,如企业的经营状况、经济周期、投资者心理状态等，由于证券价格的波动使证券价格很难准确预测，因而也就很容易给市场交易者带来损失。

操作风险是指由不完善或有问题的内部程序、人员及系统或外部事件而造成损失的风险。操作风险的主要种类包括内部欺诈风险、外部欺诈风险、就业政策与工作场所安全的风险、客户产品和业务操作风险、灾害和其他事件、业务中断与系统失败风险、执行交割和内部流程管理等风险。

2.系统性风险和非系统性风险

按风险可否分散可将风险分为系统性风险和非系统性风险。

系统风险又称不可分散风险，是指由于某种全局性因素而引起的投资收益下降的可能性，市场中所有证券资产的收益都会受到这些因素的影响。它与市场的整体运动相关联，如购买力风险、利率风险、汇率风险和国家风险都是系统风险。系统风险是所有投资者共同面临而无法避免的风险，该类风险的重要特征是不可通过分散化投资予以消除，也就是说，投资者不可能通过多元化的投资来消除或降低系统风险。

非系统风险是由个别资产本身的各种因素造成的收益不稳定性，它是与特定公司或行业相关的风险，与经济、政治和其他影响所有金融变量的因素无关。如违约风险、经营风险、操作风险等均属此类风险。该类风险的重要特征是可通过分散化投资予以降低，而且如果分散是充分有效的，这种风险还能被消除，因此，又称为可分散风险。也就是说，投资者可以通过多元化的投资来消除或降低非系统风险。

一般来说，总风险等于系统风险与非系统风险之和。需要指出的是上述分类是相对的和有条件的，同时在内容上存在交叉，这主要是各种不确定因素相互交织在一起的缘故。

二、金融风险的度量

金融风险的度量是金融风险管理的前提，只有科学地度量风险的大小，才能为金融风险的管理奠定良好的基础。准确地评估金融风险的大小对最大限度地减少损失和获取利润都十分重要。不同种类的金融风险的度量方法也有差异，价格风险和信用风险是金融风险中最重要的两种风险，下面我们着重讨论这两种风险的度量问题。

(一)价格风险的度量

金融资产的价格风险与金融资产的预期收益率紧密相关，因而，度量价格风险先从预期收益率的计算开始。

1.预期收益率

预期收益率可以理解成投资者在投资前对收益率的估计，为其所有可能收益的加权平均数，权重为每种可能收益出现的概率。预期收益率实际上是个平均值，是收益率这个随机变量的数学期望值，是以概率为权数的平均收益率。公式为：

$$E(R)=\sum P(i)\cdot R_i \tag{5-1}$$

公式(5-1)中,$E(R)$代表某种资产的预期收益率,$i=1,2,\cdots\cdots,n$代表可能遇到的n种情况,R_i代表该资产在第i种情况下的收益率,$P(i)$则代表第i种情况出现的概率,n种情况的概率之和应该等于1。

例如:李四准备投资经营电风扇,投资的估计收益率有三种情况:天气很热,可达到40%;天气正常,收益率只能到10%;天气凉快,收益率为零。三种天气出现的概率分别为25%、50%和25%,那么李四这笔投资的预期收益率为:$40\%\times0.25+10\%\times0.5+0\%\times0.25=15\%$。

2.风险

选择投资项目时,不仅要考虑收益,还要考虑风险。比如李四除了做电风扇生意外,还做冷饮生意,也和天气好坏有关,从过去的经验得知:天气很热,可从冷饮生意中得到35%的收益;天气正常,能得到10%的收益;天气凉快,李四只赚5%的收益。三种天气出现的概率分别为25%、50%和25%,那么李四这笔冷饮投资的预期收益率为:$35\%\times0.25+10\%\times0.5+5\%\times0.25=15\%$。

比较两项生意,我们发现它们的预期收益率是一样的,但是,电风扇生意的不确定性大于冷饮的不确定性。如何衡量呢?

一般我们可用该项资产的估计收益率与预期收益率的离散程度来衡量,而它就是资产收益率的方差或标准差,是该项资产的各种可能收益偏离预期收益率的离差平方的加权和,权重为其出现的概率。方差这个统计变量可以较好地反映变量相对于其平均值的离散程度,方差越大表示变量的分布越离散,许多金融资产的收益率概率符合正态分布,2/3的估计收益率分布在$E(r)\pm\delta$之内,95%的收益率分布在$E(r)\pm2\delta$之内。方差越大,表明风险越大,收益率波动的幅度就越大,一旦出现了自己不希望的变化,就可能出现较大幅度的亏损。所谓标准差就是方差的平方根,与方差同向变化。

方差的公式为:$Var(R)=\sum[R_i-E(R)]^2\cdot P(i)$ (5-2)

电风扇收益率的方差$=(40\%-15\%)^2\times0.25+(10\%-15\%)^2\times0.50+(0\%-15\%)^2\times0.25=0.0225$

冷饮收益率的方差$=(35\%-15\%)^2\times0.25+(10\%-15\%)^2\times0.50+(5\%-15\%)^2\times0.25=0.01375$

人们对待风险的态度有三种:风险规避型、风险中立型和风险偏好型。对于风险规避者来说,在预期收益率相同的情况下,一种资产相对于另一种资产的风险增加,它对这种资产的需求就会减少;反之,对于风险偏好者来说,对这种资产的需求就会增加。最重要的一点,我们在选择资产时,要充分考虑自己的风险承受能力。衡量一个人是风险规避者还是风险偏好者的一个简单标准是,它是否愿意参与"公平的赌博":一种是直接给你50元钱,另一种是让你掷一枚硬币,当币值朝上时给你100元,但币值朝下时分文不给。如果你选择前者,你就是一个风险规避者;如果你觉得这两种选择无差异,那你就是一个风险中立者;如果你选择后者,则说明你是一个风险偏好者。

人们一般都不喜欢风险,风险越小越好,如果风险大就必须由高收益来补偿,风险和收益总是一对孪生兄弟。收益高而风险低的投资一般是不会长时间存在的，因为好事大家都会争着去做，竞争的结果必然会使收益率降下来。

（二）信用风险的度量

1.单个借款者信用风险的评估——信用评级

信用评级是信用风险的传统度量方法，一般由专业评级机构对债务人发行的债务工具的信用风险（违约概率）进行评价。国际著名的外部评级机构如穆迪、标准普尔等。银行较多地使用内部评级方法，信用评级适用于单个借款者信用风险的评估，而对于分散化投资来减低非系统性风险的资产组合来说，并不能有效地反映其信用风险。

信用评级指标包括定量指标和定性指标。定量指标主要对被评估人运营的财务风险进行评估，考察会计质量，主要包括资产负债结构、盈利能力、现金流量充足性、资产流动性。定性指标主要分两大内容：一是行业风险评估，即评估公司所在行业现状及发展趋势、宏观经济景气周期、国家产业政策、行业和产品市场所受的季节性、周期性影响以及行业进入门槛、技术更新速度等。通过这些指标评估企业未来经营的稳定性、资产质量、盈利能力和现金流等。一般说来，垄断程度较高的行业比自由竞争的行业盈利更有保障、风险相对较低。二是业务风险评估，即分析特定企业的市场竞争地位，如市场占有率、专利、研究与开发实力、业务多元化程度等，具体包括基本经营和竞争地位、管理水平、关联交易、担保和其他还款保障。

内部评级法即 IRB 方法。IRB 方法根据违约概率（PD）、给定违约概率下的损失率（LGD）、违约的总敞口头寸以及期限（M）等因素来决定一笔授信的风险权重，IRB 按照复杂程度可以分为初级法和高级法。按照内部评级法的规定，银行将银行账户中的风险划分为以下六大风险：公司业务风险、国家风险、同业风险、零售业务风险、项目融资风险和股权风险。然后，银行根据标准参数或内部估计确定其风险要素，并计算得出银行所面临的风险。这些风险要素主要包括违约概率（PD），指债务人违反贷款规定，没有按时偿还本金和利息的概率；违约损失率（LGD），指债务人没有按时偿还本金和利息给银行带来的损失状况，它表现为单位债务的损失均值；违约风险值（EAD），指交易对象违约时，对银行所面临的风险的估计；期限（M），指银行可以向监管当局提供的交易的有效合同期限。IRB 方法的主要目标就是使得资本的配置更加精确，与银行内部的信用风险更加匹配。这与拥有完善的风险管理体系的银行对信用风险和资本充足率的内部评估框架也是一致的。

2.资产组合的信用风险评估——信用风险模型

资产组合的信用风险以潜在损失来度量。到目前为止，如何利用信用风险模型来模拟违约概率和刻画资产组合的信用风险，仍然是摆在我们面前的两大难题。现代信用风险度量模型主要有 KMV 模型、Creditmetrics、麦肯锡模型和 CSFP 信用风险附加计量模型等四类。

KMV 模型是由 KMV 公司开发的一种信用风险的度量模型，即信用监控模型（

Credit Monitor Model),是估计借款企业违约概率的方法。首先,它利用 Black - Scholes 期权定价公式,根据企业资产的市场价值、资产价值的波动性、到期时间、无风险借贷利率及负债的账面价值估计出企业股权的市场价值及其波动性,再根据公司的负债计算出公司的违约实施点(Default Exercise Point,为企业 1 年以下短期债务的价值加上未清偿长期债务账面价值的一半),然后计算借款人的违约距离,最后根据企业的违约距离与预期违约率(EDF)之间的对应关系,求出企业的预期违约率。

Creditmetrics 是由 J.P.摩根公司等 1997 年开发出的模型,运用 VAR 框架,对贷款和非交易资产进行估价和风险的计算。该方法是基于借款人的信用评级、次年评级发生变化的概率(评级转移矩阵)、违约贷款的回收率、债券市场上的信用风险价差来计算出贷款的市场价值及其波动性,进而得出个别贷款和贷款组合的 VAR 值。

麦肯锡模型则在 Creditmetrics 的基础上,对周期性因素进行了处理,将评级转移矩阵与经济增长率、失业率、利率、汇率、政府支出等宏观经济变量之间的关系模型化,并通过蒙地卡罗模拟技术(a Structured Monte Carlo simulation approach)模拟周期性因素的“冲击”来测定评级转移概率的变化。麦肯锡模型可以看成是对 CreditMetrics 的补充,它克服了 CreditMetrics 中不同时期的评级转移矩阵固定不变的缺点。

CSFP 信用风险附加计量模型与作为盯市模型(MTM)的 Creditmetrics 不同,它是一个违约模型(DM),它不把信用评级的升降和与此相关的信用价差变化视为一笔贷款的 VAR(信用风险)的一部分,而只看作是市场风险,它在任何时期只考虑违约和不违约这两种事件状态,计量预期到和未预期到的损失,而不像在 Creditmetrics 中度量预期到的价值和未预期到的价值变化。在 CSFP 信用风险附加计量模型中,违约概率不再是离散的,而被模型化为具有一定概率分布的连续变量。每一笔贷款被视作小概率违约事件,并且每笔贷款的违约概率都独立于其他贷款,这样,贷款组合违约概率的分布接近泊松分布。CSFP 信用风险附加计量模型考虑违约概率的不确定性和损失大小的不确定性,并将损失的严重性和贷款的风险暴露数量划分频段,计量违约概率和损失大小可以得出不同频段损失的分布,对所有频段的损失汇总即为贷款组合的损失分布。

第二节　金融风险管理方法

一、金融风险管理过程

在金融投资与融资过程中,既然面临着风险,就应该积极地管理风险。金融风险管理的目标,不是为了完全消除风险,而是在能容忍的金融风险水平下实现投资目标。任何经营体想取得长期的成功必须承担风险,因此金融风险管理系统只能确保经营体的合理目标得以实现,但它并不能消除管理的决策失误、人为错误、不可预见的差错等的发生。具体来说,金融风险管理的目标有:对风险进行评估(使风险在一个可接受的限度内）；避免不必要风险造成的损失；在风险发生概率较高的情况下降低不利结果出现的频率；在不利结果较严重的情况下降低其影响。

风险管理过程一般包括风险识别、风险评估、管理方法的选择、实施和评价五个步骤。

（一）风险识别

风险识别就是将分析对象作为一个整体来观察，把所有对结果可能产生不良影响的不确定性因素考虑在内，然后筛选出对象所面临的重要风险是什么，最后识别出风险暴露的程度。常用的识别方法有：找出导致损失的风险因素，以及画出什么因素又导致风险产生的因果关系图，目的是找到面临的主要风险；列出机构面临的所有潜在风险及其相互关系的矩阵列表，目的是确定风险暴露的程度。

（二）风险评估

金融风险识别之后，需对风险进行度量，以便确定其危害的严重性。准确评估风险的大小对加强风险管理、尽可能地减少损失和获取利润都十分重要。风险评估就是评价风险的严重性，主要从两个方面进行：一是从不利事件发生的频率或概率的角度，评估不利事件发生的可能性；二是评估风险的严重性或影响程度，即评估一旦不利事件发生将造成的损失。测量金融产品风险大小的最常用方法是概率、均值－方差模型、β系数和信用评级四种：

概率方法。概率是指在一定条件下，事件发生的可能性。它可以用来表示投资于一种金融资产遭受损失的可能性，即金融风险的大小。发生损失的概率越大，风险也就越大；反之，风险则越小。风险发生概率的大小一般可以通过对大量历史数据的统计分析得出。例如，上一年的贷款违约率、汽车事故率等。根据统计得到的概率称为客观概率。根据历史经验和知识，对未来风险发生进行估计得到的概率称主观概率。

均值－方差模型。均值是一项投资每一个可能投资收益率的加权平均值，它反映了一个资产的预期收益率。均值越大，预期收益率就越大。方差反应了投资收益率和预期收益率之间的偏离程度，可以用来表示金融资产收益率的不确定程度，即金融风险的大小。方差越大，说明资产收益率波动越大，金融风险越大；反之，方差越小，金融风险越小。

β系数。在金融投资领域，人们常用β系数来测量某一风险金融资产相对于其所在市场的风险程度。β值的大小，反映了金融资产对整个市场变化的敏感程度，表明了金融资产相对风险的大小。例如，A股票的β值为2，就表明若整个股市行情上升10%，则该股票的价格将上升20%；若整个股市行情下降10%，则该股票的价格将下降20%。B股票的β值为0.8，就表明若整个股市行情上升10%，则该股票的价格将上升8%；若整个股市行情下降10%，则该股票的价格将下降8%。相对于整个市场而言，股票A的风险大于股票B。β系数可以用历史数据计算得来。

信用评级。信用评级是由专门的评级机构根据发行人提供的材料,运用专门方法,对国家、地方或企业发行的债券进行的质量评级。例如,美国权威的评级机构标准普尔将债券等级分为AAA、AA、A、BBB、BB、B、CCC、CC、C等。信用等级高的证券,投资的信用风险就小;反之,信用等级低的证券,投资的信用风险就大。

(三)风险管理方法的选择

在识别了风险并对风险大小有了定量描述后,风险管理过程的下一个主要任务就是选择合适的风险管理方法来降低风险发生的可能性,减少风险造成的损失。由于风险管理是企业一种有计划、有组织地降低风险的系统化的工作过程,风险管理方法的选择要具体问题具体分析,选择一种合适的方法,有时应对一个风险往往需要综合应用多种管理方法。常用的方法有风险回避、风险损失的预防与控制、风险留存、风险转移。

(四)风险管理方案的实施

在完成了风险的识别、评估,以及选择了风险管理的方法后,接下来就是在保证其费用最小化的原则下实施该方案。例如,在选择投保信用保险时,选择保险费率低的保险公司。当有多种风险管理方案时,从中选择综合费用比较低的方案。具体地说,金融风险管理方案的实施必须遵循三项基本原则:成本最低原则、效率最高原则、保护收益原则。

(五)对风险管理的评价

风险管理是一个动态反馈的过程,在这一过程中需要对风险管理过程的各个环节的工作进行定期的评价和完善。通过对风险管理的评价,将有关的信息反馈至风险管理过程中的各个环节,补充、改进和完善风险识别、风险评估、风险管理方法的选择、风险管理方案的实施等管理步骤,提高风险管理的水平和效率。

二、金融风险管理方法

金融风险管理的方法很多,主要有风险回避、预防并控制、风险留存和风险转移四种类型。

(一)风险回避

风险回避是指行为人知道有可能发生风险损失,在既不能有效降低风险发生概率,又无法降低风险损失,更无法直接承受风险损失时,采取回避的策略,根本不从事或中途停止可能引起特定风险损失的行动方案。根据现代投资学理论,因预期收益与风险成正比,因而投资者在选择投资项目时,必须对收益和风险进行全面的权衡。采取风险回避方法也会失去获得目标收益的机会,与获得高收益的目标相冲突。因此,一般在如下任何一种情况发生时才采取该策略:有别的较低风险的途径实现同样的目标、本身无能力将风险消除或转移、无能力承担该风险或承担风险得不到足够的收益补偿等。

简单地说，风险回避是一种消极的风险处理办法，更常用的是通过消除风险暴露来回避风险。在银行和其他金融机构的金融风险管理中，头寸管理也是一种常用的回避策略。如通过资产结构的调整，缩短资产的平均期限或提高短期资产占总资产的比重等来规避流动性风险和信用风险；尽量减少外汇持有头寸，以规避外汇风险。

（二）风险损失的预防与控制

一个有效的风险管理手段就是防患于未然。风险损失的预防与控制就是为了降低风险带来损失的可能性或严重性，在损失发生之前、之中、之后所采取的措施。换句话说就是指在损失发生前全面地尽可能地消除其发生的根源，并通过各项措施减少风险事故发生的概率，在损失发生时和发生后减轻损失的严重程度。总之，损失的预防与控制贯穿于风险管理的全过程，其根本出发点就是预防损失发生和减轻风险发生后损失的严重程度。

风险损失的预防通常要通过加强教育培训与完善管理来设法降低不利事件发生的概率，甚至彻底消除引起风险发生的诱因。风险损失的控制主要通过设立预防措施或实行降低损失的行动方案、降低该项风险行为对组织整体目标的影响、减少风险暴露三个方面的策略来设法降低风险发生后所造成的损失。

在金融领域，风险损失的预防与控制是一个有效的管理方法。例如，银行为了降低信用风险，要经常对员工进行培训，建立全员的信用风险文化；审批贷款时贯彻优质贷款原则；积极推行抵押、担保等贷款方式；采用与风险挂钩的贷款利率；协助企业挖掘资金潜力，节约使用资金等。当发现借款企业经营恶化时，银行要密切关注，及时采取措施，力争使贷款违约损失降到最低。

（三）风险留存

风险留存也叫自担风险或保留风险，是一种由企业或单位自行承担损失发生后果的方法。当无法避免风险又不能完全控制和预防风险时，或者因为预防或控制的成本很高而得不偿失时，或者权衡风险与预期收益发现承担风险有利可图时，风险承担也常常是一种有效的风险策略。实际风险有大有小，预防风险发生和减轻风险损失的措施往往是首先要投入资金。所以在许多情况下人们愿意自己承担风险。事实上人类的每一项经济活动都有一部分风险自己承受了。风险承担只是意味着当风险一旦实际发生时，由行为人承担相应的风险损失，但损失只要在一定的程度内，就不一定是坏事，还可能是商业机会。例如，保险业就是依此为生存的条件。

（四）风险转移

风险转移是风险管理方法中最重要的一种。它是指有意识地将风险或与风险有关的财物损失的后果转嫁出去的方式，其目的是将可能由自己承担的风险损失，转由其他人来承担。风险转移的实质是将风险出让给别人，这种出让通常是有偿的，即在让别人承担风险时，必须将相应可能的利益也转让给对方，或者向对方支付一定的费用，所以，实际上是一种风险交易。风险转移可以通过套期保值、保险和分散投资三种途径来实现。

套期保值是一种转移风险的方法，该方法在采取降低风险的措施时也使人们放弃了潜在的收益。具体操作是买进(卖出)与现货市场数量相当，但交易方向相反的商品期货合约，以期在未来某一时间通过卖出(买进)期货合约而补偿因现货市场价格变化所带来的实际价格风险。其基本原理在于某一特定商品的期货价格和现货价格受相同的经济因素的影响和制约，两者的变动方向基本上是一致的，并且具有市场趋合性，即当期货合约临近交割期时，现货与期货的价差趋于零，否则便会有套利来消除差价，因此实际上套期保值者正好利用两个市场间的相关性进行交易，从而达到回避价格风险和锁定成本的目的。

保险是通过支付一定的保费避免可能的损失。作为一种风险管理的策略，保险无疑有着悠久的历史，即使在金融风险管理中也是如此。近年来，利用保险来管理金融风险的形式愈来愈多，其中，较常见的主要有存款保险、贷款保险、商业信用保险、出口信用保险以及投资保险等。人们如果想采用保险的方法来转移风险具体可以通过三种途径：购买保险合约、财务担保、期权。

分散投资策略也是人们常用的一种金融风险管理策略。所谓分散化投资，也就是指投资者在进行投资时将资金分配到两个以上的项目或品种上。例如，证券投资时，并不把其全部资金集中投资于某一证券，而是将其分散地投资于多种证券。也就是我们通常所说的“不要把全部鸡蛋放在一个篮子里”。通过投资的分散化，其中一些证券的意外收益可以抵补另一些证券的意外损失，能够避免集中投资单一品种时一旦失败全盘皆输的情况，从而在总体上达到降低风险的目的。必须注意的是，分散化效应所能分散的风险是非系统风险，即是指发生于个别公司的特有事件造成证券价格下降的风险，而系统风险是指那些影响所有公司的共同因素引起的所有证券价格下降的风险，如战争、经济衰退、通货膨胀、利率等因素，它们引起的风险则是无法通过分散投资于多个公司的证券而被分散掉的。

第三节　资产组合原理

一、影响资产选择的主要因素

一般来说，市场经济越发达，资产的形式就越多、越复杂，人们对资产的选择就越多。面对种类丰富的资产选择，人们究竟会如何进行决策呢？也就是说，影响人们在不同资产之间选择的主要因素是什么呢？

新古典经济理论在经济人假定、完全信息假定等一系列苛刻的假设条件下，导出了在充分竞争的市场上，套利行为将导致居民跨时消费效用最大化的结论。但现实经济中有限理性、信息障碍、厂商垄断等现象的存在，表明新古典经济学家们所描述的美好景象只能是一个可望而不可即的目标，人们在选择金融资产时必须考虑许多现实的因素，这些因素从总体上可以概括为如下几点：

第一，财富总量。财富总量越大，对某种资产的需求便越多。但是不同资产对财富变化的敏感程度是不一样的，因而财富的变化会影响到人们所持有的各种资产的比例。随着人们越来越富有，对必需品的支出比例会越来越小，对奢侈品的支出则会增加。

第二，该资产相对于其他资产的预期收益率的高低。人们总是希望一定数额的资产能够带来最大的收益，因而收益预期的大小，将直接影响到人们的资产选择行为。收益预期分固定性收益预期与变动性收益预期。前者如银行存款，在居民投资的时候，未来的收益已经能够算出；后者如股票等有价证券，在决定投资的时候，人们只能有一种预期，而无法知道未来的确切收益。投资者是选择固定性预期收益的资产还是选择变动性预期收益的资产，主要取决于投资者本人的风险偏好。

第三，该资产相对于其他资产的流动性高低。所谓流动性，是指当投资者需要用钱时，将资产变成现金的容易程度。在其他条件相同的情况下，人们总是喜欢流动性更高的资产。在金融资产中，流动性最高的是手持现金，虽然它产生一定的机会成本损失，但由于支付方便而受到居民的青睐。在银行存款中，定期储蓄的流动性差，活期储蓄的流动性介于手持现金和定期存款之间。由于股票具有只能买卖、不能退股的特点，因而股票的流动性比较差。非上市公司的场外交易获取信息的成本较高，即使是上市公司，投资者意愿变现的时间也受到行情等因素的约束。债券虽然到期可以取回本金（当然也有无期债券），但同股票的变现情况类似，在到期之前的变现要受到众多因素的制约。

第四，该资产相对于其他资产的风险高低。风险是对投资安全性高低的度量，投资安全性越好，风险越小；相反，投资的安全性越低，风险越大。在经济学中，风险与不确定性是紧密联系在一起的。如果一种资产的预期收益是确定的，那么，我们就称之为无风险资产。相反，如果一种资产的预期收益是不确定的，那么，我们就称之为风险资产。如银行存款，尤其是保值储蓄，投资者在存款的同时就已经知道了利息数额的大小和回收利息的时间，而且连通货膨胀因素也考虑了进来，因而，通常情况下，银行存款是一种风险非常低的资产品种。

对大多数人来说，总是存在回避风险的偏好。也就是说，在其他情况相同的条件下，人们总是希望购买到风险最小的资产。然而，竞争的市场中没有“免费的午餐”，风险和收益总是结伴而生的，高收益的资产必然存在较高的风险，无风险资产通常只能获取较低的收益。在实际中，人们只能根据自己主观的风险偏好倾向，进行风险与收益的权衡，从而在不同类型资产中作出选择。

二、资产组合的收益与风险

马科维茨于 1952 年发表的论文《组合的选择》奠定了现代投资组合理论的基础。马科维茨认为投资者的目标并非是收益的最大化。如果仅以收益最大化为投资目标，那么投资的资产应该是投资者认为能够获得最大收益的唯一的资产。事实上，绝大多数投资者并非仅仅持有一种资产。相反，他们大多建立了资产组合。这表明投资者在追求收益最大化的同时，追求着风险的最小化。而资产组合的建立，通过投资的分散化，能够在降低风险的同时维持原有的收益率水平。现在我们假定一个投资者持有多种资产，形成一个资产组合，那么如何衡量它们的收益和风险呢？

(一)资产组合的收益

资产组合预期收益率 $E(r_p)$的计算公式如下：

$$E(r_p) = \sum E(r_j) \cdot A_j \tag{5-3}$$

式中 $E(r_j)$是 j 资产的预期收益率，A_j 是 j 资产在总资产中所占的比重。此式表示，资产组合的预期收益率是资产组合中所有资产预期收益率的加权平均值。

(二)资产组合的风险

资产组合的风险，同样是用方差和标准差来表示的，但是资产组合的风险并不是单个资产标准差的简单加权平均，它不仅与一种证券的风险有关，还与各种证券之间的关系有关。

资产组合收益率的标准差公式为：

$$\delta_m = \sqrt{\sum\sum A_j A_k \delta_{j,k}} \tag{5-4}$$

公式(5-4)中，m 是资产组合中的资产种类数，A_j 是组合中 j 资产所占的比重，A_k 是组合中 k 资产所占的比重，$\delta_{j,k}$是 j、k 两种资产收益率的协方差，两个$\sum$的含义是所有可能的证券组合的协方差。比如假设 m = 4，那么协方差矩阵为：它包括 4 个方差和 6 个计算两遍的协方差。上式给出了一个非常基本的原理：资产组合的标准差不仅依赖于各个资产本身的方差，还依赖于各资产之间的协方差。随着资产组合中资产种类的增加，协方差项相对于方差项来说变得越来越重要，这可以通过对矩阵的检验看出。

只有两种资产的资产组合，沿矩阵对角线有 2 个方差项 δ_{11} 和 δ_{22}；另外还有 2 个协方差项 δ_{12}、δ_{21}。如果是四种资产的组合，有 4 个方差项和 12 个协方差项。对于数目更大的资产组合来说，方差项主要依赖于协方差项。如 30 种证券的资产组合，方差项只有 30 个，而协方差项有 870 个。如果把资产组合进一步扩大，慢慢地就只有协方差项是重要的。

两种资产收益率的协方差是用来度量它们共同变化或独立变化程度的。更一般的讲，协方差公式为：

$$\delta_{AB} = \sum P_i[rA_i - E(r_A)] \cdot [r_{Bi} - E(r_B)] \quad (5-5)$$

其中，$E(r_A)$为风险资产 A 的预期收益率(也叫期望收益率)，$E(r_B)$为风险资产 B 的预期收益率，δ_{AB}表示它们之间的协方差。它还可以表示为：

$$\delta_{AB} = r_{AB} \cdot \delta_A \delta_B \quad (5-6)$$

这里 r_{AB}是资产 A、B 收益率的相关系数。它的值在 -1 至 +1 的区间内。

相关性就是各种资产变量之间的联动程度。各种变量之间的相关性可以分为正相关、负相关和不相关。如果相关系数为 +1，则两种资产完全正相关，它是指一个变量与另一个变量发生同向变化；如果相关系数为 -1，则两种资产完全负相关，负相关是一个变量与另一个变量发生反向变化；如果相关系数为 0，那么两种资产不相关，它是指一个变量的变化与另一个变量的变化之间没有任何联系。

三、有效资产组合

马科维茨的资产组合理论特别强调建立证券组合时的各种证券收益的相关程度，即相关系数。

该理论依据以下四个假设：投资者在考虑每一次投资选择时，其依据是某一持仓时间内的证券收益的概率分布；投资者是根据证券的期望收益率估测证券组合的风险；投资者的决定仅仅是依据证券的风险和收益；在一定的风险水平上，投资者期望收益最大，相对应的是在一定的收益水平上，投资者希望风险最小。

根据以上假设，马科维茨确立了证券组合预期收益、风险的计算方法和有效边界理论。根据他的假定和西方经济学的效用理论，分析指出，投资者的行为将是一个寻找有效组合的过程。所谓有效组合，是指该证券组合与其他证券组合相比，在同样的风险水平下，具有最高的收益率；或者在同样的收益水平下，有最小的方差。而有效边界就是由所有的有效组合在风险—收益平面上所形成的曲线。把上述分析概括成一条定理：一个投资者将从在各种风险水平上能够带来最大收益率的，以及在各种期望收益率水平上风险最小的证券组合的集合中选择出最佳证券组合。这条定理就叫做有效边界定理。满足这个定理的证券组合边界，叫做有效边界。马科维茨有效资产组合理论认为，对于一定的资产组合而言，在合法的前提下，如果在不增加收益变动性的情况下可以得到较高的预期(或平均)收益，或者在不减少预期(或平均)收益的情况下可以得到更高稳定性的资产组合，那么这个资产组合是无效组合(无效率)。相反的情况是，有效资产组合是在合法的前提下，一定是预期(或平均)收益下的收益变动性最小化的资产组合。

有效资产组合是在一定风险程度下，为投资者提供最高的预期收益率的投资组合。一定量的资金投资于多种风险资产，可以有无数个比例，对它们的任何一种组合都可以形成特定的组合风险与组合收益，如图 5-1，落在 BAC 区间的任何一点都代表在多种资产范围内所组成的某一特定组合的组合收益和组合风险关系。假如投资者必须对所有这些可行的组合进行评价和比较，那无疑是一件令人不安的事情。实际上，投资者只需要考虑可行集的一个子集合即可。先列出几个有特殊意义的点:C 点代表预期收益率最高的组合,A 点代表投资风险最小的组合。从整体上讲,理性的投资者通常遵循以下两个准则:相对于同等的风险水平,预期收益率要最大;相对于同等的收益水平,风险要最小。显然,在区域 BAC 中,只有组合收益与组合风险的交点落在 A—C 线段上的组合才是有效的组合,它是在同等风险上的最高收益率的组合,其他点都不具备这样一种效果,因此是无效的资产组合。

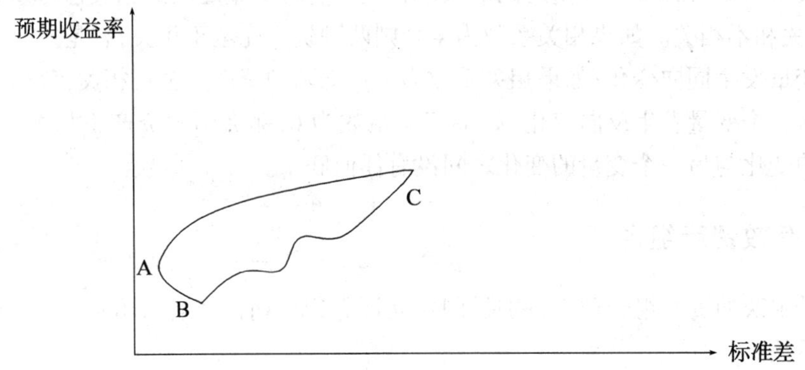

图 5-1　资产组合的曲线与效益边界

假如一定量的资金投资于两种风险资产,也可以有无数个比例,由于二者的相关系数一定,因此,就可以在资产组合的预期收益率与标准差的坐标上绘出一条轨迹,它包括了所有可能的收益与风险,形成“机会组合”,如图 5-2 所示。此图还表示了不同相关系数下的两种资产组合,即机会组合和有效组合,所谓的有效组合是指在相同风险下的最高收益率所形成的轨迹。

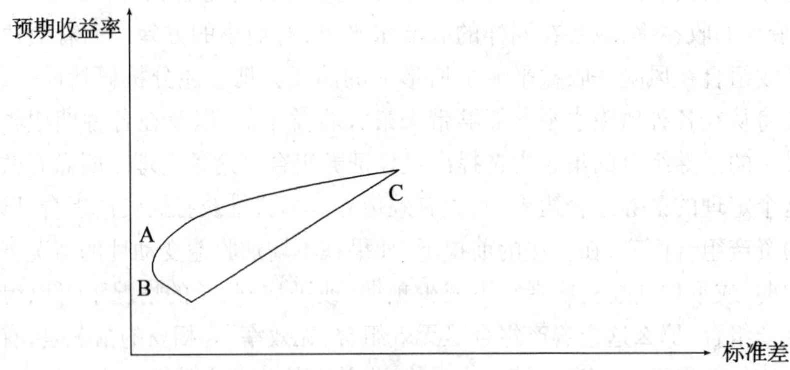

图 5-2　两种资产组合的机会组合

四、最佳资产组合

在两种资产组合中,如图 5-3 所示,机会组合曲线向左弯曲的程度越大,通过资产组合降低风险的效果就越好。但两种资产的收益率完全正相关时,机会组合曲线会变成一条直线，此时，任何预期收益率的上升都伴随着风险的上升，因而多样化并不能使风险降低。当两种资产收益率完全负相关时，多样化可以明显降低风险，甚至可以使风险降低到零。由此可见，多样化的避险效果是随着资产收益率负相关程度的上升而上升的。

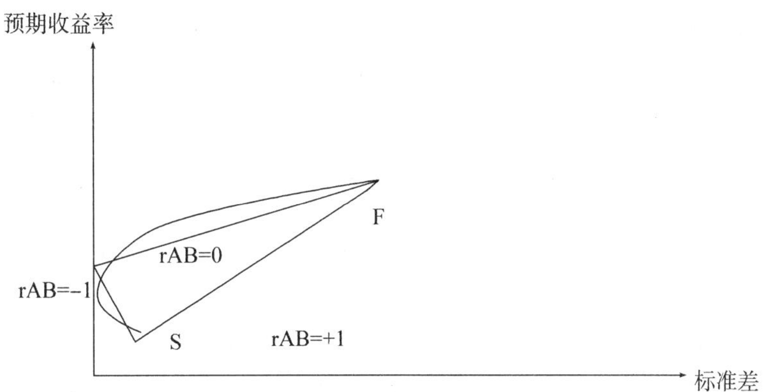

图 5－3　不同相关系数下两种资产组合的机会组合

在投资组合中，选择存在正相关关系的资产达不到分散风险的目的。这是因为，存在正相关的资产收益之间会“一荣俱荣、一损俱损”。相互独立或存在负相关关系的资产才能较好地达到分散风险的目的，因为在相互独立的资产之间，它们的收益——风险互不影响；在存在负相关的资产之间，可以通过一种资产的盈利来弥补另一种资产的亏损。但是，在投资的时候，追求的主要目标是盈利，投资于存在负相关的资产时，盈利机会就会大大地减少，尤其是当投资于完全负相关的资产时，一种资产的盈利就会刚好被另一种资产的亏损所抵消，这恰恰是投资者所不希望看到的。因此，在构建资产组合时，为了实现盈利和分散风险的双重目标，最好是选择基本独立的资产。

值得注意的是，在寻找风险资产的最优组合的过程中，我们不需要知道有关投资者的财富和偏好等方面的情况。该投资组合的构成仅仅取决于两种风险资产的预期收益率和标准差以及它们之间的相关性。这意味着，认同收益率概率分布的所有投资者都将希望持有同样的切点组合，再与无风险资产进行组合。如果是多种风险资产，以下原理可以推而广之：若所有厌恶风险的投资者对收益率的预期相同，那就存在一个特定的风险资产最优组合，所有厌恶风险的投资者都将选择它与无风险资产组合，以构成他们所需要的资产组合。然而，不同的投资者对风险的厌恶程度和对收益的偏好程度是不同的，为了更好地反映收益和风险对投资者效用的影响程度，这里引入无差异曲线（indifference curve）的概念。一条无差异曲线代表给投资者带来同样满足程度的预期收益和风险的所有组合，由于风险给投资者带来的是负效用，而收益带给投资者的是正效用，因此为了使投资者的满足程度相同，高风险的投资必须有高的预期收益率。所以投资者的无差异曲线与有效相切的点就可以确定其具体的投资组合。

资产组合理论为有效资产组合的构建和资产组合的分析提供了重要的思想基础和

一整套分析体系，其对现代投资管理实践的影响主要表现在以下四个方面：

(1) 马科维茨首次对风险和收益这两个投资管理中的基础性概念进行了准确的定义，从此，同时考虑风险和收益就成为描述合理投资目标缺一不可的两个要件(参数)。在马科维茨之前，投资顾问和基金经理尽管也会顾及风险因素，但由于不能对风险加以有效的衡量，也就只能将注意力放在投资的收益方面。马科维茨用投资回报的期望值(均值)表示投资收益(率)，用方差(或标准差)表示收益的风险，解决了对资产的风险衡量问题，并认为典型的投资者是风险回避者，他们在追求高预期收益的同时会尽量回避风险。据此马科维茨提供了以均值—方差分析为基础的最大化效用的一整套组合投资理论。

(2)投资组合理论关于分散投资的合理性的阐述为基金管理业的存在提供了重要的理论依据。在马科维茨之前，尽管人们很早就对分散投资能够降低风险有一定的认识，但从未在理论上形成系统化的认识。

投资组合的方差公式说明了投资组合的方差并不是组合中各个证券方差的简单线性组合，而是在很大程度上取决于证券之间的相关关系。单个证券本身的收益和标准差指标对投资者可能并不具有吸引力，但如果它与投资组合中的证券相关性小甚至是负相关，它就会被纳入组合。当组合中的证券数量较多时，投资组合的方差的大小在很大程度上更多地取决于证券之间的协方差，单个证券的方差则会居于次要地位。因此投资组合的方差公式对分散投资的合理性不但提供了理论上的解释，而且提供了有效分散投资的实际指引。

(3)马科维茨提出的“有效投资组合”的概念，使基金经理从过去一直关注于对单个证券的分析转向了对构建有效投资组合的重视。自50年代初，马科维茨发表其著名的论文以来，投资管理已从过去专注于选股转向分散投资和组合中资产之间的相互关系上来。事实上投资组合理论已将投资管理的概念扩展为组合管理。从而也就使投资管理的实践发生了革命性的变化。

(4)马科维茨的投资组合理论已被广泛应用到了投资组合中各主要资产类型的最优配置的活动中，并被实践证明是行之有效的。

资产组合理论是现代金融理论的一个重要组成部分，在实践中被广泛应用于个人和机构的投资管理中。由于资产组合对市场价格、利率、通货膨胀以及各种风险均有高度的敏感性，因此，它的作用不仅局限于微观经营活动，在宏观调控中也越来越受到重视。

【本章小结】

1.风险是由于不确定性因素而造成损失的可能性。金融风险指投资收益的不确定性，可以简单地理解为金融投资过程中发生意外损失或额外收益的可能性。

2.金融风险的种类很多，按新《巴塞尔协议》可将风险划分为信用风险、市场风险和操作风险；按风险可否分散可将风险分为系统性风险和非系统性风险。

3.单个借款者信用风险的评估主要采用信用评级的度量方法；资产组合的信用风

险评估采用信用风险模型。

4.金融风险管理过程一般包括风险识别、风险评估、管理方法的选择、实施和评价五个步骤。金融风险管理的方法很多,主要有风险回避、预防并控制、风险留存和风险转移等。

5.资产组合的预期收益率是资产组合中所有资产预期收益率的加权平均值。但是资产组合的风险并不是单个资产标准差的简单加权平均,它不仅与一种证券的风险有关,还与各种证券之间的关系有关。

6.有效资产组合是在一定风险程度下,为投资者提供最高的预期收益率的投资组合。在构建资产组合时,为了实现盈利和分散风险的双重目标,最好是选择基本独立的资产。

【复习思考题】

1.什么是金融风险?它有哪些基本类型?

2.什么是系统风险和非系统风险?它们具有什么特点?

3.如何度量单一资产的风险?

4.金融风险管理的过程是怎样的?

5.金融风险转移的方法有哪些?试举例说明套期保值与保险的不同。

6.组合化投资为什么能够降低金融风险?

第六章 CHAPTER 6
融资与资本结构

【学习目标】

本章要求学生了解资金短缺方融资的几种方式和渠道;理解债务融资和权益融资对公司的影响;了解资本结构的选择对公司市场价值的影响;掌握资本结构的几种理论。

【重要概念】

内源融资　外源融资　债务融资　权益融资　资本结构　资本成本　公司价值　财务杠杆　财务危机成本　代理成本　权衡模型

资金盈余者与资金短缺者处于金融系统的两个终端,上一章我们着重讨论了资金盈余者如何进行资产选择和风险管理,本章我们将关注资金短缺者尤其是公司通过何种途径获得资金,公司最佳的资本结构应该怎样选择?在了解资金短缺方融资的几种方式及特点后,我们将重点阐述债务融资和股权融资对公司的影响,同时我们将对公司资本结构的选择问题进行深入的分析。

第一节　内源融资与外源融资

资金短缺者的融资方式有很多种,如按照期限可以分为长期性资金来源和短期性资金来源,按照是否通过金融中介机构分为直接融资和间接融资,按照是否有所有权关系分为股权融资和债务融资。本节重点按照其资金是来源于资金需求者自身的积累还是其他资金盈余者,将其分为内源融资与外源融资两类。

一、内源融资与外源融资的概念和特点

(一)内源融资与外源融资的概念

内源融资(Internal Financing)是指资金使用者通过自身的资金积累为自己的支出融资。比如,家庭通过储蓄为自己购买房屋或汽车等财产积蓄资金、公司通过将未分配利润(未作股利分配的利润)用于投资等。外源融资(External Financing)是指资金短缺者通过一定方式向其他的资金盈余者筹措资金。比如,个人或公司向银行借款、政府发行债券弥补财政赤字、公司通过向银行借款、发行债券或股票来筹措资金等。

内源融资和外源融资是资金筹措的两种基本方式,各有其特点。

(二)内源融资的特点

1.自主性。内源融资来源于家庭或公司自身积累的资金,家庭或公司在使用时具有很大的自主性,基本不受外界的制约和影响。

2.融资成本较低。公司外源融资,需要借助金融机构和金融市场,无论采用股票、债券还是其他方式都需要支付大量的费用,比如券商费用、会计师费用、律师费用等,而利用未分配利润则无需支付这些费用。

3.不会稀释原有股东的每股收益和控制权。用未分配利润融资而增加的权益资本,不会稀释原有股东的每股收益和控制权,同时还可以增加公司的净资产,支持公司扩大其他方式的融资。

4.公司内源融资为其筹集外部资金提供保障。内源融资属于股东权益资本,可为债权人提供保障,增加公司的信用价值。

5.内源融资规模较小。内源融资受公司盈利能力及积累的影响,融资规模受到较大的制约,不可能进行大规模的融资。内源融资也无法满足急切的资金需求。当公司生产经营中急需资金的时候,不可能等到自身积累到资金时再继续生产。

6.影响股利分配。公司用未分配的利润进行投资,会导致支付给股东的股利减少。股利支付过少不利于吸引股利偏好型的机构投资者,有可能影响到今后的外源融资。

(三)外源融资的特点

1.融资规模大。公司可以通过发行股票、发行债券、向银行借款等方式取得资金,相对于内源融资而言,外源融资解决了内源融资规模的限制,需要快速扩张或急需资金的时候,可以筹集到数量可观的资金。

2.融资方式灵活多样,公司可以通过发行股票、发行债券、向银行借款等方式取得资金,可以满足公司多元化的资金需求。

3.融资成本较高。外源融资的融资者必须符合一定的融资条件,特别是公开融资,比如公开发行债券和股票等,条件比较严格,不符合条件者很难获得资金。外源融资还

要支付较高的融资成本,除了要支付股利和债务利息这些显性成本外,还有隐性成本,如债务融资到期如果不能偿债,有可能面临破产清算的风险,股权融资则有可能导致原有的公司控制者面临丧失公司控制权的风险等。

内源融资和外源融资各有其特点,作为资金需求者的个人或公司应该根据自身条件和特点,选择既能满足资金需求又能有效控制风险的适当的融资方式和组合。金融是随着外源融资的产生而得到实质性发展的,金融体系的有效安排(金融中介机构、风险管理等)可以在一定程度上解决外源融资中遇到的问题。

二、内源融资方式

内源融资作为资金需求者的一种自身的资金积累,具体的实现方式多种多样。根据资金积累者进行积累的自愿性与非自愿性,可以将其分为自愿性储蓄和强制性储蓄。

(一)个人的自愿性储蓄与强制性储蓄

自愿性储蓄,作为个人来说,是为了满足未来某个时间的某项资金需求,可能自愿的将现在收入的一部分储存起来。具体的方式包括银行存款、买债券、买股票和保险等金融资产的方式,也包括购买房地产等实物资产的方式。

除了自愿性储蓄外,个人还面临着一些强制性储蓄,它们是为解决个人未来的特定资金需求而进行的储蓄,如养老金和住房公积金等。养老金是根据国家的有关规定,由在职员工和工作单位按照工薪收入的一定比例提取储存,在员工退休后按照一定的方法向其支付一定生活费的社会保障基金。住房公积金是根据有关规定,由员工和工作单位按照员工工资收入的一定比例提取储存,用于员工将来购买住房的专项基金。

(二)公司的自愿性储蓄与强制性储蓄

公司的强制性储蓄除了前面提到的为职工个人提取缴存的养老金和住房公积金中属于公司支付的部分外,还有按照国家有关规定提取的折旧基金、专项损失准备金、法定公积金和公益金等。这是为了公司的稳定发展和风险控制等而进行的强制储蓄,如商业银行按照不良资产的一定比例提取的坏账准备金,对于商业银行控制其面临的信用风险以及给正常经营带来的危害具有重要的意义。

除了进行强制性储蓄外,公司一般也不会将税后利润全部分配给股东,而是留下一部分利润用作再投资,留存收益就是公司的自愿性储蓄,是公司内源融资的重要形式。

三、外源融资方式

外源融资的基本方式包括债务融资、权益融资、赠予和礼物等。

债务融资就是资金的需求者承诺在未来按照一定的方式和条件向资金供给者偿还债务、支付利息的融资方式。该种融资方式的基本特点是资金供给者和资金需求者是债权债务关系，以未来还本付息为前提。债务融资的方式包括银行贷款、发行债券、票据融资、商业信用等方式。

权益融资是融资的公司以一定的股权让渡作为支付给出资人的报酬以获得长期资金投入的融资方式。股权代表投资者对公司的所有权。权益融资方式的基本特点是不用归还本金，但是需要让渡相应的公司经营决策权和剩余索取权。权益融资一般采取吸收直接投资、发行股票等方式。

接受礼物和捐赠也是外源融资的一种方式。礼物是指金钱、时间、努力以及其他可能包含货币价值的东西。礼物是不需要归还的。捐赠礼物的人或机构通常是出于一定的感情、道德和仁慈的需要。因此，礼物不可能成为主要的融资方式。

赠款和专项补助是指将一定的资金赠予某个机构或个人以帮助其实现特定的目的。赠款和补助通常会规定其资金的特定用途，接受赠予的人或机构一般不能够改变资金的用途。而礼物通常不会规定其用途，接受礼物的人有任意处置该礼物的权利。对于教育、医疗和一些科研机构，接受赠款和专项补助是重要的外源融资方式。

而政府作为一个特殊的资金短缺部门，当出现财政赤字时，最常见的弥补方式有：向中央银行借款或透支、增加税收、发行政府债券。向中央银行借款或透支会增加基础货币的发行(具体参考后面第十二章)，在很多市场经济的国家不允许使用这种方式来融资；因为税收具有强制性、无偿性等特点，所以当政府提高税率的时候往往会受到公众的强烈抵制；发行政府债券采取的是等价、有偿的金融机制，减少了人们的抵触情绪，是各国普遍采用的融资方式，但发行债券的政府要支付一定的成本，大量的国债发行对民间投资还具有挤出效应。

第二节 债务融资与权益融资

债务融资和权益融资是公司融资的主要方式，它们对公司的资本结构、资本成本和控制权等方面会产生不同的影响，理论上来说，公司会权衡这种可能的影响而做出理性的选择。

一、债务融资

债务融资按使用期限可分为短期债务融资和长期债务融资两种。短期债务融资是指期限在一年以内的债务融资，长期债务融资是指期限在一年以上的债务融资。

短期债务融资是为了满足公司临时性的资金需求而进行的融资，所以短期债务融资具有融资快、融资成本低、偿债风险高的特点。而长期债务融资可以解决公司长期资金不足的问题，所以长期债务融资具有融资成本较高、长期债务条件限制较多的特点。

(一)短期债务融资

短期债务融资最主要的形式是商业信用和短期借款。

1.商业信用

商业信用是指在商品交易中由于延期付款或预收货款所形成的公司间的借贷关系。商业信用产生于商品交换之中,是所谓的“自发性融资”,即公司在日常经营活动中自然产生的融资方式,如应付账款、预收账款等。它运用广泛,在短期债务融资中占有相当大的比重。

商业信用的具体形式有应收账款、应付票据、预收账款。应收账款是公司购买货物暂未付款而欠对方的款项,即卖方允许买方在购货后一定时期内支付货款的一种形式,这种信用形式由于没有正式的法律凭证,通常是靠买方的信用;应付票据是公司进行延期付款商品交易时开具的反映债权债务关系的票据,包括商业承兑汇票和银行承兑汇票;预收账款是卖方公司在交付货物之前向买方预先收取部分或全部货款的信用形式,一般是适用于紧俏商品或用于生产周期长、资金需要量大的货物销售。

商业信用融资的优点:(1)取得的手续简便,商业信用是一种持续性的借贷形式,且无需正式办理融资手续;(2)一般没有筹资成本,如果没有现金折扣或使用不带息的票据,商业信用融资就不负担成本。

商业信用融资的缺点:(1)可利用资金的期限较短,金额有限,受工商企业所拥有的资本量的限制;(2)如果放弃现金折扣,所付出的成本较高。

随着商业票据应用范围的扩大,一些知名的大企业还通过发行商业票据来融通资金,这是在商业信用基础上的票据融资,能够在短期内帮助企业筹集大量资金。

2.短期借款

短期借款是指公司向银行和其他非银行金融机构借入的期限在一年之内的借款。短期借款的优点:(1)融资速度快。公司获得短期借款所需的时间要比长期借款短很多。公司申请短期借款一般金额小、归还时间短,金融机构对公司的偿债能力和信用保证没有特别的要求,因此,借款手续简便,融资速度较快。(2)筹资的弹性大,灵活性强。公司申请短期借款,具体问题可以与金融机构协商,所需款项可根据实际需要随借随还,便于公司灵活安排。

短期借款的缺点:(1)筹资成本高。与商业信用和商业票据相比,短期银行借款筹资成本较高,加上银行借款的一些限制性条款,如补偿性余额,其筹资成本更高。(2)限制条件较多,银行出于风险的考虑,会对公司提出许多限制条件,以便加强对公司的监督和控制。

(二)长期债务融资

筹措长期债务资金,可以解决公司长期资金的不足,满足长期资本投资的需要;同时由于长期债务的归还期长,债务人可对债务的归还作长期安排,还债压力或风险相对较小。但长期债务融资的成本一般较高;长期债务条件的限制较多,即债权人经常会向债务人提出一些限制性的条件以保证其能够及时、足额偿还债务本金和支付利息,从而形成对债务的种种约束。

长期债务融资主要有长期借款和债券两种形式。

1.长期借款

长期借款是指公司从银行或其他非银行金融机构借入的偿还期限在一年以上的借款。长期借款主要用于固定资产投资、更新改造借款、科技开发和新产品研制等。

长期借款的优点:(1)融资速度快。可以在短期内解决公司的资金需要。(2)借款弹性大。在借款之前,借款公司可以和贷款发放人直接面对面地谈判,就借款的数额、偿还的时间、利率、偿还方式等进行充分的协商,在借款到期后,公司如有正当理由,可以申请延期。(3)融资成本较低。与发行股票和债券相比,长期借款的融资费主要是手续费,可以节约大量的发行费用。

长期借款的缺点:(1)财务风险较高。长期借款通常有固定的利息费用和按期偿付利息的时间规定。当公司经营不善时,较高的利息支出会加重公司的负担,严重时有引发公司破产倒闭的风险。(2)限制条件较多。长期借款的合同中有许多限制性条款,这些条款限制了公司对借入资金的灵活运用,并在一定程度上限制了公司的再筹资能力。(3)融资数量有限。融资数量主要受贷款机构贷款能力的限制,一般不能跟股票、债券一样一次性地筹集到大量资本。

2.债券融资

债券融资的优点:(1)债券的利息费用可以享受税前抵扣的优惠,使公司实际负担的债券融资成本一般低于股票融资的成本。(2)债券的利息一般是固定的,债券的持有者除了获得利息外,不能参与公司超额盈余的分配,特别是公司的资产报酬率远远高于债券的利息率时,公司可以利用财务杠杆的作用,实现股东财富的最大化。(3)发行债券不会影响公司的控股权,有利于维护公司经营方针政策的连续性。(4)便于调整公司的资本结构。特别是当公司发行可转换债券或可提前收回的债券时,更便于公司主动地调整资本结构,及时降低公司的财务风险。

债券融资的缺点:(1)债券筹资风险高。债券有固定的到期日和固定的利息费用,财务风险较高,特别是当公司经营状况较差时,债券易使公司陷入财务困境,有时甚至导致公司因此破产倒闭。(2)债券筹资的限制条件很多。债券一般要比长期借款的限制条件严格,往往附有多种限制性条款,可能对公司财务的灵活性带来不利的影响,甚至影响公司今后的融资能力。(3)融资数量有限。如我国《公司法》规定,发行公司累计在外的债券总额不得超过公司净资产的40%。

二、权益融资

权益融资可以分为股票形式的权益融资、非股票形式的权益融资,股票形式的权益融资包括普通股融资和优先股融资,非股票形式的权益融资包括独资、合伙、合资等形式。

(一)普通股融资

普通股是公司发行股票的最基本的、最标准的形式,普通股股东享有对公司的经营管理权、收益分配权、优先认股权和剩余财产分配权。

1.普通股融资的优点

(1)普通股筹资没有固定期限,不需偿还。发行普通股筹措的资金即普通股股本是公司的永久性资本,除非公司清算时予以偿还,否则无需偿还。这对保证公司对资本的最低需要、维持公司长期稳定发展具有十分重要的作用。

(2)普通股筹资没有固定的股利负担。公司发行普通股进行筹资,每年支付给股东多少股利,取决于公司的盈利水平和股利政策,而不像债券筹资那样,需要支付固定的利息。

(3)可以增强公司的举债能力。发行普通股筹集自有资本,可以降低公司的资产负债率,改善公司的资本结构,能增强公司的信誉,普通股股本以及由此产生的资本公积金和盈余公积金等,是公司形成债务的基础,使公司有了较多的自有资本,有利于提高公司的信用价值,增强公司的举债能力。

(4)普通股筹资可以提高公司的知名度。公司向社会公开发行股票,需要发布招股说明书,会引起许多投资者的关注,公司的股票发行上市后,同样提高了公司的知名度。

2.普通股融资的缺点

(1)资本成本较高。普通股的股利是在税后利润中支付,股利不能抵扣所得税,同时,股东要求的回报率要比债券的回报率高,加上普通股的发行成本也较高,导致普通股筹资的成本较高。

(2)可能分散公司的控制权。发行普通股筹资会增加新股东,从而分散公司的控制权,所以小型公司或新设立公司对发行股票往往特别慎重,以防止分散创始人对公司的控制权。

(3)会稀释每股收益,降低股票价格。由于发行新的普通股筹资会增加新股东,新股东分享公司未发行新股前积累的盈余,会降低普通股的每股收益,因而可能导致股价的下跌。

(二)优先股融资

优先股是一种兼具普通股股票和债券特点的混合型有价证券,它属于权益性资本,却具有债券的特征。优先股一般没有到期日,优先股可以享有固定的股利,在分配公司盈利和剩余财产时优先于普通股股东,但是一般优先股股东不能参与公司的经营管理,没有选举权和被选举权,对公司的重大决策没有表决权。

1.优先股融资的优点

(1)优先股一般没有固定的到期日,不用偿付本金。

(2)优先股股利的支付既固定又有一定的灵活性。当公司的财务状况不佳时,公司可以暂时不支付优先股股息,而且优先股有时可以收回,或转换为普通股,有利于减轻公司的财务负担。

(3)优先股筹资不会分散公司的控制权。由于优先股股东不能参与公司的经营管理,因此,可保持普通股股东的控制权。

(4)可以提高公司的举债能力。优先股所筹资金是公司的自有资本,因而发行优先股可增加公司的资金实力,有利于提高公司的信誉和举债能力。

2.优先股融资的缺点

(1)优先股的筹资成本高。优先股股利是以公司的税后净利润发放,不能抵免税收。与负债相比,优先股的资本成本要高出债券的资本成本许多。同时,由于投资优先股的风险较债券要大,因此,优先股股利高于债券的利息,从而使公司的资本成本也较高。

(2)优先股发行的限制条件多,降低了公司经营的灵活性。例如,公司不能连续三年拖欠优先股的股利,公司盈利必须首先分配给优先股股东,公司举债额度较大时,要征求优先股股东的意见等。

【拓展阅读】

筹集权益性资本的新机制——风险投资

20世纪80年代以来,金融领域出现了一种新的动态,那就是风险投资体系迅速发展,并在为中小企业筹集权益性资本方面发挥了极为重要的作用。风险资本(venture capital,简称VC)是指由专业投资人提供给快速成长并且具有很大升值潜力的新兴公司的一种权益资本(equity capital)。其基本特征是:投资周期长,一般为3-7年;除资金投入以外,投资者还向投资对象提供企业管理等方面的咨询和帮助,为企业提供增值服务;当被投资企业增值后,风险投资人会通过上市、收购兼并或其他股权转让方式撤出资本,获得投资回报。按照venture的英文字义,有冒险的意思,就是说,在风险投资中,是投资人主动冒险投入资本,以期获得比谨慎投资更高的回报。

风险资本的投资对象是处于创业期的未上市新兴中小型企业,尤其是新兴高科技企业。在美国,风险资本约80%的资金投资于创业期的高科技企业。这些企业着重开发创新产品,市场前景不好预期,不像成熟产业部门中的企业能从银行、证券市场募集资金,只能借助风险资本寻求资金支持。

风险资本的来源因时因国而异。由于风险资本风险大、收益很难预见,一般投资者难以承受,只能向银行、保险等风险承受能力较强、愿冒风险以追求高回报的特定投资群体私募。据统计,1997年美国风险资本的资金,有54%来自于退休和养老基金,有30%来自于金融机构,7%来自私人投资家。与美国不同,欧洲国家的风险资本主要来源于银行、保险公司和年金,分别占全部风险资本的31%、14%和13%,其中,银行是欧洲风险资本最主要的来源,而个人和家庭资金只占2%。国外有关法规也明确规定,风险资本只能采取私募方式。例如,美国《1934年投资公司法》规定风险资本不得向公众募集资金。英国、日本等国家和台湾地区也均有类似规定。

风险资本对高成长型中小企业权益性资本融资的需求有较强的亲和力,是中小企业生存发展的一条有效融资渠道。其原因是:

第一,以权益性资本方式进入企业,能有效地解决风险——收益不对称问题。风险资本如果以债权方式进入,就会有很大的弊端,因为高成长的中小企业一般缺乏合格的抵押品,若企业破产倒闭,受损的主要是风险投资家;而如果企业成功,债权资本却只能获得固定利息;但如果风险资本采取权益性资本进入,若企业发展得好,则给权益资本投入者提供了一个极为广阔的获利空间,能有效解决风险——收益不对称问题。

第二,风险投资能有效地解决风险投资家和创业者之间存在的信息不对称问题。风险投资制度授予了权益投资者额外的控制权,有充分的权力来更换经营者,限制了创业者在传递个人信息时的不诚实行为;另一方面在风险投资家和创业者签订的持股契约中,只要项目顺利推进,企业控制权会向有利于创业者的方向倾斜,这也为创业者提供了一种有效激励。

第三,风险投资机制使企业能够获得持续的资金支持。若企业发展状况令人满意,风险投资家自然会追加投入;若因种种原因不能提供足够的追加资金,为了保障自己原先所投入资金的利益,他们必然会利用自己在业界的关系,为风险企业开辟新的资金渠道。

第四,风险投资还会给中小企业带来增值服务。风险投资家可以利用多种方式和技术约束企业家的行为,会提高风险企业的管理和激励水平,给企业带来增值服务。

根据接受风险投资的企业发展的不同阶段,我们一般可将风险资本分为四种类型:种子资本、导入资本、发展资本、并购资本等。种子资本和导入资本都是在目标企业建立早期进行的风险投资,那时,投资对象可能仅仅是在实验进程(或完成)中的产品、技术和"创意";发展资本的投资对象主要是处于扩张期的企业,这些企业常常没有利润,但已经显示出利润或市场增长的趋势;而作为并购资本的风险基金通常只关注发展前景较明朗、盈利能力已经有所体现的企业,它们是最接近风险投资退出时期的一类基金。

20世纪90年代,风险资本在中国所投资的企业几乎全都是互联网企业。比如,现在人们耳熟能详的新浪、搜狐、阿里巴巴等互联网企业,都是在这一时期得到风险投资的青睐。但中国本土的风险投资体系发展缓慢,高新技术项目来源狭窄且缺乏相应的筛选鉴定机制、缺乏真正的风险投资机构、缺乏有效地市场退出机制等被认为是中国风险投资体系发展缓慢的原因,相信随着中国经济的持续稳定增长、风险投资机构市场准入条件的放宽和多层次资本市场的完善,风险资本将成为众多中小企业权益融资的新渠道。

三、权益融资和债务融资对公司的影响

选择权益融资还是债务融资对公司的融资决策相当重要，那么权益融资和债务融资比重的不同对公司会有什么影响呢？这需要引入一个重要概念——财务杠杆，以此来探讨负债筹资经营对公司原所有者的影响。

（一）财务杠杆

财务杠杆是指公司对债务的依赖程度，用公司债务与权益之间的比率（债务权益率）来衡量。公司使用负债筹资越多，它运用的财务杠杆就越大。在资产收益率大于负债利率的条件下，通过适度的债务融资，可以提高股东的回报率。这个概念形象地运用了物理学中的杠杆原理，利用一根杠杆和一个支点，就能用很小的力量抬起很重的物体。

举一个简单的例子：王小二想开一家餐馆，总投资需要 20 万元，但他自己只有 10 万元的积蓄。赵小三也想开一家餐馆，他也只有 10 万元的积蓄，也不能满足他开餐馆的资金需求。于是，他们俩达成协议，共同出资，刚好够 20 万元。他们商议，合伙开设的这家餐馆由他们共同经营，收益均分，也共同分担风险。如果每年赚了 3 万元，那么王小二和赵小三就各自分得 1.5 万元。这时总的投资回报率为 15%，他们各自的投资回报率都为 15%。

如果王小二不是和赵小三合伙，而是从赵小三处借得了 10 万元，年利率为 10%，如果每年仍赚 3 万元。在这种情况下，王小二的自有资金的回报率是多少呢？王小二每年从获得的 3 万元中扣除 1 万元用于向赵小三支付利息，剩余 2 万元，则他的投资回报率就由原来的 15%上升到 20%，这就是财务杠杆的作用，即通过负债可以提高股东的回报率。

如果假设从赵小三处借得 10 万元的年利率为 15%，如果每年仍赚 3 万元。那么，王小二每年从获得的 3 万元中扣除 1.5 万元用于向赵小三支付利息，剩余 1.5 万元，则王小二的投资回报率就是 15%。

如果假设从赵小三处借得 10 万元的年利率为 20%，如果每年仍赚 3 万元。那么，王小二每年从获得的 3 万元中扣除 2 万元用于向赵小三支付利息，剩余 1 万元，则王小二的投资回报率就是 10%。

由此可以看出，财务杠杆会给公司权益资本带来额外收益，但是同时会给公司带来财务风险。财务杠杆是否对公司经营产生正面或者负面影响，关键在于该公司的总资产收益率是否大于借款利率水平，当总资产收益率大于借款利率水平时，负债融资会提高股东的实际回报率，当总资产收益率小于借款利率水平时，负债融资会降低股东的实际回报率。可见，财务杠杆是一把双刃剑。

我们把上述过程用公式表示：

设 R 表示投资的总回报，A 表示总资产，r_a 表示资产收益率，因此：

$$r_a = \frac{R}{A}$$

即 $R = r_a \cdot A$。设公司的负债为 B,权益为 E,按照会计恒等式有:

$$A = B + E$$

设 l 表示杠杆比率,即负债与权益之比,则:

$$l = \frac{B}{E}$$

因此,$B = l \cdot E$,将其带入会计恒等式,得到:

$$A = B + E = l \cdot E + E = (1 + l)E$$

再设负债的利率为 i,所以负债的利息成本为:

$$C_b = l \cdot E \cdot i$$

扣除利息成本后,权益投资回报为:

$$R_e = R - C_b = r_a \cdot A - l \cdot E \cdot i = r_a \cdot (1 + l)E - l \cdot E \cdot i$$

用 r_e 表示权益投资回报率,则:

$$r_e = R_e / E = r_a + l(r_a - i)$$

上式表明,权益回报率等于资产收益率加上财务杠杆比率与资产收益率减去借款利率的乘积。由公式可以看出,要获得较高的权益回报率,必须使 $r_a > i$,即资产收益率高于负债利率,同时保持较高的财务杠杆,但高财务杠杆的存在,也增加了权益资本承担的风险;当资产收益率低于负债利率时,就会降低权益回报率。

(二)权益融资和债务融资对公司的影响

1.在是否具有财务杠杆的作用方面:债务融资具有财务杠杆作用。通过借债,在资产收益率大于借款利率的条件下,适度的债务融资可以提高股东的回报率,但也增加了股东承担的风险;而权益融资不具有财务杠杆的作用。

2.在公司经理人员是否会丧失控制权方面:债务融资不会造成公司经理人员丧失控制权;而在权益融资中公司经理人员对公司的控制权是由股东决定的,公司发行股票会影响股东持股比例,有可能导致经理人员丧失控制权。

3.在期限方面:通常债务有一个确定的到期日,股权通常没有确定的到期日。

4.税法对利息费用和股利的处理不同:世界各国税法基本上都准予利息支出在税前列支,而股息则必须在税后支付,所以债务融资具有利息抵税的好处。

5.在是否会稀释所有者权益方面:债务融资不会稀释所有者权益。因为债权人并非公司所有者,正常情况下他们没有任何表决权;而权益融资可能会稀释所有者权益,公司发行新股,如果原有股东不购买,就会导致原有股东持股比例降低。

第三节　资本结构

公司的基本资源是其资产带来的现金流,如果公司完全用普通股融资,那么其全部现金流就都属于股东所有,如果公司既通过债务融资又发行权益证券,则现金流一部分流向债券所有人,一部分流向权益所有者。既然公司有多种融资选择,那么公司应该选择怎样的债务权益的组合以最大化公司价值呢?资本结构理论为财务管理者通过公司融资结构的选择来影响公司价值提供了方法。要了解资本结构理论,有必要先了解资本结构、资本成本、公司价值、公司目标之间的关系。

一、资本结构和资本成本

(一)资本结构

资本结构是指公司各种资本的构成及比例关系。广义资本结构指全部负债与所有者权益之间的比例,狭义资本结构指公司长期负债与所有者权益之间的比例。本文所讲的资本结构是狭义的,我们可以用公司的资产负债表来形象地表示,如下表:

<table>
<tr><td>流动资产</td><td>流动负债</td><td></td></tr>
<tr><td rowspan="2">固定资产</td><td>长期负债</td><td rowspan="2">资本结构</td></tr>
<tr><td>所有者权益</td></tr>
</table>

公司不同的融资渠道和融资方式,形成了不同的融资结构,从而决定了公司的资本结构。如果一个公司中,以债务融资方式为主,则在公司债务资本与股权资本的比例中债务资本的比率就会比较大,反映资本结构的指标——资产负债率就会偏高;反之,如果资产负债率偏低,则说明该公司的资本结构中股权资本占的比重较大,从而可以知道,该公司中大多采用的是股权融资方式。

(二)资本成本

投资者通过购买公司的证券提供资本给公司,然后获得报酬,这些报酬就是公司融资的成本,即公司为获得资本的使用权而支付的价格。投资者购买特定类型的证券获得的报酬和公司通过出售证券获得资本的成本实际上就是一个问题的两个方面。

资本成本是为获取资金的各项费用支出,通常包括向股东支付的红利,向债权人支付的利息,在公开发行债券融资时所支付的承销费、律师费,接受信用评估等方面的支出等。

一家公司的总体资本成本(即加权平均资本成本)将反映公司总体资产的必要报酬率。假设一家公司同时利用债务和权益资本,这个总体资本成本将是补偿它的债权人所需的报酬和补偿它的股东所需的报酬的组合。关于债务资本成本和权益资本成本如何确定,在以后的《公司金融》里要详细讲解。总的原则是,债权人或股东承担的风险越大,债务资本成本或权益资本成本越高。

资本成本按用途,可分为个别资本成本、加权平均资本成本和边际资本成本。

1.个别资本成本是单种筹资方式的资本成本,包括长期借款成本、长期债券成本、优先股成本、普通股成本和留存收益成本。个别资本成本一般用于比较和评价各种筹资方式。

2.加权平均资本成本是公司的资本结构中不同组成部分的成本的加权平均数。加权平均资本成本一般用于资本结构的决策。

设债务融资的成本为 k_d,股权融资的成本为 k_e,加权平均资本成本为:

$$k = \omega_d \cdot k_d + \omega_e \cdot k_e \tag{6-1}$$

其中,ω_d、ω_e 分别为债务融资和股权融资在融资总额中各自所占的比重,$\omega_d + \omega_e = 1$。

现在举例说明如何计算加权平均资本成本。

例 6.1:假定传奇公司的资本结构如下:

资本要素	价值	成本
债　务	¥70 000	8%
优先股	¥40 000	10%
普通股	¥90 000	15%
总　和	¥200 000	

试根据上表数据计算传奇公司的加权平均资本成本。

首先根据给定的市场价值计算公司的债务、优先股和普通股的权重:

债务的权重为:$\frac{70000}{200000} = 35\%$

优先股的权重为:$\frac{40000}{200000} = 20\%$

普通股的权重为:$\frac{90000}{200000} = 45\%$

接下来将每种资本要素的成本与各自的权重相乘,然后加总,得出加权平均资本成本:

$$35\% \times 8\% + 20\% \times 10\% + 45\% \times 15\% = 11.55\%$$

加权平均资本成本是公司现有资产使用成本的机会成本,即公司已进行项目占用资本所要求的必要回报率。

3.边际资本成本是指新筹集部分资本的成本,在计算时,也需要进行加权平均。边际资本成本一般用于追加筹资的决策。

二、公司价值与资本结构

(一)公司的经营目标:公司价值的最大化

在经济学的研究中,理论家假设公司的目标是利润的最大化。这个概念在理论上可行,但在现实世界中,会导致公司的短期化行为,势必影响公司未来的发展。目前普遍接受的管理目标是公司市场价值的最大化。公司市场价值,是指公司全部资产的市场价值,是公司债务市场价值与公司权益市场价值之和。通俗来讲,公司市场价值就是公司作为一种商品,在转让和出售时能值多少钱,是公司资产未来预期现金流的现值。公司价值的最大化不仅包括公司新创造的价值,还包含了公司未来创造价值的能力,该目标考虑了利润最大化目标没有包含的时间价值和风险因素,同时协调了股东和债权人、雇员、政府、管理当局等利益集团的关系。一般来说,最大化公司价值的决策同时也将最大化股东权益。因此,财务经理探寻使公司价值最大化的资本结构,也同时能够实现股票价值的最大化或股东财富的最大化。

(二)公司价值与资本结构的关系

公司价值是公司债务市场价值与公司权益市场价值之和,用公式表示为:

$$V = V_d + V_e \tag{6-2}$$

其中,V_d—公司的债务市场价值,V_e—公司的权益市场价值,V—公司总的市场价值。

在前面几章中,我们已经学到,证券的价值是其自身现金流量的现值。所有支付给债权人和股东的现金都来源于公司的未来收益,因此公司的未来收益最终决定其价值。

在此,我们作几个假设:公司的息税前收益(EBIT)是全部分给债权人和股东的收益流量,它包括利息(I)和股利(E)两部分。假设公司没有留存收益,公司的息税前收益也会保持不变,公司债务的期限是永久的,不论什么时候公司偿还了本金,都会立即借入相应的债务,因此每年的利息是固定的。由于公司的息税前收益保持不变,股东的股利支付也是不变的。

由以上假设可知,公司的债务市场价值和权益市场价值是这些永续年金的现值。计算公式为:

$$V_d = \frac{I}{k_d} \tag{6-3}$$

$$V_e = \frac{E}{k_e} \tag{6-4}$$

所以,公司的市场价值可以写成:

$$V = \frac{E}{k_e} + \frac{I}{k_d} \tag{6-5}$$

由于公司价值是公司息税前收益(EBIT)以加权平均资本成本(k)作为折现率折现后的现值,因此公司的市场价值也可以写成:

$$V = \frac{EBIT}{k} \tag{6-6}$$

所以,

$$V = \frac{E}{k_e} + \frac{I}{k_d} = \frac{EBIT}{k} \tag{6-7}$$

由公式(6-7)可知,在公司息税前收益一定的情况下,要实现公司价值的最大化,必须使 k 下降到最小。而加权平均资本成本 k 的变化取决于债务资本成本、权益资本成本的变化以及两者所占的比重大小。因此,资本结构中债务和权益比例的变化对资本成本具有重要的影响。合理的资本结构会降低资本成本,进而增加公司市场价值。由此可见,公司价值与公司的资本结构、资本成本是紧密联系的。财务杠杆如何影响公司价值和资本成本?如果存在一个特定的债务权益率能够带来最低的加权资本成本,那么理论上我们可以说它代表了最优的资本结构,那么是否存在最优的资本结构呢?

三、资本结构理论

在这一部分,我们将研究资本结构与资本成本(公司价值)关系的一些简单模型,这些模型有利于理解所得税、财务危机成本及代理成本的存在对公司资本结构的选择或者融资决策的影响。

(一)MM 理论

1958 年,弗朗哥·莫迪利亚尼(Franco Modigliani)和莫顿·米勒(Mertor Miller)发表《资本成本、公司理财和投资理论》,提出了著名的“MM 定理”(MM Theorem),是现代资本结构理论的基础。MM 定理首次用严格、科学的经济学分析方法提出资本结构与公司价值的内在联系,极大地推动了现代资本结构理论研究的发展。

MM 定理认为:在理想的、无摩擦的市场环境下,企业的市场价值与其资本结构无关,即企业不论是选择债务融资还是权益融资,都不会影响企业的市场价值,企业的市场价值取决于企业的盈利能力和实际资产的风险水平。莫顿·米勒用一个有关比萨饼的类比来解释他的理论。你不会在走进一家比萨饼店去定一个比萨饼时说:“我今天特别饿,请将饼的每一片切得再小些。”比萨饼的大小不会因为如何切片而改变。类似的,公司的价值也不会因为资本结构的改变而改变。如下图:

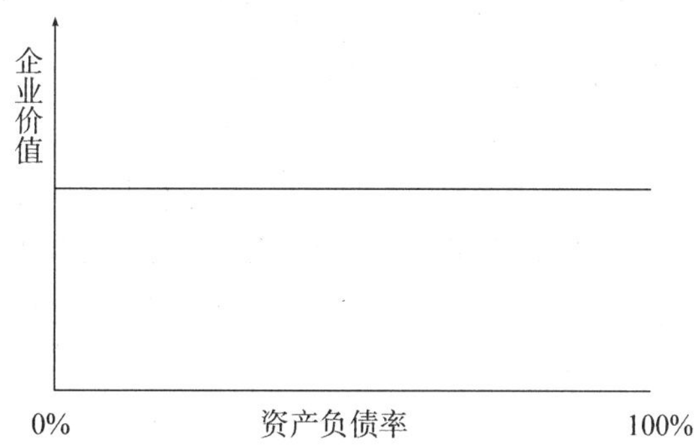

图 6-1 在无税时,资本结构对公司价值的影响

所谓无摩擦环境是指:

(1)没有所得税;

(2)无破产成本;

(3)资本市场是完善的,即没有交易成本而且所有证券都是无限可分的,投资者个人和公司以同等的利率借款,所有的投资者可以平等、免费获得市场信息;

(4)公司的股利政策不影响公司价值,即股东对股利无特殊偏好,股东若想获得现金流可以通过卖出部分股票来"自制"股利;

(5)现在和将来的投资者对公司未来的息税前收益 EBIT 估计完全相同,即投资者对公司未来收益和这些收益风险的预期相同;

(6)公司的 EBIT 不变,即公司的增长率为零,所有现金流量都是固定年金;

(7)公司的经营风险可用 EBIT 的方差来衡量,有相同经营风险的公司处于同一风险等级。

无公司税的 MM 定理概括了三个命题:

命题 1 不管有无负债,任何公司的价值等于其预期息税前收益(EBIT)除以适用于其风险等级的报酬率(k),即:

$$V_U = V_L = \frac{EBIT}{k_{SU}} = \frac{EBIT}{k} \tag{6-8}$$

式中:V_L 表示有负债的公司价值,V_U 表示无负债的公司价值,k_{SU}表示无负债公司的股本(权益)成本,k 表示负债公司的加权平均资本成本,也即投资者要求的必要回报率,EBIT 表示息税前收益。

命题 2 有负债公司的权益成本(权益回报率)等于无负债公司的权益成本(无负债时,该权益成本等于公司总体资产的必要报酬率)加上风险补偿率,而风险补偿率的高低取决于财务杠杆程度(V_d/V_e)。有负债公司的权益成本会随着负债程度的升高而增加,即:

$$k_{SL} = k_{SU} + (k_{SU} - k_d)\frac{V_d}{V_e} \tag{6-9}$$

式中：k_{SL}表示有负债公司的权益成本或有负债公司股东要求的必要收益率，V_d 表示有负债公司债务的市场价值，V_e 表示有负债公司普通股的市场价值，k_d 表示公司负债的利率或者说债务资本成本，k_{SU}表示无负债公司的权益成本。

该命题说明，当公司提高它的债务权益率时，财务杠杆程度的加大提高了权益风险，从而提高了必要报酬率，即提高了权益成本。虽然债务成本低于权益成本，但正好被因举债而增加的权益成本所抵消，加权平均资本成本保持不变，这是另一种表述 MM 理论的方式。可参见图 6-2。

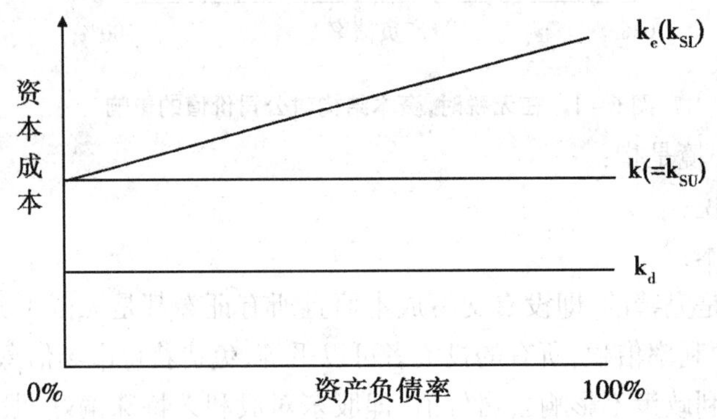

图 6-2 在无税时，资本成本和财务杠杆

命题 3 公司投资收益率(IRR)大于股本资本成本或加权平均资本成本是进行投资决策的基本前提，即：

$$IRR \geqslant k \tag{6-10}$$

上式表明，公司在投资中，不论是选择债券筹资、股票筹资还是各种筹资工具的组合，都必须满足投资收益率大于筹资成本这一基本条件。

无公司税的 MM 定理的三个命题中，命题 1 最为关键，是 MM 定理的中心，体现了 MM 定理的精髓，命题 2 是命题 1 在资本成本领域的派生，命题 3 是命题 1 和命题 2 在投资决策上的应用。

概括地说，在这种假设条件下，资金可以充分自由地流动，而当资本市场的完全竞争使各种投资的收益率趋于一致、无套利空间时，公司的市场价值就与其资本结构无关。

MM 定理的成立是建立在套利基础之上的。套利是投资者在一个市场上购买相同或等价的证券，同时在另一个市场上销售，通过在短期内不同市场之间存在的价差来获取利润的过程。例如，有 U、L 两个公司，两公司经营环境相同，有相同的经营风险，公司息税前收益相同，唯一的区别是 U 公司是无负债公司而 L 公司是有负债公司。如果两公司的市场价值不相同(假设 U 公司股价小于 L 公司股价)，在上述严格假设条件下，套利是无风险的，投资者就会借款，卖掉 L 公司股票，然后买进 U 公司的股票，通过套利过程会使两个公司的股价趋于相等。套利过程发生非常迅速，使有负债公司和无负债公司市价相同，所以，MM 定理的结论是，在无所得税时的完美资本市场中，公司价值与资本结构无关。

例6.2:有两个经营风险相同的U公司和L公司,两公司的息税前收益和风险相同,资本结构不同。U公司全部是股权,股权回报率为11.25%。L公司有利率为5%的永久性债务2000美元,假设两公司的收益全部分给股东。如下表:

表6-1　无公司所得税时U公司和L公司

	U公司	L公司
经营净利润(EBIT)	\$ 1000	\$ 1000
减:支付债务人利息 I	——	100
可以用于股东的收益 E	\$ 1000	\$ 900
证券所有人全部收益(I+E)	\$ 1000	\$ 1000
债务必要收益率 k_d	——	5%
债务的市场价值($V_d = I/k_d$)	——	\$ 2000
权益必要收益率 k_e	10%	11.25%
权益的市场价值($V_e = E/k_e$)	\$ 10000	\$ 8000
公司的市场价值($V_d + V_e$)	\$ 10000	\$ 10000

因为:公司价值=公司债务市场价值+公司权益市场价值

$$V = V_d + V_e = \frac{E}{k_e} + \frac{I}{k_d}$$

U公司的市场价值:

$$V_U = \frac{1000}{10\%} = 10000$$

L公司的市场价值:

$$V_L = \frac{900}{11.25\%} + \frac{100}{5\%} = 8000 + 2000 = 10000$$

所以,U公司和L公司的市场价值相等。L公司虽然负债的成本 k_d 较低,但财务杠杆的加大提高了权益的必要收益率(由10%提高到11.25%),两公司加权平均资本成本相等,故市场价值相等。

无摩擦环境的假设过于严格,这在现实中是不存在的。但是MM定理给我们提供了一个严格假设条件下的简单模型,为人们探讨资本结构理论打开了一个全新的视野和角度。在MM定理的基础上,两位作者对其原先的假设条件改变后,首先提出了修正的MM定理。

(二)考虑公司所得税后的MM理论

MM定理发表后,引起经济理论界的极大争议。在现实生活中,公司的负债率有着明显的行业特征。究其原因,MM定理的一个重要假设是没有所得税,但在现实世界中,政府都要对公司征收所得税。一般而言,政府在对公司征收所得税时,规定债务的利息支出可以当作成本支出。公司在盈余中首先支付债务利息,把盈余扣除利息的剩余作为税基，在支付税金后还有盈余才向股东支付股息红利。如果考虑公司所得税，负债对公司市场价值会有何影响呢？

1963年，莫迪利亚尼和米勒在《Taxes and Cost of Capital: A correction》一文中指出：将公司所得税考虑进去，在公司所得税的影响下，负债会因为利息可以减少税收支出而增加公司价值，对投资者来说也意味着有更多的可分配经营收入。这就是修正的MM理论。

修正的MM理论认为，引入公司所得税后，有负债公司的价值会超过无负债公司的价值，当负债达到100%时，公司价值最大。

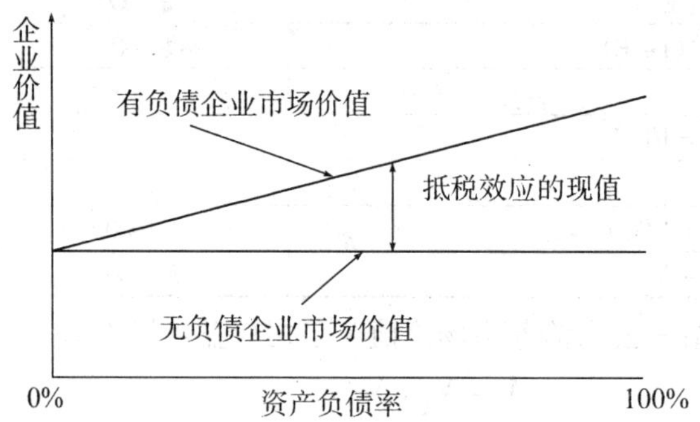

图6-3 在存在税收时，资本结构对公司价值的影响

我们还是用例6.2，假设有公司所得税，税率为40%，则有公司所得税时的U公司和L公司，其市场价值就会有所不同。

表6-2 有公司所得税时U公司和L公司

	U公司	L公司
经营净利润(EBIT)	$1000	$1000
减：支付债务人利息 I	——	100
税前利息	$1000	$900
减：公司所得税(40%)	$400	$360
可以用于股东的收益 E	$600	$540
证券所有人全部收益(I+E)	$600	$640
债务必要收益率 k_d	——	5%
债务的市场价值($V_d = I/k_d$)	——	$2000
权益必要收益率 k_e	10%	11.25%
权益的市场价值($V_e = E/k_e$)	$6000	$4800
公司的市场价值($V_d + V_e$)	$6000	$6800

U公司全部收益为600美元，权益资本收益率为10%，则U公司的市场价值为：

$$V_U = \frac{600}{10\%} = 6000$$

由于支付给债权人的利息是在税前可以抵扣的费用，L公司证券所有人全部收益为640美元，比U公司600美元多40美元，这40美元是由于利息可以税前抵扣而产生的抵税效应。每年的抵税效应金额为：

$$抵税效应 = i \times V_d \times T = 5\% \times 2000 \times 40\% = 40$$

L公司的市场价值：

$$V_L = \frac{540}{11.25\%} + \frac{100}{5\%} = 4800 + 2000 = 6800$$

从该例可以看出，抵税效应使得L公司价值比U公司价值大800美元，事实上，有负债公司与无负债公司价值差异等于永续抵税效应的现值：

$$抵税效应的现值 = \frac{i \times V_d \times T}{i} = V_d \times T = 2000 \times 40\% = 800$$

该式为每年抵税效应以i为折现率算出的现值。

由此，在引入公司所得税后，有负债公司价值等于无负债公司价值加上利息抵税效应的现值。

(三)考虑个人所得税后的米勒模型

1976年，米勒教授在美国金融学会上所作的报告中，将个人所得税因素加入了修正的MM理论中，从而提出了米勒模型。米勒模型认为：修正的MM理论高估了公司负债的好处。实际上，个人所得税在一定程度上抵消了前述的抵税效应。

(四)权衡模型

MM定理以及米勒模型只是单方面考虑了负债对公司带来的减税效应，而没有考虑负债可能给公司带来的预期成本和损失。对债务融资构成约束的限定因素之一来自于破产成本。权衡理论就是同时考虑负债的减税收益和预期成本或损失，并将收益与成本进行适当衡量来确定公司资本结构的理论。权衡理论实际上是在MM定理的基础上引进财务危机成本和代理成本后修正的一种理论。

1.财务危机成本

财务危机成本包括财务危机直接成本和财务危机间接成本。财务危机直接成本，也称破产成本，是指公司在破产清算时发生的各种费用，如法律诉讼费用、管理费用和公司资产清算价值小于资产实际价值的差额等。财务危机间接成本是指公司发生财务危机时，顾客、供货商、债权人、股东、职工等主体的避险选择所引致的成本，如职工因为公司面临破产风险而不专心工作导致工作效率降低，顾客不购买公司的产品，银行等贷款人拒绝为公司进一步提供融资，供货商不愿给公司提供商业信用等。

如果考虑财务危机成本，随着公司负债率的提高，会增加破产的可能性，债券投资者、股票持有者要求的风险溢价会越来越高，银行会采用信用配给等，这些都会提高资本成本，相应地会减少公司市场价值。

2.代理成本

在所有权和经营权分离的条件下，公司所有者委托经营者管理公司，公司管理者为搞好经营而举借债务,由此产生了股东和管理者之间、股东和债权人之间的各种代理关系。代理关系可以分为两类:一是股权筹资代理成本,即经理和全体股东的利益冲突;二是债务筹资代理成本,即全体股东和债权人的利益冲突。有效而合理地处理各种代理关系所发生的成本即为代理成本。

股权筹资代理成本包括股东为了使经营者按照股东的利益进行最优决策,既要对经营者进行适当的激励,如工资、奖金、股权激励、额外津贴等,又要对其进行监督,如用契约对经营者进行约束、审计财务报表和直接对决策进行限制等。负债增加会强迫经营者按约定将债务的利息和本金分配给债券的持有人,减少管理者可支配的空闲现金流,降低股权筹资代理成本。

另一方面,当股东向债权人借入资本后,两者就形成一种委托代理关系。资本进入公司,债权人基本上就失去了控制权,股东和经营者为自身的利益而损害债权人的利益。当公司债务的金额很大时,股东和债权人之间的冲突也会加大,债权人会意识到这一问题,就会在合同中增加某些限制和监督条款,这些无疑会限制和阻碍公司的经营活动,可能会丧失投资机会,降低公司的经营效率。这些是债务筹资的代理成本,该类成本随公司负债率的增加而增加。

综上,从代理成本看,当公司负债增加时,债务筹资代理成本会随之增加,公司市场价值会随之下降,而股权筹资代理成本会降低,这又会引起公司价值上升。最后结果就要取决于两者的对比,资本结构选择的目的就是使总代理成本最小。

3.权衡模型

权衡模型是在 MM 定理基础上考虑所得税、财务危机成本和代理成本后修正的一种理论。由于债务融资具有利息抵税效应,同时债务融资可以降低股权筹资的代理成本,因而公司负债率的提高有利于增加公司的市场价值;但随着公司债务的增加,其财务危机成本和债务筹资代理成本也会随之增加,从而使公司市场价值下降。因此,在财务杠杆增加的初始区间内,由于债务融资避税的效应大于财务危机成本和代理成本上升的效应,公司的价值会随着财务杠杆比率的上升而上升。当超过了某一个临界值时,财务危机成本和代理成本的增加,反而会使公司的市场价值下降。如图 6-4 所示:

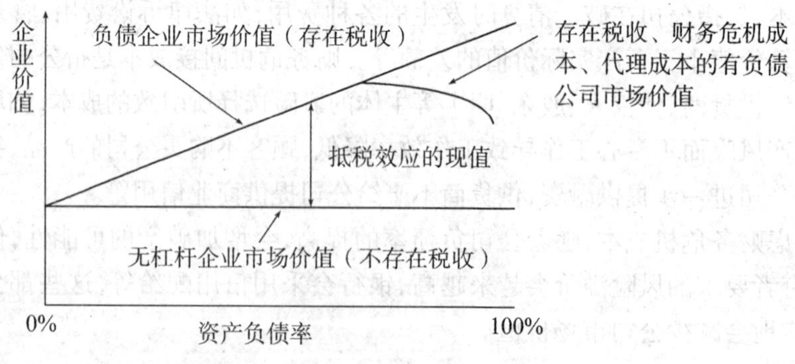

图 6-4 在存在所得税、财务危机成本和代理成本时,资本结构对公司价值的影响

根据权衡理论,不同公司的目标负债率可以不同,如果公司拥有有形的安全资产和大量欲待避税的应税利润,那么公司就应该具有较高的目标负债比率;如果公司拥有高风险的无形资产且又尚未盈利,那么它就应该主要实施权益融资。该理论成功地解释了资本结构的行业差异,高科技成长性公司一般只有较少的负债,而航空公司确实承担着大量的负债。但该理论无法解释为什么一些很成功的公司几乎没有多少债务,从而放弃了极有价值的利息抵税效应,下文的非对称信息理论能够在一定程度上解释这一现象。

(五)非对称信息理论

MM定理的假设条件之一是资本市场是完善的,投资者可以平等、免费地获得信息,即所有投资者能得到公司未来的盈利信息。但在现实世界中,公司的高级管理人员和经理能够得到外部投资者无法得到的有关未来盈利和现金流量的信息,这种情况叫信息不对称。信息的不对称影响了公司在内部融资和外部融资之间的选择,也影响了发行新债与发行新股之间的选择。主要包括罗斯的债务信号传递理论和优序融资理论。

1.债务信号传递理论

信号传递理论探讨在不对称信息的条件下,企业如何通过合适的方式向市场传递有关企业价值的信号,以此来影响投资者的决策。罗斯建立了“激励—信号”模型来分析企业资本结构的决定问题。罗斯认为不论在怎样的负债水平下,低质量企业总是比高质量企业有更高的边际预期破产成本,低质量企业的管理者不能模仿高质量企业以高杠杆率来传递关于公司价值的信号,因此在信息不对称的条件下,资本结构可被用作内部人关于公司价值私人信息的信号,只有高质量的企业才有较高的负债率。

2.优序融资理论

当公司为新的投资项目进行股权融资时,如果股权价值被过于低估,新股东就会获得超过新项目净现值的收益,而使原有股东出现净损失。这种情况下,即使项目的净现值为正也可能被拒绝接受,由此会引起投资不足等问题。很显然,如果公司有足够的内部现金流则可以克服投资不足的问题,但公司的内部现金流通常是有限的,在很多情况下不得不进行外部融资。在这种情况下,公司如果能以一种不会被市场低估其价值的证券为新项目融资,也可以克服投资不足的问题。

Myers 和 Majluf(1984)认为,如果公司寻求外部融资,则相对于发行股票而言,发行债务应是一种更为优先的选择,因为在较为有效的资本市场上,发行新股会给资本市场传递一个不好的信号,往往会导致股票价格的下跌。这里面的内在逻辑是,经理人员对公司拥有内幕信息而且总是试图谋求原有股东的利益最大化,经理人员会根据内部信息选择融资方式,只有在股票价格被高估时才会发行股票以有利于现有股东而损害新股东的利益,外部投资者也会意识到这一点,那么当公司发行新股时,外部投资者就会认为公司现有股票价格被高估了,会使股票价格下跌。

精明的财务经理在决定筹资顺序和确定最佳资本结构时,会考虑投资者对公司价值的不同预期这一重要因素。为了克服由于信息不对称问题导致股权价值低估所引起的投资不足等问题,公司应尽量以一种不会被市场低估其价值的证券为新项目融资,即公司的资本结构应表现为一定的融资优序:内部融资优于债务融资,债务融资优于股权融资。公司首先以内部产生的资金筹资,包括留存收益、折旧等,提高股本比重,以保持筹资的储备能力。如果需要外部筹资,公司首先会发行低风险债券,然后是可转换债券,最后万不得已才是普通股票。Myers 和 Majluf 将此称为资本结构的啄序理论。

优序融资理论并没有明确地给出最佳的目标负债权益组合,因为内部权益和外部权益,一个位居融资次序的最顶层,另一个却落在融资次序的最底部,公司所呈现出的负债比率正是对其外部融资需求的集中反映。该理论很好地解释了为什么效益更好的公司通常负债更少,因为内部产生的大量现金使它们根本不需要发售任何种类的证券,效益比较差的公司发行债券是因为它们没有足够的内部资金去进行资本投资,同时外部融资时优选了负债融资。

【拓展阅读】

观察到的资本结构

表 6-3　美国不同行业的资本结构

行业名称	负债占市场价值的比重(财务杠杆)
空中运输	43.83%
服装	34.50%
银行	35.89%
饮料	20.03%
建筑材料	33.08%
计算机软件	2.16%
药品	3.17%
食品	27.85%
因特网	1.22%
零售店	17.02%
证券经纪业	51.88%
烟草	22.59%
化妆品	13.56%
卡车运输	59.06%
供水	46.00%

资料来源:[美]Stanley G. Eakins,《金融学》(第二版),西南财经大学出版社,P383。

表中最引人注目的是各行业资本结构的差异非常大,从药品、因特网、计算机软件公司的几乎没有债务,到运输、供水行业的高负债,因为不同产业有不同的经营特点,如有不同的收益波动性和资产类型，这些特点和资本结构之间看起来有一定的关系。我们所讲的关于负债的纳税优势与财务困境成本的故事，无疑提供了部分的理由。但到目前为止并没有完全令人满意的理论可以解释资本结构的这些规律。

【本章小结】

1.融资方式按照其资金来源于资金需求者自身的积累还是其他资金盈余者，可以分为内源融资和外源融资，两种方式各有其优缺点。

2.外源融资的基本方式包括债务融资、权益融资、赠予和礼物等。债务融资和权益融资是公司融资的主要方式。政府有特殊的融资方式：向中央银行借款或透支、增加税收、发行政府债券。

3.权益融资和债务融资对公司有不同的影响，表现在：债务融资具有财务杠杆作用；债务融资不会造成公司经理人员丧失控制权；债务有一个确定的到期日，股权通常没有确定的到期日；税法对利息费用和股利的处理不同；债务融资不会稀释所有者权益等。

4.公司不同的融资渠道和融资方式，形成不同的融资结构，从而决定了公司不同的资本结构和资本成本，进而影响公司的市场价值。

5.资本结构是指公司各种资本的构成及比例关系。最佳的资本结构是能够实现公司价值最大化的资本结构。

6.莫迪利亚尼和米勒提出了关于资本结构的 MM 定理，认为：在理想的、无摩擦的市场环境下，企业的市场价值与其资本结构无关，即企业不论是选择债务融资还是权益融资，都不会影响企业的市场价值，企业的市场价值取决于企业的盈利能力和实际资产的风险水平。

7.将公司所得税考虑进去，负债公司的价值会超过无负债公司的价值，当负债达到100%时，公司价值最大。这就是修正的 MM 定理。

8.权衡模型是在 MM 定理的基础上考虑所得税、财务危机成本和代理成本后修正的一种理论。认为在财务杠杆增加的初始区间内，由于债务融资避税的效应大于财务危机成本和代理成本上升的效应，公司的价值会随着财务杠杆比率的上升而上升。当超过了某一个临界值时，财务危机成本和代理成本的增加，反而会使公司的市场价值下降。

【复习思考题】

1.内源融资和外源融资有何区别？

2.比较债务融资和权益融资。

3.什么是 MM 定理？

4.权衡模型认为负债对公司市场价值有何影响？

5.优序融资理论的主要内容，结合中国实际说说该理论适用于我国吗？

6.公司在进行资本结构决策时需要考虑哪些因素？

7.什么是资本结构？说明资本结构、资本成本和公司的市场价值之间的关系。

8.优雅公司有一个投资项目，计划投资5000万元，其中自有资金3000万元，向银行借款2000万元，银行贷款利率为7%，存款利率为5%，试计算：

(1)杠杆比率是多少？

(2)该项目的加权平均资本成本是多少？

(3)如果总投资收益率为16%，问该公司的权益资本收益率是多少？

(4)如果总投资收益率为6%，问该公司的权益资本收益率是多少？是否值得投资？

9.有两家公司，一家无负债公司A，一家高负债公司B，他们的经营风险水平相同，只有资本结构不同。高负债公司资本结构中有50万元的永久性债务。假设两家公司的永续年收益都用于支付股东股利。所以，两公司增长率为0，所得税为40%，无财务危机和代理成本。如下表：

	无负债公司A	高负债公司B
息税前利润(EBIT)	10万元	10万元
资本结构中的权益部分	100万元	50万元
权益成本率	10%	13%
资本结构中的债务部分	—	50万元
税前债务成本	—	7%

试计算：

(1)无杠杆公司的市场价值是多少？

(2)高杠杆公司的市场价值是多少？

第 三 篇

金融体系:机构与市场

第七章 CHAPTER 7

金融机构体系

【学习目标】

本章要求学生明确金融机构的功能、金融机构体系的构成及其相互关系,理解中央银行的职能和主要业务,明确其他金融机构的构成和分类。

【重要概念】

金融机构体系　商业性金融机构　政策性金融机构　监管性金融机构　国际性金融机构　中央银行　法定存款准备金　再贴现　最后贷款人　保险公司　信托投资公司　金融公司　租赁公司

在融资过程中,金融机构是联系资金盈余者与资金短缺者的信用中介,为交易双方提供各种金融服务,是金融体系赖以正常运行的组织条件,在国民经济运行中起着举足轻重的作用。本章首先介绍金融体系的构成及功能,在此基础上介绍金融机构的构成以及中央银行的有关内容。

第一节　金融体系及其功能

近年来,在理论和实证方面的大量研究证明了金融体系和经济增长存在着密切的联系。在市场经济中,储蓄——投资的转化过程是围绕金融体系来展开的,这使金融体系成了经济增长的中心。从根本上来说,金融体系是储蓄投资转化过程的基础性的制度安排。金融体系是金融运行的基础,是金融机构功能有效发挥的前提,因而只有建立在对金融体系构成及功能的正确理解的基础上,我们才能更好地把握金融机构的有关内容。

一、金融体系的构成与功能

(一)金融体系的构成

从一般意义上看,金融体系是一个经济体中资金流动的基本框架,它是资金流动的工具(金融资产)、市场参与者(金融机构)和交易方式(金融市场)等各金融要素构成的综合体。同时,由于金融活动具有很强的外部性,在一定程度上可以视为准公共产品,因此,政府的管制框架(制度)也是金融体系中一个密不可分的组成部分。

由此看来,一个完整的金融体系包括几个相互关联的组成部分:第一,金融部门,包括各种金融机构和金融市场,它们为经济中的非金融部门提供金融服务;第二,金融工具,是居民、企业、政府投融资的载体和金融市场的交易对象;第三,金融制度。金融体系不是这些部分的简单相加,而是相互适应与协调。因此,不同金融体系之间的区别,不但是其构成部分之间的差别,而且是它们相互关系的不同。

宏观经济在运行过程中面临着生产什么商品和生产多少、如何生产、为谁生产等如何进行资源配置的问题。这种分配并不是无偿的,而是有偿的,也就是说,获得资源者必须为其获得的资源支付相应的报酬。一方面,经济社会通过市场交换等方式将短缺的资源分配给最需要的生产者和消费者;另一方面,获得资源的生产者和消费者为其获得的资源支付相应的报酬。因此,一个经济体系必然形成物流和资金流,物流和资金流是经济体系运行的两大基本流量。在经济运行中,这两大基本流量互相依赖,互相补充,缺一不可。在现代经济条件下,资金的流动主要是通过金融体系来实现的。

(二)金融体系的功能

金融体系之所以在社会经济运行和金融活动中发挥着重要的作用,是由于其自身具有特殊的功能。一般认为,现代金融体系的基本功能包括以下六个方面:

1.时间与空间的转换

金融机构可以帮助实现资金盈余部门和资金短缺部门之间的调剂,实现资源的配置。金融机构能实现资源跨时间的转移,具有资金期限转化功能。金融机构可以同时向资金供求双方提供不同期限的金融产品,短期的资金供给有可能间接地支持长期的资金需求,如购买证券的投资就是把现在的资源放到将来去使用。它同时还能实现资源空间上的转移,比如可以购买国外的债券和股票,把本国的资源让渡给国外的生产者使用。在良好的市场环境和价格信号引导下,金融机构可以实现资源的最佳配置,比如资金往往会流向生产效益好、利润率高的企业。

2.分散、转移和管理风险

任何投资都可能面临风险。如果集中投资给一个企业,这个企业破产可能使投资完全不能收回,投资风险极大。如果将投资分散投向许多个企业,一个企业的破产只会使投资者损失一部分的投资,投资风险相对缩小。单个的投资者由于资金量小等原因,很难进行有效的分散化投资。金融机构由于集中了大量的资金,又有专业化的队伍,可以有效地进行分散化投资来降低风险。当金融机构规模足够大时,它可以突破地域、行业、资金额的限制,从而使投资风险进一步降低。如大型金融机构可以在国际市场进行借贷活动,可以有效地规避个人难以规避的国内政治风险。

3.提供便捷的清算支付,降低交易费用

金融机构通过其创造的各种金融工具,如支票、信用卡、电子转账系统和各种转账结算服务,为国民经济各个部门和个人进行交易的支付结算提供便利,从而提高了经济的交易效率,促进分工和生产率的发展。

在直接融资方式下,借贷双方必然会遇到互相寻找的麻烦,他们为找到对方,必须做广告。贷款人必须调查每笔贷款的风险,这需要专门的知识。而事实上,贷款人对借款人的财务和业务状况未必有专门的知识和资料,而且也未必有足够的时间和能力对放款投资业务作资信调查和市场研究。在此种情况下,某些资金盈余者不愿放款,某些潜在的借款人不能为那些看来有风险但实际上相当安全的项目筹集资金,而某些贷款人则因为无法辨别贷款是否可靠而受到损失。金融机构通过专业化、规模化的工作,一方面可以节约投资人在投资过程中所耗费的时间和精力;另一方面可以降低交易费用,包括获取信息的成本,从而促使整个交易成本的降低。

4.流动性与投资的连续性

金融机构的存贷款业务可满足企业投资中的流动性需要,保证投资项目的连续性。同时,资金短缺部门可直接通过在一级市场上发行各种融资工具筹集所需资金,也可在二级市场上通过变现金融资产满足流动性需要。

5.提供价格信息

金融机构不仅提供资金和投资工具,还必须提供各种相关信息,为投资者和融资者决策提供信息支持。由于各种金融交易和清算在金融体系中进行,为金融机构向社会提供交易和相关金融信息提供了可能。此外,为了保护投资者利益,防止金融欺骗行为的发生,金融机构也要求在此系统中融资的机构和个人提供必需的相关信息。这些信息是投资者进行及时、正确决策的基本保证。

6.监督与激励

由于签订合约各方信息不对称,通常无法方便地监督和控制其他人,因此就出现了如道德风险、逆向选择和委托代理等激励问题。金融机构提供了一些解决激励问题的方法。例如,贷款的抵押机制,就有助于解决与贷款有关的激励问题,从而减少贷款者对借款者的监督成本。因为有了抵押,贷款者只需关注抵押物的市值,只要抵押价值高于贷款本息就可以有效地防范潜在的风险。同样,股票期权制使得管理者的报酬依赖于股票价格的表现,从而让管理者和股东的利益变得一致,这也是解决上市公司委托代理人机制所造成的激励问题的一种手段。

二、直接融资与间接融资

从图 7－1 可以看出，根据资金融通的渠道差异，可以将金融体系的融资方式分为直接融资和间接融资两种类型。

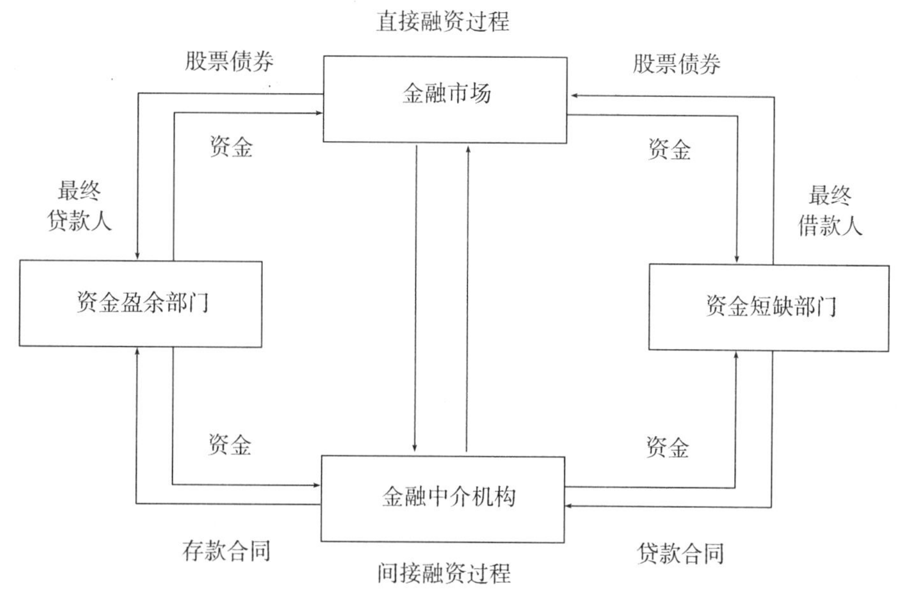

图 7－1　金融体系下的资金流动图

（一）直接融资

直接融资是指资金盈余者通过在金融市场上购买资金短缺者发行的金融工具来进行融资。由于它避开了银行等金融中介环节，由资金供求双方直接进行交易，因而可以节约交易成本，使资金融入单位节约一定的融资成本，资金融出单位获得较高的资金报酬。

但直接融资方式也有其严重的局限性，主要表现在：

1．它要求投资者（资金融出单位）具有一定的金融投资专业的知识和技能，才能够在金融市场上寻找到较好的投资品种，把握好投资机会。

2．投资者要承担较大的投资风险。金融市场瞬息万变，价格波动极大，投资者面临极大的风险。

3．投资者为了寻找到较好的投资品种，把握好投资机会，需要花费大量的收集信息、分析信息的时间和成本。

4．对于不通过金融市场进行的直接融资，双方很难找到投融资数量、期限一致的交易对手。

5．通过金融市场融资的门槛通常比较高，需要资金的中小企业和个人基本上不可能进入金融市场进行直接融资。

直接融资的这些局限也为间接融资的发展提供了巨大的空间。

(二)间接融资

间接融资是指资金供求双方通过商业银行等金融中介机构而间接地融通货币资金。在间接融资方式下,资金短缺单位与盈余单位并不发生直接的融资关系,而是通过银行等金融中介机构发生间接的融资关系。

间接融资的优点主要表现在:

1.容易实现资金供求期限和数量的匹配。银行通过吸收公众大量分散的短期资金,形成一个稳定而巨大的资金来源,源源不断地满足企业等资金短缺单位数额巨大的长期资金需求。这种“续短为长”、“集零为整”的功能有利于不同资金供求的匹配,促进储蓄向投资的顺利转化。

2.有利于降低信息成本和节约合约成本。资金盈余单位向资金短缺单位直接进行投资,不管是通过提供贷款的方式还是购买证券的方式,都必须对资金融入单位的资信和投资价值等问题进行调查分析,这必然花费大量的信息成本。如果采取贷款方式,还必须谈判、签约、监督执行等,花费大量的合约成本。而金融中介机构通过规模化、专业化的经营,就可较大幅度地降低融资活动的信息成本和合约成本。

3.有利于通过分散化来降低金融风险。金融投资是有较大风险的,但不同的投资在同一时间的风险和收益可能是不同的。因此,分散投资可以降低投资的整体风险。单个的投资者由于资金有限,很难进行分散化投资;而金融中介机构集中了大量的资金,有利于进行分散化投资以降低风险。

正是由于间接融资具有的这些优越性,因此,它在资金融通过程中扮演着极其重要的角色。

(三)直接融资与间接融资的比较

从表面上看,直接融资只是不同于间接融资的一种融资方式,对于资金短缺的企业来说,意味着在银行之外又多了一条融资渠道。但进一步分析,直接融资与间接融资的区别远不止于此:

1.二者体现的产权关系不同。直接融资特别是股票融资体现的是所有权与控制权的关系,融资者只是受投资者的委托经营其资产,与投资者之间是一种委托代理关系。间接融资体现的是债权债务的关系。

2.二者资金约束主体不同。间接融资的资金约束主体是银行,企业要对银行承担还本付息的责任。直接融资的资金约束主体是居民个人。

3.二者融资风险不同。在正常情况下,就居民来说,间接融资的融资风险要低于直接融资。居民购买间接证券,金融机构可以把众多投资者的剩余资金集中起来,再通过资产组合将融资风险降低到最低限度。居民在金融市场购买直接证券,由于受单个资本财力的限制，所能购买直接证券的种类有限，所面临的融资风险相对较高。

4.二者的融资成本不同。从企业的角度看，证券利率和股息红利一般都高于银行利率，同时企业直接融资还要负担其他费用，因此，对于企业来说，直接融资成本要高于间接融资成本。

因此，两种融资方式相互区别，相互补充，构成一个完整的融资体系。

第二节 金融机构的构成

当今世界各国金融机构大多数是以中央银行为核心、商业银行为主体、各类银行和非银行金融机构并存的庞大的体系。依据金融机构的功能作用可以将其大致分为四类：商业性金融机构、政策性金融机构、监督管理性金融机构和国际金融机构。

一、商业性金融机构

商业性金融机构是指以营利为目的的经营性金融机构。它们通过其业务经营，向政府部门、企业和居民等提供各种金融产品和服务，从中获取利润。其种类繁多，规模庞大，是金融机构最主要的类型。

(一)存款性金融机构

存款性金融机构是指主要通过吸收存款来获得资金，通过发放贷款来使用资金，通过赚取存贷利差获取利润的商业性金融机构。随着经济发展的需要和金融创新的推进，它们的业务范围也在不断地扩大。从规模上看，虽然存款性金融机构在所有金融机构总资产中的比重近几十年已经大幅下降，但它们仍然是最主要的金融机构类型。存款性金融机构包括商业银行、贷款协会、合作储蓄银行以及信用社，后三类有时也被统称为“储蓄机构”。

1.商业银行

商业银行是以吸收存款、发放贷款和办理转账结算为主要业务，以营利为目的的商业性金融机构。在传统金融体系中，以商业银行为主要中介的间接融资几乎占到整个金融体系融资总额的80%～90%。即使在当今资本市场发达的美国，商业银行持有的金融资产也占其全部金融机构持有金融资产总额的1/4。因此，商业银行在金融体系中占有极其重要的地位。随着金融创新的发展，商业银行除了继续经营存贷款和转账结算等传统业务外，其经营活动的种类和范围已有了很大的拓展，提供诸如投资理财、证券承销、保险出售等创新性服务。由于其提供的金融服务十分广泛，因而也被称为“金融百货公司”。在我国，中国工商银行、中国银行、中国建设银行和中国农业银行是国内最大的四家商业银行。

2.储蓄贷款协会

在美国,最初被称为“建筑和贷款协会”的储贷协会(S & Ls)在19世纪30年代首先成立于东海岸,由一群试图通过储蓄贷款获得房屋所有权的人发起。他们汇集会员的存款资金,贷款给需要购买住房的会员,是一种互助性合作金融组织。20世纪30年代初,联邦政府通过建立联邦房屋管理局为抵押单据担保,以及鼓励储蓄贷款协会发行分期付款的抵押单据的方式支持这种行动。在分期付款抵押中每个月偿还一部分贷款,这样在25~30年后将还清贷款,房屋完全归己所有。目前,股份制储贷协会获得了更快的发展。

由于20世纪80年代末期储贷协会发展过快,购买过多的垃圾债券,在准备不充分的情况下进入新的业务领域,以及其资产负债期限不匹配、资产负债的利率敏感度差异,使得许多储贷协会倒闭,许多储贷协会则转变成为商业银行或存款银行,一些则成为其他储蓄机构的分支机构。现在,许多富有挑战性的储贷协会正在向三个不同的方向拓展:房地产模式(主要为按揭贷款)、家庭理财中心和多元化模式。

3.互助储蓄银行

合作储蓄银行(MSBs)始于19世纪初期的苏格兰,19世纪中期扎根于美国,以满足小储户的融资需求。和储贷协会一样,这些银行也通过发行储蓄账户聚集资金,并主要投向抵押贷款。储蓄银行归存款人所有。在留出必要的准备金后,所有的盈利都要作为所有者股息支付给存款人。储蓄银行的主要资金来源为存款,主要资金运用为按揭贷款。由于其资金大量地集中在期限较长的按揭贷款上,与商业银行相比,其适应金融市场变化的灵活性较差,在储蓄贷款服务竞争日益加剧的情况下,储蓄银行的发展面临着严重的挑战。一些储蓄银行正在通过资金和服务方面的创新来应对这种挑战。

4.信用社

信用社是由消费者自发成立的储蓄和贷款机构。始建于20世纪,它向成员发行定期存款,并把这些资金贷给其他成员。贷款通常用于房屋改善或购买耐用商品。信用社也发行抵押单据并通过把其资产的1/50投向美国政府债券,适当进行多元化经营。信用社赚取的收入免征联邦收入的所得税,因此,它能提供优于银行和其他储蓄机构的利率。由于信用社的资产多为短期的,所以在80年代避免了储蓄贷款协会和合作储蓄银行遭受的几次金融困境。像合作储蓄银行一样,信用社也是“合作性质”的,会员(存款者)拥有并经营信用社。信用社的经营费用较低,会员有时为其无偿工作,办公时间和地点通常由雇主安排。

(二)契约型储蓄机构

契约型储蓄机构通过长期契约协议获得资金,并把它们主要投向长期的股票和债务工具的金融机构。因为契约协议要求保险单持有者和养老参与者定期缴纳一定的资金,所以这些机构拥有相对稳定的资金来源。同时由于资金的流入和流出都是相对稳定并可预期的,所以对这些机构的资产管理并无较高的流动性要求。

1.保险公司

保险公司分为人寿保险公司及财产和意外伤害保险公司两种类型。

人寿保险公司是提供人寿保险服务的契约型储蓄机构。它通过发行人寿保险单等长期契约来筹集资金，并把资金主要投在低风险的政府和公司债券上。人寿保险单就像流向储蓄机构的储蓄资金一样，成为人寿保险公司资金的持续来源。人寿保险单的所有者拥有了一项具有固定面值的潜在流动资产，它可以合法地随时变现。也就是说，多数人寿保险单是随时间增加的一定的退保金额，保单持有者可以随时得到这部分现金。

财产及意外伤害保险公司是提供财产及意外伤害保险服务的契约型储蓄机构，主要承保火灾、盗窃、意外、自然灾害、渎职诉讼以及其他事故造成的损失。其主要资金来源于保险费收入，主要资金投资于具有较低风险的政府债券、企业债券，少量资金投资于公司股票。因为财产损失比人的死亡更难预测，而且每年都不同，所以这些公司比人寿保险公司拥有流动性更强的资产结构。

2.养老基金

养老基金分为个人养老基金组织及政府退休基金两种类型。

人们在退休时能够获得资金保障的愿望使得各种类型的退休基金显著增长。退休储蓄有两种方式，即通过个人的储蓄行为和企业负责的养老金计划。养老基金有几个明显的优势：首先，养老基金比个人能更有效的管理资金，它可以分散化经营，减少交易成本，并拥有金融实践经验。其次，政府鼓励员工和企业执行养老金计划，当企业盈利直接拨付给退休基金时，企业可以不缴税——缴纳养老金的资金是免税的。但是如果它在退休时发放的话要缴税。

政府养老基金和企业年金聚集大量的资金后，因养老金的发放有较长的时间滞后期，故资金的保值增值是一个重大的经营管理问题。作为养老基金，安全是第一位的。因此，养老基金的资产投资领域主要是风险较低的政府债券和企业债券，少量的资产投资于企业股票。通常委托一些专业投资管理公司进行投资和管理。

（三）投资型金融机构

投资型金融机构主要包括共同基金、财务公司和货币市场共同基金。这些投资型金融机构的优势有较低的交易成本（通过大量买入而取得），对共同基金管理而获得的金融经验以及相对个人能做到更多的分散经营。

1.共同基金

共同基金汇集许多闲散资金用于购买多种不同的股票或债券。人们可以选择确定各种不同目标的共同基金，比如，长期的资本增长或者较高的当前收入等等。

投资于普通股股票的共同基金主要有两类：开放式基金和封闭式基金。开放式基金有权自行决定增发的份额。投资者可以随时购买增发的份额，也可以随时以其资产净值向基金公司赎回基金持有者持有的一部分基金。开放式基金还可以进一步分为无佣金和收佣金。无佣金基金不收取当前的交易费用，收佣金基金则收取一定的当前费用,因此不收年费。封闭式基金的份额是相对稳定的,通常是一次性发行,不能增发份额,基金持有者也不能以市场价格从基金中赎回自己的份额。但封闭式基金可以像股票一样在二级市场(场外交易市场或股票交易所)上交易。投资者只能在二级市场买入其他投资者卖出的基金,基金持有者也只能在二级市场卖出其持有的基金份额来实现其收益。

2.财务公司

财务公司通过发行商业票据、股票或从银行借款获得资金,再利用这些资金对个人和企业进行小额贷款。此外,还收集、分析信息,以评价潜在借款人的违约风险。因为财务公司客户的违约风险高于银行借款者,所以财务公司索要的利息高于银行。与商业银行不同,财务公司是大额借款小额贷款。商业票据市场的成长给财务公司带来的利益超过了银行。因此,财务公司得以维持其在金融市场中的份额,而商业银行的份额则下降。因为财务公司不吸收存款,所以管理当局除了信息披露要求并尽力防止欺骗外,几乎没有管理规则。财务公司的资产结构也基本上不受管理。

3.货币市场共同基金

货币市场共同基金是一种新兴的机构,在20世纪70年代末期利率剧增时兴起的。这些基金发行的“股份”,实际是一种生息存款。货币市场共同基金要求支票的最小金额为250美元或500美元,开户要求的最小金额从1000美元到20000美元不等。

货币市场共同基金汇集成千上万个存款人的资金购买大量高流动性的货币市场工具。与银行和储蓄机构的存款不同,货币市场共同基金股份没有保险,但是因为投资的债务工具的违约风险极低,所以它们是比较安全的。

(四)其他商业性金融机构

除了存款性金融机构、契约型储蓄机构和投资型金融机构之外,商业性金融机构还包括在直接融资过程中提供金融服务的盈利性机构。这些机构主要包括投资银行、证券公司以及公司制证券交易所。

1.投资银行

投资银行是专门从事长期融资证券和企业资产重组的金融机构。一般情况下,筹措长期资金的公司和经济单位并不是自己在市场上发行证券而是通过专门的中介机构——投资银行或证券公司进行的。因为这些中介机构熟悉长期资金的市场供求动态、投资者的偏好以及证券发行公司的财务和资信状况,有自己多年来形成的证券营销网络,所以能较好地为长期资金供需者提供金融服务,促进了资金的流动和资本的形成。投资银行和证券公司主要以发行自己的股票和债券的办法形成资金来源。一般来讲,它们只拥有较小金额的自有资本,因为投资银行的主要收益来自代理发行各种证券的佣金和服务费等收入,而不是来自资金的运用。

投资银行源于18世纪中叶的英国商人银行,最初专事政府债券的销售以及企业票据的承兑与贴现。投资银行在世界各地有着不同的称谓,英国、爱尔兰、澳大利亚仍旧沿用商人银行一词,而德国则称为私人承兑公司,美国一般称之为投资银行。现代投资银行产生的标志是 1933 年摩根士丹利公司的设立。这一年的 3 月 9 日,美国国会通过了《格拉斯·斯蒂格尔法》(证券法与银行法),银行业与证券业完全分离,摩根士丹利于是从 JP 摩根脱胎而来,与商业银行分庭抗礼。

但经过次贷危机引发的金融危机后,美国的投资银行发生了天翻地覆的变化。2008 年 3 月 16 日,美国第五大投资银行贝尔斯登被摩根大通收购;9 月 15 日,第四大投资银行雷曼兄弟向美国破产法院申请破产保护,第三大投资银行美林被美国银行收购;9 月 21 日,硕果仅存的两大投资银行高盛和摩根士丹利转型为银行控股公司。从金融制度的角度来说,这场风暴标志着美国独立投资银行模式的终结。

2.证券公司

证券公司是指依照公司法规定,经证券监督管理机构批准设立的从事证券经营业务的有限责任公司或者股份有限公司。证券公司是证券商的一种。所谓证券商,是指依法设立的以证券承销、证券自营、证券经纪为其核心业务的商业主体,它既包括公司,也包括合伙和个人。根据我国《证券法》的规定,个人与合伙组织不能经营证券业务。

证券公司的业务主要有以下六个方面:代理证券发行;代理证券买卖或自营证券买卖;兼并与收购业务;研究及咨询服务;资产管理;其他服务。

3.公司制证券交易所

作为集中进行证券交易的证券交易所,其组织形式可分为会员制和公司制两种形式。其中,会员制证券交易所是由证券公司依法自愿设立的、旨在提供证券集中交易服务的非营利法人。而公司制证券交易所是指以营利为目的,为证券商提供证券交易所需的交易场地、交易设备和服务人员,以便利证券商独立进行证券买卖的证券交易所形式。随着信息技术的飞速发展和经济、金融全球化进程的加速,全球主要证券交易所纷纷从传统的会员制组织转向公司制企业。

以营利为目的的公司制证券交易所要收取发行公司的上市费与证券成交的佣金,其主要收入来自买卖成交额的一定比例。而且,经营这种交易所的人员不能参与证券买卖,从而在一定程度上可以保证交易的公平。

由于证券交易所是以向证券商提供服务为主要业务的经济实体,故其组织结构与股份公司极其类似,通常都必须设有股东大会、董事会、监事会、董事长和总经理等。同时,因为证券交易所的特殊业务要求,其机构设置也要反映证券交易活动的实际需要,常设有业务部、财务部、仲裁部、研究部和文秘部,分别提供与证券交易有关的各环节服务。

二、政策性金融机构

政策性金融机构是由政府投资设立的、根据政府的决策和意向专门从事政策性金融业务的银行,又称为政策性银行。它们的活动不以盈利为目的,并且根据具体分工的不同而服务于特定的领域。

(一)政策性金融机构的主要类型

1.开发性金融机构

开发性金融机构是指那些专门为经济开发提供长期投资或贷款的金融机构。这些金融机构多以促进工业化,配合国家经济发展的振兴计划或产业振兴战略为目的而设立,其贷款和投资多以基础设施、基础产业、支柱产业的大中型基本建设项目和重点企业为对象。

2.农业政策性金融机构

农业政策性金融机构是指专门为农业提供中长期低利贷款,以贯彻和配合国家农业扶持和保护政策为目的的政策性金融机构。这些金融机构多以推进农业现代化进程、贯彻和配合国家振兴农业计划和农业保护政策为目的而设立,其资金多来源于政府拨款、发行以政府为担保的债券、吸收特定存款和向国内外市场借款,贷款和投资多用于支持农业生产经营者的资金需要、改善农业结构、兴建农业基础设施、支持农产品价格、稳定和提高农民收入等。

3.进出口政策性金融机构

进出口政策性金融机构是一国为促进进出口贸易,促进国际收支平衡,尤其是支持和推动出口的政策性金融机构。这些金融机构有的为单纯的信贷机构,有的为单纯的担保和保险机构,有的则为既提供信贷、又提供贷款担保和保险的综合性机构,其宗旨都是为贯彻和配合政府的进出口政策,支持和推动本国出口。这些机构在经营过程中,以国家财力为后盾,由政府提供必要的营运资金和补贴并承担经营风险。

4.住房政策性金融机构

住房政策性金融机构是指专门扶持住房消费,尤其是扶持低收入者进入住房消费市场,以贯彻和配合政府的住房发展政策和房地产市场调控政策为目的的政策性金融机构。这些机构一般都通过政府出资、发行债券、吸收储蓄存款或强制性储蓄等方式集中资金,再以住房消费贷款和相关贷款、投资和保险等形式将资金用于支持住房消费和房地产开发资金的流动,以达到刺激房地产业发展、改善低收入者住房消费水平、贯彻实施国家住房政策的目的。

5.中小企业政策性金融机构

中小企业政策性金融机构是指为支持中小企业增强市场竞争实力,开辟就业渠道,推动技术创新与进步,提供政策性金融服务的金融机构。不论是发达国家还是发展中国家,中小企业都是国民经济的重要经济支柱。原因是中小企业在促进科技进步,增加就业,扩大出口等方面,发挥着不可忽视而且不可替代的作用。中小企业在发展过程中普遍存在融资难问题,由于其力量薄弱,商业性金融机构不愿对其提供金融支持,结果必然影响其正常发展。为此,各国政府都通过建立政策性金融机构的方式,支持中小企业的发展。

(二)中国的政策性金融机构体系

1994年以前我国没有专门的政策性金融机构,政策性金融业务由中国人民银行和四大国有银行承担,国有银行既办理商业性信贷,又办理大量的政策性信贷业务,不利于其向商业银行转化,也不利于政策性业务的开展。同时,国有银行从事政策性业务的资金缺口需要中国人民银行弥补,形成资金上对中央银行的倒逼机制,不利于中央银行对货币供应量的调控。为此,1994年我国先后组建了国家开发银行、中国进出口银行和中国农业发展银行三家政策性金融机构,专门从事政策性金融业务。同时将原四大国有银行所负有的政策性职能分离出来,切断基础货币与政策性业务的联系,为加速国有银行的商业化和确立中央银行的独立性创造条件。由此,政策性金融作为一个独立的金融体系在我国正式建立。

国家开发银行于1994年3月正式成立,总行设在北京,下设总行营业部、27家国内分行和香港代表处。国家开发银行注册资本金为500亿元人民币,由国家财政全额拨付。国家开发银行贯彻"既要支持经济建设,又要防范金融风险"的方针。主要任务是按照国家有关法律、法规和宏观经济政策、产业政策、区域发展政策的规定,筹集和引导境内外资金,重点向国家基础设施、基础产业和支柱产业项目以及重大技术改造和高新技术产业化项目发放贷款;从资金来源上对固定资产投资总量和结构进行控制和调节。

中国进出口银行于1994年4月正式成立,总行设在北京,境内设有9家代表处,境外设有2家代表处。中国进出口银行注册资本金为33.8亿元,由国家财政全额拨付。中国进出口银行实行自主、保本经营和企业化管理的经营方针。主要任务是执行国家产业政策和外贸政策,为扩大我国机电产品和成套设备等资本性货物出口提供政策性的金融支持。

中国农业发展银行于1994年4月正式成立,总行设在北京,国内设有2276家分支机构。中国农业发展银行注册资本金为200亿元人民币,由国家财政全额拨付。中国农业发展银行实行独立核算,自主、保本经营,企业化管理的经营方针。主要任务是按照国家有关法律、法规和方针、政策的规定,以国家信用为基础,筹集农业政策性信贷资金,承担国家规定的农业政策性金融业务,代理财政性支农资金的拨付。

根据1994年我国政策性银行体系建立以来的运作情况分析,我国政策性银行的建立符合市场发展运行的基本规律,有效地推进了我国商业银行的改革,在贯彻国家宏观经济政策、促进社会发展、支持经济快速增长方面发挥了积极作用,已经在探索和运行实践中形成了具有中国特色的经营机制。

但是,在我国三大政策性银行发展过程中也暴露出一些问题,使三大政策性银行的作用发挥受到了限制,如政策性商业银行的定位不准,资金来源不足,不良贷款规模偏大等。随着我国经济金融形势的发展,三家政策性银行都面临改革转型的任务。继2007年初国家开发银行率先进行改革,全面推进商业化运作之后,中国农业发展银行和中国进出口银行将以扎实推进内部改革、大力加强内部机制和风险管理、稳步拓宽业务范围、努力提高市场化水平作为其改革的近期目标取向。

三、监督管理性金融机构

(一)金融监管机构的设置模式

第一种模式:双线多头型

双线多头的金融监管机构设置模式中的“双线”是指联邦政府和州政府两条线,“多头”是指在一个国家的金融业有多个金融监管机构来进行监管。在世界上实行这一模式的国家主要是那些联邦制的发达国家,比如美国、加拿大等。这种金融监管设置模式的优点有:它能适应于那些地域辽阔、金融机构繁多的国家的实际情况;可以防止一国金融监管权利的过分集中;可以使金融监管机构的监管专业化,提高金融监管的效果;也可以使金融机构根据自身的不同特点来选择不同的监管机构等等。当然这种设置模式也有不足,如金融监管机构交叉;金融法规不统一;监管分散,有时会对统一的金融机构进行重复检查和管理,影响金融机构正常的经营业务活动;金融机构容易钻不同金融监管机构之间的空子,逃避监管,不但加剧了金融领域的混乱,而且也降低了金融监管和货币政策的效果。

第二种模式:单线多头型

单线多头的金融监管机构设置模式的“单线”是指对金融业监管的权力集中在中央政府这一级,“多头”是指在中央这一级政府有多个机构负责对金融业的监管。一般这种多头监管机构设置模式是以财政部和中央银行为主体来进行设置的。在世界上采用这种模式的国家很多,比如德国、日本、法国等。如果各监管机构之间的制约和平衡良好的话,那么这种模式可以提高金融监管的效率,这也是世界上大多数国家采用这一模式的原因之一,但是在一个不善合作和法制不完善的国家中实行的话,就有可能运行效果不佳,同时还有重复监管的问题。

第三种模式:高度集中型

高度集中的单一金融监管机构设置模式是指一国的金融业由单一的中央级机构如中央银行或专门的监管机构来进行监督和管理。在世界上采用这种模式的国家也很多,如英国、巴西等。这种模式的优点是可使金融监管集中,金融法规统一,金融机构不易钻空子;缺点是金融监管机构的任务繁重,并且有可能使金融监管部门的作风官僚化,不利于提高整个金融监管的效率,也不利于更好地为金融机构服务。

第四种模式:跨国型

跨国金融监管机构设置模式是指在经济合作区域内,由跨国的监管机构来对区域内的金融业实行统一的监督和管理。一般这种跨国的监管机构是跨国的中央银行,如西非货币联盟和中非国家银行。这种设置模式的优点是有利于该地区的经济金融的合作,节约金融监管的成本和提高金融监管的效果;缺点是这种模式的良好运行要取决于各成员国之间的合作,一旦发生冲突就会带来金融业的混乱,同时它也使一国的金融管理政策失去独立性。

(二)我国的监督管理性金融机构

1.我国“分业经营、分业监管”体制的形成

我国金融业目前实行的是分业经营、分业监管的模式。分业经营即银行业、证券业、保险业各自经营与自身职能相对应的金融业务。分业监管是指由中国人民银行、中国银监会、中国证监会、中国保监会分别对银行业、信托业、证券业、保险业实行监管，其中，中国人民银行作为中央银行，同时负责货币政策的制定与执行。

改革开放以来，我国金融监管体制的变化可以分成两个阶段：1992 年以前，中国人民银行同时行使金融监管职能，对所有金融机构及其金融活动进行监管，是单一金融监管机构模式。中国人民银行于 1982 年设立了金融机构管理司，负责研究金融机构改革，制定金融机构管理办法，审批金融机构的设置和撤并等。1986 年国务院颁布的《中华人民共和国银行管理暂行条例》中，突出了中国人民银行的金融监管职责。

从 1992 年开始，监管体制开始向分业监管过渡。1992 年 10 月，国务院决定将证券监督管理职能从中国人民银行分离出来，成立中国证券监督管理委员会(简称中国证监会)，对全国证券机构和证券市场进行监管。1993 年 12 月由国务院公布的《关于金融体制改革的决定》是分业监管体制形成的政策基础。该《决定》提出，要转换中国人民银行的职能，强化金融监管，并对保险业、证券业、信托业和银行业实行分业管理。不过，银行业、信托业的分业监管仍由中国人民银行负责。1995 年全国人民代表大会通过并颁布的《中华人民共和国中国人民银行法》，首次以国家法律的形式赋予中国人民银行金融监管的职权。

分业监督体制正式形成的标志是 1998 年 11 月 18 日成立了中国保险监督管理委员会(简称中国保监会)，把保险业监管职能从中国人民银行分离出来，确立了金融监管“三分天下”的格局。

2003 年 3 月，我国的金融监管体制又进行了一次大的调整。根据第十届全国人民代表大会第一次会议的批准，国务院决定设立中国银行业监督管理委员会(简称中国银监会)。中国银监会根据第十届全国人大常委会第二次会议通过的《关于中国银行业监督管理委员会行使原由中国人民银行行使的监督管理职权的决定》，统一监督管理银行、金融资产管理公司、信托投资公司及其他存款类金融机构，保障银行业的合法、稳健运行。中国银行业监督管理委员会自 2003 年 4 月 28 日起正式履行职责。

从目前我国的金融监管体制来看，基本上属于分业监管的模式。中国银监会、中国证监会、中国保监会这三个金融监管部门各司其职，分工合作，共同承担金融业的监管责任。分业监管有利于集中专门监管人才，提高监管效率和监管水平，也有利于更好地贯彻分业经营的原则，与我国目前的经济金融运行体制是一致的。与此同时，绝大部分金融机构都设立了内部稽核部门，金融同业自律组织和社会中介组织的监督也已起步，政府对金融业的审计监督亦走上经常化、法制化和规范化的轨道。可以认为，中国已经

建立了现代金融监管组织体制的基本框架。

随着三大监管机构的建立和不断完善,对我国金融业的稳健运行必将产生重大的影响。近年来,银行、证券和保险交叉经营的趋势越来越明显,银行、证券公司和保险公司纷纷通过建立全面的合作关系,不断开拓新业务。同时,国内已出现了一些兼营银行、证券和保险两种业务以上的金融集团。因此,在金融创新不断涌现的大趋势下,三大金融监管机构之间的协调与合作是十分重要的。

2.我国监督管理性金融机构的构成

中国人民银行:2003 年 4 月 28 日,中国银行业监督管理委员会成立后,以前由中国人民银行行使的对金融机构的审批监管权力交给了银监会,中国人民银行的首要职责是通过货币政策发挥对国民经济的宏观调控作用,防范和化解金融风险,维护金融稳定。此外,还发行人民币,管理人民币的流通。同时,中国人民银行还承担着监督管理银行间同业拆借市场和银行间债券市场;实施外汇管理,监督管理银行间外汇市场;监督管理黄金市场;持有、管理、经营国家外汇储备、黄金储备等职责。

中国银行业监督管理委员会:根据 2003 年 3 月 10 日第十届全国人民代表大会第一次会议通过的《关于国务院机构改革方案的决定》,国务院于 2003 年 4 月 26 日设立中国银行业监督管理委员会(简称中国银监会),并自 4 月 28 日起正式履行职责。中国银监会的成立是我国金融体制市场化改革中极其重要的一步,是完善宏观调控体系、健全金融监管体制的重大决策。银监会专门行使对银行业和信托业的监督管理职能,负责银行业和信托业相关政策的制定和相关法律、法规的起草;银行业和信托业机构的设立、变更、终止的审批,参与和组织其机构的破产和清算;对其机构的日常活动进行监督管理,稽核检查,对违规活动进行查处等。

中国证券监督管理委员会:1992 年 8 月,国务院成立了中国证券监督管理委员会(简称中国证监会),1998 年 6 月,证监会接管全部证券监管业务,依法对我国证券市场进行监督。其基本职能包括:负责证券业和期货业的政策制定和相关法律法规的起草;证券业和期货业机构的设立、高管人员任职资格和从业人员资格管理;对有价证券的发行和交易的监督管理;对上市公司信息披露的监督管理,对违法行为进行查处等。

中国保险监督管理委员会:中国保险监督管理委员会(简称中国保监会)成立于 1998 年 11 月 18 日,是我国商业保险的主管部门,是直属于国务院的正部级事业单位。保监会根据国务院授权履行保险行政管理职能,依照法律、法规统一监督管理全国保险市场。基本职能包括:保险业方针政策的制定和相关法律、法规的起草;审批保险公司、保险代理人和保险经纪人机构的设立、变更和终止,参与和组织其机构的破产和清算;制定主要险种的基本条件和费率,建立保险风险评价、预警、监控体系;对保险业务进行监督管理,对违法行为进行查处等。

国家外汇管理局:国家外汇管理局为副部级国家局,内设综合司(政策法规司)、国际收支司、经常项目管理司、资本项目管理司等部门。

四、国际金融机构

国际金融机构是指从事国际金融管理和国际金融活动的超国家性质的组织机构。

(一)国际货币基金组织

国际货币基金组织(IMF)根据1944年7月在美国布雷顿森林召开的联合国货币金融会议上通过的《国际货币基金协定》,于1945年12月正式成立,总部设在美国首都华盛顿,它是联合国的一个专门机构。国际货币基金组织成立的宗旨是:帮助会员国平衡国际收支,稳定汇率,促进国际贸易的发展。其主要任务是通过向会员国提供短期资金,解决会员国国际收支暂时不平衡和外汇资金需要的问题,以促进汇率的稳定和国际贸易的扩大。

(二)世界银行集团

世界银行集团又称为国际复兴开发银行,是1944年与国际货币基金组织同时成立的另一个国际金融机构,也属于联合国的一个专门机构。它于1946年6月开始营业,总行设在美国首都华盛顿。世界银行的宗旨是通过提供和组织长期贷款和投资,解决会员国战后恢复和发展经济的资金需要。

(三)国际清算银行

国际清算银行是根据1930年1月20日在荷兰海牙签订的《海牙国际协定》,于同年5月,由英国、法国、意大利、德国、比利时和日本六国的中央银行,以及代表美国银行界利益的摩根银行、纽约花旗银行和芝加哥花旗银行三大银行组成的银团共同联合创立,行址设在瑞士的巴塞尔。国际清算银行的宗旨是促进各国中央银行之间的合作,为国际金融运作提供额外负担外的便利,并作为国际清算的受让人或代理人。

(四)区域性金融机构

区域性金融机构包括两种:一种是成员国主要在区内,但也有区域外的国家参加,如亚洲开发银行、泛美开发银行、非洲开发银行等;另一种是完全由地区内的国家组成,是真正的区域性国际金融机构,如欧洲中央银行、欧洲投资银行、阿拉伯货币基金、伊斯兰发展银行、西非发展银行、阿拉伯发展基金等。

第三节　中央银行的职能与业务

中央银行是专门从事货币发行、办理对银行的业务、监督和管理金融业、执行国家经济政策的特殊金融机构。

中央银行是在商业银行的基础上,经过长期发展逐步形成的。历史上,中央银行制度产生、发展到基本完善,经历了三个阶段:中央银行制度的初创时期(17 到 19 世纪)、中央银行制度的普遍推行时期(19 世纪末至 20 世纪中叶)、现代中央银行制度的形成时期(20 世纪中叶以后)。世界各国中央银行的形成基本上循着两条道路:一是由商业银行逐步演变而成的传统功能型的中央银行,英国的英格兰银行就是一个典型的例子;二是成立之时就履行中央银行职责,20 世纪以后建立的中央银行多是这种形式。

一、中央银行的性质与职能

(一)中央银行的性质

中央银行的性质是由它在国民经济中所处的地位决定的,并随着中央银行制度的发展而不断的变化。现代中央银行已成为代表国家管理金融的特殊机关。处于一国金融业的领导地位。因此,现代中央银行有区别于其他金融机构的独特性质。

首先,中央银行处于特殊地位。中央银行既是金融市场的参与者,又是金融市场的管理者,在金融市场上处于支配地位。其次,中央银行不以营利为目的,而是根据经济发展的客观需要,运用货币政策工具来影响商业银行的信用行为,以达到控制社会信用规模、调节信用结构的目的。最后,中央银行不经营普通银行的业务,因为中央银行在一国金融体系中处于特殊地位,享有许多特权,而且还承担着控制全国货币信用、对商业银行实施监管的职责。

(二)中央银行的职能

1.发行的银行

中央银行是发行的银行。这一职能是指中央银行服务于社会和经济发展,提供货币、调节货币量、管理货币流通的职能。

首先,中央银行必须根据经济发展和商品流通扩大的需要,保证及时供应货币。现代中央银行所发行的货币是法定通用的货币,由中央银行垄断发行货币有利于货币流通的集中统一,有利于节约货币成本,符合商品货币经济发展要求。其次,中央银行必须根据经济运行状况,合理调节货币的数量:一方面为经济发展创造良好的货币环境,促进经济和社会的稳定;另一方面,推动经济持续协调增长。最后,中央银行要加强货币的流通管理,维护货币流通的正常秩序,为此,中央银行要依法管理货币发行基金,严格控制货币投放,加强现金管理,做好货币印刷、清点、保管、运输、收兑等方面的工作。

2.银行的银行

这一职能是指中央银行服务于商业银行和整个金融机构体系,履行维持金融稳定、促进金融业发展的职责。中央银行是银行的银行具体体现在以下三个方面:

第一,中央银行集中商业银行的存款准备。按现行制度,中央银行负责保管商业银行法定存款准备金和一部分超额存款准备金。这种存款准备制度的意义在于,一方面保证商业银行的清偿能力,应付客户提存的需要,从而保护存款人利益和保障商业银行自身安全;另一方面,相对节约整个社会存款准备金数量,同时为中央银行调节信用规模、控制货币供应量创造条件。

第二,中央银行充当最后借款人。在商品经济发展过程中,不可避免地会遇到由于经济波动而引发的金融危机。这不但会影响经济的健康发展,还会对经济造成破坏。为避免这种事情的发生,中央银行充当最后贷款人,通过再贷款、再贴现等手段,向资金周转困难的商业银行提供流动资金,补充其流动性的不足。

第三,中央银行是全国资金划拨与清算中心。中央银行对全国范围内的电子资金划拨系统、商业银行各应收应付款项进行清算,同时对商业银行调拨资金提供划转服务。这不但有利于加快社会资金周转,节约资金成本,而且对提高资金使用效率具有重要意义。

3.国家的银行

中央银行是国家的银行,是指中央银行对一国政府提供金融服务,同时中央银行代表国家从事金融活动,实施金融监管。中央银行是国家的银行具体从以下几方面表现出来:

第一,中央银行代理国库收支。从世界范围来看,大多数国家的中央银行都负有代理国库收支的职责。各级财政部门在中央银行开立账户,国库资金的收缴、支出、拨付、转账结算等均委托中央银行无偿办理。此外,中央银行还代理国库办理公债券、国库券的发行和还本付息事宜。

第二,中央银行向政府融资。中央银行不仅代理国库存款,执行国库出纳与结算,还对国家提供贷款,在国家财政状况稳定的情况下,中央银行还以国库券贴现或国家债券抵押的形式向国家提供贷款。这通常是要解决财政年度内的收支不平衡。当国家财政状况出现经常性赤字时,中央银行贷款就会成为国家财政弥补财政赤字、平衡财政收支的手段。在现代经济社会中,中央银行向国家提供信贷的主要形式,是中央银行利用自己的资金购买国家公债,或以公债为抵押提供贷款,特殊情况下也直接向国家提供信用放款和透支。

第三,中央银行保管国家黄金外汇储备。一国黄金外汇储备数量的多少是一国国力强弱的标志,也是一国维持对外经济活动稳定的物质条件。中央银行负有持有和管理国家黄金外汇储备的责任。为此,中央银行应随时研究国际收支及外汇市场的动态,保持适当的国际储备,及时调整储备结构,避免外汇风险。

二、中央银行的主要业务

一般而言,根据银行资产负债表所反映的资金运动关系,银行业务可以分为负债业务、资产业务和其他业务,中央银行虽然是一个特殊的银行,但其资金运动仍不失这种关系。所以,中央银行的业务仍然可以分为负债业务、资产业务和其他业务。

中央银行资产负债表是中央银行全部业务活动的综合会计记录。表 7－1 给出一个中央银行资产负债平衡表的一般格式。简化的中央银行资产负债表一般由资产项目和负债项目两部分组成。

表7-1 简化的中央银行资产负债表

资产项目	负债和资本项目
贴现及放款	流通中货币
各种证券及财政借款	各种存款
黄金外汇储备	政府和公共机构存款
其他资产	商业银行等金融机构存款
	其他负债
	资本账户
资产项目合计	负债及资本项目合计

由于中央银行的资产和负债是它在一定时点上所拥有的债券和债务,因此在按照复式记账的会计原理编制的资产负债表中,中央银行资产负债各项目之间存在这样的恒等关系:

资产 = 负债 + 资本项目

负债 = 资产 - 资本项目

资本项目 = 资产 - 负债

中央银行可以通过调整自身的资产负债结构来进行宏观金融调控。

(一)中央银行的负债业务

中央银行的负债业务也就是其资金来源的业务,是形成资产业务的基础,主要有以下几种:

1.货币发行业务

货币发行是中央银行的职能之一,也是中央银行的主要负债业务。货币发行业务是指中央银行向流通领域投放货币的活动,中央银行所发行的货币主要是中央银行券,即信用货币,此外还有一小部分现钞纸币和用作辅币的金属铸币。通过这项业务,中央银行既为商品流通和交换提供流通手段和支付手段,也相应筹集了社会资金,满足了中央银行履行其各项职能的需要。货币发行具有双重含义:从微观而言,是指货币从中央银行发行库,通过各家银行业务库流向社会;从宏观而言,则是指货币从中央银行流出的数量大于流入的数量。

2.存款业务

中央存款业务完全不同于商业银行和其他金融机构的存款业务,中央银行的存款主要来自以下几个方面:一是来自商业银行缴纳的存款准备金,这是最大的存款项目,该存款包括法定准备金存款和超额准备金存款;二是来自政府和公共部门的存款,政府和公共部门在中央银行存款包括两部分,即财政金库存款、政府和公共部门经费存款;三是来自外国存款,这项存款属于外国中央银行或是属于外国政府,他们持有这些债权构成本国的外汇,随时可以用于贸易结算和清算债务。

3.其他负债业务

中央银行的负债业务除上述两项以外,还有一些其他负债业务,如发行中央银行债券和对国际金融机构的负债等。

(二)中央银行的资产业务

中央银行的资产业务,是指中央银行运用货币资金的业务。资产业务是中央银行发挥自身职责的重要手段。一般来说,主要有以下几项:

1.贷款业务

在中央银行的资产负债表中,贷款是一个大项目,它充分体现了中央银行作为“最后贷款人”的职能作用。

中央银行的贷款业务主要有以下几类:第一,对商业银行的放款。这是最主要的种类,一般是短期,采用政府债券或商业票据为担保的抵押贷款。第二,对财政部的放款,包括对财政部的正常借款,对财政部的透支,证券投资性放款(即在二级市场上购买公债)。第三,其他放款。其中包括中央银行对外国银行和国际性金融机构的贷款以及对国内工商企业的直接贷款等。

2.再贴现业务

再贴现是指商业银行为弥补营运资金的不足,将由贴现取得的未到期的商业银行票据提交中央银行,请求中央银行以一定的贴现率对商业票据进行二次买进的经济行为。中央银行再贴现是解决商业银行短期资金不足的重要手段,同时也是中央银行实施货币政策的重要工具之一。中央银行是通过对再贴现价格——再贴现率的调节,来影响商业银行借入资金的成本,刺激或抑制资金需求,实现对货币供应量的控制和调节。因此,再贴现率对市场利率的影响很大。

3.证券买卖业务

中央银行买卖证券一般都是通过公开市场业务进行的,主要买卖证券的种类是国家债券,包括国库券和公债券,其中尤其以国库券为主,因为国库券流动性强、发行数量大、便于市场操作。中央银行偶尔会以其他类型的有价证券作为买卖对象,但局限于信誉比较高的公司股票、公司债券和商业票据。

中央银行买卖证券一是可以调节和控制货币供应量,进而对整个宏观经济产生积极的影响;二是中央银行可以通过对进行证券买卖的公开市场业务与存款准备率和贴现率这两大政策工具的配合运用,来抵消或避免后两种效果猛烈的货币政策工具对经济、金融产生的震动性影响。

4.保管黄金外汇储备

保管黄金外汇储备是中央银行的基本职责之一,也是中央银行主要的资产业务。当今世界各国间经济往来频繁,中央银行保管黄金外汇储备有着特别重要的意义:第一,中央银行所拥有的黄金外汇储备可作为国内货币发行的准备,保持国内货币的币值稳定;第二,中央银行通过买进或抛售国际通货,可以稳定本国货币的汇率;第三,在国际收支发生逆差时,可以动用黄金外汇储备来清偿外债。各国中央银行在保管黄金外汇储备时,必须从安全性、收益性和可兑现性这三个方面考虑其构成比例的问题。其中灵活兑现性最为重要。黄金的灵活兑现性不够强,且收益低,而外汇资产具有汇率风险,因此各国的普遍做法是努力实现外汇资产的多样化,以争取分散风险,增加收益,同时获得最大的灵活兑现性。

(三)中央银行的中间业务

中央银行除了资产与负债业务之外,还有中间业务,即这类业务并不涉及中央银行负债或资产状况的变化。中央银行中间业务的种类多少,视各国中央银行的职能差异而不尽相同,一般包括清算业务、各种代理业务(代理国库业务除外)和审批业务。其中最主要的是资金清算业务。

资金清算业务是中央银行为避免银行与银行之间现款支付的麻烦,而以转账结算方式来了结银行之间的债权债务关系的业务活动。中央银行作为最后的清算机构,要求各商业银行和金融机构要在中央银行开户,以便提供转账服务。

【拓展阅读】

关于美国前五大投资银行的变迁

2008年,国际金融危机爆发之前,美国排名前五位的投资银行分别是高盛集团(Goldman SachspuorgInc)、摩根士丹利公司(Morgan Stanley)、美林证券(Merrill Lynch)、雷曼兄弟公司(Lehman Brothers)和贝尔斯登公司(Bear Stearns Cos)

高盛1869年创立于纽约,是全球历史最悠久、经验最丰富、实力最雄厚的投资银行之一。在以合伙人制度经营了130年之后,高盛于1999年5月在纽约证券交易所挂牌上市。高盛是集投资银行、证券交易和投资管理等业务为一体的国际著名的投资银行。它为全球成千上万个重要客户,包括企业、金融机构、国家政府及富有的个人,提供全方位、高质量的金融服务。高盛公司总部设在纽约,在全球20多个国家设有分部,并以香港、伦敦、法兰克福及东京等地作为地区总部。

摩根士丹利于1935年9月5日在纽约成立,1986年摩根士丹利在纽约证券交易所挂牌上市,是一家提供包括证券、资产管理、企业合并重组和信用卡等多种金融服务的国际金融服务公司。

美林证券创办于1914年1月7日,是世界领先的财务管理和顾问公司之一,总资产接近1.4万亿美元。作为一家投资银行,美林证券为世界各地的公司、政府、研究机构和个人提供债务股票安全保险和战略咨询,在业界居领导地位,是全球最大的金融资产管理者之一。

雷曼兄弟公司自1850年创立以来,已在全球范围内建立起了创造新颖产品、探索最新融资方式、提供最佳优质服务的良好声誉。是全球性多元化的投资银行,《商业周刊》评出的2000年最佳投资银行，整体调研实力高居《机构投资者》排名榜首，《国际融资评论》授予的2002年度最佳投资银行。

贝尔斯登公司成立于1923年，是一家全球领先的金融服务公司，为全世界的政府、企业、机构和个人提供服务。公司业务涵盖企业融资和并购、金融机构的股票和固定收益产品的销售和交易、证券研究、私人客户服务、衍生工具、外汇及期货销售和交易、资产管理和保管服务。贝尔斯登公司还为对冲基金、经纪人和投资咨询者提供融资、证券借贷、结算服务以及技术解决方案。

但是，在2008年金融危机的冲击下，美国联邦储备委员会2008年9月21日宣布，美国第一大投资银行高盛集团和美国第二大投资银行摩根士丹利公司获准向商业银行转型。美国第三大投资银行美林证券2008年9月被美国银行以近440亿美元收购。美国第四大投资银行雷曼兄弟2008年9月因收购谈判“流产”而申请破产。美国第五大投资银行贝尔斯登公司2008年3月因濒临破产而被摩根大通公司收购。

【本章小结】

1.金融体系的功能包括：时间与空间的转换；分散、转移和管理风险；提供便捷的清算支付，降低交易费用；流动性与投资的连续性；提供价格信息；监督与激励。

2.根据资金融通的渠道差异，可以将金融体系的融资方式分为直接融资和间接融资两种类型。两种融资方式相互区别，相互补充，构成一个完整的融资体系。

3.金融机构体系是指由金融机构组成并且相互联系的统一整体。在市场经济条件下，各国金融体系大多数是以中央银行为核心、商业银行为主体、各类银行和非银行金融机构并存的金融机构体系。

4.中央银行是一国信用制度的枢纽，是一国金融体系的核心。中央银行的职能概括的表现为中央银行是发行的银行、政府的银行及银行的银行。

【复习思考题】

1.金融机构有哪些基本功能?

2.请结合实际说明直接融资与间接融资的关系。

3.请说明金融机构体系的构成。

4.中央银行的资产负债业务有哪些? 这些业务与中央银行的职能有何内在联系?

5.如何认识其他金融机构在金融机构体系中的作用?

第八章 CHAPTER 8 商业银行

【学习目标】

本章要求学生理解商业银行的历史、发展现状以及未来的演进趋势，全面把握商业银行的表内业务和表外业务，理解商业银行面对的风险及其风险管理的操作。

【重要概念】

商业银行　英格兰银行　单一制　总分行制　资本金　存款　借款　资产业务　中间业务　表外业务　利率风险　流动性风险

商业银行是各国金融体系中最重要、最具代表性的组成部分。作为一种特殊的金融企业，商业银行在一国金融乃至经济体系中的地位是非常重要的。从金融体系来说，商业银行是中央银行货币政策的主要传递者；从经济体系来看，商业银行是现代社会经济运转的枢纽之一。在这一章，我们将重点介绍商业银行的产生与发展、商业银行的主要业务和经营管理的主要内容。

第一节　商业银行的产生与发展

一、商业银行的产生与形成途径

(一)商业银行的产生

从历史上看，银行起源于意大利，当时的意大利是欧洲各国商业贸易的中心。早在1272年，意大利的佛罗伦萨就已出现一个巴尔迪银行，稍后于1310年又有佩鲁齐银行设立，后因债务问题，这两家银行于1348年倒闭。到1397年，意大利又设立了麦迪西银行，十年后又成立了热那亚圣乔治银行。这些银行都是一些富有家庭为经商方便而设立的私人银行。比较具有近代意义的银行则是1587年建立的威尼斯银行。

英国的银行家则起源于为顾客保管金银的金匠。1653年英国建立了资本主义制度，英国的工业和商业都有了较大的发展。工商业的发展需要可以提供大量资金融通的专门机构与之相适应。金匠业在原来为统治者提供融资服务、经营债券、办理贴现等业务的基础上，又以自己的信誉作担保，开出代替金属条块的信用票据，并得到人们广泛的接受，具有流通价值。至此，更具近代意义的银行便产生了。

（二）现代商业银行形成的途径

早期的商业银行，因为规模小、风险大，所以经营成本比较高，贷款利率也就比较高，不能满足工商企业的发展需要。1694年，在政府的支持下，英国出现了第一家股份制商业银行——英格兰银行，并规定英格兰银行向工商企业发放低利率（利率约为5%－6%）的贷款，支持工商业的发展。英格兰银行是历史上第一家股份制银行，也是现代银行业产生的象征。

其他国家现代商业银行的形成主要有两条途径：一是根据资本主义经济发展的需要，按照资本主义原则，以股份公司的形式组建而成。大多数商业银行是按照这一方式建立起来的。二是由旧式高利贷银行转变而来的。在股份制商业银行成立之后，原有的高利贷银行面临着需求锐减的困境，要么关闭，要么顺应资本主义经济发展的需要，降低贷款利率，转变成商业银行。

二、商业银行的组织形式

（一）单一银行制度

单一银行制又称单元制，是指商业银行业务由一个独立的银行机构经营，不设立或不允许设立分支机构。该银行既不受其他商业银行的控制，本身也不得控制其他商业银行。这种银行制度在美国较典型，是由美国特殊的历史背景和政治制度所决定的。20世纪70年代后，对开设分行的限制有所放松，然而由于历史原因，单元制银行在美国仍然占大多数。

单一银行制的优点主要表现在：(1)可以防止银行垄断，有利于自由竞争，也缓和了竞争的激烈程度；(2)有利于银行与地方政府的协调，更能适应本地区的需要，集中全力为本地区服务；(3)各银行具有独立性和自主性，没有总行牵制，因而业务经营的灵活性较大；(4)银行管理层次少，有利于中央银行管理和控制。

单一银行制的缺点主要表现在：(1)业务多集中在某一区域或某一行业，无法分散风险；(2)金融创新的单位成本高，不利于银行采取先进的管理手段和发展新的业务领域；(3)银行规模较小，经营成本高，不利于取得规模经济效益；(4)不利于资本的合理流动。资本不足，遭遇挤兑时，难免孤立无援，给经营者带来较大风险；资本过剩时，又缺乏调剂资金余缺的渠道,不利于提高资本收益。

(二)总分行制(分支行制度)

分支行制银行是指那些在总行之下,可在本地或外地设有若干分支机构,并都可以从事银行业务的商业银行。这种商业银行的总部一般都设在大都市,下属所有分支行须由总行领导指挥。目前,大多数国家实行的都是分支行制,如英国、法国、德国、意大利、瑞士、日本等。

分支行制按其管理方式不同,又可进一步划分为总行制和总管理处制。总行制是指其总行除管理控制分支行外,还自行兼营对外业务;总管理处制是指总管理处只负责和控制各分支行,不对外营业,总管理处所在地另设对外营业的分支行。

和单一制相比,实行分支行制的优点主要表现在:(1)有利于银行吸收存款,有利于银行扩大资本总额和经营规模,能取得规模经济效益;(2)便于银行使用现代化管理手段和设备,提高服务质量,加快资金周转速度;(3)有利于银行调剂资金、转移信用、分散和减轻多种风险;(4)总行家数少,有利于国家控制和管理,其业务经营受地方政府干预小;(5)由于资金来源广泛,有利于提高银行的竞争力。当然,分支行制也有一些缺点,例如,容易加速垄断的形成,并且由于其规模大、内部层次较多,增加了银行管理的难度等。

总的来看,分支行制更能适应现代化经济发展的需要,因而受到各国政府和银行界的青睐,成为当代商业银行的主要组织形式。

(三)银行持股公司制度

持股公司制又称集团银行制,是指由一个集团成立股权公司,再由该公司收购或控制若干独立的银行。这些独立银行的业务和经营决策统属于股权公司控制。持股公司对银行的有效控制权是指能控制一家银行25%以上的投票权。

持股公司制在美国极为流行,发展也非常迅速。由于美国单一制银行资金实力弱、风险高、市场竞争力不强等弊端,为了求得商业银行的发展,银行通过持股公司制来绕开禁止开设分行的法律规定。

持股公司制的优点是能够有效地扩大资本总量,增强银行的实力,提高抵御风险和参与市场竞争的能力,弥补了单元制银行的不足。持股公司制的缺点是容易形成银行业的集中和垄断,不利于银行之间开展竞争,并在一定程度上限制了银行经营的自主性,不利于银行的创新活动。

三、现代商业银行的发展趋势

(一)银行业务全能化

自20世纪80年代以来,随着各国金融监管当局对银行业限制的逐步取消,商业银行业务的全能化得到较大的发展。特别是1999年美国《金融服务现代化法案》的出台，取消了银行、证券、保险业之间的限制，允许金融机构同时经营银行、证券、保险等多种业务，形成了“金融百货公司”或“金融超级市场”，金融业由“分业经营、分业管理”的专业化模式向“综合经营、综合管理”的全能化模式发展。

（二）银行业务经营证券化

自20世纪80年代中期以来，西方商业银行业务出现了证券化的趋势。这表现在两个方面：第一，国际金融市场上筹资方式的证券化，即传统型的银行信贷越来越多地被各种各样的证券融资所取代。第二，商业银行通过把资产转换为证券的方式，出售给投资者。也就是说，商业银行把某笔或一组贷款汇集起来，以此作为抵押发行证券，使其在市场上流通转让。这样做的好处是，银行可以很快地收回贷款资金，加快资金的周转，并且可以把收回的资金投入到新的业务中去，以达到资产结构调整的目的。

（三）银行资本日趋集中

由于竞争的加剧，银行业务的多样化和全球化，战后银行集中化的趋势非常明显，许多国家的银行业已主要为少数几家大银行所控制。进入20世纪90年代以后，由于管理法规方面的松动，银行业集中化的进程更是不断加强，银行并购浪潮风起云涌，而且所涉及的金额屡创新高。银行业的合并使银行的规模越来越大，从而使银行资本日趋集中。

（四）金融工具不断创新

金融工具的创新主要是指西方商业银行为了避免汇率、利率风险，降低成本、开拓新业务、追求新的获利机会而推出的各种新的业务品种，我们可以把它们称作金融衍生产品。

金融衍生产品像一把“双刃剑”，商业银行既可以把它当作风险管理的工具，把商业银行所面临的利率、汇率等风险通过市场转移出去，也可以把它作为冒险的筹码，寄希望于赚取巨额利润。这方面既有成功的事例，又有失败的惨痛教训。以后者为例，最为著名的莫过于英国巴林银行的倒闭事件。1995年2月，该银行一位年轻的交易员因过度投机日本股票期货，造成14亿美元的损失，致使这家历史悠久的英国百年老店倒闭破产。

（五）银行业经营日趋科技化

科学技术每天都在改变着我们的生活，这句话用在金融业也是恰如其分的。借助于迅速发展的计算机技术，许多新的银行自动化服务项目不断被开发出来，极大地方便了人们的生活。目前已广泛使用的银行自动化服务包括现款支付机、自动柜台机以及售货终端机。信用卡的普及也应归功于计算机技术的应用。

计算机技术还引起了银行内部业务处理和银行资金转账系统的革命。大量的银行业务,如记账、运算、审核、传递、结算、交割都通过计算机进行,不但大大提高了效率,而且减少了许多人为的失误。通过引入计算机管理系统,银行的资产负债管理可以达到更为精确、更为快捷的水平。银行的资金转账系统是银行电子化程度最高的环节。通过一个或多个计算机处理中心及众多的电脑终端连接而成的电子资金转账系统,可以使银行与客户之间、银行与银行及其他金融机构之间的资金划拨瞬间完成。

第二节　商业银行的主要业务

一、商业银行的资本及负债业务

(一)商业银行的资本

商业银行资本是银行从事经营活动必须注入的资金,在商业银行经营中起着非常重要的作用。它是银行经营的基础,也是商业银行抵御风险能力高低的标志。为此,世界各国规定商业银行在申请开业时,必须筹集足够的法定资本。

商业银行资本大体包括下面几种基本类型:

(1)股本。包括普通股股本和优先股股本,它是股票发行数量乘以每股面值的积,是股东行使其所有者权益的依据。

(2)资本盈余,或称做资本公积。它是指商业银行发行股票时,股票实际销售价格超过股票面值所带来的额外收入,即股票发行溢价。如果股票市场价格低于股票面值,那么资本盈余就为负数,构成对普通股资本的扣除。

(3)未分配利润,又称留存收益。它是银行税后利润减去普通股股息和红利后的余额。未分配利润是银行增加自有资金的主要来源,特别是对那些难以进入股市的银行来说更是如此。

(4)债务资本。它是银行可使用的外源资本,主要有资本票据和资本债券两种。资本票据是指那些期限较短、有大小不同发行额度的银行借据。资本债券是指以银行信用为担保的债务,并以契约形式作为负债凭证,一般期限较长、额度较大。

(5)补偿性准备金。它是指银行为应付意外损失而从收益中预先提留的资金,包括资本准备金和贷款、证券损失准备金。资本准备金用于应付优先股的赎回和股份损失等股票资本的减少,贷款、证券损失准备金则用于应付贷款呆账损失、证券本金拒付或价格下跌所造成的损失。值得注意的是,作为银行资本构成部分之一的补偿性准备金和银行资产方的准备金是完全不同的。

(二)商业银行的负债业务

商业银行的负债业务是银行在经营活动中尚未偿还的经济义务。商业银行的负债业务主要由存款、借入款项和其他负债三个方面的内容组成。

1.存款

商业银行存款按不同的标准可以划分为不同的种类。按能否签发支票,可以划分为交易存款和非交易存款两大类。

第一,交易存款:交易存款是可以开出支票的存款,主要有下面几种:

活期存款。是指可由存户随时存取和转让的存款,它没有确切的期限规定,银行也无权要求客户取款时做事先的书面通知。持有活期存款账户的存款者可以用各种方式提取存款,如开出支票、本票、汇票、电话转账、使用自动出纳机或其他电传手段等。在各种取款方式中,最传统的是支票提款,因此活期存款亦称支票存款。活期存款是商业银行的主要资金来源。

可转让支付命令账户。该账户起源于1970年,是个人、非营利机构开立的计算利息的支票账户。它以支付命令书取代了支票,实际上是一种不使用支票的支票账户。开立这种账户的存户,可随时开出支付命令书,或直接提现,或直接向第三者支付,对其存款余额可取得利息收入。

货币市场存款账户。是美国商业银行在80年代初创办的一种新型的活期存款,其性质介于储蓄存款与活期存款之间。该账户的主要特点是要有2500美元的最低限额;存款利率没有上限限制,并可以浮动;存户对象不限,个人、非营利机构和工商企业部都可以开户;没有存期最短期限的限制,但银行规定客户提取存款时要在7天前通知银行。

超级可转让支付命令账户。是可转让支付命令账户的创新发展,是由可转让支付命令账户发展而来的一种利率较高的新型活期存款账户。该账户向客户支付利息的同时,又可签发支票或预先授权汇票来支付商品或劳务。该账户对存款人可签发支票数量没有上限限制,但只能由个人和非营利机构持有。

自动转账账户。由电话转账服务账户发展而来,该账户规定存款人可以在银行开立两个账户:有息的储蓄账户和无息的支票账户。客户对支票账户上的平均余额有一个授权限额,客户的存款平时放在储蓄账户计收利息,当支票账户出现透支时,银行自动将资金从储蓄账户转移到支票账户上。自动转账账户使客户兼得活期账户和储蓄账户的双重优点,既可以利用活期账户开出支票对外支付,又可以利用储蓄账户获取利息收入。

第二,非交易存款:非交易存款是指不能直接签发支票的存款,主要有定期存款、公开账户和可转让定期存单以及储蓄存款。

定期存款。是银行与存款人双方在存款时事先约定期限、利率,到期后支取本息的存款。定期存款用于结算或从定期存款账户中提取现金。客户若临时需要资金可办理提前支取或部分提前支取业务。与活期存款相比,定期存款具有较强的稳定性,且营业成本较低,商业银行为此持有的存款准备金率也相应较低,因此,定期存款的资金利用率往往高于活期存款。

公开账户和可转让定期存单。公开账户是为存款人的零存整取计划而设立的。存款人为应付将来可预见的大额支付,就必须在支付之前进行存款,定出存款计划。存款人定期将固定的款项存入公开账户,在一定期限后,就可以形成一笔较大的存款余额。到期时,存款人可一次全部提取存款用于指定的支付。可转让定期存单首先在20世纪60年代由美国纽约花旗银行创办,它是按某一固定期限和一定利率存入银行的资金可在市场上买卖的票证。可转让定期存单的主要特点是存单面额较大,且10万至100万美元不等;利率一般高于同期储蓄存款,且可随时在二级市场出售转让,因此对客户颇具吸引力。

储蓄存款。指为居民个人积蓄货币资产和获取利息而设定的一种存款,一般可分为活期存款和定期存款两种。储蓄存款不使用支票,而是使用存折或存单,手续比较简单。活期储蓄存款无一定期限、只凭存折便可提现。存折不能流通转让,存户不能透支款项。

2.借款

商业银行主要通过同业借款、向中央银行借款、回购协议、向国际货币市场借款等途径获得短期借入资金。

同业借款。主要形式是同业拆借,除此之外,还有抵押借款和转贴现借款。同业拆借是指商业银行及其他金融机构之间的短期资金融通,它是商业银行为解决短期资金余缺、调剂法定准备金头寸而融通资金的重要渠道。抵押借款是指商业银行在遇到资金临时性短缺、周转不灵时,也可通过抵押的方式,向其他商业银行取得贷款。转贴现借款是指在同业拆借市场,商业银行贴现商业票据后,如遇到头寸紧缺,可将贴现票据转给票据交易商或其他商业银行再贴现,以抵补其短缺头寸的行为。

向中央银行借款。商业银行向中央银行借款的主要形式有两种:一是再贴现,即中央银行通过买进商业银行持有的已贴现但尚未到期的商业汇票,向商业银行提供融资支持的行为;二是再贷款,也称直接借款,是商业银行向中央银行融通资金的重要途径之一,指商业银行以本票或以政府债券等作抵押向中央银行取得的贷款。申请再贷款在操作上比再贴现简便灵活,但中央银行对再贷款的限制比再贴现也更严格。商业银行通过再贷款获得的资金,一般只允许用于补充银行储备不足和资产临时性调整之需,而不能用于扩大银行资产的规模。

欧洲货币市场借款。欧洲货币市场对各国商业银行有很大的吸引力,因为它是一个完全自由开放的富有竞争力的市场:第一,欧洲货币市场经营非常自由,因为欧洲货币市场是一个不受任何国家政府管制和税收限制的市场,所以经营非常自由;第二,欧洲货币市场资金规模极其庞大;第三,欧洲货币市场资金调度灵活、手续简便,有很强的竞争力,欧洲货币市场资金周转极快,调度十分灵便,因为这些资金不受任何管辖;第四,欧洲货币市场有独特的利率体系,其存款利率相对较高,放款利率相对较低,存放款利率的差额很小;第五,欧洲货币市场是一个“批发市场”,由于大部分借款人和存款人都是一些大客户,因此每笔交易数额都很大,一般少则数万元,多则可达到数亿甚至数十亿美元。

回购协议。是指商业银行在出售证券等金融资产时签订协议,约定在一定期限后按约定价格购回所卖证券,以获得即时可用资金的交易方式。回购协议通常只有一个交易日,协议签订后由银行向资金供给者出售证券等金融资产以换取即时可用资金,在协议期满后,再以即时可用资金做相反交易。回购协议通常在相互高度信任的机构之间进行,并且期限一般很短。

二、商业银行的资产业务

资产业务是指银行运用其吸收的资金,从事各种信用活动,以获取利润的行为。商业银行的资产业务主要包括现金资产、贷款、投资及其他资产业务等内容。

(一)现金资产

现金资产是银行持有的库存现金以及与现金等同的可随时用于支付的银行资产。商业银行的现金资产一般包括以下几类:

库存现金。库存现金指银行为应付每天的现金收支活动而保存在银行金库内的纸币和硬币。它的主要作用是商业银行用来应付客户提现和银行本身的日常零星开支。因此,商业银行为了保证对客户的支付,都必须保存一定数量的现金。但由于库存现金是一种非营利性资产,而且保存库存现金还需要花费银行大量的保卫费用,因此从经营的角度讲,库存现金不宜保存太多。库存现金的经营原则就是保持适度的规模。

在中央银行的存款。在中央银行的存款包括法定存款准备金和超额存款准备金两部分。法定存款准备金是商业银行按法定比例向中央银行缴纳的存款准备金,其初始目的主要是使商业银行能够有足够的资金应付提存,避免发生挤兑而引起银行倒闭。法定存款准备金是中央银行实行货币政策的重要手段,商业银行不能随便乱动。超额准备金是指商业银行及存款性金融机构在中央银行存款账户上的实际准备金超过法定准备金的部分。超额准备金是商业银行最重要的可用头寸,是用来进行贷款、投资、清偿债务和提取业务周转金的准备资产。

存放同业存款。存放同业存款是指商业银行存放在代理行和相关银行的存款,在其他银行保持存款的目的,是为了便于银行在同业之间开展代理和结算收付业务。由于存放同业的存款具有活期存款的性质,可以随时支用,因此可以视同银行的现金资产。

在途资金。在途资金,也称托收未达款,是指在本行通过对方银行向外地付款的单位或个人收取的票据。在途资金在收妥之前,是一笔占用的资金,又由于通常在途时间较短,收妥后即成为存放同业存款,所以将其视同现金资产。

(二)贷款

银行贷款是商业银行作为贷款人按照一定的贷款原则和政策,以还本付息为条件,将一定数量的货币资金提供给借款人使用的一种借贷行为。贷款的种类很多,主要分为以下几种:

按照贷款期限的不同,有短期贷款、中期贷款和长期贷款。短期贷款,是指贷款期限在1年以内(含1年)的贷款。中期贷款,是指贷款期限在1年以上(不含1年)5年以下(含5年)的贷款。长期贷款,是指贷款期限在5年(不含5年)以上的贷款。

按有无担保划分,分为信用贷款和担保贷款。信用贷款是指以借款人的信誉发放的贷款,借款人不需要提供担保。其特征就是债务人无需提供抵押品或第三方担保仅凭自己的信誉就能取得贷款,是以借款人的信用程度作为还款保证的。担保贷款,是指由借款人或第三方依法提供担保而发放的贷款。担保贷款包括保证贷款、抵押贷款、质押贷款。

按贷款用途划分。银行贷款的用途非常复杂,但按我国习惯的做法,通常有两种分类方法:一是按照贷款对象的部门来分类,分为工业贷款、商业贷款、农业贷款、科技贷款和消费贷款;二是按照贷款的具体用途来划分,一般分为流动资金贷款和固定资产贷款。

按照贷款的偿还方式划分,可以分为一次性偿还和分期偿还两种方式。一次性偿还是指借款人在贷款到期日一次性偿还其全部本金,不过,贷款的利息可以分期偿还或于还本时一次偿还。分期偿还是指借款人按规定的期限分次偿还本金和支付利息的贷款。

按照贷款质量划分,银行贷款可分为正常贷款、关注贷款、次级贷款、可疑贷款、损失贷款。

(三)投资

投资业务是商业银行重要的资产运用业务之一。商业银行投资业务的主要方式是购买有价证券,因此把商业银行投资业务可说成是商业银行证券投资业务。

商业银行证券投资业务具有以下几个主要功能:

获取收益。从证券投资中获取收益是商业银行投资业务的首要目标。商业银行证券投资的收益包括利息收益和资本收益。利息收益是指银行购买一定量的有价证券后,依证券发行时确定的利率从发行者那里取得的利益。资本收益是指银行购入证券后,在出售或偿还时收到的本金高于购进价格的余额。

分散风险。降低风险的一个基本做法是实行资产分散化以分散风险。银行证券投资在分散风险方面有特殊的功效或特殊的作用。第一,证券投资为银行资产分散风险提供了一种选择。第二,证券投资风险比贷款风险小,更有利于资金的运用。另外,证券投资比较灵活,可以根据需要随时买进卖出。

保持流动性。商业银行保持一定比例的高流动性资产是保证其资产业务安全的重要前提。在现金作为第一准备使用后，银行仍然需要有二级准备（指银行的短期证券投资）作为补充。此外，银行购入的中长期证券也可在一定程度上满足流动性的要求，只是相对短期证券其流动性要差一些。

合理避税。商业银行投资的证券大都集中在国债和地方政府债券上，而地方政府债券往往具有税收优惠，故银行可以利用证券组合达到避税的目的，使收益进一步提高。

（四）其他资产

其他资产主要包括商业银行拥有的实物资产（如建筑、设备）等。

三、商业银行的中间业务和表外业务

（一）中间业务与表外业务的区别

所谓中间业务，是指商业银行以中介人的身份代客户办理各种委托事项，并从中收取手续费的业务。主要包括结算业务、租赁业务、信托业务、信用卡业务等。

商业银行的表外业务，是指对银行的资产负债表没有直接影响，但却能够为银行带来额外收益，同时也使银行承受额外风险的经营活动。广义的表外业务泛指所有能给银行带来收入而又不在资产负债表中反映的业务。根据这一定义，我们就可以知道商业银行的所有中间业务也均属表外业务。狭义的表外业务，也就是我们这里所讨论的表外业务，则仅指涉及承诺和或有债权的活动，即银行对客户作出某种承诺，或者使客户获得对银行的或有债权，当约定的或有事件发生时，银行承担提供贷款或支付款项的法律责任。这与中间业务既有区别，又有联系。

表外业务和中间业务虽然都属于收取手续费的业务，并且都不直接在资产负债表中反映出来，但是银行对它们所承担的风险却是不同的。在中间业务中，银行一般仅处在中间人或服务者的地位，不承担任何资产负债方面的风险。而表外业务虽然不直接反映在资产、负债各方上，即不直接形成资产或负债，但却是一种潜在的资产或负债，在一定条件下，表外业务可以转化为表内业务，因此银行要承担一定的风险。

（二）中间业务的主要内容

1.结算业务

所谓结算业务是指交易双方因商品买卖、劳务供应等原因产生的债权债务通过某种方式进行清偿的行为。结算按其收付形式不同，可分为现金结算和转账结算两种。现金结算是指直接用现金进行支付结算，结清彼此之间的债权债务，这种结算方式成本耗费大而且不安全。转账结算是指通过转账对债务进行清偿的行为，这种通过银行周转记账的货币收付行为，又称为银行结算，这种方式有利于商品流通和资金周转，能够避免现金结算中大量现金运送的风险，而且成本耗费低。同时，银行可以通过办理转账结算，及时从各项货币收付行为中了解到资金的运动和市场的动态，有利于调节货币供应量和加强对货币流通的管理，因此在现代经济活动中，现金结算已退居次要地位，约有90%的货币收付行为是通过银行转账结算来完成的。

2.租赁业务

商业银行的租赁业务是指商业银行作为出租人，向客户提供租赁形式的融资业务，主要包括融资性租赁和经营性租赁。

融资性租赁。是指出租人用资金购置承租人选定的设备，并按照合同将其租给承租人长期使用，承租人定期向出租人支付租金的租赁业务。

经营性租赁。这是一种短期租赁，指的是出租人向承租人短期租出设备，在租期内由出租人负责设备的安装、保养、维修、纳税、支付保险费和提供专门的技术服务等，因此其租金要高于融资性租赁。

3.信托业务

商业银行的信托业务是指商业银行的信托部门接受客户的委托，代替委托单位或个人经营、管理或处理货币资金或其他财产，并从中收取手续费的业务。信托业务一般有委托人、受托人和受益人三个当事人。委托人是将财产信托给别人的一方，受托人是接受信托的一方，而受益人是由委托人指定的享有其信托财产利益的人。

4.信用卡业务

信用卡是由商业银行或专门的信用卡公司发行的一种现代支付工具。持卡人可以凭卡在特约商号中购买商品，或支付交通、旅游费用，还可以凭卡到指定银行兑付现金。信用卡通常有一定的透支额度，当持卡人信用卡账户的余额小于其消费支出额时，差额将自动转成持卡人对发卡单位的负债，透支超过一定期限后持卡人要支付利息。发卡单位一般只向持卡人收取少量服务费，其主要收入来源于特约商户的回扣费。特约商号之所以愿意接受信用卡支付方式，并向发卡单位支付回扣费，是因为可以借此扩大销售范围。

(三)表外业务的主要内容

1.贸易融通类业务

贸易融通类业务即商业银行运用金融产品为客户提供贸易项下资金融通的业务。主要包括银行承兑业务和商业信用证业务。

银行承兑业务。银行承兑汇票是由承兑申请人签发，经银行同意承兑的，约定承兑人在付款日无条件支付确定的金额给持票人的票据。银行承兑汇票的付款期限由双方商定，签发银行承兑汇票必须以合法、真实的商品交易和债权债务关系为基础；银行承兑汇票可以背书转让，但签发人或承兑人在银行承兑汇票上注明“不得转让”字样的汇票不得背书转让。

商业信用证业务。商业信用证业务主要发生在国际贸易结算中。在该业务中，银行以自身的信誉为进出口商之间的业务活动作担保。银行在开立信用证时，往往要求开证申请人（进口商）交足一定比例的押金，一般说来银行为他们做担保不会大量占用银行自有资金，但可以收取手续费，是银行获取收益的一条重要途径；同时，进口商所交纳的押金在减小信用证风险的同时也为银行提供了一定量的流动资金来源。

2.金融保证业务

主要包括备用信用证业务、贷款承诺业务、贷款销售业务。

备用信用证。备用信用证是银行为其客户开立的保证书。这种业务涉及三方当事人，即开证银行、客户和受益人。通常，客户与受益人之间已达成某种协议，根据该协议，客户对受益人负有偿付或其他义务。银行应客户的申请向受益人开立备用信用证，保证在客户未能按协议进行偿付或履行其他义务时，代替其客户向受益人进行偿付，银行为此支付的款项变为银行对客户的贷款。通过申请银行开立备用信用证，客户可以有效地提高自己的信誉，当然同时也要向银行支付手续费。

贷款承诺。贷款承诺是银行与借款客户之间达成的一种具有法律约束力的正式契约，银行将在有效承诺期内，按照双方约定的金额、利率，随时准备应客户的要求向其提供信贷服务，并收取一定的承诺佣金。贷款承诺的一种形式是商业银行向客户提供一个信贷额度，在这个额度内，商业银行将随时根据企业的贷款需要进行放款。

贷款销售。贷款销售是指银行通过直接出售或证券化的方式将贷款转让给第三方。通过贷款销售，银行不仅可以减少风险资产的比例，提高资产的流动性，还可以通过提供“售后服务”（如为贷款购买者收取本息，监督贷款单位的财务状况等）取得一定的收入。贷款的购买者一般保留对出售银行的追索权，但是根据买卖双方的协议，贷款销售也可以采取买断的形式，在这种形式下，当借款人违约时，贷款购买者无权向出售银行追索。

3.衍生工具交易

商业银行的衍生工具交易主要包括远期利率协议、金融期货交易和期权交易及互换协议。

远期利率协议。远期利率协议是一种远期合约，买卖双方（客户与银行或两个银行同业之间）商定将来一定时间点（指利息起算日）开始的一定期限的协议利率，并规定以何种利率为参照利率，在将来利息起算日，按规定的协议利率、期限和本金额，由当事人一方向另一方支付协议利率与参照利率利息差的贴现额。

金融期货交易。金融期货交易是指交易者在特定的交易所通过公开竞价方式成交，承诺在未来特定日期或期间内，以事先约定的价格买入或卖出特定数量的某种金融商品的交易方式。金融期货交易具有期货交易的一般特征，但与商品期货相比，其合约标的物不是实物商品，而是金融商品，如外汇、债券、股票指数等。

金融期权交易。金融期权交易是指以金融期权合约为对象进行的流通转让活动。金融期权合约是由交易双方订立的，合约的买入者在支付了期权费以后，就有权在合约所规定的某一特定时间或一段时期内，以事先确定的价格向卖出者买进或卖出一定数量的某种金融商品或者金融期货合约，当然他也可以不行使这一权利。金融期权合约实际上是在规定日期或规定期限内按约定价格购买或出售一定数量的某种金融工具的选择权。

互换协议。互换协议是一种由交易双方签订的在未来某一时期内相互交换某种资产的合约。更为准确地说，互换协议是当事人之间签订的在未来某一期间内相互交换他们认为具有相等经济价值的现金流的合约。交换的具体对象可以是不同种类的货币、债券，也可以是不同种类的利率、汇率、价格指数等。一般情况下，它是交易双方根据市场行情，约定支付率(汇率、利率等)，以确定的本金额为依据相互为对方进行支付。

第三节　商业银行的经营管理

一、商业银行管理的一般原则

(一)商业银行面对的风险

商业银行的风险是指商业银行在经营活动中，因不确定因素的单一或综合影响，使商业银行遭受损失或获取额外收益的机会和可能性。主要分为信用风险、利率风险、国家风险、市场风险、流动性风险和操作风险等等。

信用风险又称违约风险，是指贷款到期后，借款方不能归还贷款从而使放款方承受损失的风险。虽然银行在发放贷款之前，要对借款方进行信用调查，但是这种调查不可能做到万无一失。而且在有限责任的情况下，借款方在获得贷款之后，其行为也可能发生变化，它可能存在更大的风险。在这种情况下，风险和收益是不对称的，借款方就有较大的积极性去冒险。许多银行的倒闭都是因为发放了巨额的不良贷款而引起的，因而信用风险是商业银行必须始终关注的一个问题。

利率风险是由于市场利率波动造成商业银行持有资产的资本损失和对银行收支的净差额产生影响的金融风险。利率风险是银行的主要金融风险之一，由于影响利率变动的因素很多，利率变动更加难以预测，因此银行日常管理的重点之一就是怎样控制利率风险。利率风险的管理在很大程度上依赖于银行对自身的存款结构进行管理，以及运用一些新的金融工具来规避风险或设法从风险中受益。

国家风险是指与借款人所在国的经济、社会和政治环境等方面有关的风险。随着银行业的国际化，银行的国家信贷和国际投资活动日益频繁，从而使银行所面临的国家风险日益突出。

市场风险是指银行的表内和表外头寸由于市场价格的变动而遭受损失的风险。这类风险在银行的衍生品交易活动中表现得最明显。市场风险的一个具体内容是外汇风险，商业银行外汇风险是指银行在进行国际业务中，其持有的外汇资产或负债因汇率波动而造成价值增减的不确定性。

流动性风险是指商业银行没有足够的现金来弥补客户取款需要和未能满足客户合理的贷款需求或其他即时的现金需求而引起的风险。该风险将导致银行出现财务困难,甚至破产。商业银行具有流动性需求,即客户对银行所提出的必须立即兑现的现金要求,包括存款客户的提现要求和贷款客户的贷款要求。商业银行应进行有效的现金头寸管理,以满足客户不同形式的现金需要,从而体现银行的可靠性与稳健性。

操作风险可以分为由人员、系统、流程和外部事件所引发的四类风险,并由此分为七种表现形式:内部欺诈,外部欺诈,聘用员工做法和工作场所的安全性,客户、产品及业务做法,实物资产损坏,业务中断和系统失灵,交割及流程管理。

(二)商业银行管理的“三性”原则

1.“三性”原则的主要内容

(1)安全性原则。安全性是指商业银行在经营业务时要使其资产免遭损失的风险,保证资产的安全。商业银行在经营过程中,应首先考虑自身的安全性,这主要是由于商业银行的经营存在着风险。

(2)流动性原则。流动性是指商业银行能够随时应付客户的提款,满足必要贷款的能力。流动性实际上是指银行的清偿能力或支付能力的强弱表现,它既包括资产的流动性又包括负债的流动性。

(3)盈利性原则。盈利性是指商业银行为其所有者获取利润的能力。商业银行作为经营性的企业,获取利润既是其最终的目标,又是其生存的必要条件,因为只有获得足够的利润,商业银行才能扩大其自身的规模,巩固自身的信誉,提高自身的竞争能力,从而免于被对手所吞并。

2.“三性”原则之间的关系

商业银行经营的安全性、流动性和盈利性三个方面既有统一的一面,又有矛盾的一面。一般来说,安全性与流动性呈正相关关系,流动性较强的资产,安全性也好,而安全性和流动性经常和盈利性发生矛盾。一般来说,流动性强,安全性好,则盈利性低;而盈利性较高的资产,往往流动性和安全性都较低。所以,商业银行的安全性、流动性、盈利性的均衡、协调,构成商业银行经营的总方针。也就是说,商业银行经营的总方针是,要在保证安全性和流动性的前提下,追求最大限度的利润。流动性是实现安全性的必要手段,安全性是实现盈利性的基础,追求盈利是安全与流动性的最终目标。

二、商业银行的经营管理

(一)商业银行的资本管理

资本充足性是银行安全经营的要求。存款人都希望银行拥有充足的资本,使它们的债权得以维护;社会公众及金融管理当局也要求银行资本充足,以防止银行冒险经营,保证金融稳定的发展;从银行自身管理要求而言,保持资本的充足性是其安全经营、稳定发展的前提。因此,银行持有充足的资本是风险管理的要求,也是在安全经营基础上追求更多利润的保障。

所谓银行资本充足性是指银行资本数量必须超过金融管理当局所规定的能够保障正常营业并足以维持充分信誉的最低限度;同时,银行现有资本或新增资本的构成,应该符合银行总体经营目标或需增资本的具体目的。因此银行资本充足性包括数量和结构两个层面的内容。

资本数量的充足性受银行经营规模和金融部门管理规定等因素的影响,因此很难对其适度性进行界定。一般而言,金融当局所规定的开业许可额是最低限额。银行应该维持金融当局所规定的最低限额的资本量,以体现其对金融法规和公众利益的重视。资本量是否充足是银行能否健康、稳定经营的重要标志。资本量不足,往往是银行盈利性与安全性失衡所致。为追求利润,银行拼命扩大风险资产规模,盲目地发展表外业务等,这些现象必然引起银行资产量相对不足,加大银行的经营风险。然而,商业银行资本的充足性同时包含资本适度的含义,保持过多的资本是没有必要的。首先,高资本量会带来高资本成本,特别是权益资本成本不能省税,资本的综合成本大大高于吸收存款的成本,由此降低了银行的盈利性;其次,过高资本量反映了银行可能失去了较多的投资机会,缺乏吸收存款的能力以及收回贷款的能力。因此,资本充足性是资本适度,而非越多越好。

资本结构的合理性是指普通股、优先股、留存盈余、债务资本等应在资本总额中占有合理的比重。合理的资本结构可以尽可能地降低商业银行的经营成本与经营风险,增强经营管理与进一步筹资的灵活性。规模不同的商业银行的资本结构应该有所区别。小银行为吸引投资者及增强其金融灵活性,应主要以普通股来充当资本;而大银行则可相对扩大资本性债券,以降低资本的使用成本。

从事国际业务的商业银行在资本管理上须按照《巴塞尔协议》的基本原则进行,尽可能地达到协议所规定的最低资本要求。《巴塞尔协议》有两个重点:银行资本规定及其与资产风险的联系。据此,《巴塞尔协议》有其具体的实施要求。国际大银行的资本对风险资产的比率应达到8%以上,其中核心资本至少要占总资本的50%,一级资本的比率不应低于4%。附属资本内普通贷款准备金不能高于风险资产的1.25%,次级长期债务的金额不得超过一级资本的50%。虽然这些规定并非具有强制性,但这是当今国际银行业最重要的公约之一,因而对从事国际业务的商业银行来说,它具有很强的约束力。

(二)商业银行负债业务的管理

商业银行的负债管理活动可以分为两类。一类是合理利用现有的负债渠道,完善银行的负债结构,降低负债风险和负债成本。目前商业银行可选择的主动性负债渠道很多,这些途径各有特点,商业银行的管理者应根据具体情况,合理选择最有利的资金来源。另一类是积极进行金融创新,在法规允许的范围内,尝试新的负债业务。就负债创新而言,金融创新最重要的推动力来自于金融机构规避管制的动机。

负债管理业务极大地提高了银行处理资金需求问题的灵活性。这种灵活性导致了银行资产负债表上的某些变化。但是负债管理在扩大银行盈利的同时,也增大了它的风险。如果银行过分依赖于借款来增加放贷或满足流动性需要,就可能使短期借入、长期贷出的现象更加严重,加大资产和负债的不对称,从而陷入资金周转不灵的局面。因此,银行必须密切注视一些基本指标,如贷款 - 存款比率、流动资产比率等。

(三)商业银行资产业务的管理

资产管理涉及商业银行如何将其资产在现金、证券、贷款等各种资产持有形式之间进行合理分配的问题,这是每个银行都必须面对的问题。商业银行在资产管理中应尽可能做到:

在满足流动性要求的前提下,力图使多余的现金资产减少到最低限度。流动性原则要求银行保留足够的现金准备,而盈利性原则又要求尽可能少持有多余的现金,因为它不能为银行带来收益。但是何为足够,何为多余,显然是一个很难掌握的问题,需要有大量的经验作为指导。在现实中,商业银行往往要花费大量的精力来对未来的现金流入和流出作出尽可能准确的预测,以决定自己的最佳现金持有量。

尽可能购买收益高、风险低的证券。一般来说,长期证券的收益率要高于短期证券,但是其风险也较大,因为长期证券价格受利率的影响比短期证券大。因此,从安全性角度看,银行应多投资于短期证券;但是盈利性原则又要求银行多够买长期证券。如何在这两者之间取得平衡是证券期限管理的重要内容。一种较为保守的办法是,银行把债券到期日从最短到最长分成大致相等的间隔期,并在每个间隔期中都保持数量基本相同的证券,这种办法被称为阶梯法。令一种更为积极进取的方法是杠铃法,也就是银行只需简单地持有短期和长期两种证券类型,而不必购买中期证券,银行的资金分配如同杠铃一样,集中在两头。至于短期证券和长期证券的比例,则依管理者的偏好而定。

尽可能选择信誉良好而又愿意支付较高利率的借款者。显然这也是一对矛盾,因为信誉好的借款人往往可以以较低的利率获得贷款,但是如果他们面临的投资非常诱人,则他们也可能愿意支付较高的利率,因此关键在于银行如何对借款人进行筛选。在现实生活中,银行通常根据"6C"标准来评价各贷款项目,即品德(character)、能力(capacity)、资本(capital)、担保(collateral)、经营环境(condition)、连续性(continuity)。

在不损失专业化优势的前提下,尽可能地通过资产的多样化来降低风险。资产多样化的好处就在于银行在一种资产上的损失可以从另一种资产的收益中获得补偿,从而使总收益保持相对稳定。反之若"把鸡蛋都放在一个篮子里",固然可能获得较大的收益,但担当的风险也是相当大的。

(四)商业银行中间业务和表外业务的管理

由于中间业务和表外业务虽然可以给银行带来可观的收益,但也可能使银行陷入更大的困境,尤其是具有投机性的表外业务,其经营风险难以估算,因此自20世纪80年代后期开始,商业银行都加强了对中间业务和表外业务的管理。

1.建立有关中间业务和表外业务管理的制度

信用评估制度。加强对交易对手的信用调查和信用评估,避免与信用等级较低的交易对手进行交易。在交易谈判中,坚持按交易对手的信用等级来确定交易规模、交割日期和交易价格。

业务风险评估制度。对表外业务的风险建立一整套评估机制和测量方法,在定性分析的基础上进行定量分析,确定每笔业务的风险系数,并按业务的风险系数来收取佣金。

双重审核制度。表外业务潜在风险大,为了能做到防患于未然,商业银行都吸收了巴林银行的教训,实行双重审核制度,即前台交易员和后台管理人员严格分开,各负其责,以便于对交易进行有效的监督。

2.改进对中间业务和表外业务风险管理的办法

注重成本收益率的管理。表外业务的业务收费率不高,但每笔业务的成本支出并不和业务量成正比,因此银行从事表外业务就有成本收益率问题。只有每笔业务成交量达到一定规模,才能给银行带来较大的业务收入,使银行在弥补成本开支后,能获得较多的净收益,提高银行的资产利润率,增强银行抗风险的能力。当然,倘若风险系数过大,银行就应当谨慎从事,甚至放弃这笔业务。

注重杠杆比率的管理。商业银行在从事表外业务时,都不按照传统业务的杠杆率行事,而是根据银行本身的财务状况及每笔业务的风险系数,运用较小的财务杠杆率,以防预测失误,使银行陷入危险的境地。

注重流动性比例的管理。为了避免因从事表外业务失败而使银行陷入清偿力不足的困境,许多商业银行针对贷款承诺、备用信用证等业务量较大,风险系数也较高的特点,适当提高流动性比例要求。

三、商业银行的风险管理

(一)商业银行利率风险的管理

所谓利率风险管理,是指商业银行为了控制利率风险并维持其净利息收入的稳定增长而对资产负债采取的积极管理方式。主要管理方法有利率风险的缺口管理和基于套期保值的利率风险管理。

1.利率风险的缺口管理

利率风险的缺口管理,是指商业银行通过调整资产负债规模和结构,来控制和管理缺口,以降低利率波动对银行净利息收入或银行资本净值的不利影响的利率风险管理策略。

按照从简单到复杂的演进,缺口管理又分为以下三种:

简单的缺口管理。即只管理即期利率敏感性缺口的管理策略。商业银行利率敏感性缺口等于商业银行所持利率敏感性资产减去利率敏感性负债后的余额。当银行利率敏感性缺口大于零,利率升高,有利于银行净利息收入的增加,利率降低则降低净利息收入;当银行利率敏感性缺口小于零,利率降低,不利于银行净利息收入的增加,利率升高则有利于净利息收入的增加;当利率敏感性缺口等于零,利率无论如何波动,银行净利息收入都不变。

缺口管理正是基于上述原理来管理利率风险的,其基本思想是,为了减少甚至消除利率变动可能带来的损失,商业银行应尽量缩小甚至消除利率敏感性缺口。

多期缺口管理。即分期限区间管理利率敏感性缺口的管理策略。其主要思想是,商业银行把现在到下一次利率风险管理时间点之间的时间长度分成若干个时间区间,区间临界点的选择主要根据商业银行对未来利率最可能变动的时间预测并结合商业银行未来资产负债集中到期的时间来做出。如果没有明确的信息,也就是说无法做出未来利率变动的时间预测,而且商业银行资产负债项目也没有明显集中到期的时间,期限区间也可以通过等分法来选取。

持续期缺口管理。持续期是指某项资产或负债的所有预期现金流量的加权平均时间,也就是指某种资产或负债的平均有效期限。一般来说,当持续期缺口为正时,利率下降将有利于银行资本净值的提高,而利率上升将使商业银行遭受资本净值的损失;当持续期缺口为负时,利率上升将有利于银行资本净值的提高,而利率下降将使商业银行遭受资本净值的损失;当持续期缺口为零时,无论利率如何变动,商业银行资本净值都不遭受损失。

2.基于套期保值的商业银行利率风险管理

用远期利率协议对利率风险的套期保值。其基本原理是,利率敏感性资产多于利率敏感性负债的商业银行,为避免利率下跌给商业银行带来的损失,可卖出远期利率协议,以保证即使将来利率下跌,商业银行利率敏感性资产扣除负债后的净额仍能以协议利率取得利益;相反,利率敏感性资产少于利率敏感性负债的商业银行,为规避利率上升可能给商业银行带来的损失,可买入远期利率协议。

用利率期货对利率风险的套期保值。其基本原理是,商业银行通过持有与利率敏感性缺口相反的期货头寸来达到消除利率风险的目的。具体来说,如果商业银行利率敏感性缺口为正值,为规避市场利率下跌可能带来的损失,商业银行可以在期货市场上做多头交易进行套期保值。如果未来利率下跌,由于利率期货的价格走向和利率变动的方向相反,利率期货的价格将上升,期货市场的收益将弥补现货市场的损失,商业银行的利率风险也因此消除。相反,利率敏感性缺口为负值,商业银行可以在期货市场上做空头交易进行套期保值。

用利率互换对利率风险的套期保值。利率互换可以在利率敏感性缺口相反的两个银行之间进行,但更多的情况是,出于降低搜寻成本等交易成本的考虑,商业银行都跟专门从事互换交易的中间机构进行交易。

用利率期权对利率风险的套期保值。持有利率敏感性正缺口的商业银行,为规避利率下降给商业银行可能带来的损失,可买入看涨期权;相反,则买入看跌期权。

(二)商业银行信用风险的管理

一般而言,商业银行进行信用风险管理时,主要有以下做法:

1.甄别和监督

贷款市场上存在的逆向选择问题要求贷款人为了获取贷款利润,必须甄别借款人的信用风险。要进行有效的甄别,贷款人必须收集有关潜在借款人的真实信息。有效的甄别和信息收集共同构成了信用风险管理的一条重要原则。

贷款一旦发放,借款人就有动机从事风险较高的活动,使得贷款可能难以归还。要减少这种道德风险问题,金融机构在管理信用风险时必须遵守的原则是要将限制借款人从事风险活动的规定(限制性条款)写进贷款合约中;要确保借款人不以贷款人的利益为代价冒险,可以通过监督借款人的活动,考察其是否遵守限制性条款来做到这一点,如果没有,可以强制执行。

2.长期客户联系

如果借款人经常在银行借款,银行就有该借款人偿还贷款的记录。因此,长期客户联系可以减少信息收集的成本,从而更容易甄别信贷质量。贷款人对监督活动的要求也增加了长期客户联系的重要性。如果借款人曾经向银行借款,银行就已经建立了对该客户监督的程序。因此,监督长期客户的成本要低于监督新客户的成本。

长期客户联系不仅有助于银行,还有助于客户。曾经与银行有业务联系的企业会发现,以低利率获取贷款更为容易,这是因为银行可以更轻松地确定该潜在借款人的信贷质量,监督借款人的成本也得以降低。

3.贷款承诺

贷款承诺是银行承诺在未来一个给定的时期向企业提供给定金额以内的贷款,利息则与某种市场利率相关。大部分工商业贷款都是在贷款承诺安排下发放的。对于企业而言,贷款承诺的好处是,在企业需要时为其提供信贷资金。对于银行而言,好处在于贷款承诺有助于建立长期客户联系,为信息收集提供便利。此外,贷款承诺协议还要求企业定期向银行提供有关收入、资产负债状况、业务活动等信息。贷款承诺是降低银行甄别和信息收集成本的重要途径。

4.抵押品和补偿余额

贷款中对抵押品的要求是降低信用风险的重要途径。抵押品是在借款人违约的情况下提供给贷款人作为补偿的财产,抵押品减少了贷款人在违约事件发生时的损失。如果借款人违约,贷款人可以变卖抵押品,并利用所得到的资金来弥补贷款损失。

补偿余额是银行发放商业贷款时所要求的抵押品的一种形式,即得到贷款的企业必须在银行的支票账户中保有最低金额的资金。除了作为抵押品,补偿余额还有助于增加贷款被归还的可能性。具体而言,通过要求借款人使用银行的支票账户,银行可以观察借款人的支票支付活动,这可以为银行提供有关借款人财务状况的大量信息。借款人支付活动的任何重大变化都要求银行深入调查。补偿余额有助于银行更便利和有效地监督借款人,是信用风险管理的一个重要工具。

5.信用配给

信用配给是指即使借款人愿意支付给定利率,甚至更高的利率,也拒绝向其发放贷款。信用配给有两种形式:

第一种是贷款人拒绝向借款人发放任何贷款,即使后者愿意支付更高的利率。对于这一种信用配给方式,银行的目的是为了防止逆向选择。那些风险更高的借款者通常更积极地用较高的利率来寻求贷款,对于银行来说,尽管有较高的合同利率,但由于借款者的风险较高,银行不仅可能收不到利息甚至可能连本金也难以收回。

第二种是贷款人虽然向借款人发放贷款,但贷款金额低于借款人的要求。银行采取第二种信用配给方式来防止道德风险。因为贷款金额越大,道德风险为借款人带来的利益就越高,借款人就有可能从事那些风险大的活动。而贷款金额小的话,为了不损害自己未来的信用等级,借款人可能采取确保归还贷款的行为。

(三)商业银行流动性风险的管理

流动性风险管理历来被商业银行视为重中之重,由早期的资产管理理论过渡到负债管理理论、资产负债综合管理理论三个阶段,在每个发展阶段,无不重视流动性风险管理。

20 世纪 60 年代以前的资产管理理论强调流动性为先的管理理念,主张以资产的流动性维持银行的流动性。20 世纪 60 年代和 70 年代前半期的负债管理理论强调银行可以通过主动负债即通过从市场上借入资金来满足银行流动性需求。70 年代中期产生的资产负债综合管理理论在继承资产管理理论和负债管理理论优点的基础上,重新科学地认识了流动性的地位,指出流动性既是安全性的重要保证,又是实现盈利性的有效途径,是“三性”统一的桥梁。这一理论的产生是银行管理理论的一大突破,它为银行业乃至整个金融业带来了稳定和发展。资产负债联合管理的核心内容在于分析资产、负债两方面之间的“缺口”,并围绕缺口探索解决的途径。

近 20 年来金融工程学的发展也给商业银行流动性管理增加了许多新的思路,一些新的金融衍生产品为商业银行流动性管理提供了更多的方便。例如,商业银行购买中长期证券作为投资,同时买入一个未来出售该证券的期权。这样,银行在必要的时候就可以按照约定的价格出售证券,这就解决了以往流动性较差的资产在急速变现中需要承担较大损失的问题。总体来说,流动性管理是随着整个商业银行经营管理趋势的变化而变化的,银行经营的经济环境、法律环境、监管环境都将影响商业银行的流动性管理。

【拓展阅读】

花旗集团

花旗集团(Citigroup)是当今世界资产规模最大、利润最多、全球连锁性最高、业务门类最齐全的金融服务集团。它是由花旗公司与旅行者集团于1998年合并而成,并于同期换牌上市的。换牌上市后,花旗集团通过运用增发新股集资于股市收购或定向股权置换等方式进行大规模股权运作与扩张,并对收购的企业进行花旗式战略输出和全球化业务整合,使花旗集团在短短5年时间里,总资产规模扩大了71%,股东权益增加了92%,资本实力不断提高;总收入提高了72%,利润增长了2.6倍,表现出不凡的盈利能力;其股票在进行一次送股(每3股送1股)和22次分红派息(每股分红共计$3.82)的情况下,每股净值仍提高了一倍,价格翻了一番。花旗股票是纽约股市著名的绩优蓝筹股,如其业务品牌一样著名。

花旗集团作为全球卓越的金融服务公司,在全球100多个国家为约2亿客户服务,包括个人、机构、企业和政府部门,提供广泛的金融产品服务,从消费银行服务及信贷、企业和投资银行服务以至经纪、保险和资产管理,非任何其他金融机构可以比拟。现汇集在花旗集团下的主要成员有花旗银行、旅行者人寿和养老保险、美邦、Citi - financial、Banamex和Primerica。

英国《银行家》杂志在对世界前1000家银行2002年各项指标的排名中,花旗集团以一级资本590亿、总资产10970亿、利润152.8亿美元的成绩三项排名第一,盈利水平占1000家大银行总盈利2524亿美元中的6.1%。根据花旗集团最新年报显示,花旗集团2003年一级资本已达669亿、总资产12640亿、利润178.5亿美元,比上年又分别增长了13.4%、15.2%和16.8%。

在过去的10年里,花旗集团的股票价格、盈利能力和收入复合年增长均达到两位数字,而且盈利增长高于收入增长。尤其令同行所叹服的是,在发生1998年亚洲金融危机、2001年阿根廷金融危机和反恐战争等一系列重大事件,1000家大银行总体盈利水平分别下降14.9%和29.7%的情况下,花旗集团仍达到3%和4.5%的增长,显示了花旗金融体系非凡的抗风险能力。

花旗集团目前是全球公认的最成功的金融服务集团之一,不仅是因其在全球金融服务业盈利与成长速度最高的企业中连续占据领先地位,更由于它是世界上全球化程度最高的金融服务连锁公司。花旗集团为100多个国家2亿多位顾客服务,每位客户到任何一个花旗集团的营业点都可得到储蓄、信贷、证券、保险、信托、基金、财务咨询、资产管理等全能式的金融服务,平均每位客户的产品数在全球同行企业中排名第一,因此花旗集团的客户关系服务网络是花旗不可估量的一种资源,桑迪·维尔就曾骄傲地说过:“这个网络是我们唯一拥有的真正有竞争力的优势,不管你到世界任何一个地方,你都可能找到一家花旗银行的机构可以为你服务。”

【本章小结】

1.银行业是一个古老的行业，它起源于古代的银钱业和货币兑换业。第一家大型股份制商业银行是1694成立的英格兰银行，它是现代商业银行产生的标志。

2.商业银行的主要业务包括负债业务、资产业务和表外业务。负债业务主要由存款、借入款项和其他负债三个方面的内容所构成，资产则主要包括现金资产、贷款、投资和其他资产。广义的表外业务泛指所有能给银行带来收入而又不在资产负债表中反映的业务，包括中间业务和狭义的表外业务。

3.商业银行的管理必须遵循安全性、流动性和盈利性三大原则。根据这三大原则，商业银行妥善进行资本业务、负债业务、资产业务、中间业务和表外业务的管理。

4. 商业银行对利率风险的管理方法主要采用缺口管理法和基于套期保值的利率风险管理法。商业银行进行信用风险管理时，主要做法包括甄别和监督、长期客户联系、贷款承诺、抵押品和补偿余额以及信用配给等。商业银行历来非常重视流动性风险管理，管理措施和手段随着银行管理理论和外部环境的变化而不断变化。

【复习思考题】

1.试述商业银行未来的发展趋势。

2.商业银行资产负债表的主要内容是什么？如何利用商业银行的资产负债表来分析商业银行的经营活动？

3.请说明商业银行表外业务的构成。

4.如何正确理解商业银行“三性”原则之间的关系？

5.商业银行如何对利率风险和流动性风险进行管理？

第九章 CHAPTER 9 金融市场

【学习目标】

本章要求学生掌握金融市场的概念、构成要素及功能;了解金融市场的结构;理解一级市场与二级市场的关系、货币市场与资本市场的功能差异;理解什么是有效市场假说;了解金融市场效率的两种含义以及影响因素。

【重要概念】

金融市场　货币市场　回购协议　资本市场　现货市场　衍生市场　一级市场　二级市场　金融市场效率　运行效率　定价效率　弱式有效　半强式有效　强式有效

金融市场是指资金供给者与资金需求者从事资金融通活动的场所。由于资金融通是通过便利资金转移的金融工具来进行的,因此人们也将金融市场定义为交易各种金融工具(或金融资产)的场所。通过金融资产的交易,金融市场把资金从盈余者手里转移到短缺者手里,实现资源的优化配置。广义的金融市场既包括通过发行债券和股票方式融通资金的直接金融市场,也包括通过银行等中介机构进行资金融通的间接金融市场。本章将金融市场限定在有价证券——如股票、债券等的交易,侧重于直接金融市场。实际上,人们金融交易的方式是不断变化的,从商品经济不发达阶段的简单私人借贷,发展到以银行为中介的间接融资,而目前在很多发达国家金融交易相当大的部分表现为各类证券的发行和买卖活动。

金融市场为交易双方提供了接触和交易的场所。但是,这个场所既可以是有形的,例如证券交易所、期货交易所等,也可以是无形的,例如外汇市场,外汇交易员就是通过电信网络构成的看不见的市场进行着资金的划拨,随着科学技术的日益发达,越来越多的资金交易通过电话、传真、因特网等方式完成。正因为如此,也有人把金融市场定义为以金融资产为交易对象而形成的供求关系及其机制的总和,或者更简单地认为金融市场就是金融交易的总和。本章将介绍金融市场的构成要素、功能、结构及效率问题。

第一节　金融市场构成要素及功能

金融市场与普通商品市场一样，由市场主体、市场客体、市场中介机构、市场价格、市场的交易组织形式等基本要素构成，这些要素构成的整体完成金融市场的功能。

一、金融市场构成要素

（一）市场主体

金融市场主体是指金融市场的参与者，根据参与者的交易特征，它们可以分为最终投资者（投机者）、最终筹资者、套期保值者、套利者、调控和监管者五大类。最终投资者是指为了赚取差价收入或者股息、利息收入而购买各种金融工具的主体，可以是个人、企业、政府部门；最终融资者则是指金融市场上的资金需求者；套期保值者则是指利用金融市场转嫁自己所承担风险的主体；套利者则是利用市场定价的低效率来赚取无风险利润的主体；调控和监管者是指对金融市场实施宏观调控和监管的中央银行和其他金融监管机构。

1.个人

个人和家庭在金融市场上既可以资金供给者身份，也可以资金需求者的身份参与交易。个人和家庭取得收入后，在扣除一部分资金用于当期消费外，还有一定的资金剩余。为了保值增值或者应对未来不时之需，他们将这部分资金或者存入银行，可以获得利息收入；或者购买债券或股票等金融工具，可以获得投资收益，此时的个人和家庭就成为金融市场上的资金供给者。当然，个人和家庭在金融市场上也时常以资金需求者身份出现，例如借入住房抵押贷款等。

2.工商企业

工商企业在生产经营过程中既有可能形成暂时的闲置资金，也有可能出现资金短缺。当企业出现资金的暂时闲置时，企业可以将该部分资金存入商业银行或者进行股票、债券等证券投资，此时企业是金融市场上的资金供给者。当企业出现资金短缺时，可以在金融市场上进行筹资，例如发行债券或股票、直接贷款等，此时企业就成为金融市场上的资金需求者。因此，企业通过金融市场可以调剂资金的余缺，保证了自身经营的持续性，最终实现收益的最大化。工商企业通常也是套期保值的主体。

3.政府

各国的中央政府和地方政府在金融市场上主要是以筹资者的身份出现，当政府财政预算出现赤字时，政府及其机构在金融市场上可以通过发行各种债券来取得大量的、各种期限的资金，从而调整财政收支状况。政府在一定时间也可能是资金供应者，如税款集中收进还没有支出时。

4.金融机构

金融机构包括存款类金融机构、契约型储蓄机构(如保险公司)和投资型金融机构(如投资基金等)。金融机构在金融市场上既可以是资金需求者也可以是资金供给者,他们也是套期保值和套利的重要主体。例如,存款类金融机构在信贷市场上吸收各个主体的存款,然后向企业、个人等主体进行放款或购买债券,此时的金融机构就是资金供给者。同样金融机构也可以在金融市场上通过发行债券或股票、同业拆借、贴现等方式获得资金,此时的金融机构是资金需求者。而作为契约型储蓄机构的人寿保险公司、养老基金组织等则吸收个人为某种特定目的(保险、养老等)积攒的现期货币收入,购买一些期限较长、收益稳定的金融工具;而投资基金则通过向公众出售其股份或受益凭证募集资金,并将所获资金分散投资于多样化的证券组合,降低了人们参与金融市场的门槛。

5.货币当局

货币当局以中央银行为代表。中央银行参与金融市场的主要目的不是因为出现了临时剩余资金或弥补资金的暂时短缺,而是以实施国家的货币政策、调节经济、稳定货币为目的的。它既是金融市场中的行为主体,也是金融市场中的监管者。例如,中央银行通过再贴现业务向金融机构发放贴现贷款,此时中央银行为资金供给者;再如,中央银行通过在金融市场上进行有价证券的买卖,调节货币供应量,执行相应的货币政策,此时中央银行可以以资金需求者身份出现,也可以以资金供给者身份出现。当中央银行作为监管者时,它可以通过制定金融交易的规则,对参加交易的金融机构进行监督和管理,确保金融市场的平稳安全运行。

(二)市场客体

金融市场客体就是金融交易的对象,即通常所说的金融工具或金融资产。金融资产种类繁多,主要包括基础性金融资产和衍生性金融资产。基础性金融资产主要包括货币、股票、债券、商业票据、存单、外汇等,衍生金融资产主要包括远期、期货、期权、互换等。各个金融市场主体正是借助种类繁多的金融资产的交易实现资金的转移和风险的管理,实现他们作为筹资者、投资者、套期保值者、套利者和监管者的目标。

(三)市场交易中介

市场交易中介是指金融市场上充当交易媒介,撮合金融交易顺利完成的机构或者个人。它包括证券交易所以及投资银行、证券经纪商和证券自营商。

证券交易所是专门进行证券买卖交易的固定场所,例如,纽约证券交易所、上海证券交易所、深圳证券交易所等。其主要职能是提供证券交易的场所和设施、保证证券的流通、制定证券交易所的业务规则(如上市退市规则、信息披露规则、报价竞价规则及交割结算规则等)、接受证券上市申请以及对会员和上市公司进行监管等。

投资银行的传统业务是作为证券承销商,协助新证券的发行,也参与公司的兼并收购以及基金的管理等活动。证券经纪商的主要业务是接受投资者的委托进行证券交易,或者接受融资者的委托发行证券。证券经纪商通过提供经纪中介服务和相关的信息服务获取收入,他们既不承担交易的风险也不享受交易的收益。证券自营商则自己投入资金,在证券市场上为自己买入或卖出证券谋取差价收入。有些自营商(如做市商)自营股票的买卖,除了获得差价收入外,还扮演市场组织者的角色,保持市场的有序性。

虽然市场交易中介和金融市场主体都参与金融交易,但两者参与市场的目的并不相同。市场中介机构参与市场的目的并不是筹集资金或者进行投资活动,而是为了获取服务佣金,因而它们并不是最终意义上的资金供给者或资金需求者。而金融市场主体进行金融资产交易的目的是进行筹资或者进行投资,从而成为最终意义上的资金需求者或供给者。当然市场中介机构所从事的证券自营业务则体现了其金融市场主体的特征。

(四)市场价格

由于金融市场价格与金融资产交易者的利益紧密相关,因而受到交易者的极大关注。金融市场价格是指利率或者收益率。例如,信贷市场上价格是利率,贴现市场上价格是贴现率,债券市场上价格是收益率等。金融市场的价格具有一致的波动性,如当债券市场的收益率较高时,往往银行存款、贷款的利率就会提高,当然不同金融资产由于风险、期限的差异,价格会存在差异,如高风险的企业债券的收益率高于低风险的政府债券、长期债券的收益率高于短期债券等。

(五)市场的组织方式

金融市场的交易组织方式是指将市场主体和市场客体联系起来,并共同决定交易价格,最终实现资金供求交易的方式。主要包括两种方式:拍卖方式和柜台方式。

1.拍卖方式

金融交易中的拍卖和其他商品的拍卖一样,是买卖双方通过公开竞争喊价的方式确定买卖的成交价格。金融工具的拍卖是在交易所内进行的,拍卖的公开竞争定价方式决定了必须有一个有形的、集中的交易场所;拍卖往往采用经纪制,即委托—代理机制形式,进入交易所内交易的人并不全是实际上要买进卖出的金融市场参与者,而是受其委托从事经纪业务的证券交易商和经纪商;成交价格以竞价的方式决定,即遵循价格优先、时间优先的原则。

2.柜台方式

柜台方式是指通过作为交易中介的证券公司来买卖金融工具,金融工具的实际买卖双方都分别与证券公司进行交易。在以柜台方式组织的金融交易中,买卖价格不是通过交易双方的直接竞争来确定,而是由证券公司根据市场行情和供求关系来自行确定。证券公司同时报出买入价格和卖出价格,宣布愿意以该买入价格购买该种工具,以该卖出价格出售该种工具,这种挂牌方式称为双价制。买入价格和卖出价格之间的差额叫做价差,这便是证券公司的主要利润来源。

金融市场五大要素之间是相互联系、相互影响的。其中,金融市场主体和金融市场客体是金融市场的最基本要素;而市场中介机构、市场价格、市场的交易组织形式则是在前两者的基础上产生的,只有这些要素之间紧密配合,金融市场才能更好地完善其功能。

二、金融市场功能

金融市场的功能可以分为微观层面的功能和宏观层面的功能,微观层面的功能可以分为风险管理功能、价格发现功能、提供流动性功能、降低交易的搜寻成本和信息成本功能。宏观层面的功能可以分为将储蓄转化为投资功能、优化资源配置功能、宏观调控功能。

(一)风险管理功能

人们在经济活动中,尤其是在进行投资活动时,由于存在各种各样的不确定因素,致使人们面临着多种风险,这些风险的存在有可能使得当事人遭受经济损失。而金融市场上众多的金融资产为当事人管理风险提供了可能,例如当事人可以通过外汇期货、外汇期权交易防范汇率波动所造成的损失;再如当事人可以将资金分散投资于不同行业的数个企业,从而降低非系统风险所带来的损失。同时,金融市场健全的法规对各个交易主体的行为进行监督和规范,从而降低了金融资产交易的风险性。利用各种金融工具,较厌恶风险的人可以把风险转嫁给风险厌恶程度较低的人,从而实现风险的再分配。

(二)价格发现功能

在金融市场上,由于有大量的标准化证券集中进行交易,因此金融市场能够有效地确定证券的价格。买卖双方相互作用决定了金融资产的价格,从而决定了金融资产的收益率的差异,金融资产价格取决于金融资产供给和需求的数量,在价格信号的引导下,资金能够迅速转移到需求最为旺盛、最有效率、能够准确把握投资机会的单位手中,这便是金融市场的价格发现过程。金融资源的流动引导真实资源的流动,从而有利于资源的最优配置,提高资源的有效利用。

(三)提供流动性功能

由于金融市场上存在众多的金融资产买卖双方,持有金融资产的人们需要货币时,可以在金融市场上以较小的代价将其转化为货币,由此金融市场就给投资者提供了流动性。

(四)降低交易的搜寻成本和信息成本功能

现代金融市场不但存在大量的资金供给方和需求方,从而扩大了双方接触的机会,拓宽了双方投资、融资的渠道。而且,金融市场还可以提供价格信息等各种信息,从而有利于投资者和融资者迅速、正确地进行决策,从而降低了交易的搜寻成本和信息成本。

(五)将储蓄转化为投资功能

金融市场的基本功能就是将社会的储蓄转化为投资。金融市场引导众多分散的小额资金汇聚成为可以投入社会再生产的资金,使投资得以顺利进行,提高了社会资源的利用效率。这里金融市场起着资金“蓄水池”的作用。

(六)优化资源配置功能

金融市场上的投资者和融资者为了谋求自身利益的最大化,前者会选择最适合自己的金融工具,而后者也会根据自己的借款成本和收益,选择最佳的融资渠道。经过市场竞争后,资金必然会流向经济效益高、发展前景好的投资项目,而那些经济效益差的投资项目就较难获得投资者的青睐,于是有限的社会资源能够得到有效的利用,最终社会资源配置也会得到优化。

(七)宏观调控功能

金融市场一边连着储蓄者,一边连着投资者,其运行机制通过对储蓄者和投资者的影响而调节宏观经济。

首先,只有符合市场需要、效益好的投资对象才能获得投资者的青睐,而投资对象在获得资本后,只有保持较好的发展势头才能够继续生存并进一步扩张,否则其证券价格下跌,继续在金融市场上筹资就会面临困难,发展就会受到后续资本供应的抑制。

其次,金融市场的存在为政府的宏观调控创造了条件。中央银行应用法定准备金政策、再贴现政策和公开市场操作三大货币政策工具,通过金融市场来调节货币供应量和传递政策意图,从而影响各个经济主体的经济活动,对本国经济起到扩张或收缩性作用。同样,财政政策的有效实施和金融市场联系也日趋紧密,政府可以通过在金融市场上发行国债,弥补预算资金不足,对各经济主体的行为加以引导和调节,同时所发行的国债也为中央银行进行公开市场业务提供了必要的操作工具。

第二节　金融市场结构

金融市场是由许多功能不同的具体子市场所组成的复杂体系,这些子市场不同的组合方式就构成不同的金融市场结构。根据不同的划分标准,可以将金融市场划分为不同的种类。例如,按照融资期限的不同,可以将金融市场分为货币市场与资本市场;按照金融资产的交割时间不同,可以将金融市场分为现货市场和衍生市场;按照金融资产的发行和流通划分,可以将金融市场分为一级市场和二级市场;按照交易对象的不同,可以分为股票市场、债券市场、金融衍生品市场以及拆借市场、票据贴现市场、大额可转让定期存单市场、回购协议市场、黄金市场、外汇市场等;按照交易的地域范围进行划分,可分为国内金融市场和国际金融市场;按照交易场所划分,可以分为交易所市场和场外市场;按照金融交易中金融中介机构的作用划分,可分为直接金融市场和间接金融市场;按照所交易证券的资信及特点划分,可分为主板市场和二板主场。把金融市场划分为不同类型的目的是为了更深入地分析某些特征,本节重点从几个角度进一步探讨每一种类型的市场。

一、货币市场与资本市场

金融市场按照融资期限可以划分为货币市场与资本市场。

(一)货币市场

货币市场又称短期金融市场,是指以期限一年或在一年以内的金融工具为标的物的短期资金融通市场。该市场一方面满足个人、企业、金融机构及政府等市场主体的短期性的、临时性的资金需求,另一方面也为资金盈余者的暂时闲置资金提供了能够获取盈利机会的出路。货币市场上的交易工具主要包括国库券、商业票据、大额可转让定期存单、银行票据、回购协议等。货币市场的子市场主要包括同业拆借市场、国库券市场、票据市场、证券回购协议市场、大额可转让定期存单市场等。

1. 货币市场的特点

(1)货币市场交易工具期限较短、安全性较高、流动性较高、收益率较低。由于货币市场的交易工具期限较短,短期内债务人的经营状况、偿债能力以及该国宏观经济指标(例如通货膨胀、就业率、市场利率等)具有较高的稳定性,因而投资者预期未来资本损失的可能性较低,因而该市场交易工具市场价格较为稳定;在货币市场上进行交易的金融资产在不遭受损失或者损失较少的情况下,转让较为容易,所以这些金融工具又有“准货币”之称。资金盈余者参与货币市场的主要目的是为了保持资金的流动性,以便随时可以获得现实的货币。

(2)货币市场是一个批发市场。货币市场上的交易工具都是以巨额交易来进行的,通常在一百万美元以上,这是货币市场与其他市场相区别的重要特征之一。这使其参与者主要是商业银行、中央银行、大公司、财政部和其他政府机构,以及保险公司、基金等机构投资者和一些专业交易人员,大多数的个人投资者无法参与。

(3)无形性。随着现代通讯技术,例如计算机、网络、电话、传真机等技术的不断进步,在货币市场上进行交易的合法主体只要通过一定的网络通信设施就可以参与市场交易，从而导致货币市场没有特定的交易场所。货币市场具有的无形性和金融工具的高度流动性，使得当今货币市场呈现出全球一体化的发展趋势。

2.货币市场的作用

(1)货币市场提供了一种将闲置资金用于投资的场所，从而降低了持有现金的机会成本。货币市场上的投资者通常不打算从该市场获取不寻常的高收益，他们把货币市场当作过渡性的为以后谋取更高收益做准备的投资场所，从而不必单一地持有现金。投资基金的经理经常在货币市场上持有一定量的资金，以便能抓住每一个他们发现的投资机会。

(2)货币市场证券的销售者则通过该市场获取低成本的临时性资金。政府和企业等都面临资金流入和流出不一致的矛盾，货币市场提供了一个低成本的有效解决这些问题的场所。

3.货币市场的主要参与者

货币市场的参与者主要是机构参与者和专业的交易人士。机构参与者主要有中央银行、商业银行、非银行类金融机构、大型工商企业以及政府机构。由于货币市场交易工具的特殊性，对参与交易的专业人士的交易资格(如资信程度和交易经验等)都有严格的限制条件，因而，个人投资者无法直接参与货币市场交易，而是委托证券经纪人、证券承销商和证券交易商等有交易资格的专业交易人士从事货币市场的交易活动。

中央银行参与货币市场的目的并非为了赢利，中央银行的三大货币政策工具都会对货币市场产生影响。例如法定存款准备金率的改变最终可以影响到货币市场上资金的供给；而公开市场业务则是中央银行通过在货币市场上买卖有价证券，调整基础货币量的多少，从而改变货币供给量和利率水平，以实现紧缩性或者宽松性货币政策为目的，对宏观经济发展状况进行调控，以实现特定的最终目标，如经济增长、充分就业等；而再贴现政策的改变也会影响到货币市场的资金供给和利率的高低。

商业银行参与货币市场的主要目的是管理头寸。所谓头寸，是指商业银行在某一时点上可以加以运营的资金量。一般按天进行计算，头寸的量等于商业银行前一天增加的资金量与到期金融工具资金量的差额。由于商业银行在日常经营中业务资金量巨大，因此经常会出现多头寸和少头寸的情况。如果商业银行持有的头寸过多则会降低银行的盈利水平，如果持有的头寸过少又会不利于银行的正常经营。同时，现代商业银行进行负债综合管理时，也要求其更多的关注和调节短期资金流量池，以优化本身的资产负债结构、降低其面临的整体风险、提高总体流动性并提高盈利水平。因此，商业银行通过在货币市场上买卖金融资产，可以将头寸保持在适当的规模上。由于商业银行参与货币市场交易非常频繁并且交易数额往往较大，因而商业银行是货币市场上的交易大户。

除商业银行之外，大量的非银行类金融机构也参与货币市场的交易，包括证券公司、保险公司、基金、财务公司等机构，它们参与货币市场的目的是增强流动性、降低风险、增加收益，从而实现投资的最优组合。

大型工商企业参与货币市场的目的是调整流动资产的组成和谋取短期收益。由于工商企业在日常经营活动中可能会产生大量的短期闲置资金,这些企业可以在货币市场上购买流动较高并且收益率也比银行存款利率高一些的金融资产。个人投资者的收入在扣除必需部分之后,还有一部分资金剩余,他们可以将暂时不需要的货币在货币市场上购买金融工具,他们在获得一定利息的同时,承担的风险也相对较低。如前所述,个人投资者和一般工商企业都不能直接参与货币市场交易,而是通过金融中介机构参与金融工具的买卖。

政府机构参与货币市场的目的主要是筹集资金从而得以弥补财政赤字或者解决急需的短期资金问题。政府所发行的债券(例如国库券)是货币市场上的重要金融资产,国库券为广大投资者提供了一种无风险的投资工具;同时,它是中央银行进行公开市场业务理想的操作对象。

专业交易人士主要包括证券经纪人、证券承销商和证券交易商等,他们一般是供职于证券公司和投资银行的专业交易员,他们接受客户的委托代替客户进行交易,也可以直接进行证券交易。他们参与市场的目的是赚取佣金和取得证券的价差收入。

4.主要子货币市场

(1)同业拆借市场。同业拆借是指银行等金融机构之间进行的短期资金借贷转移活动。同业拆借市场是货币市场最重要和最基础的组成部分,该市场内交易量巨大,对社会资金周转和货币流通产生重要的影响。而该市场上的拆借利率也是利率体系中重要的利率之一。参与该市场的主体主要是银行等金融机构。金融机构在日常经营中业务资金量巨大,经常会出现多头寸和少头寸的情况,因此就需要通过频繁的短期资金融通来保持合适的头寸规模。例如,商业银行可以通过同业拆借市场来调整准备金的余缺。持有准备金多的商业银行可以通过拆借市场将超额准备金出借来获利,而持有准备金不足的银行则通过拆借市场借入资金来弥补准备金额的不足,这样在满足法定存款准备金的同时,也降低了银行的运营成本,增加了收益。目前,同业拆借市场已经成为各类金融机构弥补流动性不足和充分运用资金进行有效资产负债管理的有效渠道。

同业拆借市场拆借期限较短,大多为1~7天。最短也可能是几个小时,如日本的半日拆,拆借期限从上午票据交换后到当天营业终了;最多的是隔夜拆借。拆借期限最长不超过一年。

同业拆借市场拆借金额巨大,具有批发性质。因为金融机构日常交易量巨大,一旦出现资金短缺,往往金额较大,从而使得拆借市场交易金额非常大。同时,同业拆借不需要担保和抵押,完全是金融机构之间凭借信用进行的交易。拆借市场无形化程度较高,交易手段先进。拆借市场利用先进的通讯网络将各类金融机构联系在一起,各个交易主体通过网络进行报价、询价和成交,由此节约了交易成本,提高了交易效率。银行间同业拆借利率市场化程度很高,变动较为频繁,能够较为灵敏的反映资金的供求状况。

(2)国库券市场。国库券是中央政府发行的期限在一年或者一年以内的政府债券。

国库券的发行一般采用贴现发行的方式进行。国库券因为有政府的信誉作为保证，由国家的税收作为担保，因而其本身具有风险性低、流动性高的特点，对于广大投资者来说具有极高的吸引力。而广大投资者的参与又提高了国库券的流动性，使得国库券市场成为交易最活跃、最发达的证券交易市场。其交易主体主要有商业银行、中央银行、非银行金融机构、非金融公司以及个人等。在众多交易主体中，中央银行选择国库券市场来开展公开市场业务，其目的是要实现特定的货币政策目标。

(3)票据市场。票据市场就是以票据为金融工具，通过票据的发行、承兑、转让及贴现而形成的资金融通市场。票据市场上交易比较活跃的主要是商业票据(商业本票)和银行承兑汇票。商业票据是货币市场上历史最悠久的工具，商业票据的投资者主要包括中央银行、非金融性企业、投资公司、政府部门、基金公司等。银行承兑汇票是一种风险性较低、流动性较强、收益性较高的短期金融资产。而借款人利用银行承兑汇票融资较银行贷款的利息成本及非利息成本之和低，借款者运用银行承兑汇票比发行商业票据筹资更为方便。

(4)证券回购协议市场。证券回购协议(repurchase agreement)是在证券现货市场的基础上产生的一种金融创新工具。所谓证券回购协议是指卖方在出售证券时与证券的买方约定在未来一定时间按照规定的条件再购回所卖证券的合约。从本质上说，回购协议是一种短期抵押借款，证券回购协议的期限一般是隔夜到 7 天。较长期限例如 1 ~ 3 个月的证券回购协议则为定期回购。回购协议的交易对象主要是信用等级较高、风险较低、流动性较强的证券，例如国库券、银行承兑汇票、可转让定期存单等，因而回购协议利率较低。证券回购实际上由两笔完全相反的交易组成，如图 9 - 1 所示。

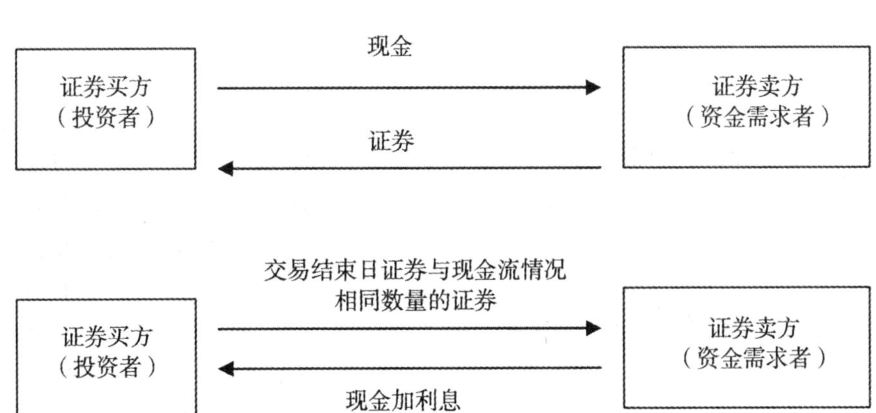

图 9 - 1　证券回购协议中的证券与现金流

证券回购协议市场是指通过证券回购协议进行短期资金融通交易的市场。

(5)大额可转让定期存单市场。大额可转让定期存单(negotiable certificates of deposits 简称 CDs)是指商业银行发行的具有较大固定面额的，并可以在市场上进行转让交易的存款凭证。它是 20 世纪 60 年代以来产生的金融创新工具。当时创设的背景是 20

世纪60年代市场利率不断上升,而美国商业银行"Q条例"对存款利率上限又进行了限制,因而银行对存款不能支付较高的利率,从而导致大量存款外流,此部分存款转而购买安全性较高、收益性较好的短期国库券、商业票据等金融工具。为了阻止银行存款的减少,商业银行必须创设新的金融工具来吸引客户。第一张大额可转让定期存单是在1961年由美国花旗银行创设的。它兼顾了定期存款的收益性和活期存款的流动性,也合理规避了当时的金融管制。

与一般的银行定期存款相比,大额可转让定期存单有以下特点:

①大额可转让定期存单期限较短,在14天到一年以内,其中更多的是在1~4个月内;而定期存款的时间较长,一般为1年以上。②大额可转让定期存单面额较大,由于它属于批发性质的工具,在美国,其面值在10万美元以上;而定期存款金额不固定,可大可小,完全由存款人进行选择。③ 大额可转让定期存单不记名,不能提前支取,但持有者可以在二级市场上进行转让;而定期存款是记名的,持有者不可以进行转让,只有到期后才能提现,若提前支取则利息受到一定的损失。④大额可转让定期存单利率既有固定的,也有浮动的,浮动利率随着市场利率的变化而进行调整;而定期存款利率是固定的,一般来说大额可转让定期存单利率比定期存款利率要高。

大额可转让定期存单发行者主要是大型商业银行集团,一般通过银行柜台方式发行,也可以通过承销商代理发行。发行价格采用平价发行,有时也会采取贴现发行的方式,是为了增加促销的需要。大额可转让定期存单的投资者主要是机构投资者。例如大型企业,它们可以将暂时闲置的资金投资于商业银行发行的流动性较强、风险较低、信誉较高的大额可转让定期存单,在保证必要流动性的同时,也获得一定的利息收入。同时,中央银行、政府机构、商业银行、信托机构及个人也是大额可转让定期存单的重要投资者。

(二)资本市场

资本市场又称中长期金融市场,指偿还期在1年以上的金融工具交易的市场。该市场主要是满足市场主体(主要是政府或企业)对长期资本的需求,满足其为资本性投资进行融资的需要。资本市场的主要职能:一是将储蓄转化为投资,促进物质资本的形成,二是为已经发行的证券提供具有充分流动性的二级市场。广义的资本市场包括中长期存贷款市场、长期政府票据和债券市场、公司债券市场、股票市场,狭义的资本市场则指包括股票市场和债券市场在内的有价证券市场。资本市场上的交易工具主要有股票、债券、抵押贷款等。这些金融工具的共同特征是偿还期限长、流动性较低、风险性较大、安全性较差及收益率较高等。

1.股票市场

股票市场上的主要参与者有:(1)股票发行者,即在股票市场上向众募集资金的上市公司。(2)股票投资者,即股票的购买者和转让者。(3)股票交易所,即股票市场的组织者,其主要职能是提供证券交易的场所和设施;制定证券交易所的业务规则;接受证券上市的申请，安排证券上市；组织和监督证券交易；管理和提供市场信息；对会员和上市公司进行监管等。(4)股票发行中介，包括为股票发行提供中介服务的投资银行或证券公司。(5)有资格进入证券交易所进行交易的经纪人和自营商等，经纪人通过促成投资人和筹资人的交易来赚取服务佣金，自营商则参与金融资产的交易，通过赚取金融资产的买卖差价来获得利润。(6)参与证券场外交易的金融机构等。

2.债券市场

债券市场是以中长期债券为交易对象的长期资金市场。债券按照发行主体的不同进行划分，可以分为公司债券、金融债券和政府债券。

债券市场的主要参与者有：(1)债券发行人，即债券的发行者。(2)债券投资者，即债券的购买者。(3)债券发行中介，主要指以投资银行为主的金融机构，还包括债券签证人、债券保证人及信用评级机构等。(4)证券交易所内的经纪人和自营商。(5)场外债券交易的金融机构等。

二、现货市场与衍生市场

按金融资产的交割方式划分，金融市场可以分为现货市场和衍生市场。现货市场是指买卖双方成交后须在若干个交易日内办理交割的市场。一般有 T+0、T+1、T+2 三种形式，一般在 7 天以内。而衍生市场是指买卖双方交易协议达成之后并不立即办理交割，而在约定的未来某一时间、按契约中规定的价格和数量进行交割，是各种衍生金融工具进行交易的市场。主要的衍生工具包括远期合约、期货合约、期权合约、互换协议等。

现货市场和衍生市场的主要区别是交割时间的差别，在现货市场上，采取“一手交钱、一手交货、钱货两清”的交易方式；而在衍生市场上，成交和实际交割是相分离的。在衍生交易中，由于按照事先协议约定的价格来进行交割，因此当证券约定价格与交割时的证券现货价格出现背离时，会导致交易者遭受损失或者获得利润。

三、一级市场和二级市场

根据所交易的金融工具是否初次发行，金融市场可以分为一级市场和二级市场。一级市场又称初级市场或者发行市场，是指资金需求者将新证券首次出售给投资者所形成的市场。二级市场又称次级市场或者流通市场，是指已发行的证券在不同投资者之间进行转手买卖的市场。

一级市场与二级市场既相互联系，相互影响，又有显著区别，区别表现为：一级市场的基本功能是融资，即将资金从盈余者手中转移到短缺者手中，促进物质资本的形成；而二级市场上的交易只表示现有金融工具所有权的转移，并不代表社会资本存量的增加，但二级市场的存在使金融工具具有流动性，为证券投资者提供了变现和转移投资的场所和条件。

两者之间的相互影响表现为：一级市场是二级市场存在的前提，如果没有一级市场发行的金融工具，二级市场也就没有交易的对象。同时，二级市场是一级市场发展的保证，无论是从流动性上还是从价格的确定上，一级市场都要受到二级市场的影响：一是由于二级市场的存在提高了金融工具的流动性，增强了人们持有有价证券的意愿。如果二级市场流动性较低，则新证券在一级市场的发行也较为困难。二是二级市场金融工具的交易价格是企业选择发行时机和为新发行的金融工具定价的基础，二级市场提供给投资者相关资产的公平或公认的信息，使证券价格较为充分地反映公司经营的收益、风险等相关信息，从而提高了证券价格的合理性。

(一)一级市场与证券的发行

一级市场的主要功能是创生金融工具，如普通股和优先股、债券、抵押贷款等，从而把资金从储蓄者直接转移到投资者，实现资金的余缺调剂。具体来说包括两方面：一是资金需求者(例如企业)筹集资金的场所；二是资金盈余者进行投资的场所。一级市场是金融市场的基础环节，是经济中储蓄向投资转化的关键。

一级市场上的参与者主要有证券发行者、证券购买者和担任发行中介的证券公司、投资银行及各种经纪人等。新证券的发行有两种方式：一是公募发行，即资金需求者通过中介机构将新证券广泛的向不特定的社会公众进行发售。公募发行包括两种形式：一是包销，二是代销，包销又分为全额包销和余额包销两种。全额包销是指证券发行人与投资银行等承销商进行协商，由承销商按照协议将全部有价证券承接下来对公众进行销售，全额包销期满后，如果证券没有全部销售出去，则银行等承销商都要如数付给证券发行人相应的资金。而余额包销是指投资银行等承销商接受证券发行人的委托，代理证券的发行，如果证券在规定时间之内没有全部销售出去，则承销商负责购买剩余部分的证券。代销是指证券发行人承担全部证券发行的风险，承销商仅接受证券发行人的委托，代理发售证券。此时承销商对证券的销售不承担任何风险，销售多少算多少，它只收取一定的手续费。

公募发行的优点是可以扩大证券的发行数量，增加筹资的力度；证券发行后可以申请在证券交易所进行上市交易，扩大公司的知名度和提高证券的流动性；发行公司无需提供优惠条件，公司经营管理具有较大的独立性。其缺点是发行程序较为复杂，发行成本较高；发行公司需要公开大量的公司信息。

私募发行即非公开发行，是指发行公司只向特定的少数投资者发行证券。其优点是由于发行对象是特定的，手续较为简单，同时可以节省委托中介机构的手续费和节省发行时间；可以调动股东和公司内部人的积极性，巩固和发展公司内部各个主体之间的关系；无需向社会公众公开公司的信息，有利于公司信息的保密。缺点是投资者数量毕竟有限，公司筹资潜力较小；通过私募发行的证券往往存在限售条件，流动性较差；发行公司必须向投资者提供高于市场平均收益率的优厚条件；发行公司的经营管理易受干扰。

【拓展阅读】

首次公开发行和公司上市

在一家公司从来没有对公众发行过任何证券的情况下，股份公司首次向社会公众公开招股的发行方式就被称为首次公开发行（initial public offering，IPO）。IPO新股定价过程分为两部分，首先是通过合理的估值模型估计上市公司的理论价值，其次是通过选择合适的发行方式来体现市场的供求，并最终确定价格。目前常用的发行方式包括竞价方式、累计投标方式、固定价格方式。竞价方式常用于债券的发行。累计投标是目前国际上最常用的新股发行方式之一，是指发行人通过询价机制确定发行价格，并自主分配股份。所谓"询价机制"，是指主承销商先确定新股发行的价格区间，召开路演推介会，根据需求量和需求价格信息对发行价格反复修正，并最终确定发行价格的过程。一般时间为1~2周。例如中国建设银行股票在香港发行最初的询价区间为1.42~2.27港元，此后收窄至1.65~2.10港元。询价过程只是投资者的意向表示，一般不代表最终的购买承诺。而在固定价格的方式下，主承销商根据估值结果及对投资者需求的预计，直接确定一个发行价格。固定价格的方式相对较为简单，但效率较低。过去我国一直采用固定价格的发行方式，2004年12月7日证监会推出了新股询价机制。

发行方式确定以后，进入正式发行阶段，此时如果有效认购数量超过了拟发行数量，即为超额认购，超额认购倍数越高，说明投资者的需求越强烈。在超额认购的情况下，主承销商可能会拥有分配股份的权利，即配售权，也可能没有，依照交易所规则而定。通过行使配售权，发行人可以达到理想的股东结构。在我国，目前主承销商不具备配售股份的权利，必须按照认购比例配售。

IPO受到关注的原因在于，一方面会为这些证券的购买者带来大量的收益，另一方面则使一家私人企业成为一家上市公司，对公司带来极大的影响。

上市的优势表现在：(1)获取资本并增强其融资能力。IPO不但可以帮助企业在短期内筹集到大量的资金，而且上市不仅需要向公众披露信息还要接受监管当局的监管，这些将增强公众向公司投资的意愿，使企业容易获得资金的支持。(2)增强创始人或原有股东的资产流动性和资产的多元化。原有股东可以通过方便地出售部分股权来获取资产的流动性，而且可以将退出的资金用于购买其他资产和证券，通过资产的多元化来减少风险。(3)有助于准确地评估企业的价值。缺乏公众持有股票的企业不可能精确地评估企业的价值，企业上市后，交易者对资产的竞价揭示了企业的市场价值。

上市的缺点表现在：(1)报告成本，包括向监管当局提供季度末和年末报告的成本。(2)对公众的信息披露，监管当局会要求公布内部人持有的股票数量和其他信息，而许多信息对企业来说是希望被保密的。(3)维持控制权，一旦企业的股权主要掌握在公众手中，其他的企业就有机会购买足够多的股票来获得董事会的控制权，外部企业会采取股权收购的办法鼓励所有人出售股票，一旦外部企业获得董事会的控制权，现有的管理将被终止或将被合并到收购企业中。

(二)二级市场的交易机制

二级市场通过一定的方式或方法使买卖双方的订单匹配成交,即为二级市场的交易机制。通常有两种分类方法:一是根据证券交易在时间上是否连续,分为间断性交易机制和连续性交易机制;二是从价格决定的角度分为做市商交易机制和竞价交易机制。

间断性交易机制也叫集合竞价机制,证券买卖具有分时段性,即投资者做出买卖委托后,不能立即按照有关规则执行并成交,而是在某一规定的时间将不同时点收到的订单集中起来,进行匹配成交。

连续性交易机制是指证券交易在交易日各个时点连续不断地进行,只要根据订单匹配规则,两个订单相匹配交易就会发生,交易在订单匹配的瞬间进行。

做市商交易机制也叫报价驱动机制,证券交易的买卖价格均由做市商报出(通常一种股票的交易只由一个做市商负责),证券买卖双方都是从做市商手中买进或卖出,证券成交价格的形成由做市商决定。

竞价交易机制也叫订单驱动机制,买卖双方直接进行交易,或通过自己的代理经纪商进行交易,证券成交价格由买卖双方直接决定。现实中证券交易机制主要有集合竞价机制、连续竞价机制和连续性做市商机制。

(1)集合竞价机制。集合竞价机制是所有的交易订单不是在收到之后立刻予以竞价撮合,而是由交易中心将在不同时点收到的订单积累起来,到一定时刻再进行集中竞价成交。集合竞价机制根据买方和卖方在一定价格水平的买卖订单数量,计算并编制供需表,当表上供给数大于需求数时,则减价以调节供求量;当表上的供给数小于需求数时,则调高价格以刺激供给,最终实现在某一价格水平上的供需平衡,形成均衡价格,且在该价格下成交的证券数量最大。许多证券市场每日交易的开盘价都是由集合竞价决定的,交易不活跃的证券通常也采用集合竞价。目前,我国上海证交所A股股票、基金的开盘价都是通过集合竞价方式产生的。

(2)连续竞价机制。连续竞价机制是证券交易可在交易日的各个时点连续不断地进行。投资者向其经纪商发出买卖委托,经纪商将该订单输入交易系统,交易系统即根据市场上已有的订单进行撮合,一旦按照有关竞价规则有与之相匹配的订单,该订单即可以得到成交。投资者在交易时间内随时有买卖证券的机会,而且能根据市场的瞬息变化进行决策的调整。传统的竞价交易方式是由证券公司派驻交易所的交易员在交易大厅内集中报价交易。而现在随着网络和计算机通信技术的发展,投资者在任何地方都可以通过电话或者互联网下达交易指令,通过证券公司与交易所的计算机联网,在交易所的计算机自动进行撮合交易。撮合交易的原则是“价格优先、时间优先、最大优先”。我国的上海证交所和深圳证交所在正常的交易时间(深交所的收盘价在最后3分钟通过集合竞价产生)采用连续竞价机制。

(3)连续性做市商机制。做市商机制就是做市商进行双向报价,投资者可以在做市商所报出的价位上向做市商进行买进或卖出。做市商对某只特定的证券做市,报出该证券的买卖价格且随时准备买入或卖出，所有的投资者都与做市商进行交易，做市商赚取买卖的价差。美国纽约证交所规定有一个且只能有一个券商来负责某一股票的交易，券商被称为特许交易商，他负责在特定的股票交易上维持市场的有序性，绝大多数的做市商经营若干证券。美国的纳斯达克市场也是典型的采用做市商机制交易的市场，每一种股票同时由多个做市商负责，由分散在全国各地的做市商通过电子系统报价，投资者可以在这些相互竞争的做市商之间选择最有利的报价。2001 年，做市商制度被引入我国的银行间债券市场，2007 年，《全国银行间债券市场做市商管理规定》正式出台。

四、国内金融市场与国际金融市场

按照金融交易的地域范围进行划分，可分为国内金融市场和国际金融市场。国内金融市场包括地方性金融市场和全国性金融市场，两者的区别主要是前者所包括的地域范围比后者要小一些，但两者的市场主体均为本国的自然人和法人。而国际金融市场包括地区性金融市场和国际金融市场，前者的市场主体范围是指某个地区，如东南亚地区、加勒比海地区，而后者的市场主体范围指全球范围内、但双方当事人均为不同国家的自然人和法人。国际金融市场可以分为狭义的国际金融市场和广义的国际金融市场，狭义的国际金融市场又称传统的国际金融市场，它是指进行各种国际金融业务的市场。而广义的国际金融市场还包括离岸金融市场，离岸金融市场又称境外市场，是指非居民(包括外国投资者、外国筹资者和外国借款人)之间使用外国货币从事国际金融业务交易的市场。离岸金融市场的特点表现在:一是不受所在国金融法规的约束和管制，二是只允许非居民参与国际金融业务交易，三是资金出入境自由，四是市场上流通的是外国货币及外币计价的金融资产，五是在该市场上的交易一般可以享受税收优惠。

五、交易所市场与场外市场

根据证券交易场所的差别，可以将金融市场分为交易所市场和场外市场。交易所市场是指具有固定交易场所(如证券交易所)的金融市场。根据交易机制的不同，交易所市场可以采取集合竞价机制、连续竞价机制或连续性做市商机制(见前文所述)。交易所市场的特点是在固定场所内集中交易(受交易席位的限制)；交易证券是经批准的上市证券，且交易数量达到规定的成交单位；采用经纪制，即委托—代理制形式；成交价格以竞价的方式或做市商机制产生。

场外交易市场又称柜台交易，即证券经纪商通常在他们办公室的柜台上来完成证券交易的手续。事实上，支撑场外交易市场的是由自营商通过计算机、电话、电传、报刊等通信工具建立起来的一个无形的交易网络。通过这些通讯工具，自营商持续地报出某种证券的买入价和卖出价，并随时准备应客户的要求以该价格向客户买入或卖出证券。场外市场无交易席位的限制，也没有上市标准，任何证券均可交易且不必公开发行公司的财务状况。在美国,场外交易市场是由全国证券自营商协会负责管理的。场外交易主要通过全国证券自营商协会自动报价系统(National Association of Securities Dealers Automated Quotation System,NASDAQ)和全国市场系统(National Market System)两个电子报价系统进行。

此外,在发达的市场经济国家还存在着第三市场和第四市场。第三市场是原来在交易所上市的证券移到场外进行交易所形成的市场,具有限制更少、成本更低的优点,其参与者多为机构投资者和进行巨额交易的证券交易商。第四市场则是买卖双方直接进行证券交易的市场,其形成的主要原因是机构投资者希望避开经纪人直接交易以降低成本。现代信息技术的快速发展和广泛应用减少了投资者寻找交易机会的成本,使得这一市场取得了很大发展。

第三节　金融市场效率

金融市场功能的实现依赖于金融市场的效率(efficiency of financial market)。前面学过,信息充分的投资者在完全竞争的市场上购买某金融资产时必须支付的价格就是该项资产的价值。《韦氏词典》将“有效”定义为胜任的行动和发挥作用,即只有最小的浪费和最少的冗余动作。该词在“有效市场”中保留了同样的含义,一个有效率的市场必须胜任地发挥其作用,没有浪费或无用功,如有效率的市场有最小的交易成本,能够使价格迅速而准确地进行调整,从而可以反映证券真实的内在价值。投资者或融资者在任何时候购买或出售证券都能获得一个公平的价格,实现效用的最大化,同时也能使有限的社会资源得到有效的利用。

一、金融市场效率的含义

根据著名经济学家芝加哥大学尤金·法玛(Eugene Fama)教授的观点,金融市场的效率分为两种,即运行效率和定价效率。

运行效率主要通过投资者买卖证券时所支付交易成本的多少来衡量,如证券商索取的手续费、佣金与证券买卖的价差等。在运行有效率的金融市场中,获得同样的服务,投资者可以支付尽可能少的交易成本。提高金融市场运行效率的关键在于减少由于金融市场不完全竞争所导致的各种摩擦成本,也就是说,金融市场运行效率的提升关键是依赖制度的不断创新与完善。

定价效率则探讨证券价格是否迅速地反映出所有与价格有关的信息,因而,定价效率是对通过市场运行形成的证券价格同其价值相一致的程度的衡量。定价效率高的金融市场可以在短时间内传递大量准确的相关信息,使得证券价格迅速调整到位;而定价效率低的金融市场,信息传递较慢并存在大量失真现象,因而证券价格调整到位需要相当长的时间,有时还会调整“过头”,须经多次价格调整才会“到位”。

【拓展阅读】

信息与证券价格的确定

设想你去参加一个汽车的拍卖会，你发现了你喜欢的微型马自达，你试驾时注意到了奇怪的噪音但你仍然认为50000元可能是其合理的价格，而另一个买主注意到噪音完全是由某种磨损引起的，他可以付正常的成本进行修理，他认为这车值70000元，谁将买到这辆车？付多少钱？假定只有你们两人对此车感兴趣，你报价40000元，他抬高到45000元，你报出50000元的最高价，他出价51000元，这个价格高于你愿意付出的，这样，车以51000元的价格卖给了拥有更多信息的买主。

这个例子有以下几个要点。首先，价格由愿意付最高价的买者决定，而且价格并不必然是资产可能出售的最高价，但他高于任何其他买者愿意付出的价格。其次，市场价格由能够最好地利用该资产的买者决定，想想为什么一家公司常常支付大大高于现行市价的价格去收购另外一家公司的所有权，收购公司可能相信它能够使目标公司的资产比现在利用得更好。最后，该例子表明拥有一项资产的专有信息的重要性，如果关于该资产的所有的信息被众多的买者所拥有，那么，买者之间的竞争将使其价格接近其价值。上例中如果你也知道噪音的原因及其解决办法，你认为其合理价格也是70000元，那么你将继续报价，最终汽车在70000元的价格成交。

正是市场上相互竞价的交易者决定了所交易证券的市场价格，一旦关于一家公司的新信息被公布，预期就会改变，价格也就随之改变。因为市场参与者不断地得到新信息，不断地校正他们的预期，证券价格的不断变动也就是合情合理的了。

二、有效市场假说

围绕定价效率，尤金·法玛在1970年所发表的《有效资本市场：对理论和实证工作的评价》一文中，系统提出了著名的有效市场假说。他认为：在一个有效的资本市场上，在某一时点上的证券价格已经充分反映了该证券的全部信息，当有新的信息出现时，证券价格对该信息的反应是迅速而准确的，市场竞争能够使证券价格从失衡状态快速过渡到均衡状态，最终每种证券的真实价值都通过其价格得到体现。有效市场假说强调套利能够很快消除任何超常获利机会，驱使市场价格回归其合理价值。

法玛根据投资者可得到的信息的不同以及证券价格反映的信息的不同，定义了三种层次的市场有效性，即弱式有效市场、半强式有效市场和强式有效市场。

弱式有效市场(weak efficiency)，是指当前的证券价格已经充分反映了证券过去的历史信息(例如证券过去的交易价格、收益率、交易量等)。如果市场未达到弱式有效的状态，则当前的价格未完全反映历史价格信息，那么未来的价格变化将进一步对过去的价格信息做出反应。在这种情况下，人们可以利用技术分析和图表从过去的价格信息中分析出未来价格的某种变化倾向，从而在交易中获利。如果市场是弱式有效的，则过去的历史价格信息已完全反映在当前的价格中,未来的价格变化将与当前及历史价格无关,投资者基于历史信息来买卖证券以谋求超额收益率是不可能实现的,也就是说,当前及未来证券价格的变动完全独立于以前证券价格的变动,对投资者来说,证券的历史价格对未来证券价格的变动没有预测作用。因此,流行的K线图等技术分析手段对投资者是没有帮助的,只有新信息的出现才会导致证券价格的变动和帮助投资者获得超额利润。

半强式有效市场(semi - strong efficiency),是指证券价格完全反映了与证券有关的全部公开的信息。此处的公开信息包括证券过去的交易价格、交易状况、上市公司的财务报告、配股方案及市场宏观信息等。如果市场未达到半强式有效的状态,公开信息未被当前价格完全反映,分析公开资料寻找错误定价的证券将能增加收益。但如果市场是半强式有效的,价格就会对所有公开信息,如最近一个季度的财务报告、新股发行等迅速做出反应,那么仅仅以公开资料为基础的分析将不能给投资者提供任何帮助,因为针对当前已公开的资料信息,目前的价格是合适的,未来的价格变化与当前已知的公开信息毫无关系,其变化纯粹依赖于明天新的公开信息。而有内幕消息的投资者则可能获得超额利润。

强式有效市场(strong efficiency),是指证券价格已经充分反映了所有公开的和不公开的信息(例如内幕信息)。当强式有效市场成立时,即使投资者掌握了所谓的内幕消息,但该市场可以非常快的吸收内幕信息,并迅速反映到证券价格上。因此,投资者仍然没有可能因为信息不对称而获得超额收益。如果市场是强式有效的,组合管理者会选择消极保守型的态度,只求获得市场平均的收益率水平,管理者一般模拟某一种主要的市场指数进行投资,因为在有效定价的市场中,考虑到交易成本,积极策略的风险大于简单的"购买并持有"策略。麦基尔在《漫步华尔街》中写到,"股票市场对新信息的反应是如此迅速和完美,以至于业余投资者按现价买卖股票也会和职业投资者不分伯仲,如果真的有'例外'的投资经理人,那也一定是凤毛麟角"。

有效市场成立的条件较为严格,包括:

1.在市场上的每个人都是理性的经济人。他们每天都在进行基本分析,以公司未来的获利性来评价公司的股票价格,把未来价值折算成今天的现值,并谨慎地在风险与收益之间进行权衡。

2.证券市场对新的市场信息的反应迅速而准确,证券价格能完全反映全部的信息。由于投资者都利用可获得的信息力图获得更高的报酬,当信息变动而证券价格未动时,投资者立即会用买进或卖出股票的办法使证券价格迅速调整到位。

3.市场竞争使证券价格从旧的均衡过渡到新的均衡,而与新信息有关的相应的价格变动是相互独立的或随机的。由于新信息的内容、发生时间以及对证券价格的影响程度都是不可预见的,所以证券价格是随机游动的。

4.证券交易成本很低。投资者能够根据证券价格的波动合理地调整持券数量和品种。

在20世纪60、70年代和80年代初期，绝大多数的研究似乎支持这样的信念，即金融市场至少是半强式有效的，这也促进了实践中指数基金的发展。指数基金因为没有被积极管理，所以管理费用较低，但它们至少提供了与积极管理的共同基金一样高的收益率。然而，20世纪90年代，不利于市场有效性的证据大量出现，被广泛宣传的异常现象之一是小公司效应——持有小公司股票的人获得较高的收益率。学者们的研究进一步发现，市场认识不到好消息有一种使更多的好消息尾随而至的趋势，坏消息也有同样的效应，当一家公司宣布其高于预期的收益时，该公司的股票不出意料会发生上涨，然而，它不会上涨到它应该达到的高度，随后的利好报道使市场大吃一惊，价格又继续攀升，而理性有效的市场应该事先预见到利好的报道。

资本市场作为一个复杂系统并不像有效市场假说所描述的那样和谐、有序和有层次，有效市场至少在原则上排除了投机泡沫、错误信息及“人群疯狂症”的可能性，但它不能解释市场恐慌、股市崩盘现象。有效市场假说与现实世界的冲突以及大量股市异常现象的出现，使一些学者转向新理论的探索。行为金融理论从人们决策时的实际心理活动入手讨论投资者的行为，认为投资者在进行投资决策时常表现出过分自信、损失回避、避免后悔等心理，因而他们的实际决策过程并非如有效市场理论所描述的那样是最优决策过程。以非线性、混沌为特征的新理论范式则认为，证券价格对信息的反应过程以及整个经济的动态波动本质上都是非线性的，证券市场具有混沌的特征，而混沌系统则是一个具有对初始条件敏感依赖性，即蝴蝶效应的复杂动力学系统。

【拓展阅读】

市场有效性对金融决策意味着什么

如果市场恰好适度地有效，即在绝大多数的时间里绝大多数证券被正确地定价，对投资者和金融经理意味着什么？

1.不要试图战胜市场。如果市场是有效的，那么证券价格就会反映关于每种证券价值的所有可获得的信息。这意味着，要战胜市场，你不仅必须比其他的某个人知道得多，你还需要比其他的每个人知道得多。

2.不要浪费金钱和时间去寻找好买卖。许多投资者花费大量的时间和精力在市场上寻找好买卖。一个学金融的研究生，积蓄多年，将他的家属从印度接到美国，以帮助他攻读一所美国大学的博士学位，当他学习金融数年之后，他相信自己能够打败市场，他开始每天交易，不断地买进和卖出股票以期获取超常的收益。在第一年的交易之后，他就不得不把他的家属送回印度，到第二年，他也不得不走了。如果市场是有效的，他应该干得和随机购买股票一样好才是，但问题出在交易成本上，频繁的买卖使其必须获取较高的收益才能弥补交易成本。这个故事的意义在于：关于市场有效性的证据表明，最好的投资战略是为长期持有而购买证券，这将使你的交易成本最小化。

3.历史并非至关重要。如果你连续5次投掷硬币的结果是头像朝上，那么你第6次掷出硬币时头像朝上的概率有多大？仍然为50%。这个教训有时候在直觉上难于接受,但最好的账目表明,对于金融市场来说这是真实的。仅仅因为一只股票已连续上涨 10 天,并不能说明它必然会继续上涨。

三、影响金融市场效率的因素

金融市场效率主要受市场发育程度(金融市场的广度与深度)、交易成本和市场信息等因素的影响。

(一)市场发育程度

金融市场的发育程度与金融市场效率的高低成正相关关系。金融市场的有效运行是依赖于一定的市场结构和规模的。市场发育程度的高低决定了市场的深度和广度以及市场结构的完善程度,从而最终会影响到金融市场的效率。

金融市场的深度是指市场中是否存在足够大的证券资产日常交易量。从一方面来说,如果金融市场日常证券交易量足够大,就可以确保在某一时间、一定范围内的成交量变动不会导致金融资产价格的不正常波动。从另一方面来说,一个有深度的金融市场也必须具有相当规模的市值。金融市场广度是指市场参与者的类型及数量的复杂程度。若一个金融市场具有广度,则参与金融市场交易的主体类型及数量众多,同时他们入市的目的也各不相同,有的参与者是为了投机,而有的则为了保值。金融市场的广度越大,金融市场被某一部分人所控制的可能性就越小,则证券的供给和需求数量的变动及其交易者对未来的预期就越能在证券市场价格上得到反映。金融市场的发育程度越高,则金融市场的规模越大,市场结构越合理,市场上的信息越充分、分布越均匀,市场行为相对越规范,因此金融市场效率就越高;反之,金融市场发育越不完善,金融市场效率就越低。因此,为了提高金融市场效率,关键是必须采取措施推动金融市场的发展。

金融市场的组织结构通过影响交易者的交易成本或市场信息从而最终影响市场效率。在一个国家中,金融系统包括两种组织类型,即中介机构(传统体系中主要是指银行)主导型和市场主导型。一般来说,中介机构在处理标准化信息时具有规模效应,可以降低搜索成本,但中介机构在处理非标准化信息、不确定性因素及在创新能力方面较弱。而金融市场在搜集和处理非标化信息时比金融中介更具优势。

(二)交易成本

交易成本的高低直接影响金融市场的运行效率,两者成负相关关系。

交易成本是指交易者为达成金融交易而在交易价格之外所必须额外付出的时间和金钱成本。它包括以下几个部分:(1)佣金(commision),佣金是投资者支付给经纪人买卖证券的费用,是交易成本的主要组成部分。(2)买卖价差,它是指交易者买卖同一种证券时,高价买进和低价卖出之间的差价损失。(3)搜索成本,即交易者为了寻找交易机会和进行交易必须进行的信息搜集、信息分析、咨询等所耗费的时间和金钱成本。如果投资者进行信息搜索所导致的边际收益小于边际成本,投资者就有可能更愿意接受非最优的价格。(4)执行成本,也称市场影响成本,相当于证券的执行价格与如果没有这笔交易,市场可能出现的价格之间的差额。执行成本的高低受市场的深度、投资者的流动性需求和交易日的交易活动等因素的影响。当交易商迅速执行大额买进订单时会使价格上升,反之亦然。(5)机会成本,一般被描述为交易的隐含成本,是指投资者愿意进行成交而最终又不能进行交易而失去的最大可能收益。(6)其他成本,包括投资者所支付的信息搜集、法律咨询、交通等方面的花费以及印花税等。

(三)市场信息

信息是交易者进行买卖证券决策的依据,信息的充分性、真实性、对称性及即时性对金融市场定价效率的提高具有重要影响。金融市场信息表现得越真实、越充分、交易双方对信息的掌握越对称并且信息传递越及时,则金融市场效率越高。金融市场信息不对称问题的严重程度远远超过产品市场信息结构失衡造成的后果。金融交易涉及的不确定性因素更多,交易各方更易于隐藏自己的动机和行为,而且监督成本高,信息的搜集、获取、筛选、辨别成本太高,信息不对称的具体表现形式更是复杂。金融市场的信息不对称,导致逆向选择和道德风险问题,影响金融市场的有效运行。

要使有效的市场在现实中得以建立,在假设投资者为理性的前提下,还需要有四个条件。第一是信息公开的有效性。即有关每一只证券的全部信息都能够充分、真实、及时地在市场上得到公开。第二是信息从公开到接收的有效性。即上述被公开的信息能够充分、准确、及时地被关注该证券的投资者所获得。第三是信息接收者对所获得信息做出一致、合理、及时地解读。第四是信息的接收者依据其判断实施投资的有效性,即每一个关注该证券的投资者能够根据其判断,做出准确、及时的行动。因此提高金融市场的有效性,根本问题就是要解决证券价格形成过程中在信息披露、信息传输、信息解读以及信息反馈各个环节所出现的问题,包括建立上市公司强制性信息披露制度和通过一定的监管制度抑制非法信息披露和信息欺诈、疏通信息传递渠道等。

【本章小结】

1.金融市场由金融市场主体、金融市场客体、市场交易中介、金融市场价格、市场交易的组织形式等五大要素构成。

2.金融市场的功能可以分为微观层面的功能和宏观层面的功能,微观层面的功能可以分为风险管理功能、价格发现功能、提供流动性功能、降低交易的搜寻成本和信息成本功能。宏观层面的功能可以分为将储蓄转化为投资功能、优化资源配置功能、宏观调控功能。

3.根据不同的划分标准,可以将金融市场划分为不同的类型。按金融资产的期限可以分为货币市场和资本市场,按金融资产的交割时间可以分为现货市场和衍生市场,按金融资产的发行和流通可以分为一级市场和二级市场。

4.金融市场效率分为运行效率和定价效率,金融市场效率的影响因素主要是市场发育程度、交易成本和市场信息等。

5.有效市场假说认为,在某一时点上的证券价格已经充分反映了该证券的全部信息,当有新的信息出现时,证券价格对该信息的反应是迅速而准确的,市场竞争能够使证券价格从失衡状态快速过渡到均衡状态,最终每种证券的真实价值都通过其价格得到体现。

6.有效市场假说将资本市场的有效性分为弱式有效、半强式有效和强式有效三种。

【复习思考题】

1.金融市场的构成要素有哪些?

2.金融市场的主要功能有哪些?

3.货币市场有哪些子市场?

4.货币市场和资本市场的功能有何差异?

5.一级市场和二级市场的主要联系与区别有哪些?

6.影响金融市场效率的主要因素有哪些?

7.什么是弱式、半强式和强式有效市场?

8."既然企业在一级市场上发行股票获得资金,故二级市场的重要性不如一级市场,经理人员也不必关注公司股票在二级市场的价格表现"。该说法正确吗?为什么?

9.简述尤金·法玛的有效资本市场假说,并回答下列问题:

(1)如果你相信市场是强有效的,你是否愿意采纳技术分析师的建议?为什么?

(2)有一则故事:年初人们请8位股评家选择了5只股票,同时让一只生活在动物园里的猩猩也选择了5只,到年末考核专家所选股票与猩猩所选股票的收益率时,人们发现收益率不相上下,请对这一故事作简要评析。

CHAPTER 10 第十章 金融资产价格的决定

【学习目标】

本章要求学生掌握资本市场线和证券市场线的含义；掌握资本资产定价模型的公式；了解单因素模型和多因素模型；了解金融期货理论定价的原理和应用二叉树对期权定价的理论。

【重要概念】

资本资产定价模型　资本市场线　证券市场线　多因素资产定价模型　套利定价模型　理论期货价格　二叉树图　Black - Scholes 期权定价模型

金融资产价格的高低直接影响到投资者和融资者的利益，在完全竞争的市场上，市场参与者只是价格的接受者，而非决定者。因此，理解金融资产的价格决定机制对正确进行投融资决策具有重要的意义。本章首先介绍风险资产的市场均衡价格理论——资本资产定价模型，然后讨论它的扩展——套利定价模型，最后讨论期货与期权价格的决定。

第一节　资本资产定价模型

资本资产定价模型（Capital Asset Pricing Model，CAPM）是关于风险资产的市场均衡价格理论，是帮助我们找到适当的贴现率并确定资产价值的一种有用的工具，是基于组合投资理论推演出的在市场均衡状态下预期收益与风险之间的关系。该模型是由夏普（Sharpe，1964）、林特纳（Lintner，1965）和莫辛（Mossin，1966）三人共同提出来的，这个模型以及有关的资本市场理论是建立在马科维茨奠定的资产组合理论基础上的。

在金融市场上，风险资产的价格也是由供求决定的。在特定时期内，证券市场的供给是固定的,市场上投资者的共同行为影响了市场需求,进而导致风险资产的价格波动,那么,在市场处于供求均衡的理想状态下,风险资产的价格如何决定呢? CAPM 模型就为精确计算风险资产的均衡价格提供了理论依据。历经半个多世纪,尽管 CAPM 模型的准确性不断受到来自学术研究和市场应用等方面的质疑,但它依然保持着在现代金融学理论中的核心地位,并以此为基础不断演绎出新的资产定价理论模型。

一、基本假设

现实世界复杂多变,如果不能忽视、弱化或者剥离那些没有重大影响的因素,就无法清晰地刻画出金融市场的运行和资产价格的变化规律,因此,资本资产定价模型首先对资本市场的均衡条件给出了一系列的基本假设条件:

(1)存在大量的投资者,每个投资者的财富相对于所有投资者的财富总和来说是微不足道的。投资者是价格的接受者,单个投资者的交易行为不会对证券价格造成影响。

(2)所有投资者都在同一证券持有期内计划自己的投资行为。这种行为是短视的,因为它忽略了在持有期结束的时点上发生的任何事件的影响,而短视行为通常不是最优行为。

(3)投资者的投资范围仅限于在公开金融市场上交易的资产。这一假定排除了投资于非交易性资产。而且,资产的数量是固定的。同时,所有资产均可交易而且可以完全分割。

(4)存在无风险资产,投资者能够以无风险利率不受限制地借入或者贷出任何额度的资产。

(5)不存在市场不完善的情况,即投资者无须纳税,不存在证券交易费用,包括佣金和服务费等。

(6)投资者都是理性的,是风险厌恶者,他们追求投资资产组合标准差的最小化,也就是风险的最小化,他们期望财富的效用达到最大化。

(7)所有投资者对证券的评价和经济局势的看法都是一致的。无论证券的价格如何,所有投资者的投资顺序都是一样的,符合马科维茨模型。给定一系列证券的价格和无风险利率,所有投资者证券收益的期望收益率与协方差矩阵相等,从而产生了有效率边界和一个独一无二的最优风险资产组合。这一假定被称为同质期望。

这一假定虽然与现实世界存在很大的差异,但是通过这个抽象的假定,可以了解到证券市场均衡关系的基本性质。

二、分离定理与市场资产组合

如果存在按无风险利率借款或贷款的机会,投资者构建有效资产组合的方法将是把无风险资产投资与风险资产组合投资结合起来。所有投资者都持有无风险资产与市场资产组合组成的资产组合的理论被称之为资金分离定理,按照该定理进行投资,有利于将风险控制在一定水平，实现预期收益的最大化。

因而，我们可以得出：投资者对风险和收益的偏好与投资者最优风险资产组合的构成是无关的，这就是分离定理。表现在图形中：I_1 代表风险偏好型投资者的无差异曲线，以无风险利率（A 点）融入资金投入风险资产组合，最优投资组合由切点 F 表示。I_2 代表风险规避型投资者的无差异曲线，保留一部分资金投资于无风险资产，部分资金投资于风险资产组合，最优投资组合由 E 点表示。尽管 E 点和 F 点的位置不同，但是，都是由无风险资产 A 和风险资产组合 T 构成。

习惯上，人们把切点组合 T 称为市场资产组合，用 M 代替 T 来表示。所谓市场资产组合是指投资者所能获得的所有资产，每一资产持有比率等于该资产的市场价值占所有资产总市值的比重。在这个组合中，每一种证券的构成比例等于该证券的相对市值，一种证券的相对市值等于该证券市值除以所有证券的总市值。从理论上来讲，市场资产组合不仅包括股票，还有债券、房地产等其他资产，但是在现实的运用中，我们把 M 仅局限于普通股。比如，在股票市场投资的 M 组合，投资者必须投资于所有股票，每一股票持有的比率等于该股票的市值占全部股票市值的比重。

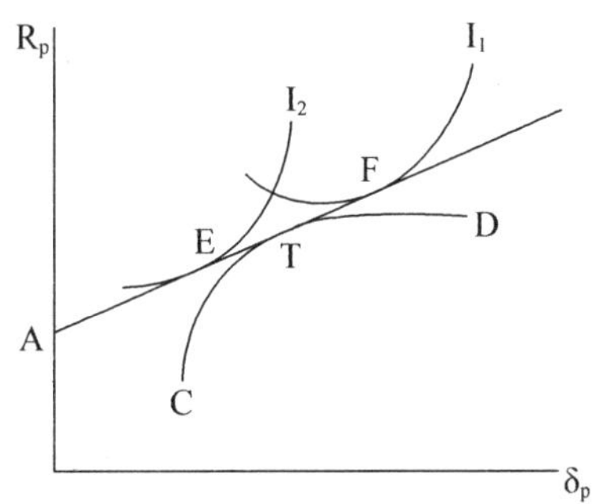

图 10－1 分离定理

在现实生活中，按上述比重进行投资是不切合实际的，但指数基金正是按此比重进行组合投资的，指数法投资就是按照一个主要的市场指数中相同的资产比例，进行多样化的投资。如果投资者的范围仅限于股票市场和债券市场，而且市场是有效率的，那么市场资产组合大致就等于 T 点所代表的组合，可以由指数基金来代替；A 点代表无风险资产，可以由货币市场基金代替。投资者选择最优投资组合显得轻而易举，只要根据自己的风险偏好把资金合理的分配于市场指数基金和货币市场基金，这就是共同基金定理。

三、资本市场线

如果用 R_f 代表无风险利率，从 R_f 出发画一条经过 M 的直线，这条线就是在允许无风险利率借贷情况下的线性有效集，在此，我们称之为资本市场线（Capital Market Line，CML），如图 10－2 所示。

因为有且仅有有效证券组合落在资本市场线上,在满足基本假设的均衡状态下,有效证券组合的风险和收益率之间的关系是线性的,因而资本市场线对有效证券组合的风险与收益率的关系提供了完整的解释。从形式上,资本市场线表示为下列直线方程:

$$E(R_p) = R_f + b\delta_p \qquad (10-1)$$

式中,$E(R_p)$为任意有效证券组合 P 的期望收益率;R_f 为无风险收益率;b 为资本市场线的斜率;δ_p 为有效证券组合 P 的标准差(风险)。

因为市场证券组合 M 本身作为一个有效的证券组合出现,因而落在资本市场线上(图 10-2),即有 $E(R_M) = R_f + b\delta_M$。由此可算得资本市场线的斜率 b 为$\frac{E(R_M) - R_f}{\delta_M}$,资本市场线的方程为:

$$E(r_p) = R_f + \frac{E(R_M) - R_f}{\delta_M}\delta_P \qquad (10-2)$$

式中,$E(R_M)$为市场证券组合 M 的预期收益率;δ_m 为市场证券组合收益率的标准差。

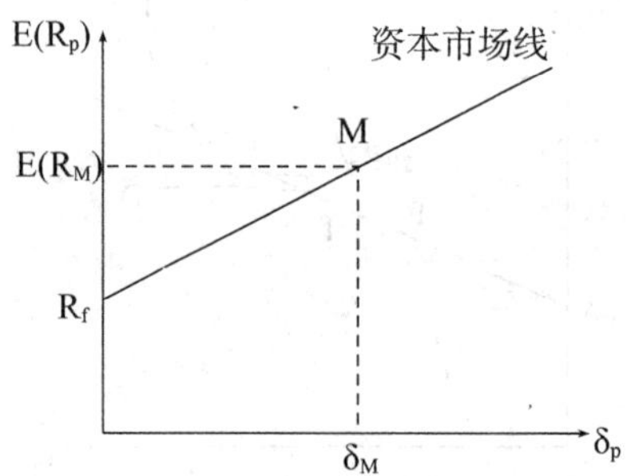

图 10-2 效率边界与资本市场线

资本市场线在纵轴上的截距 R_f 是无风险收益率,它表示放弃即期消费的补偿,也称 R_f 为资金的时间价值。资本市场线的斜率指出了期望收益率与风险的关系。斜率表示承担单位风险所能获得的期望收益率上的奖励,因此可将斜率看成风险的价格,故将斜率$\frac{E(R_M) - R_f}{\delta_M}$称为风险的价格(通常称为风险溢价),这个价格对每一个投资于有效证券组合的投资者是一样的。

时间价格、风险价格与其他价格一样,依赖于供求关系,时间价格、风险价格在不同时期是不同的,如果人们更倾向于即期消费,将减少资金的供给,从而提高时间价格;如果人们更厌恶风险,那么降低风险的需求便会扩大,从而会提高风险的价格。随着时间价格与风险价格在不同时期的变化,资本市场线也将变化,因而一条资本市场线只反映特定时期风险与期望收益率之间的关系,这个特定的关系由当时的时间价格和风险价格决定。

四、证券市场线

(一)证券风险的测定与 β 系数

资本市场线反映的是有效组合的预期收益率和标准差之间的关系,因此资本市场线并不能告诉我们单个证券的预期收益与标准差之间存在怎样的关系。为此,我们要做进一步的分析。

在资本资产定价模型下,单个证券的风险中对有效证券组合的贡献部分才与我们的投资收益率密切相关。在有效证券组合中,我们对单个证券的风险只需测定贡献部分即可。证券 i 对市场组合方差 δ_M^2 的贡献为 $\mathrm{cov}(R_i, R_m)$,记作 δ_{iM}。单个证券的期望收益率与风险的线性关系可以由:

$$E(R_i) = R_f + (\frac{E(R_M) - R_f}{\delta_M^2})\delta_{iM} \tag{10-3}$$

来描述。这就是著名的证券市场线(Security Market Line,SML),它反映了单个证券与市场组合的协方差和其预期收益率之间的均衡关系。

令 $\beta_{iM} = \frac{\delta_{iM}}{\delta_M^2}$,我们可以得到:

$$E(R_i) = R_f + (E(R_m) - R_f)\beta_{iM} \tag{10-4}$$

其中,β_{iM}称为证券 i 的 β 系数,它是表示证券 i 与市场组合协方差的另一种方式。式(10-4)是证券市场线的另一种表达形式。如果用纵轴表示 $E(R_i)$,用横轴表示 β_{iM},则证券市场线也可表示为截距为 R_f,斜率为 $E(R_m) - R_f$ 的直线,如图 10-3 所示。

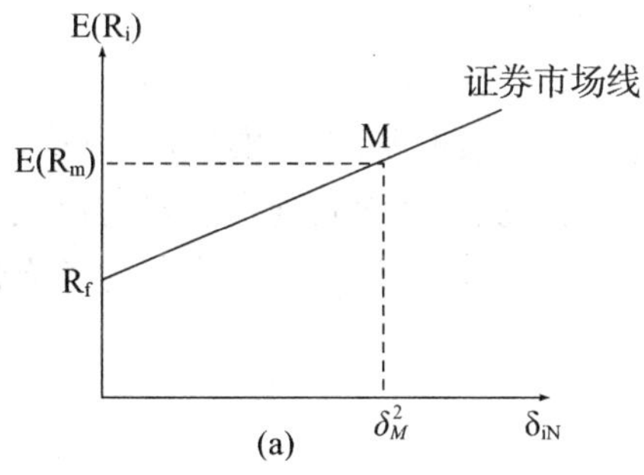

图 10-3 证券市场线

通过比较资本市场线和证券市场线可以看出,只有最优投资组合才落在资本市场线上,其他组合和证券则落在资本市场线的下方;而对于证券市场线而言,无论是有效组合还是非有效组合都落在证券市场线上。

到这里,我们就基本解决了通过资本资产定价模型寻找与资产匹配的贴现率问题:只要给定特定资产的 β 系数,以及无风险利率和市场风险溢价,就可以求出该资产的预期收益率。

资本资产定价模型以及资本市场线表示的是市场均衡状态下单个资产的预期收益率与风险的关系。但市场并不总是处于均衡状态的,这时,资产价值或被高估或被低估,表现为按照市场价格计算出来的真实投资收益率高于或者低于用 CAPM 模型计算出来的合理预期收益率,在图中表现为相关的点落在证券市场线的上面或下面。如果这种股票的投资收益率大于或者小于用资本资产定价模型计算出来的收益率,则意味着该股票的价值已经被低估或者被高估,投资者就可以据此决定是买进还是卖出该股票。

五、资本资产定价模型在实践中的应用

资本市场理论说明市场投资组合是一个有效的投资组合,因此,投资者只要将无风险资产投资与某一指数基金投资相结合,其效果基本等同于积极研究并试图"战胜"市场的投资者。在国际上有人经过长期研究发现,这种消极投资策略的投资业绩比基金投资的业绩还要高,因此越来越多的家庭和养老基金采用这种消极投资策略进行投资。

第二节　因素模型和套利定价模型

资本资产定价模型是现代金融学研究中具有里程碑意义的成果。正因为如此,后人对其进行了大量的实证研究,但实证研究的结论引起了广泛的、进一步的讨论,于是,人们在资本资产定价模型的基础上经过深入研究,提出了一些新的资产定价模型,如因素定价模型和套利定价模型。

套利定价理论的出发点是假设证券的收益率与某些因素相联系。因此,在介绍套利定价理论之前,我们先介绍因素模型,因素模型是一种统计模型。套利定价理论是利用因素模型来描述资产价格的决定因素和均衡价格的形成机理的,这在套利定价理论的假设条件和套利定价理论中都清楚地体现出来。为了方便理解,我们遵循循序渐进的方法从单因素模型开始。

一、因素模型

(一)单因素模型

单因素模型(Single Factor Model)是一种最简单的因素模型。假设我们把所有的相关经济因素分为宏观经济因素和公司特有因素,且这两类因素影响整个证券市场。单因素模型认为证券收益率只受到一种因素的影响,对任意的风险资产 i,其在 t 时期的单因素模型可以表达为:

$$r_i = E(r_i) + \beta_i F + e_i \tag{10-5}$$

r_i 表示证券 i 的收益率，$E(r_i)$是证券持有期期初的期望收益，F 为宏观因素的非预测成分，β_i 为证券 i 对宏观事件的敏感程度，e_i 为非预期的公司特有事件带来的影响。e_i 是随机误差项，它的期望值为 0，F 的期望值也为 0。

很容易想象，一个更接近现实的证券收益分析要求考虑更多的因素，我们将会在后面马上学习到。现在我们仅考虑这个宏观因素。由于单因素模型并没有提出用什么指标来衡量宏观因素对证券的影响，国内外一个较为流行的方法就是用股票市场指数来替代宏观因素，在美国通常用标准普尔 500 指数的收益率来替代宏观因素。因此单因素模型也可以表示为：

$$r_i = E(r_i) + \beta_i r_M + e_i \tag{10-6}$$

其中，r_M 表示市场指数收益率，β_i 为证券 i 对市场指数收益率变化的敏感性指标，它衡量的是系统性风险。e_i 是随机误差项，它的期望值为 0。

从严格意义上来讲，资本资产定价模型中的 β 值和单因素模型中的 β 值是有区别的，前者是相对于整个市场而言，后者是相对于某个市场指数而言，但在实际操作的过程中，我们一般都用市场指数来替代不能确切知道的市场组合，因而也可以用单因素模型中的 β 值来代替资本资产定价模型中的 β 值。

（二）多因素模型

资本资产定价模型的公式中只考虑了对市场风险的补偿，但在现实中，除了资本资产定价模型所考虑的市场风险以外，还有许多非市场风险，都是我们在投资中不得不考虑的因素，多因素模型就是由此产生的。

单因素模型将收益强制性分为系统和公司特有的两个部分，但不将系统风险限制为单因素，其本身的原因可能是多方面的(如 GDP 的增长率、利率水平和通货膨胀率)。在现实经济中，证券收益率对这些宏观因素的敏感度也是不一致的，因此用多因素模型取代单因素模型分析证券的收益率，将会更切合实际。多因素模型有多种多样的形式。其中最为著名的就是法玛和弗伦奇(Fama&French，1986)的三要素模型：

$$\beta_i = E(r_i) + \beta_{Mi} r_M + \beta_{SMBi} SMB + \beta_{HMLi} HML + e_i \tag{10-7}$$

其中，SMB 表示小股票组合收益率与大股票组合收益率的差额，HML 表示账面市值比率高的股票组合收益率与账面市值比率低的股票组合收益率的差额。β_{SMBi} 和 β_{HMLi} 分别表示证券 i 的收益率对 SMB 和 HML 的敏感度。

多因素模型的价值在于承认了非市场因素在资产价值确定中的作用，缺点是很难操作，不容易估计并确认所有的非市场风险。

应当注意的是，与资本资产定价模型不同的是，因素模型不是资产定价的均衡模型，而是描述了风险资产收益率的来源、影响市场的共同因素和资产自身的特殊因素，以及收益率如何根据因素的变化而变化。在实际的应用过程中，人们通常在经济学理论的指导下确定影响资产收益率的各种因素,建立多因素模型,然后根据历史数据,运用时间序列法、因素分析法,在 Eviews 等计量软件的帮助下估计因素模型的系数。

二、套利原则

套利是利用同一种实物资产或证券的不同价格来获取无风险收益的行为。根据定义,套利收益是没有风险的,所以投资者一旦发现这种机会就会设法利用,并随着他们的买进和卖出消除这些获利机会。

在因素模型中,所有具有相同的因素敏感性的证券或资产组合除了非因素风险以外,将以相同的方式行动,因此它们必然要求有相同的预期收益率,否则,就会出现套利机会。投资者将利用这些套利机会,最终导致套利机会消失,市场达到均衡。这就是套利定价理论(Arbitrage Pricing Theory,简称 APT)的实质。

三、套利组合

根据套利定价理论,投资者将尽可能地发现并构造一个套利组合,以便在不增加风险的情况下,提高组合的预期收益率。那么,如何才能构造一个套利组合呢?

如果一个证券组合同时满足下列三个条件:(1)初始价格为 0;(2)组合的风险为 0;(3) 期望收益率为正。我们称这种证券组合为套利组合。

下面依次介绍上述三个条件:

(1) 初始价格为 0,是指套利组合是一个不需要投资者追加任何额外投资的组合。

令 $\omega_i = \Delta w_i$,表示某投资者投资证券 i 占其总投资比例的变化值。要满足证券 i 所占投资比例变化而总投资不变的条件,可以通过以卖出某些证券的收益来买进其他一些证券的方式来解决,而不需要追加投资。即 $\sum_{i=1}^{n}\omega_i = 0$,其中 n 表示该投资者持有证券的种类数。

(2) 套利组合对任何因素的敏感度为 0,即该组合既没有系统性风险,又没有非系统性风险。

为了得到无风险的证券组合,我们必须消除系统性风险(因素风险)和非系统性风险(非因素风险)。满足下面三个条件的证券组合符合这一要求:①选择的投资比例 ω_i 充分小;②所包括的证券种类尽量多,以分散风险;③选择特定的投资比例 ω_i,使得各影响因素的系数 b_{ik},即证券收益率对该因素的敏感度与投资比例的加权平均数等于零。

(3) 组合的预期收益率为正。

四、套利定价模型(APT Model)

套利定价理论是 1976 年由斯提芬·罗斯创立的,该理论假定资产收益率受多个因素的影响,在这一点上与多因素的 CAPM 是一致的,但是,与 CAPM 以及多因素的 CAPM

不同的是，套利定价理论强调套利行为在建立市场均衡过程中的作用。

（一）单因素模型的定价公式

如果影响证券收益率的因素只有一种因素 k 时，则 $E(\tilde{R}_i)=R_f+\lambda_k b_{ik}$，考虑一个对因素 k 有单位敏感度的资产组合，此时 $b_{ik}=1$，令该组合的期望收益率为 $\bar{\delta}_i$，则 $\bar{\delta}_i=R_f+\lambda_k$，所以 $\lambda_k=\bar{\delta}_i-R_f$，它是单位敏感度的资产组合（即资产组合的敏感度为 1）的预期超额回报率，也称为因素风险酬金。

因此证券收益率的单因素模型可以表示为：

$$E(\tilde{R}_i)=R_f+(\bar{\delta}_k-R_f)b_{ik} \tag{10-8}$$

由于市场组合的敏感度为 1，因而（式 10－8）当然可以写成：

$$E(R_i)=R_f+(E(r_M)-R_f)b_{ik} \tag{10-9}$$

这和资本资产定价模型的证券市场线关系是一致的。在没有严格的资本资产定价模型的基本假设的情况下，用无套利条件得到的期望收益和 β 之间的关系等同于其在资本资产定价模型中的关系。这一推导基于三大假定：用单因素模型描述证券收益、足够多的证券及所缺少的套利机会。最后一个限制导致这种方法的名字为套利定价理论。

我们应该注意的是，与资本资产定价模型相反，套利定价理论并不要求证券市场线关系的基准资产组合为真实的市场投资组合，任何一个位于证券投资线上的充分分散化的投资组合均可以作为一个基准资产组合。这就为我们在证券市场线关系的实践中利用指数模型进行投资组合分析提供了条件。

（二）多因素模型的定价公式

若影响证券 i 收益率的因素 $k>1$，此时的 $\bar{\delta}_k$ 表示对第 k 个因素有单位敏感度但对其他的因素敏感度为 0 的证券组合的期望收益率，λ_k 表示对第 k 个因素有单位敏感度但对其他的因素敏感度为 0 的证券组合的风险酬金，所以：

$$E(\tilde{R}_i)=R_f+(\bar{\delta}_1-R_f)b_{i1}+\cdots+(\bar{\delta}_k-R_f)b_{ik} \tag{10-10}$$

这就是套利定价理论的一般表达式。

五、APT 与 CAPM 的区别与联系

同资本资产定价模型类似，套利定价模型描述的也是市场均衡状态下资产的预期收益率与风险的关系，即在均衡市场条件下投资者如何根据资产的风险来确定资产的价格。如果把市场的收益率作为唯一因子，APT 导出的风险——收益率关系与 CAPM 完全相同。因此，CAPM 可以看做是 APT 的一个特例。但两者之间并不相同，套利定价理论比资本资产定价理论更有优势，更接近实际。

第一，套利定价理论的假设条件更加宽松。套利定价理论假定资产投资收益率受

某些共同因素的影响,但究竟是什么因素,以及有几个因素,理论本身没有硬性加以规定,从而使投资者有了一个根据客观情况进行具体分析的机会,进而在一定程度上使得投资者的分析更加接近实际。另外,套利定价理论中投资者的风险偏好并没有约束,资本资产定价模型不但事先假定投资资产收益率与市场组合的收益率有关,而且假定所有投资者都是以投资资产预期收益率与标准差作为分析的基础,并按照“均值—标准差”准则选择最优风险资产组合。

第二,套利定价理论允许资产的投资收益与多种因素有关。这比资本资产定价模型更清楚地指出了风险来源,而且可以指导投资者根据自己的风险偏好和风险承受能力,提高对不同风险因素的承受水平。资本资产定价模型是单因素模型,只能告诉投资者所承担的风险有多大,报酬有多高,但不能告诉风险来自哪些方面。

第三,套利定价理论考察的是市场达到均衡时,从无风险套利角度确定各种资产的价格。而资本资产定价模型假定所有投资者以不同的比例持有无风险资产和相同的市场投资组合,当市场达到均衡时,进一步确定市场组合中各资产的价格。因此,它们建立的理论出发点不一致。

第四,套利定价理论着重强调无风险套利,而且认为投资市场中有可能存在少数定价不合理的资产,但是市场中少数的理性投资者可以发现这一套利机会,然后迫使价格向均衡状态回归。也就是说,在满足套利定价理论假设的情况下,用该理论给投资资产或投资组合确定均衡价格,会有出现偏差的可能。而资本资产定价模型是从它的假设条件经逻辑推理得到的,提供了所有投资资产及投资组合的预期收益率与投资风险关系的明确描述。只要模型条件满足,就可以确定任何投资资产或投资组合的均衡价格。

研究证明,APT在解释资产收益率方面比单因素的CAPM能力更强。然而,套利定价理论在实际应用中也碰到一些问题,其最大的问题就是套利定价理论无法事先让我们知道影响投资资产收益率的因素有哪些,从而使得我们在实际投资分析中感到有点束手无策。

第三节　远期与期货价格决定

衍生金融工具的定价(Pricing)指的是确定衍生证券的理论价格,它既是市场参与者进行投机、套期保值和套利的依据,也是银行对场外交易的衍生金融工具提供报价的依据。

一、金融远期市场

金融远期合约(Forward Contracts)是指双方约定在未来的某一确定时间,按确定的价格买卖一定数量的某种金融资产的合约。在合约中规定,买入标的物的一方称为多方(Long Position),而未来卖出标的物的一方称为空方(Short Position)。合约中规定的未来买卖标的物的价格称为交割价格(Delivery Price)。如果信息是对称的，而且合约双方对未来的预期相同，那么合约双方所选择的交割价格应使合约的价值在签署合约时等于零。这意味着无需成本就可处于远期合约的多头或空头状态。

我们把使得远期合约价值为零的交割价格称为远期价格(Forward Price)。这个远期价格显然是理论价格，它与远期合约在实际交易中形成的实际价格(即双方签约时所确定的交割价格)并不一定相等。但是，一旦理论价格与实际价格不相等，就会出现套利(Arbitrage)机会。若交割价格高于远期价格，套利者就可以通过买入标的资产现货、卖出远期并等待交割来获取无风险利润，从而促使现货价格上升，交割价格下降，直至套利机会消失；若交割价格低于远期价格，套利者就可以通过卖空标的资产现货、买入远期来获取无风险利润，从而促使现货价格下降，交割价格上升，直至套利机会消失。而此时，远期理论价格等于实际价格。在本章中，我们所说的对金融工具的定价，实际上都是指确定其理论价格。

二、金融期货市场

金融期货合约(Financial Futures Contracts)是指协议双方同意在约定的将来某个日期按约定的条件(包括价格、交割地点、交割方式)买入或卖出一定标准数量的某种金融工具的标准化协议。合约中规定的价格就是期货价格(Futures Price)。

金融期货交易具有如下显著的特征：

1.期货合约均在交易所进行，交易双方不直接接触，而是各自跟交易所的清算部或专设的清算公司结算。清算公司充当所有期货买者的卖者和所有期货卖者的买者，因此交易双方无须担心对方违约，由于所有买者和卖者都集中在交易所内交易，因此就克服了远期交易所存在的信息不对称和违约风险高的缺陷。

2.期货合约的买者或卖者可在交割日之前采取对冲交易以结束其期货头寸(即平仓)，而无须进行最后的实物交割。这相当于买者可把原来买进的期货卖掉，卖者可把原来卖出的期货买回，这就克服了远期交易流动性差的问题。由于通过平仓结束期货头寸比实物交割更省事又更灵活，因此目前大多数期货交易都是通过平仓来结清头寸的。据统计，最终进行实物交割的期货合约不到2%。

期货合约的合约规模、交割日期、交割地点等都是标准化的，即在合约上有明确的规定，无须双方再商定。交易双方所要做的唯一工作是选择适合自己的期货合约，并通过交易所竞价确定成交价格。价格是期货合约的唯一变量。

3.期货交易是每天进行结算的，而不是到期一次性进行的，买卖双方在交易之前都必须在经纪公司开立专门的保证金账户。经纪公司通常要求交易者在交易之前必须存入一定数量的保证金，这个保证金叫初始保证金(Initial Margin)。在每天交易结束时，保证金账户都要根据期货价格的升跌而进行调整，以反映交易者的浮动盈亏，这就是所谓的盯市(Marking to Market)。浮动盈亏是根据结算价格计算的。当天结算价格高于昨天的结算价格(或当天的开仓价)时，高出部分就是多头的浮动盈利和空头的浮动亏损。

这些浮动盈利和亏损就在当天晚上分别加入多头的保证金账户和从空头的保证金账户中扣除。当保证金账户的余额超过初始保证金水平时,交易者可随时提取现金或用于开新仓 。而当保证金账户的余额低于交易所规定的维持保证金(Maintenance Margin)水平时,经纪公司就会通知交易者限期把保证金水平补足到初始保证金水平,否则就会被强制平仓。维持保证金水平通常是初始保证金水平的75%。

三、期货价格的决定——现货期货平价定理

我们已经知道,利用期货合约可以对标的资产的价格进行套期保值。如果套期保值是完全的,那么资产加期货的组合是没有风险的,则该组合头寸的收益率应该相当于无风险资产的收益率,否则,在价格回到均衡值之前会存在无风险套利机会。因而,我们可以用这种思想来推导期货价格与标的资产现货价格的理论关系。

假设投资者以利率 r 融入资金 P,以 P 价格购入现货资产,以 F 价格卖出期货,则理论期货价格必须满足以下无风险利润为 0 的条件:

$$F + yP - (P + rP) = 0 \quad (10-11)$$

上式中,F 为期货价格;P 为现货价格;y 为持有资产的现金收益率;r 为融资利率。化简式子(10-11)得:

$$F = P + P(r - y) \quad (10-12)$$

这个公式称为现货—期货平价定理,给出了理论上的现货与期货的价格关系。

为了说明上述公式的运用,我们以一个例子来说明。

【**例题** 10.1】假设现货市场上2010国债价格为100元,2010国债的年利率为6%,按季支付利息,下一次的利息支付恰好是从现在开始的3个月以后;2010国债期货合约要求从现在开始的3个月后交割;目前3个月的资金借贷年利率为4%。目前2010国债期货价格应该为多少呢?

我们把上述的数据代入公式(10-12)中,得到 $F = 100 + 100 \times (0.04 - 0.06) = 98$

当然,理论期货价格可能高于现货价格,也可能低于现货价格,这取决于公式(10-12)中(r-y)是大于0还是小于0。(r-y)反映了融资成本与资产的现金收益之间的差额,称为净融资成本(Net Financial Cost, NFC),而净融资成本的高低直接决定了期货价格和现货价格的高低关系。

第四节 期权价格决定

在前面学习金融资产时,我们已经对金融期权有所了解,然而在实际的金融市场中,我们更关心的是,在一定条件下,期权的内在价值究竟是多少。在本节中,我们将重点学习欧式看涨期权的定价。

一、金融期权合约的定义与种类

金融期权(Option),是指赋予其购买者在规定的期限内按双方约定的价格(简称协议价格 Striking Price)或执行价格(Exercise Price)购买或出售一定数量的某种金融资产(称为标的金融资产 Underlying Financial Assets)的权利的合约。

按期权买者的权利划分,期权可分为看涨期权(Call Option)和看跌期权(Put Option)。凡是赋予期权买者购买标的资产权利的合约,就是看涨期权;而赋予期权买者出售标的资产权利的合约就是看跌期权。

按期权买者执行期权的时限划分,期权可分为欧式期权和美式期权。欧式期权的买者只有在期权到期日才能执行期权(即行使买进或卖出标的资产的权利)。而美式期权允许买者在期权到期前的任何时间执行期权。

对于期权的买者来说,期权合约赋予他的只有权利,而没有任何义务。他可以在规定期限以内的任何时间(美式期权)或期满日(欧式期权)行使其购买或出售标的资产的权利,也可以不行使这个权利。对于期权的出售者来说,他只有履行合约的义务,而没有任何权利。当期权买者按合约规定行使其买进或卖出标的资产的权利时,期权卖者必须依约相应地卖出或买进该标的资产。作为给期权卖者承担义务的报酬,期权买者要支付给期权卖者一定的费用,称为期权费(Premium)或期权价格(Option Price)。期权费视期权种类、期限、标的资产价格的易变程度而不同。

当标的资产在期权有效期内产生现金收益(如现金红利、利息等)时,目前通行的做法是不对协议价格进行相应的调整。只有当股票期权的标的股票在期权有效期内发生股票分割、送红股、配股时,才能根据除权公式对协议价格和买卖数量进行相应的调整。为叙述方便,我们将在期权有效期内没有现金收益的标的资产称为无收益资产,将有现金收益的称为有收益资产,若未特别指明,所指期权均为无收益资产的期权。

二、金融期权定价

(一)内在价值与时间价值

考虑股票价格低于执行价格这种情形,此时看涨期权处于虚值状态,即执行期权无利可图。在这种情况下,并不意味着期权没有价值。如果现在执行,期权价值为零,但是随着到期时间的临近,股票价格有可能大幅上涨从而使得股票价格超过执行价格,使得执行期权有利可图,此时,我们称此期权为实值期权。

实值期权的内在价值表现为标的物价格减去执行价格。虚值期权与平价期权的内在价值为零,期权实际价格与内在价值的差额通常称为期权的时间价值。

期权的大部分时间价值其实是一种“波动性价值”,只要持有者不执行期权,其收益就不会小于零。最坏的结果就是到期行权时,股票价格低于执行价格,没有行权价值,价值为零。但一般情况下,尤其离执行时间比较远时,股票价格有可能超过执行价格,而此时仅具有时间价值。

(二)二项式期权定价

要理解大部分期权定价模型是需要比较深厚的数学功底的,在金融学教程中,我们主要通过简单的例子来说明期权定价的思想。

假定现在的股票价格为100RMB,并且能够知道年底的股票价格可能升至 u = 2(u 是 up 的简写,上升的意思),即股价可升至200RMB,或者降至 d = 0.5(d 是 down 的简写,下降的意思),即股价可降至50RMB。该股票的看涨期权的执行价格为125RMB,有效期为1年。假定年利率是8%。如果年底股票价格下跌了,持有看涨期权的收益为0;如果股票价格涨到了200RMB,期权的持有者可以获得75RMB。

用二叉树模型表示如下:

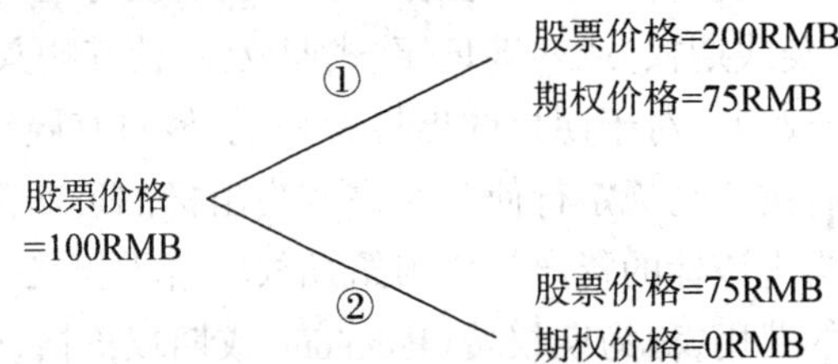

图10-4 股票和期权价格的取值变化

根据这个例子,我们来分析在无套利条件下如何利用二叉树模型为期权定价。我们的目的是构建一个由一份期权和相应股票头寸组成的无风险组合,使得无论是出现上图情况①还是情况②,该组合的值是确定的。因此,我们可以得出一个有关期权定价的方程,求解方程可以得出期权的价格。

具体求解过程如下:设该组合包含 x 股股票多头头寸和一份看涨期权的空头头寸。首先计算 x 值为多少时,所构造的组合为无风险组合。如上图所示,当股票价格上升到200元时,股票的价值为200x,期权的价值为75元,该组合的价值为200x - 75;当股票价格下跌到50元时,期权的价格为0,该证券组合的价值为50x。要使得这两种情况下组合最终价值相等,则该组合是无风险组合。即:200x - 75 = 50x。

求解方程得:x = 0.5。

按照求出的 x 值,可以构造下面的无风险证券组合:0.5股股票 + 一份看涨期权合约。

如果股票价格上升到200元,该组合的价值为:200 × 0.5 - 75 = 25元;

如果股票价格下跌到50元,该组合的价值为:50 × 0.5 = 25元。

由此可知,无论股票价格是涨是跌,最终证券组合的价值都为25元。

假设无风险年利率为8%,组合的最终价值的贴现值为:

$$25 \times e^{-0.08 \times 1} = 23.15\text{元} \tag{1}$$

我们用 f 表示期权的价格。已知股票价格为 100 元，因此最初构建的组合价值为：

100×0.5 − f = 50 − f （2）

由(1)和(2)相等知道：50 − f = 23.15，

求得看涨期权的价值：f = 26.85 元。

(三)期权的二叉树计算公式

上面是用具体的数据和例题来说明期权如何定价，现在我们把这一思想进行一般化处理，方法和步骤跟上面一致。考虑一种不支付红利的股票，股票现在价格为 S，以该股票为标的资产，有效期为 T 的某期权价格为 f。假定在未来某 T 时，股票的价格有两种可能，上升到 s_u 或者下跌到 s_d，其中 u 为股票价格上涨时 T 时刻的价格除以 S，d 为股票价格下跌时 T 时刻的价格除以 S。假定无风险利率为 r。按照上面计算例题时的思路可以求出，单期二叉树期权定价公式：$p = \frac{e^{rT} - d}{u - d}$。有兴趣的同学可以自己推导。也可以把上面例题中的数据代入公式中，试试看答案是否一致。

(四)Black − Scholes 期权定价模型

用二叉树模型给期权定价，隐含的假定是股票价格的变化是离散的，但事实上这一假定并不能很好的刻画现实世界股票价格的变化。因而，金融经济学家一直都在努力寻找一种更加实用和完美的期权定价模型，并且最终由布莱克、斯科尔斯和莫顿于 1973 年提出了看涨期权的定价公式。

由于推导过程需要比较高深的数学知识，在此我们只给出公式。Black − Scholes 期权定价公式为：

$$C = SN(d_1) - Xe^{-rT}N(d_2) \tag{10-13}$$

式中，$d_1 = \frac{\ln(S/X) + (r + \delta^2/2)^T}{\delta\sqrt{T}}$，$d_2 = d_1 - \delta\sqrt{T}$

其中，C 为当前看涨期权的价格；S 为当前股票的价格；$N(d)$为标准正态分布小于 d 的概率；X 为执行价格；e 为自然对数的底，$e = 2.71828$；r 为无风险利率；T 为期权到期时间；ln 为自然对数函数；δ 为股票连续复利的年收益率标准差。

期权价格并不取决于股票的期望收益率，这里假定股票不支付红利。

【例题 10.2】已知股票价格 S = 100，无风险利率 r = 10%，执行价格为 X = 95，期权期限为三个月，即 T = 0.25，波动率 δ = 50%。

首先计算 $d_1 = \frac{\ln(S/X) + (r + \delta^2/2)T}{\delta\sqrt{T}} = 0.43$，$d_2 = d_1 - \delta\sqrt{T} = 0.18$，通过查找正态分布表，可得：N(0.43) = 0.6664，N(0.18) = 0.5714。

套用公式，可计算该看涨期权价值为 13.7 元。

Black − Scholes 期权定价模型是金融学中广泛应用的模型之一，尽管该模型的一些假定与现实世界有些差距，但总的来说，在美国市场上，期权市场的价格与该公式的计算结果还是比较接近的，因此该模型的问世是金融理论界和金融投资界的一场革命。也正因为如此，对期权定价理论作出重要贡献的两位著名经济学家莫顿和斯科尔斯获得了 1997 年的诺贝尔经济学奖，其中，布莱克由于去世而未能分享这一荣誉。

目前，金融市场中各种金融合约定价的主要思想都是来源于 Black - Scholes 期权定价模型。近年来，Black - Scholes 期权定价理论不但在金融合约定价中有着广泛应用，而且，以这一理论为基础还发展出了许多新兴的交叉学科，包括金融工程学、金融数学等。

【本章小结】

1. 理解金融资产的价格决定机制对正确理解微观金融的运行机制和进行正确的投融资决策具有重要的意义。

2. 资本资产定价模型表明，当证券市场处于均衡状态时，资产的预期收益率等于无风险利率加上风险溢价。风险溢价由以下两个因素决定：一是市场组合的预期收益率与无风险收益率之差（$E(R_m) - R_f$），这是单位风险的风险溢价；二是用 β 系数表示的风险值，用公式表示为：$E(R_i) = R_i + (E(R_m) - R_f)\beta_i$。

3. 因素模型认为各种证券的收益率均受某个或某几个共同因素影响。各种证券的收益率之所以相关，主要是因为它们都会对这些共同因素起反应。

4. 套利定价理论认为，套利组合需满足三个条件：套利者不追加资金；套利组合对任何因素的敏感度均为零；套利组合的预期收益率大于零。当所有证券都得到合理定价之后，在不存在无风险套利机会时，可以称之为满足无套利条件。

5. 金融远期合约（Forward Contracts）是指双方约定在未来的某一确定时间，按确定的价格买卖一定数量的某种金融资产的合约。在合约中规定在将来买入标的物的一方称为多方（Long Position），而在未来卖出标的物的一方称为空方（Short Position）。

6. 在离散情况下，用二叉树图形为期权定价是常用的方法。而在连续情况下，期权的定价比较复杂，Black - Scholes 期权定价模型解决了这一问题。

【复习思考题】

1.请画出资本市场线，并简述其含义。

2.请写出证券市场线的公式，并简述其含义。

3.请比较 CAPM、多因素 CAPM 和 APT 的优缺点。

4.假设影响投资收益率的只有一个因素，A、B、C 三个投资组合都是充分分散的投资组合，其预期收益率分别为 12%、6% 和 8%，值分别为 1.2、0 和 0.6。请问有无套利机会？如果有，如何套利？

5.请判断以下陈述正确与否，并解释原因：

(1) 值为零的股票，其预期收益率也等于零。

(2)CAPM 理论告诉我们，波动率越大的股票，其预期收益率应越高。

(3)为了使您的投资组合的值等于0.8,你可以将80%的资金投资于无风险资产,20%的资产投资于市场组合。

6.已知股票现价为10元,3个月末股票价格可能上涨到11元或者下降到9元,其期权为执行价格10.5元、有效期为3个月的欧式看涨期权,无风险利率是年利率6%。请用风险中性二叉树模型计算其期权价格。

7.已知股票初始价格 $S = 21$ 元,利率 $r = 12\%$,执行价格 $X = 23$ 元,期权期限 $T = 0.25$(三个月),$\delta = 0.50$(每年50%),请用Black - Scholes期权定价公式计算其期权价格。

第四篇

货币经济:调控与监管

CHAPTER 11 第十一章 货币需求

【学习目标】

本章要求学生掌握货币需求的内涵,货币需求的研究方法、影响因素;了解西方货币需求理论的主要内容;理解货币需求理论的发展脉络;了解货币需求量的测算与实证研究。

【重要概念】

货币需求　货币需求函数　现金交易货币数量学说　现金余额货币数量学说　流动性偏好　交易动机　预防动机　投机动机　流动性陷阱　平方根公式　立方根公式　托宾模型　现代货币数量学说　恒久性收入　1:8 的经验公式

供求规律是市场经济的基本规律,货币作为一种特殊的商品,也有供给和需求的问题。货币需求规律是货币理论的重要内容,是货币政策选择的理论出发点。在实际经济运行中,货币供给和货币需求是货币这同一对象的两个方面。在理论研究上,人们对二者的认识是有差异的,经济学家对需求问题的研究要比对货币供给问题的研究早得多,深入得多。

我们将在本章简要介绍货币需求和货币需求量的概念,以及有关货币需求的理论与发展,最后一节介绍货币需求量的确定方法和经验研究,以期对各种货币需求理论作出检验和评价。

第一节　货币需求概述

一、货币需求的内涵

货币需求是一种由货币需求能力与货币需求愿望相互作用的客观实际需求,它是指在一定时期内,社会各阶层愿意以货币的形式持有财产的需要,或社会各阶层对执行流通手段、支付手段和价值贮藏手段的货币的需求。同时包含两个基本要素:一是必须有持有货币的愿望,二是必须有持有货币的能力。如果只考虑人们持有货币的愿望,而不考虑是否有足够的能力持有货币,那么货币需求这个概念就毫无意义了。因为人们总是愿意持有尽可能多的货币,人们产生货币需求的根本原因在于货币所具有的职能,货币具有和其他任何商品相交换的能力。货币需求包括货币作为流通手段、支付手段与货币作为贮藏手段的货币需求两大部分。在现实经济生活中,货币更多的是作为一种资产被人们持有,人们持有的资产多种多样,有实物资产、金融资产,在金融资产中,又有货币和非货币之分,各种资产由于其盈利性、流动性和安全性的不同,人们在持有时,会根据自己的偏好和具体情况进行选择,使货币这种资产在各种资产的持有中保持一个恰当的比例。所以,货币需求也可以说,是在人们的资产组合中,他们愿意持有且能够持有的货币数量。

货币需求理论是一种研究人们持有货币需求的动机、决定或影响货币需求的各种因素以及货币数量决定的理论,研究的内容包括一国经济发展在客观上需要多少货币量,以及一个经济主体在现实的收入水平、利率和商品供求等经济背景下保持多少货币,机会成本最小、收益最大等问题。

(一)微观货币需求和宏观货币需求

从货币需求的主体考察,货币需求可以分为微观货币需求和宏观货币需求。前者是指从微观经济主体即个人、家庭或企业的角度进行考察,研究一个微观单位在既定的社会经济条件下,持有多少货币的机会成本最低、收益最大的问题。其内容既包括执行流通和支付手段的货币需要量,也包含执行贮藏手段时的需要量。后者是指从宏观社会的角度,把货币视为交易的媒介,探讨一个国家在一定时期经济正常稳定发展时所必需的货币量,其内容一般仅指执行流通手段和支付手段的货币需要量。

微观货币需求与宏观货币需求是既有区别又有联系的两个概念,从理论上讲,全部微观货币需求的总和即为宏观货币需求,因此,对货币需求的研究,必须根据需要从两个方面进行相互联系的综合研究。

(二)主观货币需求和客观货币需求

货币需求从其动机出发,可以分为主观货币需求和客观货币需求。所谓主观货币需求是指个人、家庭等各种经济主体在主观上希望拥有多少货币,是一种占有货币的愿望。客观货币需求是一种有支付能力的有效需求,是指个人、家庭、企业或国家在一定时期能满足其正常生产和交换及正常发展客观需要的货币需求。由于货币作为一般等价物具有同一切商品相交换的能力,因此主观货币需求在量上是无限的,是一种没有约束的无效货币需求,显然不是我们所要研究的对象,我们研究的只能是客观的货币需求。

(三)名义货币需求和实际货币需求

名义货币需求和实际货币需求是用来说明货币数量变动对经济活动的影响所采用的一对经济范畴。所谓名义货币需求是指一个社会或一个经济部门在不考虑价格变动情况下的货币需求,在经济运行过程中,名义货币需求是由中央银行的货币供给决定的。而实际货币需求则是经济主体的名义货币需求在扣除价格变动因素以后的货币需求,也就是以某一不变价格为基础计算的商品和劳务量对货币的需求。如果根据过高的通货膨胀所计算的名义货币需求量来安排货币供给,结果是过多的货币供给将成为物价上涨的因素;如果不考虑价格波动而简单按实际货币需求供给货币,则会因货币供给不足而直接造成对经济增长的抑制。因此,我们不但要研究现实生活中普遍存在的名义货币需求,而且也要研究实际货币需求,有时对实际货币需求的研究更有意义。

(四) 货币需求与资金需求

所谓资金,是指在社会再生产过程中不断占用和周转的、有特定目的和用途的、可以增值的一定价值量,它与资本没有多大差别。货币与资本的区别表现为:货币是一般等价物,是价值尺度、交易的媒介、贮藏价值的载体和进行各种支付的手段,它的活动遵循等价交换原则,遵循流通中货币量的规律;资本是带来剩余价值的价值,它按照一定规则使物化劳动和活化劳动结合,实现新价值的创造和生产资料价值的转移,实现剩余价值、分配剩余价值,并在追逐最大利润的推动下不断循环、周转。资本是一定量的价值,因而总表现为一定的货币金额,但资本并不总是以货币形态存在,货币资本是以货币形态存在的资本,而不是一般的货币。

货币与货币资本又有共同点。货币资本是要用于购买生产资料和支付工资的货币,它之所以能购买和支付,不是因为它是资本,而是因为它是货币。货币成为资本的存在形态,并不意味着失去货币的功能。从流通角度看,二者是没有区别的。

以货币金额表现的国民生产总值、国民收入、消费、积累、储蓄和投资等都是名义货币需求量,与它对应的还要有实在的财富,而过多的、经济无力补足的资金缺口,反映着并无实在的财富存在。既然无实在的商品、服务,那么就不可能产生对货币的需求。所以说,过多的资金需求与货币需求并无关系,但是假如扩大货币供给满足这种"需求",那就是向经济供给过多的货币,会产生通货膨胀。正是因为上述货币和资金的联系与区别,使得我们不能简单地把"资金紧"等同于"货币紧"。对某一经济主体出现的"资金紧"要作具体的分析,因为企业出现资金短缺的原因是多种多样的,产品积压、滞销,新建、扩建或更新改造固定资产、扩大流动资金等都有可能使企业感到资金紧张,但这些都不能得出货币不足的结论。总之,货币需求和资金需求既有联系,又有区别,正确认识它们的差异对合理确定实际的货币需求量有重要的意义。

二、影响货币需求的因素分析

需要说明的是,在这里所讲的影响货币需求的因素,是从微观货币需求的角度而言的,但由于从理论上说,微观货币需求的总和就是宏观的货币需求数量,因此,这些影响和决定微观货币需求的因素,也就以间接的方式影响着宏观的货币需求。我们知道,货币需求是以货币的形式持有财富的行为,那么,哪些因素决定人们的这种行为呢?也就是说,货币需求是由哪些因素决定和影响的呢?人们之所以持有货币,是由货币的基本职能决定的,一方面货币具有同一切商品相交换的能力,具有流通手段职能,因此,人们持有货币的首要动机就是把货币作为商品交易的媒介。另一方面货币也是人们保存购买力的一种手段,具有贮藏手段的职能,所以,人们持有货币的又一动机就是把货币作为保存财富的一种形式。

经济学家在研究货币需求的决定、影响因素时,一般利用货币需求函数来进行描述。货币需求函数是一种研究、分析货币需求量的决定因素及其变动规律,阐述货币需求决定理论的方程式,就是将决定和影响货币需求的各种因素作为自变量,而将货币需求作为因变量而建立的数量变化关系。货币需求函数的建立,对研究货币需求的有关问题具有重要的作用:一是利用货币需求函数可以分析各种因素对货币需求的不同影响,包括影响的方向和影响的程度。在具体的应用中,是通过求解货币需求对某一决定因素的一阶导数,根据此导数的符号判断该决定因素对货币需求是产生正的影响还是负的影响。同时以此导数为基础,算出货币需求的各种弹性,各种弹性系数的大小可以反映各个因素对货币需求的影响程度。二是通过建立货币需求函数对历史资料进行计量分析、实证研究,可以得出正确的结论,也可以验证理论假设是否正确。三是可以利用货币需求函数来测算一定时期内社会的货币需求量,作为制定货币政策、供应货币的依据。

由于货币需求受多种因素的影响,因而货币需求函数是一种多元函数。根据各自变量的性质及其对货币需求的不同影响,我们可以把影响货币需求的因素分为三类,即规模变量、机会成本变量、社会心理及其他变量。

(一) 规模变量

所谓规模变量,是指决定和制约货币需求总规模的变量,主要有财富和收入两种。

由于货币需求是人们以货币的形式持有财富的行为，因此，人们持有的货币量必然低于其拥有的财富总额，假如人们将其所有的财富均以货币的形式保有，货币持有量最多也就是和自己的财富总额一样。所以，财富总额决定了货币需求量的最高限额。在现实生活中，收入和财富是密切相关的，对于财富持有人来说，他所持有的财富是他取得收入的资本，收入是资本的收益，而资本是收入的现值。因此，在现代货币需求理论中，人们通常把收入作为财富的代表而列入货币需求函数。收入对货币需求的决定表现在两个方面：一是收入水平的高低。在其他条件不变的情况下，收入水平的高低与货币需求成正比，也就是说，收入越多，货币需求也越多；反之，收入越少，货币需求也就越少。因为收入的多少意味着财富的多寡，而货币仅是财富的一部分，同时在人们收入与支出的时间间隔一定的情况下，人们持有货币的数量就间接的决定于人们定期取得的收入。二是人们取得收入的时间间隔的长短。在收入水平一定的条件下，人们取得收入的时间间隔越长，货币需求越多；反之，人们取得收入的时间间隔越短，货币需求也就越少，也就是说，人们取得收入的时间间隔与货币需求成正比。

（二）机会成本变量

社会经济主体持有的财富，表现为各种资产，既有实物资产，又有金融资产，在金融资产中，又可分为货币与非货币资产，如股票、债券等。由于各种资产在盈利性、流动性和安全性方面各不一样，既有优点，又有缺点，货币只是资产中的一种，货币虽然有高度的安全性和流动性，但盈利性却是最低的。各经济主体是否持有货币，持有多少，取决于他们的实际经济情况和主观偏好，一般来说，人们总是力图把自己持有的货币量保持在最适当的水平，既使持有人获得持有货币的最大满足，又使他们持有货币的成本降到最低，实现效用和经济效益的最大化。这样，人们在选择持有货币时，就必然会对持有货币与持有其他形式的资产所能得到的效益进行比较。

在财富、资产一定的条件下，经济主体持有货币就不能同时持有与这部分货币等量的其他资产，因持有货币而不得不放弃持有其他资产所能取得的收益，这就是人们持有货币的机会成本。持有货币的机会成本变量主要有债券的预期收益率、股票的预期收益率、实物资产的预期收益率。而这些非货币的金融资产的预期收益率，又在一定程度上是由社会的市场利率所决定的。一般情况下，市场利率与有价证券的价格成反比，如果市场利率上升，特别是上升到一定高度时，人们一般会预期利率下降，而有价证券的价格将上升，于是会做出如下调整，即减少货币持有量，增加有价证券持有量；如果市场利率下降，特别是利率下降到一定低度时，人们又会预期利率将上升，有价证券的价格将下跌，从而做出增加货币持有量，减少有价证券持有量的决策。

市场利率的变化不仅通过人们的预期对资产选择产生影响，从而对货币需求产生影响。而且市场利率还直接决定着人们持有货币的机会成本，因为市场利率决定和影响着各种金融资产的收益率，市场利率上升，意味着人们持有货币的机会成本增加，从而使货币需求减少；市场利率下降，则意味着人们持有货币的机会成本减少，从而使货币需求增加。

（三）社会、心理及其他变量

这些变量包括信用制度及信用的发达程度、社会的消费倾向以及经济主体的预期和个体偏好。

一般来说，在信用制度健全、信用比较发达的经济中，货币需求相对较少；而在信用制度不健全，信用观念落后的经济中，货币需求会相对较多，也就是说，信用制度的健全程度和信用的发达程度与货币的需求呈负相关关系。因为在信用制度健全、信用比较发达的经济中，有相当一部分交易是通过债权债务的抵消来实现的，这样必然减少作为流通手段和支付手段的货币的需求量；同时，在这样的经济中，一般金融市场也比较发达，人们可以把暂时不用的货币用来购买短期债券，而在需要变现时，可在金融市场上很容易的出售，这样，人们就可以相对减少经常性的货币持有量。相反，如果没有健全的信用制度和完善的金融市场，人们只能在手中保有较多的货币，以满足自己安全性和流动性的需要，这种情况在广大的发展中国家和落后的农村偏远地区，表现得最为明显，极端的例子就是以窖藏现金的形式进行储蓄。

由于各个国家、各个地区的生活习俗、消费观念不同，使得各个经济主体及整个社会的消费倾向各不相同。消费倾向是指消费在收入中所占的比例，包括平均消费倾向和边际消费倾向。在一般情况下，消费倾向与货币需求呈现出同方向的变化，即消费倾向越大，则货币需求就越多，反之，消费倾向越小，则货币需求就越少，二者之所以呈现出同方向的变化，是因为在现代市场经济中，绝大部分消费还是以货币作为购买手段的。

由于各个经济主体的生活背景不同、掌握的经济知识不同，他们对未来经济情况的预期以及在资产选择中对货币的偏好也就会表现得各不一样。而这些因素都会对经济主体的货币需求产生不同的影响。

三、货币需求量

货币需求的大小是用货币需求量来衡量的，微观经济主体需要持有多少货币是由自己决定的，完全不用经济学家和政府关心。我们所要关心的是，一个国家在一定时期的货币需求量到底是多少，因为一定时期的货币需求量是国家货币供应政策的基础。因此一般来说，货币需求量的概念是从社会的宏观角度而言的，那么什么是一定时期的货币需求量呢？从传统的货币理论看，他们认为货币流通是为商品流通服务的，因此满足商品流通所需要的货币量就是货币必要量，也即客观的货币需求量。用马克思的货币需要量公式表述，即：

$$M = PQ/V \qquad (11-1)$$

式中，M 代表执行流通手段职能的货币量，也即客观货币需求量，P 代表商品的价格水平，Q 为流通中的商品数量，V 代表同名货币的流通速度。

这一公式既表达出了货币需求量的决定因素（也即宏观货币需求的决定因素），同时也表达出了这三个因素的变动与货币需求量变动的关系。这些关系是：货币需求量与商品数量、商品的价格水平进而与商品价格总额成正比，与货币流通速度成反比。需要说明的是，马克思在提出这一著名的公式时，是以金币流通作为前提的。认为商品价格取决于商品的价值和黄金的价值，而价值取决于生产过程，所以商品是带着价格进行流通的；商品价格是多少，就需要有多少金币来实现它；商品与金币交换后，商品退出流通领域，而黄金却留在流通领域之中继续发挥媒介的作用。所以，商品价格总额是一个既定的值，货币需求量就是根据这一既定的值与同名货币的流通速度共同确定的。而且在经济中储藏着数量足够多的黄金，商品流通需要多少货币，就有多少货币存在于流通领域之中。

马克思在分析了金币流通条件下货币需求量的规律后，根据变化了的情况，接着分析了纸币流通条件下货币需求量的决定因素问题。他认为，纸币本身没有价值，之所以能够流通，是由于国家的强力支持，也只有流通，才能作为金币的代表，纸币一旦投入流通，就不会自动退出流通。流通中所能吸收的金币量是由客观的商品价格决定的，那么无论向流通中投入多少纸币，也只能代表客观需要的金币量，纸币投入越多，单位纸币所代表的金币量就越少，即纸币贬值，物价上涨。于是，在纸币流通的条件下，纸币数量的增减成为商品价格涨跌的决定因素，把金币流通条件下的金币数量与商品价格之间的决定关系完全颠倒过来了。但这绝不是对金币流通规律的否定，只不过是表现形式的改变而已。

马克思的货币需求量公式，揭示了货币的本质，反映了货币需求量的基本原理，它不是一个简单的算术公式，而是一种高度的理论概括，有其重大的理论指导意义。

在现代货币经济中，货币需求量的确定会根据一定的理论指导，体现一定条件下货币政策目标的倾向，如要求物价水平相对稳定，保持适度的经济增长率等等，这样，货币需求量实际上已经掺入了强烈的政策色彩，不同的政策目标，会使货币需求量发生不同的变化。根据传统的货币理论，货币需求量就是为了满足商品交易需要，保持价格稳定的货币量；而根据凯恩斯的货币理论，货币需求量不仅要满足交易需要，还要考虑社会资源的充分利用，这一政策目标导致了货币供应的扩张主义倾向；根据现代货币数量理论，则要求保持社会最终产品价格水平的稳定，货币供应量的增长只需考虑国民收入和社会人口的增长即可。

通常，我们对货币需求量的分析是从存量意义上来观察和计算的。但由于货币本身固有的流动属性，考察货币需求量仅仅局限于存量概念是不够的，还需同时考察货币需求的流量。货币存量是指某一时点上存在的货币数量，它是静止状态的概念，是时点数。货币流量是指在一定时期流动的量，也就是货币存量与单位货币参与交易次数的乘积，它是通过一段时期来计算的。同时，由于货币需求理论以及货币政策所关注的并不是某一时点的货币需求量，而是某一时期内货币需求量的大致范围及变动幅度，因此，在对货币需求量的研究中，必须同时考察货币需求的存量指标和流量指标，同时作静态和动态的分析。

第二节　货币需求理论

货币需求理论是整个货币理论的重要组成部分。西方经济学家对货币需求的动机和货币需求量的确定进行过长期的探索,先后提出了许多有益的见解,形成了各种各样的学说或理论。下面简要介绍几种较重要和较有代表性的货币需求理论。

一、传统货币数量学说

货币数量学说也叫货币数量理论,是一种关于货币数量与货币价值或物价水平之间关系的货币理论,它以货币数量的变化来解释货币价值或一般物价水平的变动。这种学说认为,在其他条件不变的情况下,一个国家的物价水平或货币价值,取决于这个国家向流通中投放的货币数量,货币数量的增减必将引起物价水平同方向同比例的变动。

传统货币数量学说是相对于弗里德曼的新货币数量理论而言的,传统货币数量理论产生的很早,流派也很多,其中有代表性的主要有现金交易货币数量学说和现金余额货币数量学说。

(一)现金交易货币数量学说

现金交易货币数量学说的代表人物是美国经济学家欧文·费雪(Irving Fisher),他在其1911年出版的《货币购买力》一书中,对古典货币数量理论作了最清晰的表述。费雪十分注重货币的交易媒介功能,认为人们需要货币,并不在于货币本身,而是因为货币可以用来交换商品和劳务,以满足人们的欲望,人们手中的货币,最终都将用于购买。因此,在一定时期内,社会的货币支出量与商品、劳务交易量的货币总值一定相等。据此,费雪提出了著名的交易方程式:

$$MV = PT \tag{11-2}$$

式中,M表示一定时期内流通货币的平均数量;V表示货币流通速度;P表示物价水平,为各类商品价格的加权平均数;T表示各类商品的交易总量。

从这个方程式来看,商品价格水平P的值取决于M、V、T三个变量。费雪分析,在这三个变量中,V主要受支付习惯及货币信用制度等因素的影响和决定,而这些习惯和制度因素变化非常缓慢,因而它可视为常数。T与较为稳定的产出水平通常保持一定的比例,大体上也是相对稳定的。因此,只有P和M的关系最重要,所以,P值的大小主要取决于M数量的变化。

交易方程式虽然主要说明M决定P,但是反过来,如果把P视为给定的条件,这个交易方程式也就成为货币需求的函数:

$$M = \frac{1}{V} \cdot PT \qquad (11-3)$$

这一公式表明，在给定的价格水平下，全社会一定时期的总交易量与所需要的名义货币量具有一定的比例关系，这个比例就是 1/V。换言之，要使价格保持给定水平，只有当货币量与总交易量保持一定比例关系时才能实现。

以欧文·费雪为代表的现金交易说认为，影响物价的货币量只是流通中的货币量，是一个流量，是货币存量与货币流通速度的乘积。他的理论不但是对前人货币数量理论的总结和发展，而且也为后来新的货币数量理论的产生奠定了基础，是货币需求理论研究发展过程中的一个重要环节。

但他的理论也有很大的缺陷和不足：

1.把货币交易职能看作货币的唯一职能，认为货币只是一种被普遍接受的商品，它的出现只是为了解决物物交换的困难，忽视了货币的贮藏手段职能，事实上，经济主体的货币需求并不仅仅局限于交易和支付目的，他们还将货币视为价值贮藏的手段，作为财富和资产进行保存。现金交易说对货币需求量的分析，没有把这部分应予考虑的货币需求部分包括在内。

2.现金交易说对货币需求的分析仅仅局限于宏观的、社会的角度，忽视了经济主体，特别是微观经济主体对持有货币的需求，而这往往又是正确分析宏观货币需求的基础，也对货币政策的制定与实施有重要的意义。

3.现金交易说对经济运行过程中的货币使用的复杂性认识不够。现金交易说认为商品交易均通过货币媒介，货币也只是用于商品的交易需要，这是很片面的。因为在实际的经济运行中，有不少的交易并不都需要使用货币，而货币也并不全部用作商品交易手段（如债务支付、缴纳税金、发放贷款、购买有价证券等）。

4.现金交易说的货币需求方程式，虽然具有较大的理论意义，但在实践中运用难度很大。也正是因为这一点，在此基础上，出现了收入货币数量理论。

收入数量学说是为了克服现金交易学说的不足，并在其基础上产生的，是对现金交易学说的改造。它从国民收入而非货币总量出发，具体分析货币收入变动对各种商品价格的影响，从而分析出对整个价格水平变动的影响。将收入—支出方法从流通领域深入到生产领域，指出利率是调节投资与储蓄关系的杠杆，并由此出发来论述货币变化对价格水平变化的影响。

（二）现金余额货币数量学说

现金余额货币数量学说不是从货币供应量或货币流通量的角度，而是从货币保有量的角度来分析货币需求的一种理论。它是由马歇尔（Alfred Marshal）首先提出，并用文字加以说明，其嫡传弟子庇古（A.C.Pigou）、凯恩斯等人加以发挥并使之系统化的理论。由于他们几乎都在英国剑桥学院接受教育和从事学术活动，所以，表述这种学说的方程式又称为“剑桥方程式”。

他们认为,人们保留现金余额的原因不仅在于人们收入和支出之间存在时间差,还在于其他资产的变现要付出代价。货币余额保有量与货币流通量及货币价值呈正比例变化,而与收入水平呈反比例变化。用公式表示,即:

$$K=\frac{MR}{Y}$$

这一公式被称为庇古方程式。式中,K 为以货币形式持有的收入占总收入或财富的比例,Y 为总收入或总财富,R 为单位货币的价值,M 为货币数量。由于币值(R)是商品价格水平(P)的倒数,因此,上式也可写成:

$$M=KPY \tag{11-4}$$

这就是现金余额方程式,也叫剑桥方程式。由此方程式所决定的货币量 M 是停留在人们手中准备用于购买商品或劳务的货币数量,又称为现金余额。该方程式说明,货币需求取决于 K、P、Y 三个变量的值,当 K、P 一定时,总收入越多,则货币需求也越多;当 K、Y 一定时,价格水平越高,货币需求越多;当 P、Y 一定时,系数 K 越大,则货币需求越多。根据剑桥学派的分析,在短期内,K 和 Y 都是相对稳定的,货币数量的变化与一般物价水平的变动是同方向等比例的。这一结论与现金交易学说的结论是一样的。

现金余额数量学说的着眼点是个人对货币持有的需求,重视微观主体的行为。认为处于经济体系中的个人对货币的需求,实质上是选择以怎样的方式保有自己的资产问题。这与过去的经济学家主要从整个经济的角度考虑货币数量问题有很大的不同,在货币需求理论的研究中具有重要的转折意义,为货币需求理论的研究开辟了新的思路。

我们比较现金交易方程式与现金余额方程式,可以看出,假如把费雪方程式中的 T 代替或等同于剑桥方程式中的 Y,再把 V 视作既代表交易货币的流通速度,又代表与收入水平相对应的流通速度,即 K = 1/V,那就很容易把这两个方程混同起来。实际上,两个方程式存在着很大的不同,主要有以下几点:

第一,对货币需求分析的侧重点不同。费雪方程式强调货币的交易手段职能,而剑桥方程式则把货币视为价值贮藏的手段,人们持有货币的原因,不仅仅局限于交易的需要,还把货币视为一种资产。第二,V 被现金交易说看作是一个固定不变的常数,但实际上,它是一个受许多因素影响和制约的变化较大且不易把握的量。而现金余额方程中 K 的大小主要取决于经济主体的预期,它的确定要相对容易些。第三,研究货币需求的角度不同。费雪方程式是从宏观角度入手,用货币数量的变动来解释价格的变化,反过来,在商品交易量和价格水平给定的条件下,通过测算货币的流通速度,也可以求出货币需求量。而剑桥方程式则是从微观角度入手,把货币看作财富、资产中的一种来进行的,因此考察影响和决定货币需求的因素要比费雪方程式全面的多,特别是已经开始把利率这一重要因素考虑在内。第四,现金交易说没有明确区分名义货币需求与实际货币需求,所以,交易次数、交易量以及价格水平都影响到货币的需求。而现金余额说的货币需求是实际的货币需求,它不受物价水平的影响,物价变动只能影响名义货币需求。

二、凯恩斯和凯恩斯学派的货币需求理论

(一)凯恩斯货币需求思想的演变

凯恩斯(John Maynard Kenes)的货币需求理论和他的其他经济理论一样,经历了一个演变和发展的过程。

在20世纪30年代以前,凯恩斯是传统货币数量理论的坚定信仰者。他在出版于1923年的现金余额说的经典著作——《货币改革论》中明确表示:货币数量学说是一基本规律,它与实际情况的一致性是不可怀疑的。但又在该书中对传统货币数量学说把货币的流通速度视为常数的论点表示了怀疑,认为货币数量的变动会影响到价格水平,但随着货币数量的变化,货币的流通速度也会同时发生变化,这样价格水平的变化虽然与货币数量的变化方向一致,但并不一定呈同一比例。正是这种对待传统货币数量学说的怀疑态度为他后来创建新的货币需求理论奠定了思想基础。

凯恩斯于1930年出版了《货币论》一书,在这本书中,凯恩斯已经开始从微观的角度研究货币问题,逐渐脱离了仅从货币总量出发的传统方法,也不再坚持将货币数量的变动与价格水平的变化紧密联系在一起的观点,而是又提出了著名的货币价值方程式,通过对决定价格水平的各种因素,如投资、储蓄、利率等的分析来论述如何使经济运行处于均衡状态这一问题。

独具特色的、具有创新意义的货币需求理论是从他1936年出版的《就业、利息和货币通论》开始提出,并逐渐形成的。下面我们主要介绍凯恩斯在《通论》中所表述的货币需求理论。

(二)凯恩斯的流动性偏好理论

凯恩斯认为,所谓货币需求,就是指一定时期经济主体能够持有且愿意持有的货币数量。人们之所以需要持有货币,是因为对货币普遍存在一种流动性偏好的心理倾向,而这一流动性偏好就构成人们对货币的需求。因此,凯恩斯的货币需求理论又称为流动性偏好理论。

凯恩斯对货币需求理论的贡献是他关于货币需求动机的剖析,并在此基础上把利率因素引入了货币需求函数。他沿着剑桥学派的思路,从人们持有货币的需求出发加以深入研究,把决定人们货币需求的行为动机归结为交易动机、预防动机和投机动机三个方面。相应的,货币需求也被分为交易动机的需求、预防动机的需求和投机动机的需求三部分。

1.交易动机的货币需求

交易动机的货币需求是指人们为了应付日常交易的需要而产生的货币需求。交易动机可以分为个人的收入动机和企业的营业动机,其强度的大小主要取决于经济主体

收入的多少和收、支时间间隔的长度。另外，影响交易需求的因素还有支出习惯、金融制度、经济预期等。这些影响因素中，除了收入因素外，其他因素可视为在短期内不变的常量，收入越多，这种货币需求也越多，因此，凯恩斯将交易动机的货币需求看做是收入的递增函数。

2.预防动机的货币需求

预防动机的货币需求，是指人们为应付可能突然发生的意外支出，或者突然出现的有利时机产生的货币需求。它的产生主要是因为未来收入和支出的不确定性。在凯恩斯看来，预防动机的货币需求也主要决定于收入的数量，也是收入的递增函数。

预防动机的货币需求与交易动机的货币需求既有相同之处，也有不同之处。相同之处在于：二者均是人们对作为流通手段和支付手段的货币的需求；都与收入有关，而且均是收入的递增函数；二者均对利率不太敏感，因为这两种目的的货币需求是经济主体在生活和生产中必不可少的，机会成本多大都得保留；二者均相对稳定、可以预计，出于预防动机的货币需求虽然不如交易动机那么确定，但由于它主要是作为交易的备用金，因此，也是相对稳定、可以预测的。就其实质来说，预防动机的货币需求和交易动机的货币需求都可以归入一个范围之内，有时统称为交易性货币需求。在实践中，由这两种动机形成的货币余额也是难以截然分开的。不同之处为：货币需求的交易性动机产生的主要原因是在收入和支出之间存在一定的时间差，而货币需求的预防性动机则主要是因为收入和支出的不确定性，预防动机的货币需求不是为了应付那些经常的、可以预测的交易需要，而是为了应付那些意外支出而产生的货币需求。

3.投机动机的货币需求

投机动机的货币需求是凯恩斯货币需求理论中最有特色的部分。所谓投机动机的货币需求是指人们为了捕捉投资的有利时机、赚取利润而持有的闲置货币余额，人们这时是把持有的货币作为一种资产来对待的。人们之所以持有这部分闲置货币余额，是因为经济主体相信自己的判断比别人高明，持有这种流动性最强的资产——货币，能够比持有其他类型的资产更能使自己的财富保值增值。

投机动机的货币需求取决于三个因素，即当前市场利率、投机者心目中的正常利率以及投机者对利率变化趋势的预期。其中第三个因素依赖于前两个因素，所以投机动机的货币需求实际上取决于当前市场利率与投机者的正常利率之间的偏差，而不是当前的市场利率。如果当前市场利率高于正常利率，那么人们的预期利率将会下降；若市场利率低于正常利率，则人们的预期利率将会上升。虽然这种预期因人而异，但从整个经济来看，如果市场利率较高，就会有较多人预期利率下降；如果市场利率较低，就会有较多人预期利率上升。

在一般情况下，市场利率与有价证券的价格成反比例变化。因此，如果人们的预期利率上升，就意味着预期有价证券的价格下降；而预期利率下降，就意味着预期有价证券的价格上涨，这种预期将影响人们对资产的选择，从而影响到投机动机的货币需求。假设在只有货币和债券这两种资产的情况下，人们到底持有多少货币，将取决于这两种资产分别能为持有人带来多少预期报酬。货币的预期报酬率一般为零,持有债券可以得到利息收入和资本利得,利息收入取决于利率的高低,资本利得是指债券的买卖差价,也和利率密切相关,利率的高低以及变化,会使持有债券的预期报酬率大于零或小于零,两种资产的相对预期报酬率的比较,促使人们做出卖出债券还是买进债券,是多持有货币还是少持有货币的选择。

所以,投机动机的货币需求对利率的变化极为敏感,与利率呈反方向变化,是利率的递减函数。利率越高,投机动机的货币需求就越少;利率越低,投机动机的货币需求就越多。在极端情况下,当利率低到所有人都认为它将上升,从而有价证券的价格将下降时,人们都希望持有货币而不愿持有有价证券,这时投机动机的货币需求趋于无穷大,这就是人们常说的"流动性陷阱"。对于这种情形是否真的存在,经济学家有着广泛的争论。

从以上的分析可知,人们对货币的需求是由以上这三大动机共同促成的。其中交易动机和预防动机的货币需求都是收入的递增函数,而投机动机的货币需求则是利率的递减函数。那么,凯恩斯的货币需求理论可用函数式表示如下:

$$M = M_1 + M_2 = L_1(Y) + L_2(r) \tag{11-5}$$

式中,M_1 表示交易动机和预防动机引起的货币需求,它是收入 Y 的函数;M_2 表示投机动机的货币需求,是利率 r 的函数;L 是作为"流动性偏好"函数的代号,货币最具有流动性,所以流动性偏好函数也就相当于货币需求函数。

在这里应该注意的是,凯恩斯讨论的货币需求是实际的货币需求,而不是名义的货币需求,人们在决定持有多少货币时,是根据这些货币能够买到多少商品来计划的。实际的货币需求可由名义货币需求除以价格水平求得,也就是 M/P。

这个函数式与过去所有函数式的区别在于:如果过去所有的函数式可以概括地表示为 $M = f(Y)$,那么凯恩斯的函数式可表示为 $M = f(Y, r)$。的确,看到利率与货币需求的联系并非始于凯恩斯,如剑桥学派就有分析,但把 r 确定地视为货币需求函数中与 Y 有等同意义的自变量,则是开始于凯恩斯,是凯恩斯的一大创举。

从上述的函数式还可以看出,由于市场利率的不稳定,使得货币需求也是不稳定的。在货币市场均衡的条件下,由于 $MV = PY$,$V = PY/M$,也就可得:

$$V = PY/P[L_1(Y) + L_2(r)] = Y/[L_1(Y) + L_2(r)]$$

从上式可知,货币的流通速度与实际的货币需求成反比,这样,当实际的货币需求随着利率的涨落而波动时,货币的流通速度也将随之波动。而传统货币数量学说将货币的流通速度视为常数,这是一个不符合实际的假设,其原因在于忽略了投机动机的货币需求的存在。

【拓展阅读】

预防性货币需求的实例

为了更好地理解预防动机的货币需求,我们举个实际的例子来加以说明:假设你是一个正处在热恋之中的小伙子,你很爱你的女朋友。有一天,你们俩一起逛商场时,你女友想买套3000元的套装。你决定买下来讨女友的欢心,原来没有想到的"意外"货币需求就出现了。可是,你身上并没有带那么多钱,你的钱都投在股市里了,这时你就遇到了非流动性问题。你有两种方法筹到钱:第一,卖出部分股票,取回部分现金;第二,向亲戚好友借。第一种情况,卖出股票需缴纳一定的佣金和印花税,如果遇到的是"割肉"的情况,你还得遭受资本损失。第二种情况,借钱给你的那个人要求你支付5%的利率,你又要发生一笔额外的支出。虽然你买到了那套套装,女朋友会很高兴,可你心里难免会为遭受的非流动性成本之痛而闷闷不乐。

在这之后你吸取了教训。为了在与女朋友逛街时应付上述那样突发性的意外货币支出,你决定随身带8000元钱,随时准备应付购买1~2套高档服装之需。但是这8000元在你的钱包里闲置了3个月后,你女朋友才有再次想买高档服装的欲望。如果年利率为5%,在这3个月里损失了100元钱的利息。这时你遇到的是持币的机会成本。

非流动性成本和持有预防性货币余额的机会成本构成了持有谨慎性动机货币余额的总成本。如果你为预防不测持有较多的货币,你就减少了非流动性的逾期成本额,但同时增加了持有货币余额的机会成本;反之,你持有的货币余额较少,这降低了机会成本,但是提高了非流动性成本。因此,你必须在两者之间权衡。如果在急需资金时你的朋友能倾囊相助;或者如果股市处于大牛市,且佣金较低,那么你为了应付这种突发性的支出而持有较多的货币余额的动机就会弱些。另外,利率越高,持币的机会成本越高,持有较多的货币余额的动机也会减弱。总结起来:预防性货币需求随着非流动性成本的上升而增加,随着机会成本的上升而下降。

(三)凯恩斯货币需求理论的发展

凯恩斯的流动性偏好理论是对西方货币需求理论的重大突破,但这一理论本身也有许多缺陷。20世纪50年代之后,一批受凯恩斯影响的经济学家针对凯恩斯理论中某些与现实不符的结论,沿着凯恩斯原来的思路,对他所提出的三种动机的货币需求理论进行了更为深入的研究,进一步丰富和发展了凯恩斯的货币需求理论。最具有代表性的研究成果是鲍莫尔—托宾的存货模型和托宾的资产选择理论。

1.鲍莫尔—托宾的存货模型

凯恩斯的流动性偏好理论认为,交易动机的货币需求只是收入的函数,而与利率无关。鲍莫尔(William Baumol)和托宾通过研究,证明交易动机的货币需求,同样是利率的函数,而且是利率的递减函数。

他们认为,人们出于交易动机而持有的现金余额如同一个企业保有存货一样,也有一个最佳适度的问题。存货太少会影响正常的生产经营活动,存货过多又会增加不必要的成本。为交易需要持有货币同样不能太少,也不能过多,因为货币是最后的流通手段,其他资产要变现需要支付佣金,而持有货币要放弃利息收入。

假如一个人在取得收入后,为了获得利息,可以将收入中暂时不用的部分去购买债券等生息资产，在极端情况下，他甚至可以在期初把全部的收入都买成债券，然后在需要支出时卖出等额的债券，以最大限度地获取利息收入。但是在每次卖出时都要支付一定的佣金（包括花费时间和精力的货币化），那么，如果交易的次数足够多，交易的费用就有可能超过利息收入，因此，一个消费者必须在取得利息收入和支出交易成本之间进行权衡，选择一个最优的货币持有量，使得利息损失和交易成本之和最小。一般地说，手续费是相对固定的，而利率是经常变动的，利率的变动直接影响到人们买卖债券的数量和次数，从而影响人们平均持有的货币额。因为利率越高，波动越大，利息超过手续费的机会就越多，也可以更多的购买债券，相应的平均持有的货币量也就越少。由此可见，交易动机的货币需求，也是利率的函数，而且同样是利率的递减函数。

鲍莫尔和托宾在以下假设条件下，推导出了一个著名的平方根公式。这些假设条件是人们定期获得收入，人们的支出是连续和均匀的，其他资产是短期政府债券，每次的变现额和变现的时间间隔都相等。很显然，在此假定条件下，人们平均持有的现金余额应是每次变现额的一半。

假设一定时期的收入总额为 Y，每次的变现额为 K，每次变现的佣金为 b，r 为市场利率，则持有现金余额的总成本 C 为：

$$C = b \cdot \frac{Y}{K} + r \cdot \frac{K}{2}$$

消费者将通过选择 K 来使上式最小化。为此，我们只要求出 C 对 K 的一阶导数，并令其等于 0 即可。

$$\frac{\partial C}{\partial K} = \frac{r}{2} - b \cdot \frac{Y}{K^2} = 0$$

同时，我们还可求出 C 对 K 的二阶导数，且可判断其值大于 0。

$$\frac{\partial^2 C}{\partial K^2} = \frac{2bY}{K^3} > 0$$

这就证明，$C = b \cdot Y/K + r \cdot K/2$ 有极小值，因此可知：

$$K = \sqrt{\frac{2bY}{r}}$$

如上所述，人们平均持有的现金余额是每次变现额的一半，即 K/2，所以，名义现金余额应为：

$$M = \frac{K}{2} = \frac{1}{2} \cdot \sqrt{\frac{2bY}{r}} \tag{11-6}$$

设 $\partial = \frac{1}{2}\sqrt{2b}$，则 $M = \partial \cdot r^{\frac{1}{2}} \cdot r^{-\frac{1}{2}}$　　(11－7)

这就是著名的平方根公式，此式得到的结论与前面分析得到的结论是一致的，同时我们还可以看出，交易动机的货币需求的收入弹性和利率弹性分别为 0.5 和 －0.5。

根据和鲍莫尔——托宾存货模型大致相同的思路，美国经济学家惠伦（E. Whalen）等人对预防性货币需求同利率之间的关系进行了研究，提出了立方根公式，研究得出预防动机的货币需求也和利率呈反方向变化。由于交易动机的货币需求和预防动机的货币需求也都是利率的函数，因此凯恩斯的流动性偏好函数写为 M = L(Y,r)更为准确。"平方根定律"、"立方根定律"首次将利率这一经济函数完全纳入货币需求模型之中，并且证明了交易性的货币需求与利率之间有密切的关系，为货币政策的制定提供了理论指导，在金融理论领域有着广泛的影响。

【拓展阅读】

假定李四是个金领，每个月的工资是 20000 元，每月的 1 号领取工资。李四是个典型的"月光族"，从月初领到工资到下个月初领工资的一个月内，他正好将这 20000 元花得分文不剩。李四每月的现金余额变动情况如图 11－1 所示。

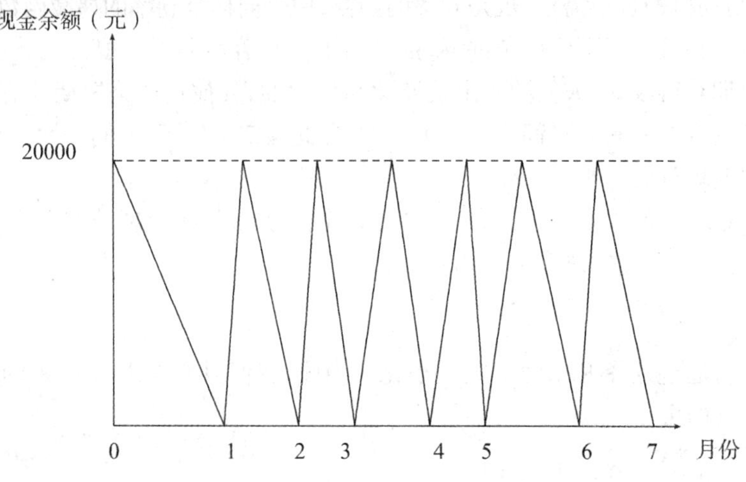

图 11－1　李四的现金余额变动情况

现在假定，存款月利率为 1%。如果李四在月初收到 20000 元的工资收入后，将其中 10000 元储蓄起来，手头留 10000 元现金，但支出流量还是和往常一样。于是李四在月中时手头的现金余额就为零了；为应付接下来的支出，就必须到银行去将月初存入的 10000 元取出来。月末时，又将这 10000 元花光了。等到下个月的 1 号，继续这样的花销计划。按这样的计划计算，李四每个月的平均现金余额为 5000 元。这样对李四有什么好处呢？李四在月初存入的 10000 元可以得到 50 元钱的利息收入：10000 × 1% ÷ 2 = 50。

进一步设想，如果李四在月初收到 20000 元的工资后，将 15000 元存入银行，手头只留 5000 元的现金。若每月是 30 天，过了七天半李四就将这 5000 元花光了，然后再到银行从月初存入的 15000 元中取出 5000 元。又过了七天半，李四提取的这 5000 元又用完了，又必须去提取 5000 元。如此循环下去，李四在这个月持有的现金余额平均就只有 2500 元了。在月初存入 15000 元时，这个月里频繁地取款，得到的利息收入总共有多少呢？计算得：15000 × 1% ÷ (7.5/30) + 10000 × 1% × (15/30) + 5000 × 1% × (22.5/30) = 37.5 + 50 + 37.5 = 125(元)。

这比在月初时只存入 10000 元多赚了 75 元的利息收入。推而广之，显然有如下结论：月初持有的现金余额越少，存入银行的钱越多，所得到的利息就越多。

既然有这样的好处，李四是否会在月初收到20000元的工资后手头只留666.7元的现金，而将剩余的19333.3元存入银行，每天早晨再去取666.7元现金呢？显然是不会的。这样李四是能得到更多一点的利息，但会很麻烦，因为取款是有交易成本的，包括时间和精力。

2.托宾的资产选择理论

根据凯恩斯的流动性偏好理论，人们是以货币还是以债券的形式持有财产主要取决于它们的预期报酬率，只有在这两种资产的预期报酬率相等的极端情况下，人们才会同时持有货币和债券。按照此理论，在同一时间，人们要么持有货币，要么持有债券，一般不会既持有货币又持有债券，而这显然与事实不符。它既无法解释人们同时持有货币和债券的现象，更无法说明人们同时持有收益率各不相同的其他多种金融资产这一现实生活中普遍存在的事实。为了弥补这一明显的不足，美国凯恩斯学派的经济学家托宾(James Tobin)将马科维茨(Harry Markowitz)等人在20世纪50年代首创的均值—方差分析法应用于货币需求分析，提出了从资产选择角度研究货币需求问题更为切合实际的新理论。

托宾认为，在现实生活中，人们之所以宁愿持有没有收益的货币，而不全部持有有收益的其他金融资产，一方面因为货币是金融资产中流动性最好的一种，另一方面，人们在选择资产组合时，不但要考虑各种资产组合的预期收益率，而且也会考虑到风险。资产选择的原则不是预期收益的最大化，而是预期效用的最大化，对于一个风险规避者来说，他总希望在既定的预期收益下实现风险的最小化，或者在既定的风险下实现预期收益的最大化。一般来说，收益和风险往往成正比例关系，收益高的资产，风险较大，而收益低的资产，风险也较小，货币是一种没有收益的资产，但它同时也是一种没有风险的资产(通货膨胀条件除外)。所以，人们在进行持有资产的组合时，必须对各种资产的预期收益和风险进行衡量和比较，以确定效用最大化的资产组合。其方法可用无差异曲线来描述，托宾在分析时，用某种资产的预期收益的加权平均数作为测量预期收益的尺度，用预期收益的方差作为测量风险的尺度。

根据托宾的理论，当在某经济主体的资产组合中只有货币而没有债券时，为了取得收益，他会把一部分货币转换成债券，因为减少货币在资产组合中的比例就可以带来收益。但随着债券比例的增加，收益的边际效用递减而风险的负效用递增，当新增加的债券带来的收益正效用与风险负效用之和等于零时，他就会停止将货币转换成债券。同理，如果某经济主体的全部资产都是债券，为了安全，他会抛出部分债券而增加货币的持有比例，直到抛出的最后一张债券所带来的风险负效用与收益正效用相等为止。这就是通常意义上的资产组合原理。

托宾的资产组合理论可图示如下：

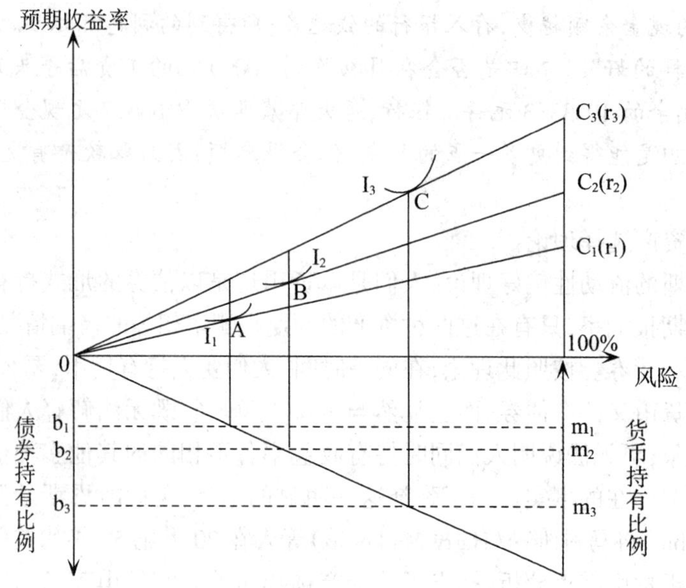

图 11－2　托宾的资产组合理论

图中，上半部分的纵轴表示预期收益率，横轴表示风险，OC_1、OC_2、OC_3 线表示在不同利率($r_1, r_2, r_3; r_3 > r_2 > r_1$)水平下的投资机会轨迹。$I_1$、$I_2$、$I_3$ 是一组无差异曲线，在任何一条既定的曲线上，不同的收益与风险的组合都具有等量的效用。A、B、C 三点都是人们资产组合的均衡点，即收益正效用和风险负效用相等之点。

图中的下半部分左纵轴表示风险资产(债券)的构成比例，箭头向下表示从 0% ~ 100%；右纵轴表示安全性资产(货币)的构成比例，箭头向上表示由 0% ~ 100%。当利率为 r_1 时，无差异曲线 I_1 与 OC_1 相切于 A 点，此时资产组合的比例是 m_1 比例的货币和 b_1 比例的债券。显然，$m_1 > b_1$，所以在 A 点，风险和收益均较小。当利率上升为 r_2 时，无差异曲线 I_2 与 OC_2 相切于 B 点，此时资产组合的比例随之调整，风险资产的比例从 b_1 增加到 b_2，安全资产的比例从 m_1 减少到 m_2，因此在 B 点的风险与收益均大于 A 点。如果利率升至 r_3 时，OC_3 与 I_3 相切于 C 点，此时 $m_3 < b_3$，在 C 点的收益和风险远高于 A、B 两点。

上图说明，在不确定状态下，人们为什么同时持有货币和债券，以及二者的比例是根据什么进行选择的；投机动机的货币需求与利率呈反方向变化；投机动机的货币需求的变化是通过人们调整资产组合来实现的。

托宾的研究不但弥补了凯恩斯关于货币需求理论的某些不足，而且运用资产组合的理论方法，将风险这一重要因素引入到货币需求的决定中来，得出了更为切合实际的相对科学的结论，极大地推动了货币需求理论的发展。

三、现代货币数量理论

货币主义是一个与凯恩斯主义和凯恩斯理论直接相对立的西方经济学流派，它形成了自己的一套独具特色的理论观点和政策主张，到20世纪60年代，它的理论政策主张已发展为一个完整的体系。1956年货币主义学派的代表人物，美国芝加哥大学教授弗里德曼（Milton Friedman）发表的《货币数量说的重新表述》一文，标志着现代货币数量论的诞生。

按照弗里德曼的观点，新的货币数量理论，首先是一种货币需求的理论，其次才是产出、货币收入或物价水平的理论。所以，现代货币数量理论是从研究货币需求的影响因素并建立货币需求函数开始的。

（一）弗里德曼的货币需求函数

弗里德曼基本上承袭了传统货币数量论的研究特点，非常重视货币数量与物价水平之间的因果关系，同时接受了剑桥学派和凯恩斯以微观主体行为作为分析的起点并把货币看作是一种受利率影响的资产的观点，在吸收前人成果的基础上，根据经济发展的新情况，对决定和影响货币需求量的各种因素进行了深入的分析，在此基础上，建立了独具特色的货币需求函数：

$$\frac{M}{P}=f(Y,W,R_m,R_b,R_e,\frac{1}{p}\cdot\frac{dp}{dt},U) \tag{11-8}$$

式中，M为个人财富持有者保有的货币量，即名义货币需求量；P为一般物价水平；M/P为个人财富持有者保有的货币所能支配的实物量，即实际货币需要量；Y为按不变的价格计算的实际持久性收入，用来代表财富；W为物质财富（非人力财富）占总财富的比例；R_m为货币的预期收益率；R_b为固定收益的债券预期收益率；R_e为非固定收益的股票收益率；l/p·dp/dt为实物资产的预期收益率；U表示影响货币需求的其他因素。

根据弗里德曼的分析，可把货币需求函数中的各个变量分为以下三类：

1.恒常收入和财富结构

财富总量是制约人们货币需求的规模变量，也就是说，即使人们将其全部财富都以货币的形式持有，其货币需求总量也只能等于其拥有的总财富，而不可能超过财富总额，现代货币数量学说把财富分为人力财富和非人力财富，人力财富也称为人力资本，是指人们所具有的为自己获得收入的能力，包括体力、智力以及学习掌握的技巧等，其大小与接受教育的程度密切相关。非人力财富则是指各种能带来收入的实物财富，如房屋、生产资料、耐用消费品以及各种金融资产等。对于绝大多数人来说，人力财富均占其财富总量的绝大部分。

由于财富的货币化测量难度很大，而财富又与收入之间有着密切的关系，因此，人们通常以收入代表财富。但因现期收入易受年度波动的影响，因此，在这里所说的收入是一种恒久性的收入，也叫恒常收入，是指一个经济主体所拥有的各种财富在相当长的时期内所获得收入的平均量，可用能观察到的过去若干年收入的加权平均数代表。根据弗里德曼的分析，相对于一个经济主体而言，恒久性收入与货币需求是正相关的关系，收入增加，货币需求也会相应的增加；收入减少，货币需求也会随之减少。

由于人力财富向非人力财富的转化受到种种条件的制约,人力财富不像债券、股票那样可以随时变现,因此,人力财富在其总财富中占较大比例者只能通过持有较多货币来增强其流动性。也就是说,非人力财富在总财富中占的比例越大,货币需求越小,函数式中的 W 与货币需求是负相关的关系。

2.持有货币的机会成本

函数式中的变量 R_b、R_e、$1/p \cdot dp/dt$,在弗里德曼的货币需求分析中被统称为持有货币的机会成本。持有货币的机会成本是指其他资产的预期收益率,R_b、R_e 包括两部分:一是目前的收益,如债券的利息、股票的股息等;二是由于这些资产的价格上涨而产生的资本利得。$1/p \cdot dp/dt$ 实际上就是物价变动率,是指人们保有实物资产因物价变化可能获得的收入或损失。持有货币的这些机会成本变量与货币需求是负相关的关系。即 R_b、R_e、$1/p \cdot dp/dt$ 越大,货币需求越少;反之,R_b、R_e、$1/p \cdot dp/dt$ 越小,货币需求就会越大。

3.货币的预期收益率

在前面的分析中,我们可以一般地认为货币的预期收益率 R_m 为零,而在这里货币却是有收益的,这是因为弗里德曼考察的货币已经不再局限于 M_1 层次,而是扩大到了 M_2 的范围。它包括两部分:一是银行支付的存款利息,二是银行提供的各种服务。显然,货币的预期收益率与货币需求呈正相关的关系。

4.其他因素

弗里德曼认为,影响货币需求的因素除了以上三大类外,还有很多因素也会对货币需求产生一定的影响,如技术、制度以及人们的主观偏好等。这些综合变量 U 在短期内相对稳定,可能从不同的方向对货币需求产生影响。

上述在个人财富持有者的货币需求函数中,只需排除 W 即成为企业的货币需求函数。如果略去 Y、W 在分配上的影响,用 M 代表社会货币需求的总量,Y 代表按不变的价格计算的国民收入,则上式就能应用于全社会。

尽管弗里德曼在他的货币需求函数中所列举的变量很多,但他十分重视恒久性收入的主导作用,而强调恒久性收入对货币需求的重要作用是弗里德曼货币需求理论的一个特点。同时他还认为,在激烈的市场竞争中,R_m、R_b、R_e 之间的差额越来越小,因而完全可以用市场利率 r 代替,这样,弗里德曼的货币需求函数就可以简写成:$M/P = f(Y, r)$

从形式上看,此函数式与凯恩斯的货币需求函数式基本相同。但二者的区别是很大的,主要表现为:

第一,两人虽然都认为影响货币需求的因素可以归结为收入和利率,但在利率的重要性方面分歧很大,凯恩斯认为,利率的变动对货币需求的影响是巨大的,而弗里德曼则十分强调恒常收入对货币需求的重要影响,认为利率对货币需求的影响是微不足道的。

第二,由于弗里德曼认为影响货币需求的主要因素是恒常收入,而恒常收入是相对稳定的，因此，货币需求函数也是相对稳定的。而凯恩斯由于认为影响货币需求的主要因素是利率，利率具有不确定性，因此货币需求函数也具有不稳定性。

第三，弗里德曼主要研究的是实际的货币需求，而凯恩斯研究的主要是名义的货币需求。

第四，两人虽然都从资产选择的角度讨论货币需求，但凯恩斯考虑的仅仅是货币和生息资产（主要为债券）之间的选择，而弗里德曼考虑的资产选择范围要宽得多，不仅包括货币、债券，还有风险和实物资产；在凯恩斯的货币需求理论分析中，持有货币是没有收益的，而在弗里德曼的货币需求理论分析中，货币的范围已经不再局限于通货和活期存款，而是扩大到了定期存款。

第五，由于两种理论存在上述的分歧，导致他们对经济运行过程中货币的作用有不同看法，从而提出不同的货币政策主张。

（二）弗里德曼货币需求函数的进一步分析

为什么说弗里德曼的货币需求理论是现代的货币数量学说呢？我们认为原因有以下几点：

1.以弗里德曼为代表的现代货币主义者，与传统货币数量学说的研究对象都是货币数量变动与国民收入之间的关系，他们都强调货币存量对名义国民收入的重要影响，都认为经济体系本身存在着自我调节的机制，对经济不应进行过多的干预。所以，弗里德曼对货币需求问题的研究虽然从形式上看与传统货币需求学说存在较大的差异，但实质上是在研究同一个问题，只不过是由于研究方法与角度的不同，对同一个问题有着不同的看法而已。

2.对货币流通速度的认识有较大的分歧。传统货币数量学说假定货币的流通速度是一个固定的常数，而现代货币数量理论则认为货币的流通速度是一个稳定的、可以预测的变量。现代货币数量学说的这一分析结论，对分析整个经济社会的其他重要因素如收入或价格水平等具有重要意义，由此导出的只是货币供给对宏观经济运行产生重大影响，而货币需求的影响则是微弱的结论，成为现代货币数量学说的理论与政策的基础和依据。

弗里德曼认为，在正常情况下，利率的变动一般与货币的预期收益率、其他资产的预期收益率变化均是同方向的（利率的变动直接意味着其他资产的预期收益率的变动。利率的变动也会因银行行为的调整使货币的预期收益率发生相应的变动）。而影响货币需求的是货币与其他资产的相对收益率的高低，因此，货币需求对利率并不敏感，影响货币需求的主要因素实际上只是恒久性收入。在货币均衡（货币供给等于货币需求）的条件下，由传统货币数量学说的现金余额方程式 $M = kPY$，$k = 1/V$，$MV = PY$，可知，$V = Y/(M/P) = Y/f(Y)$。

由于货币需求函数是相对稳定的，因此就可以利用过去的数据，根据货币的数量计算出货币的流通速度。然后再用它来计算货币的需求量以及根据货币供给的变化估算出名义国民收入的变动,而这正是货币数量学说的同一命题。

3.传统货币数量学说认为经济处于充分就业的状态,从而当货币供给变化时,实际国民收入保持不变,价格与货币供给将按同一比例变化。而现代货币数量理论认为,货币供给的增加将引起名义国民收入的增长,但在多大程度上引起实际国民收入的增加,又在多大程度上引起价格水平的提高,要根据社会的具体条件而定。

【拓展阅读】

中国的货币流通速度为什么持续下降?

中国的货币流通速度持续下降引起了经济学家们极大的兴趣。从某种意义上说,这是一件大好事,因为这意味着名义货币增长率可以以高于经济增长率和物价上涨率之和(根据交易方程式,若货币流通速度不变,则名义货币增长率应等于经济增长率加物价上涨率)的增长率上升。换句话说,超过经济增长率的货币增长率不会完全转化为通货膨胀率。这意味着政府可以放出较多的名义货币,从而得到较多的铸币收入,同时却只承担较小的通货膨胀压力。财政收入不足和通货膨胀一直是困扰我国改革进程的两大难题,而货币流通速度的下降则在一定程度上缓解了这对矛盾。

对这一现象,有三种可能的解释。一种是价格指数偏低假说,即认为中国的统计数字低估了实际的物价上涨率;一种是被迫储蓄假说,即认为中国市场上缺乏足够多的金融资产和商品以供消费者和企业选择,因而消费者和企业只好持有更多的货币;还有一种则是货币化假说,这种观点认为,改革也是一个货币化的过程,即通过货币进行的经济活动的比例不断增加,而与传统的物物交换相联系的非货币化经济比例则不断下降,这一过程刺激了货币需求的急剧上升,从而使货币流通速度不断下降。

在改革的某些年份,中国的官方物价指数无疑在一定程度上低估了实际的物价上涨率,但是,即使用市场的物价指数计算,中国的货币流通速度在改革的大部分年份中仍显著下降,因此物价指数偏低假说缺乏足够的说服力。商品的短缺现象在改革的某些年份中较为突出,在某些年份中则并不突出,因此中国的货币流通速度的下降更可能是因为金融资产种类的缺乏和经济的货币化。

值得一提的是,货币流通速度的下降有一个限度,超过这一限度之后,则超过经济增长率部分的货币增长率将全部转化为物价上涨率。同许多国家相比,我国的货币化指标(主要是货币同国民生产总值的比率)已经偏高,因此从现在开始,我们必须对名义货币过快增长可能带来的通货膨胀问题保持高度的警惕。

四、对货币需求理论的综合评析

1.考察对象的演变。马克思以及前人所处的时代,基本上是贵金属货币时代,因此十分重视贵金属货币的研究;以费雪的现金交易方程式为代表的时代,已将金币本身排除在外,同时开始注意存款通货;到凯恩斯时,他已经较为明确地指出,他说的货币就是现钞和支票存款；而弗里德曼所研究的货币已是较大口径的 M_2。总之，他们的考察对象是从金币开始，到纸币再到更大口径的货币，研究对象有一个不断演进的过程。

2.考察范围的扩大。费雪及其前人主要是从宏观总量上考察货币需求，而这之后，研究的思路已开始转向于微观主体的持币动机，从各个经济主体持有货币的角度进行研究，这样对货币需求的研究就建立在了坚实的基础之上，从而也就扩大了对货币需求考察的范围。

3.对影响货币需求变量分析的深化。费雪方程式阐明总支出仅仅决定于货币数量的变动，而对利率波动不具有敏感性；剑桥学派认为对实际货币余额的需求是与实际收入成比例的，但不排除利率对货币需求的影响；凯恩斯提出了持有货币的三种动机，他将其归结成流动性偏好理论，并认为货币需求的交易成分和预防成分同收入成比例，而货币需求的投机成分对利率及关于利率未来动向的预期极为敏感；弗里德曼的货币需求理论将货币视作一种资产，运用资产需求理论得出了经济主体的货币需求是持有货币的机会成本和恒久性收入的函数。从上可以看出，对影响货币需求变量因素的认识，就是从 f(Y)发展为 f(Y,r)，并不断纳入更多自变量的过程。

第三节　货币需求理论的实证研究与量的测算

对货币需求性质及其理论演变的研究是认识货币需求的前提，当然是非常重要的，但对货币需求的研究仅仅停留在质的分析上是不够的，因为理论研究的目的在于指导实践，在一定理论的指导下，对货币需求量的分析是制定货币政策以及进行具体操作的依据。而对货币需求的实证研究，则是利用过去的有关资料进行统计分析，来检验货币需求理论的正确性。后者所要解决的问题是检验理论与实际现实是否相符，前者是要在正确的理论指导下解决实际问题，二者是紧密联系的同一个问题的两个方面。

一、货币需求理论的实证研究

从前面对货币需求理论的介绍可以看出，不同货币需求理论由于研究的角度和运用的方法不同，对货币需求问题的认识在逻辑上几乎都是合理的，至少都从一个侧面反映了现实经济状况，但到底哪一种理论更符合实际，更能指导实践呢？对此问题的回答，只能求助于实践，实践是检验理论正确与否的唯一标准。就总体而言，对以下三个问题的回答是否符合实际，决定了其理论的正确性，而且涉及货币对经济的作用以及货币政策的重要性等一系列重大的理论和现实问题。它们是：第一，货币需求对利率是否敏感。第二，货币需求的稳定性问题。第三，货币流通速度的稳定性如何。第三个问题实际上是前两个问题派生出来的。

(一)货币需求对利率的敏感性问题

对此问题的不同认识,决定了不同理论对货币需求影响因素重要性的看法,决定了货币政策的传导机制问题。凯恩斯主义认为利率是决定货币需求的重要因素,货币政策的传导机制是利率,由于利率的波动性,使得货币需求也具有不稳定性,因此,货币政策相比财政政策对经济的调节作用要小的多。而货币主义认为利率对货币需求有影响,但不是最重要的,最重要的决定因素是经济主体的恒久性收入,而恒久性收入是相对稳定的,因此,“货币最重要”,货币政策对经济的调节作用比财政政策更有效,实行单一的货币政策就能解决一切问题。

对这一问题最早进行实证研究的是詹姆斯·托宾。他把货币分为交易余额和闲置余额,利用美国1922年至1941年的资料证明,闲置货币余额和利率成明显的反比例关系,后来研究证明,交易余额也受到利率的影响。随后又有许多经济学家利用各种资料研究证明,货币需求对利率具有很大的敏感性。

研究结果表明,在货币需求对利率的敏感性问题上,凯恩斯主义理论可能更为符合实际,但货币需求对利率敏感性是否会无限增大,也就是是否会出现凯恩斯主义理论所谓的“流动性陷阱”问题,实证研究的结论却是否定的。

(二)货币需求的稳定性问题

此问题与第一个问题有着密切的关系,但又不完全相同。货币需求对利率的敏感性关系到货币需求量是否会随着利率的波动而变化,而货币需求的稳定性则是在说货币需求量是否会随着影响货币需求的综合因素的变化而变化。对此问题的不同认识,直接关系到其政策主张,凯恩斯主义认为货币需求由于主要受利率的影响,因此是不稳定的,与此相对应,货币供给就必须“相机抉择”,充分利用货币政策对经济周期进行调节。而货币主义则认为货币需求主要受恒久性收入的影响,因此货币需求是稳定的,相应的,货币供给就应实行“单一规则”。货币需求的稳定性问题是现代货币主义与凯恩斯主义理论与政策分歧的主要方面。

美国是被许多经济学家研究的对象,就美国的情况而言,1974年通常被认为是一个分界点。在此之前,货币需求是基本稳定的,但这之后,利用传统货币需求函数预测的货币需求与现实对照都出现了较大的误差,而这正是促使人们加强对新的货币需求理论与方法进行研究的动力。凯恩斯主义和货币主义学者都在原来的基础上,结合变化了的经济现实提出了一些新的观点和政策主张,但在基本的理论政策方面没有重大变化,因此,对货币需求稳定性问题的认识仍然是基本的必须回答的问题。

(三)货币流通速度的稳定性问题

从前面对货币需求理论的分析可知,货币需求和货币流通速度实际上是一个问题的两个方面(如 MV = PY)。如果货币需求是稳定的,那么货币流通速度也就是稳定的。

大量的实证研究表明,货币流通速度是一个随着时间而不断变化的变量。这样就很明显地知道,把货币流通速度视为一个常数的货币需求理论是不正确的,实际上货币流通速度与货币需求一样,是随着经济周期的变化而变化的。在经济繁荣时期,货币流通速度会加快,在经济萧条时期,货币流通速度增长率放慢。对此的解释是:按照凯恩斯主义的观点,货币需求和利率成反向关系,而利率的变化是顺周期的,所以货币流通速度的变化呈现出上述规律。而按照货币主义的观点,由于货币需求主要是由恒久性收入决定的,在繁荣时期,恒久收入的增长要相对慢于现期收入的增长,货币需求的增长也就相应的慢于当时国民收入的增长,货币流通速度就会加快。同理,在萧条时期,货币流通速度增长率减慢。

货币流通速度的稳定性问题,涉及可否利用过去的统计资料计算统一适用的货币流通数据,从而预测货币需求量,以供应货币的问题。因此,是同前面两个问题相联系的基本问题。

现代货币需求理论越来越重视实证研究,一方面使理论建立在坚实的经济数据基础之上,另一方面使理论更加实用化,成为直接或间接地为制定货币政策服务的工具。

二、货币需求量的测算

对货币需求量的测算,各国的经济学家都根据不同的理论,结合各国的经济现实进行了大量的探索,提出了一些有益的思路和方法。下面简要介绍国外凯恩斯主义和货币主义的测算方法与我国主要根据马克思的货币需求理论进行的探索实践。

(一)国外的测算方式和理论依据

1.凯恩斯主义的权变法

凯恩斯主义学派的经济学家认为:国民经济具有内在的不稳定性,不稳定的原因主要是实物部门的内在矛盾(例如投资动机边际收益的变化),而与货币基本无关,而且一旦经济出现失衡,要想恢复则需要较长的时间。因此,为了保持国民经济的稳定发展,必须对经济运行进行国家干预,同时使用财政政策与货币政策。在财政政策上,国家实行"补偿性"财政政策,即从"周期平衡"的观点出发,在萧条时期进行赤字预算,扩大政府开支,以刺激总需求,推动经济回升;在繁荣时期则进行盈余预算,削减政府开支,以抑制总需求,抑制经济的过度膨胀。在货币政策上,国家则采取"相机抉择"的办法,即在经济萧条、失业率上升时期,采取宽松的货币政策(增加货币供给,降低利息率);而在经济过热、通货膨胀到了不能容忍的程度时,就采取紧缩的货币政策(减少货币供应,提高利息率)。这种依经济周期变动而确定货币供应量的方法被称为"权变法",即两利相权择其重,两害相衡择其轻。

在实践中,以这种权变法来确定最适货币量的做法,对走出20世纪30年代的大危机并促使经济增长起到了很好的作用,但随之带来的是持续的高通货膨胀,并在70年代出现了凯恩斯主义无法解释的"滞胀"局面(即菲利浦斯曲线揭示的通胀与失业替代关系的消失,出现“双高”现象)。于是凯恩斯主义的货币政策备受责难,面临危机。正是在此之时,以反凯恩斯主义政策面目出现的货币主义的“规则法”开始受到各国的青睐和重视。

2.货币主义的规则法

所谓货币主义的“单一规则”有两方面的含义:其一是指货币管理当局只有按照一个固定的增长比率供应货币,才能保持经济的稳定;其二是货币政策只应以货币供给量为直接的控制目标。它所要解决的最大问题是什么样的货币增长率才是合适的?对此问题许多经济学家进行过实证研究,货币主义学派的代表人物弗里德曼也以“最适货币量”为题进行了长期的研究。他在1960年发表的《货币稳定方案》一文中认为,就美国过去90年的情况而言,货币量的每年增长率以稍高于4%比率比较合适,在这4%中,3%的增长率相当于产量的增长率,余下的1%则相当于公众随着实际收入的增加所欲保留的货币量的增加。也就是说,美国长期平均的经济增长率为3%,货币供应量增长率也应为3%。除此之外,还要考虑货币流通速度变化的需要。而按照他们的研究结果,货币流通速度每年正常递减1%,故货币供应量增长率在4%的水平才能达到GNP年平均增长3%的需要。

他们认为:由于影响和决定货币需求量的主要因素是具有稳定性的恒久性收入,因此货币流通速度和货币需求也是相对稳定的,为了保证经济的稳定增长,只能按照固定的增长率供应货币;私人经济具有内在的稳定性,经济出现波动的根本原因在于货币干预,货币增长率的相机调整至多能在短期内引起产量的增长,并无长期的稳定增长效果,其长期最终的效果却是一般物价水平的普遍上升,因此,政府没有必要对私人经济进行干预,不当的政策不仅无益于经济的稳定运行,反而会助长通货膨胀;由于货币供给量的变化是物价水平及名义收入变动的决定性因素,通货膨胀归根到底是一种货币现象,造成通货膨胀的根本原因就是货币的过度发行,因此货币管理当局应该而且可以通过控制货币的发行来制止通货膨胀的发生,实现经济的稳定增长。

根据货币主义的分析,凯恩斯主义“权变法”的货币需求量确定不但在理论上是错误的,而且在实践中也存在很大的困难,效果不会理想。他们认为:由于我们的经济、货币知识有限,统计资料不全,准确度不高,人们不可能对经济现状做出全面准确的估计;影响经济的外生变量很多,也很复杂,人们要想准确的预测这些变量对经济的影响程度几乎是不可能的,从而也就不可能找到对货币增长率进行有效微调的标准;在决策时由于经济学家的认识不会统一,货币当局将很难进行选择;即使判断决策正确,货币政策效应的产生由于存在时差,也很难把握住“火候”;由货币管理当局相机抉择,既不符合自由社会的准则,也容易受到外力的影响,出现混乱。因此,货币主义学派认为,在货币政策上“政府不可信”。

3.权变法与规则法的比较

权变法的最大优点是可以灵活地调节货币供应量,使之与货币需求量相一致,经常地保持货币供需均衡,这在理论上是正确的,其政策主张也很容易被人接受。它的最大缺点是主观随意性太强，货币管理当局有时可能会出于某些需要而有意识地使货币供应量偏离货币需求量，并且一定时期的货币需求量究竟是多少的确很难正确判断，虽然通过某些方法可以进行计算，但可信度都不高，这样就使得权变法很难达到通过对货币供应量的调节去促成并维持社会总体供需均衡的目的。

规则法的最大优点是简单，便于中央银行控制，货币管理当局无需整天为经济的短期波动而坐卧不安，只要确定一个规则，就可以“高枕无忧”，可以以不变应万变。这个规则就是确定一个适当的货币供应量的增长率。然而，它有一个致命的弱点，那就是不能把货币供应量与货币需求量很好地挂起钩来，因为货币需求量作为一个由各种因素所决定的内在变量，很难说它是有规则地变动，即使它能有规则地变动，也不能武断地说它就长期按一个固定比率增长。这样，货币供应量就会经常地偏离货币需求量，在经济发展较快的时期，货币供应量就会不足，弗里德曼等人认为这种货币供应量低于需求量的状况可以防止经济过热增长，避免过渡繁荣后突然爆发危机，但是，这种人为制造的“货币饥荒”会延缓经济应有的发展速度，有可能扼杀经济的合理增长。相反，在经济发展较慢的时期，货币供应量会显得偏多，他们认为这种状况可以刺激经济回升，但这事实上就是搞通货膨胀政策。可见，如果按规则法的主张来控制货币供应量，要么会发生货币饥荒，要么会造成通货膨胀，二者都不利于国民经济的宏观供求均衡。

【拓展阅读】

美国次贷危机中的量化宽松货币调控

20 世纪 70 年代以来，美联储基本上接受了货币主义的“单一规则”，确定以货币供应量作为对经济进行宏观调控的主要手段。进入 20 世纪 90 年代后，美联储放弃实行了十余年的以调控货币供应量来调控经济运行的货币政策规则，而以调整实际利率作为对经济实施宏观调控的主要手段。但在 2008 年美国次贷危机引发的全球金融危机中，美国又再次拿起货币供应量这个调控的工具，连续两次实行量化宽松政策（QE_1、QE_2），希望以此促进美国经济的复苏。但事与愿违，中央银行投放的基础货币大幅增长，而国内流通中的货币供应量并未显著增加，更严重的是美国经济不仅没有随量化宽松政策的推出而加快复苏，反而使通货膨胀和失业更加严重。

(二)我国的测算方法及其实践

我国对货币需求问题的研究始于建国以后，但基本上限于对马克思货币需求量公式（MV = YQ）的理解和应用。我国有名的 1:8 经验公式的诞生便是明显的例证。

所谓“1:8”经验公式，其含义是，每 8 元零售商品的供应需要 1 元人民币实现其流通。符合这个标准，说明货币发行量适中，不符合这个标准，则说明货币供给过多或不足。这一公式是 60 年代由银行工作者根据对多年商品流通与货币流通之间关系的研究得出的结论，它是依据马克思的货币需求量公式，根据正常年份的货币流通量，运用倒推法，首先计算出正常年份的货币流通速度，然后根据公式计算出预算期的货币需求量。

这个公式是在我国集中计划体制的特定背景下出现的，具有鲜明的时代特征，对于分析我国60、70年代的货币流通状况曾起到过一定的作用。因为在那时，生产资料和消费资料的流通明确划分为两个领域，生产资料不是商品，不参与流通，通常是调拨，流通的主要是消费资料。所以商品零售价格总额就是马克思的货币需求量公式中的商品价格总额；货币只是指现金，在谈到货币需求量时，就是指现金需求量，因为存款在国内是通过转账收支进行的。随着我国改革开放的不断深化，这一经验公式也很快就失去了实用价值和应有的意义。

为了取代过时的“1:8”的经验公式，在80年代中期，人们根据变化了的现实，又提出了一个简明而又易于度量的公式——M' = Y' + P'，即货币供应的增长率等于经济增长率加上预期的物价上涨率。

相对于“1:8”经验公式，这种增长率计算法的思路要宽阔得多，主要考虑了物价的变化。但这种方法存在自身无法克服的矛盾：一是是否应该把物价因素考虑在内，如果供应货币时考虑物价上涨因素，那就等于把货币政策当成助长通货膨胀的工具，如果不考虑物价因素，则既不符合经济现实，也会失去其实用价值，因为对我们更有实际意义的是名义货币需求量；二是在认定公式正确的前提下，如何确定放开物价后的价格上涨率也是一个无法解决的难题。

近年来，我国不少学者提出了让货币需求量与经济增长、物价变动和货币流通速度挂钩的方法，其公式为：

$$RM_p = [(1 + R_e)(1 + R_p)]/(1 + R_v) - 1$$

式中，RM_p 代表货币需求量增长率；R_e 代表实际经济增长率；R_p 代表物价上涨率；Rv 代表货币流通速度的变化幅度。

如果经济增长、物价和货币流通速度的变化幅度都不大，即 R_e、R_p 和 R_v 的值都很小，那么上面的公式可简化为：

$$RM_s = R_e + R_p + R_v$$

其中，货币流通速度的变化幅度 R_v 可能为正，也可能为负。这种方法从形式上看是正确的，因为它只不过是货币需求量规律（M = PQ/V）从增长率的角度加以变形得到的，但由于三项因素都存在难以确定的问题（如经济增长率用什么指标，采用什么样的物价上涨率更合适，货币流通速度的变化幅度如何确定等），因此，虽然在理论上是正确的，但具体运用难度很大。

另外，与国外货币主义的“单一规则”相类似，许多学者也在研究我国货币需求量与经济增长之间所存在的系数。这个系数一般来说会大于1，即经济每增长1%，货币供应量必须增长1%以上才能满足经济发展对货币的客观需要，因为经济的增长需要货币供应的超前增长。这个系数究竟是多大，许多人研究的结果是，认为在1.5左右，即如果经济增长率为7%～8%，那么，货币供应量增长率可在13%左右。由于我国正处于经济的转型时期，此系数将会不断变化。

【本章小结】

1.货币需求是一种由货币需求能力与货币需求愿望相互作用的客观实际需求，它是指在一定时期内，社会各阶层愿意以货币的形式持有财产的需要，或社会各阶层对执行流通手段、支付手段和价值贮藏手段的货币需求。

2.货币需求理论是一种研究人们持有货币需求的动机、决定或影响货币需求的各种因素以及货币数量决定的理论，研究的内容包括一国经济发展在客观上需要多少货币量，以及一个经济主体在现实的收入水平、利率和商品供求等经济背景下保持多少货币，机会成本最小、收益最大等问题。

3.货币需求理论是整个货币理论的重要组成部分。西方经济学家对货币需求的动机和货币需求量的确定进行过长期的探索，先后提出了许多有益的见解，形成了各种各样的学说或理论。主要有传统货币数量学说、凯恩斯和凯恩斯学派的货币需求理论，以及以弗里德曼为代表的现代货币数量理论。

4.对货币需求性质及其理论演变的研究是认识货币需求的前提，但对货币需求的研究仅仅停留在质的分析上是不够的，因为理论研究的目的在于指导实践，在一定理论的指导下，对货币需求量的分析是制定货币政策以及进行具体操作的依据。而对货币需求的实证研究，则是利用过去的有关资料进行统计分析，来检验货币需求理论的正确性。二者是紧密联系的同一个问题的两个方面。

【复习思考题】

1.什么是货币需求和货币需求理论?

2.影响货币需求的因素有哪些?

3.试比较现金交易数量学说与现金余额数量学说的异同。

4.试述凯恩斯的货币需求理论及其发展。

5.现代货币数量理论与传统货币数量学说有什么不同。

6.试述权变法与规则法的主要内容，并比较其异同。

7.你认为目前影响我国货币需求的因素主要有哪些?

第十二章 CHAPTER 12 货币供给

【学习目标】

本章要求学生掌握商业银行体系是如何创造存款货币的;掌握基础货币的概念,了解中央银行资产和负债变动对基础货币的影响;掌握货币乘数的概念,以及影响货币乘数的主要因素有哪些;了解各种货币供给理论以及货币供给内生性和外生性的含义。

【重要概念】

货币供给　原始存款　派生存款　存款乘数　基础货币　货币乘数　货币供给理论　货币供给的内生性与外生性

货币供给从静态的角度来看,是指在一定时点上经济社会中所拥有的货币存量,从动态的角度来看,是指货币供给主体向社会公众提供货币的经济行为。货币供给对经济有着广泛的影响,它不仅影响着一国经济的总体状况,还影响着我们每个人的生活,因此货币供给的增加或减少往往会引起人们的广泛关注。本章我们将主要分析货币是如何被供应到经济社会中来的,货币量的大小由哪些因素决定,中央银行能在多大程度上决定货币的供给。

第一节　存款货币的创造

存款货币的创造是现代商业银行所特有的职能。从前面的分析中我们知道,货币是分层次的,在几个层次的货币中,除通货之外几乎都是存款货币,它们构成货币的主要部分,那么,这些存款货币是如何创造的呢?

一、存款货币创造的条件

货币的最初职能就是作为价值尺度和商品流通的媒介。商业银行的出现(为发放贷款而吸收存款)使市场主体之间债权债务的清偿开始更多地采用转账结算的方式进行,而银行组织的转账结算则是存款货币创造的前提。在此前提下,存款货币的创造还需要具备两个基本条件,即部分准备金制度和部分现金提取,如果不具备这两个条件,就不会有存款货币的创造。因为,如果银行必须对它吸收的存款保留100%的准备金,那么自然就不会有存款货币的创造,你也就别想从银行获得什么利息,反而要向银行交一笔保管费了。在长期的实践中,银行认识到准备金的需要与存款之间具有一定的比例关系,即只要按存款总额的一定比例保持准备金就可以应付人们的取款要求,其余的可以贷放出去,或者用来购买有价证券;如果借款人在获得贷款后,立即以现金的形式将它全部从银行取走,而且在贷款归还之前这笔现金始终在公众手中流通,而不被存入银行,那么也就不会有存款货币的创造,但在现实中100%提取现金并始终在公众手中流通是不大可能的。以上两个条件就使多倍的存款货币创造成为可能。

二、存款货币创造的过程

(一)最简单的情形

虽然存款创造的基本原理对各类存款都是类似的,但是通过支票存款的创造来说明这一原理却是最为直截了当的。我们先来考察一个最简单的支票存款多倍扩张的例子。首先假定支票存款的法定准备金率为20%,而且为了方便起见,我们还假定:(1)所有银行都将其超额准备金用于发放贷款或购买证券,而不持有任何超额准备金;(2)没有现金从银行系统中漏出,即公众不从他们的存款账户上提取现金,或者提取现金用以支付之后,收款的一方又立即将它存入银行;(3)没有从支票存款向定期存款或储蓄存款(两者合称非交易存款)的转化。

现在假定某人将向中央银行出售政府债券所得的1000元现金(或支票)以支票存款形式存入A银行,从而使A银行的准备金资产和支票存款负债都增加1000元,用T型账户表示,如表12-1。

表12-1　A银行的T型账户

资产	负债
存款准备金+1000	支票存款+1000

由于A银行相对于20%的法定准备金还有800元的剩余,因此可以用它来发放贷款或购买有价证券。假定A银行发放的800元贷款被借款人用来购买产品,供货单位收到款项后以支票存款的形式存入B银行,那么,A、B两家银行的T型账户就变为:

表 12-2　A 银行的 T 型账户

资产	负债
存款准备金 +200	支票存款 +1000
贷款 +800	

表 12-3　B 银行的 T 型账户

资产	负债
存款准备金 +160	支票存款 +800
贷款 +640	

如果银行用超额准备金购买有价证券,情形类似。依此类推,这一过程一直继续下去,直到整个银行体系都没有超额准备金的存在为止。为了更清楚地看到所发生的一切,我们将这一过程用表 12-4 表示出来。

表 12-4　存款货币的创造过程

银行	支票存款的增加额	贷款增加额	准备金增加额
A	1000	800	200
B	800	640	160
C	640	512	128
D	512	409.6	102.4
E	409.6	327.68	81.92
……	……	……	……
合计	5000	4000	1000

显然,各银行的支票存款增加额构成一个无穷递减的等比数列,即 1000,$1000\times(1-20\%)$,$1000\times(1-20\%)^2$,$1000\times(1-20\%)^3$,……

根据求和公式,可知整个银行系统的支票存款增加额为:

$$1000\times\frac{1}{1-(1-20\%)}=1000\times\frac{1}{20\%}=5000(\text{元})$$

可知,在支票转账系统下,当银行按 20% 的准备金比例时,1000 元的存款可使银行系统发出 4000 元的贷款,加上最初吸收的 1000 元,总存款达到 5000 元,从顺序看,最初的 1000 元是原始存款,后贷出的 4000 元是派生存款,它们之间的关系为存款总额等于原始存款除以法定存款准备金率。

更一般地,假定支票存款的法定准备金率为 r,银行的初始准备金(即原始存款)为 $\triangle R$,则在前面三个假定条件下,整个银行系统的支票存款增加额为:

$$\Delta D=\Delta R\cdot\frac{1}{r}$$

式中的 1/r 被称为简单存款乘数。它代表的是每 1 元的准备金变动所引起的银行系统总存款额的变动。对于整个银行系统来说,通过存贷款的转化,某个银行新增的准备金最终将全部转化为银行系统的法定准备金。

与多倍存款的创造相对应，还有多倍存款的收缩，其道理完全一样，只不过变化的方向相反而已。

（二）现代二级银行体制下存款货币的创造

在前面的分析中，我们没有考虑银行的最初存款或银行吸收的铸币是从哪里来的。我们说，在现代二级银行体制下，这种最初的原始存款来源于中央银行，它可以是商业银行向中央银行申请贴现贷款，可以是向中央银行出售证券，也可以是某市场主体向中央银行出售证券，存款创造的基本原理同前面讲到的一样适用。前面的分析可以看做是纯经验的分析（称之为经验准备金率），在二级银行体制下，这种经验的准备金率由中央银行以法定的形式确定下来，变成了法定准备金率。

从前面的公式可以看出，法定准备金率越大，存款的扩张倍数越小，法定准备金率越小，存款的扩张倍数越大。我们说，中央银行就是利用此原理来调节社会货币量大小的（工具之一）。

（三）存款货币的创造：更为现实的考察

前面的几个假定不太现实，我们依次放弃这些假定，从而可以得到更为现实的存款乘数。即在有超额准备金（在存款货币的创造过程中等同于法定准备金）、有现金从银行系统漏出（退出存款货币的创造）情况下的存款乘数。如我们假设超额准备金率为 e，漏出现金与支票存款的比率为 c，则存款乘数 $d = 1/(r + e + c)$。其道理在于，在存款货币的创造过程中，超额准备金和从银行系统漏到社会上的现金与法定准备金的作用一样，会减弱银行体系创造存款货币的能力。

实际上，现实中还有新增的支票存款向其他存款（非交易存款）的转化。假定在上例中，支票存款每增加 1 元，其中的 30 分便会向非交易存款转化，且其他条件均不变。换言之，流通中现金、支票存款和非交易存款将保持 1:6:3 的比例。那么当 A 银行获得 1000 元的支票存款时，除了将会有 100 元转化为现金之外，还会有 300 元转化为非交易存款。但是这 300 元非交易存款是否也会像那 100 元现金一样退出存款的创造过程呢？不会的。由于这 300 元仍然保留在银行手中，仅仅是性质发生了变化而已，因此银行除了要为它保留少量的法定准备金外，其余的仍可用于放贷。假定非交易存款的法定准备金率为 6%，则 A 银行要为这 300 元非交易存款保留的准备金就是 18 元。再加上它为 600（1000 × 60%）元支票存款所保留的法定准备金和超额准备金 150[600 × (20% + 5%)]元，A 银行可以发放的贷款就是 732（1000 − 100 − 18 − 150）元。根据和前面相同的推理，可知各银行增加的支票存款依次为：

A：$1000 \times 60\%$

B：$1000 \times \{1 - [10\% + 60\% \times (20\% + 5\%) + 30\% \times 6\%]\} \times 60\%$

C：$1000 \times \{1 - [10\% + 60\% \times (20\% + 5\%) + 30\% \times 6\%]\}^2 \times 60\%$

……

对此求和,可得支票存款创造总额为:

$$\frac{1000\times 60\%}{10\%+60\%\times(20\%+5\%)+30\%\times 6\%}$$

$$=\frac{1000}{\frac{10\%}{60\%}+20\%+5\%+\frac{30\%}{60\%}\times 6\%}=2238.8\text{ 元}$$

式中第一个等号后面一项的分母项依次为流通中现金同支票存款的比率、支票存款的法定准备金率、支票存款的超额准备金率、非交易存款同支票存款的比率以及非交易存款的法定准备金率。

一般地,在前面假设的基础上,再假定非交易存款同支票存款的比率为 t,非交易存款的法定准备金率为 r_t,则存款乘数为:

$$d=\frac{1}{r+e+c+r_t\cdot t}$$

其实,上述存款乘数可以用下面的方法更方便的导出,我们之所以用这种较为繁琐的方法加以阐述,主要是为了更好地说明存款货币创造的具体过程。

第二节　货币供给机制

一、基础货币

(一)基础货币的定义

在上一节的多倍存款创造模型中,我们找出了银行准备金变动额同支票存款变动额之间的关系 $\Delta D=d\cdot\Delta R$,其中 d 为存款乘数,并且针对不同的情形分别推导出了相应的存款乘数。从中可以看出,支票存款的变动取决于存款乘数的变动和银行准备金的变动,因此中央银行可以通过控制存款乘数和银行准备金来控制货币供应(M_1)中最重要的部分——支票存款。但是这一公式有两个基本的不足:首先它未包括货币供给中的另一个重要组成部分,即流通中的现金;其次,由于流通中的现金和银行准备金的转化是很频繁的,而且取决于公众的行为,因此中央银行很难单独地控制银行准备金的数量,而只能大致地控制流通中现金和银行准备金的总额。而我们之所以要研究货币的供应过程,一个很重要的目的便是要了解并改进中央银行对货币供给的控制能力。因此我们希望找出货币供给同一个比较容易为中央银行控制的变量之间的联系。为此,我们将比较容易为中央银行控制的流通中的现金(C)与银行准备金(R)之和定义为一个新的变量,即基础货币(B),也就是:

$$B = C + R$$

然后,我们通过一个乘数(即货币乘数)将它与货币供给(M)联系起来,即:

$$M = m \cdot B$$

其中 m 即为货币乘数,它代表每1元基础货币的变动所能够引起的货币供给的变动。由于一个标量总是可以表示成另一个标量的倍数,因此上式总是可以成立的。但是要使这一表达式具有意义,m 的值就必须是足够稳定的,或者是能够通过别的变量来加以预测的。事实证明,货币乘数确实具有这样的性质。因此,上述表达式是非常有意义的,它使我们可以将对货币供给的分析分解为对基础货币和货币乘数的分析。

从基础货币的定义可以看出,基础货币具有多倍创造功能,在基础货币的组成中,存款准备金具有存款创造的能力,这是显而易见的,但社会公众手中持有的现金,即通货,从其本身而论,却是不能派生的。那么,又为什么要把不能创造货币的通货看作是基础货币呢?这是因为:第一,现金和存款准备金可以相互转化,通货实际上是一种潜在的准备金。人们之所以将流通中的现金纳入基础货币,不是从现金作为商品交换的媒介这一角度,而是从现金与整个货币供给量的关系,即它在信用创造货币中所起的作用这一角度来认识的。第二,包含通货在内的基础货币比准备金更易为货币管理当局所控制,与经济的联系更为直接。银行每天大量进行的现金存入与取出,也是中央银行难以控制和计量的,而包含现金的基础货币可以不受这种频繁行为的任何影响,它所影响的只是基础货币的构成。因此中央银行很难单独地控制银行准备金的数量,而只能大致地控制流通中现金和准备金的总额,由此可见,基础货币是一个比准备金更易控制的变量。

(二)影响基础货币的因素

基础货币也称货币基数或高能货币,是货币供给量中最基本的部分。在中央银行的资产负债表上基础货币是中央银行的负债,因此,通过中央银行的资产负债表来考察影响基础货币的因素是最为方便的。通过前面章节的学习我们知道,中央银行的资产业务包括如下几大项:

(1)贴现及放款;

(2)政府债券和财政借款;

(3)黄金和外汇储备;

(4)其他资产。

与此相对应的负债项目主要有:

(1)流通中的现金即通货;

(2)国库及公共机构的存款;

(3)商业银行等金融机构的存款;

(4)其他负债和资本项目。

根据会计准则,存在“资产 = 负债”的恒等式,由此我们可以得到:基础货币等于全部资产减去除基础货币之外的所有负债,因此,在除基础货币以外的任何中央银行负债不变的条件下,任何中央银行资产的增加都会引起基础货币的增加;在中央银行资产不变的条件下,除基础货币以外的任何中央银行负债的增加都会引起基础货币的减少。

1.资产对基础货币的影响

如果一家银行收到1000万元的外汇,则会在自己的资产负债表增加1000万的外汇资产和1000万的存款负债,卖给中央银行后,会使自己在央行的存款资产增加1000万,同时减少1000万的外汇资产,而中央银行会同时增加1000万的外汇资产和银行的存款负债。其结果是基础货币增加了1000万元。

如果中央银行从商业银行购买政府债券1000万元,商业银行得到1000万元的支票后,可以存到中央银行,也可以提现,无论如何都将使储备资产增加1000万元。如存到中央银行则会减少1000万的债券资产和增加1000万的央行存款,中央银行则增加1000万的债券资产,同时增加1000万的商业银行在中央银行的存款或通货。如果中央银行从公众手中购买政府债券,公众收到支票后存入商业银行,那么自己会减少1000万的政府债券,同时增加1000万的存款,商业银行收到你的支票则会同时增加1000万的储备资产与1000万的存款负债,而中央银行则同时增加1000万的政府债券资产和1000万的商业银行存款负债;如果公众收到支票后不是存入银行,而是提现,则自己会减少1000万的政府债券,同时增加1000万的现金,而中央银行则同时增加1000万的政府债券资产和1000万的流通中现金,可见,无论是出售者存入商业银行,还是提取现金,都会使基础货币增加。

如果中央银行对金融机构进行再贷款,则会使中央银行同时增加1000万的贷款资产和1000万的商业银行存款负债,而商业银行增加1000万的储备资产和1000万的央行借款;如果提取现金,则同时增加商业银行的库存现金与从央行的借款,中央银行则同时增加贷款资产与流通中的现金负债。

2.负债对基础货币的影响

如果财政部发行1亿元国库券,先是存入商业银行,然后转入央行账户。那么,财政部将减少在商业银行的存款资产,同时增加在央行的存款资产;商业银行则同时减少1亿元的准备金资产和1亿元财政部存款负债,而中央银行会增加1亿元的政府存款负债同时减少1亿元的准备金存款负债。

如果你在邮政储蓄银行存入1000元,邮政储蓄银行再将这1000元的现金存入到中央银行,那么,自己的邮政存款将增加1000元,同时现金将减少1000元,邮政储蓄银行同时增加在央行的存款资产和储户存款负债各1000元,而中央银行则增加1000元的邮政储蓄存款负债,同时减少1000元的流通中的现金负债。这样就使基础货币减少了1000元。

【拓展阅读】

外汇储备与通货膨胀:中国1994年的经验

外汇市场上的供求状况有时会严重地影响到基础货币的投放,并进而影响到物价水平。我国1994年高达21.7%的通货膨胀率就与当年外汇储备的急剧上升有很大的关系。

1994年初,我国外汇体制改革取得重要进展,实现了官方汇率和市场调剂汇率的并轨,并开始实行银行结售汇制的外汇管理办法。一方面,由于人民币的大幅度贬值(人民币官方汇率由1993年末的1美元=5.8元人民币下降到1994年1月1日的1美元=8.7元人民币),我国1994年的出口增长高达31.9%;贸易收支由1993年的逆差122.2亿美元一举转变为顺差53.9亿美元;外商直接投资由1993年的275.2亿美元上升至337.7亿美元,增幅达22.7%;实际利用外资额458亿美元,居世界第二。另一方面,由于我国1993年连续两次提高利率,1994年继续实行货币紧缩政策,不少企业受到信贷规模控制转而借外汇后兑换成人民币使用,一些外商也以各种形式进入国内进行套利活动,例如,某些外商通过其在华企业用外汇兑换成人民币后高息拆借给资金短缺的国内企业。

上述因素使得中国人民银行的外汇储备由年初的212.0亿美元猛增到516.2亿美元,增加了304.2亿美元。按照1994年1美元=8.6元人民币的平均汇率计算,仅此一项就意味着中国人民银行要增加2600多亿元的基础货币投放。尽管中国人民银行对此采取了一些抵消性的措施,例如加大力度收回对金融机构的贷款,压缩其增长幅度(中央银行对存款货币银行债权的同比增长率确实从1994年第1季度的39.4%急剧降低到了第4季度的8.8%),但是1994年的基础货币增长率仍达到30%左右。基础货币的高速增长也带来了货币供给的相应增长。广义货币M_2和狭义货币M_1的增长率分别达到34.5%和26.2%,均远远高于计划水平。外汇占款的增加构成了当年基础货币投放的主要途径,因此被不少经济学家认为是1994年高通货膨胀的主要原因。

(资料来源:《中国人民银行统计季报》1996年第4季度。)

二、货币乘数

(一)货币乘数的含义

所谓货币乘数,也称货币扩张系数,是指银行系统通过对一定量的基础货币运用之后所形成的货币供给量与基础货币的比值,是用以说明货币供给量与基础货币关系的一种系数。根据货币供给模型 $M = m \cdot B$ 可知:

$$m = \frac{M}{B}$$

它代表每1元基础货币的变动所能够引起的货币供给的变动。例如,在某一时点上,若基础货币是1个单位,则货币供给量为4个单位。或者在某一时期,基础货币增加1个单位,而货币供给量增加4个单位,则说明这时的货币乘数为4。它揭示了基础货币与货币供给量之间的决定关系,在基础货币一定的条件下,货币供给量的多少决定于这时的货币乘数。货币乘数越大,货币供给量越多,货币乘数越小,货币供给量相应的越少。

我们知道,基础货币是由通货 C 和存款准备金 R 组成的。通货 C 虽然能成为创造存款货币的基础,但其本身量的决定在于中央银行,不可能有倍数的增加,引起倍数增加的只是存款准备金 R,因此,基础货币与货币供给量的关系可用下图表示:

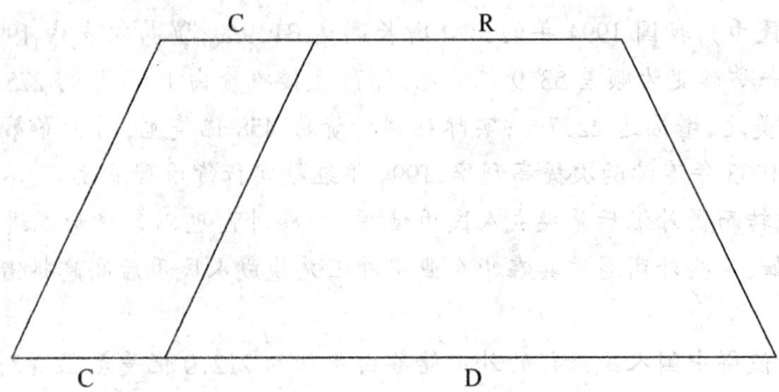

图 12-1　基础货币扩张示意图

图中,D 表示商业银行的活期存款(即通常意义上的存款货币),$C+R$ 为基础货币量,$C+D$ 是 M_1 货币供给量,M_1 货币供给量包括通货和活期存款。则:

$$m_1=\frac{M_1}{B}=\frac{C+D}{C+R}$$

如果我们设 r 表示活期存款的法定存款准备金率,r_t 表示定期存款的法定存款准备金率,e 表示超额存款准备金率,t 表示定期存款与活期存款的比率,k 表示通货与活期存款的比率。则:

$$m_1=\frac{M_1}{B}=\frac{C+D}{C+R}=\frac{k\cdot D+D}{r\cdot D+r_t\cdot t\cdot D+e\cdot D+k\cdot D}=\frac{k+1}{r+r_t\cdot t+e+k}$$

上式就是 M_1 货币的货币乘数模型。根据 M_2 货币的概念,商业银行的定期存款和与此类似的储蓄存款包括在 M_2 货币之中,如果设商业银行吸收的定期存款和储蓄存款为 T,则 $M_2=C+D+T$,其货币乘数为:

$$m_2=\frac{M_2}{B}=\frac{C+D+T}{C+R}=\frac{k\cdot D+D+t\cdot D}{r\cdot D+r_t\cdot t\cdot D+e\cdot D+k\cdot D}=\frac{t+k+1}{r+r_t\cdot t+e+k}$$

这里的货币乘数与前面讲到的存款乘数非常相似,所不同的仅仅在于分子,M_1 货币的货币乘数多了一个通货存款比 k,M_2 货币的货币乘数多了一个 k 和定期存款与活期存款的比率 t。从前面存款乘数的推导可知,在那里我们假设的全是准备金,而没有通货,因此,在货币乘数的分子中,自然会多一个通货存款比 k,或者再多一个 t。那么它们的分母又为什么一样呢?

我们假设初始的活期存款、存款准备金、流通中的通货均为零,那么它们的增量也就是全部的存量，由存款乘数 $d = \Delta D/\Delta R$，可得：

$$d = D/R$$

在我们考虑了通货的漏出之后，上式中的 R 实际上就包含了流通中的现金，就是实际上的基础货币，所以，货币乘数和存款乘数的分母是一样的。

（二）影响货币乘数的因素

从上述货币乘数的模型可知，影响货币乘数的因素主要有：活期存款的法定准备金率 r、定期存款的法定准备金率 r_t、定期存款对活期存款的比率 t、商业银行的超额准备金率 e、通货占活期存款的比率 k。

1. 存款准备金对货币乘数的影响

无论是 M_1 货币，还是 M_2 货币的货币乘数，在其公式模型中，商业银行活期存款的法定准备金率 r、定期存款的法定存款准备金率 r_t 以及超额准备金率 e 等变量都只出现在分母中，因此，它们的变动都必将对货币乘数，从而对整个货币供给量产生负的影响。也就是说，如果它们提高，货币乘数将变小，如果它们降低，则货币乘数会增大。其原因在于：货币供给和基础货币之间的乘数关系是由银行准备金的多倍存款创造引起的。活期存款和定期存款的法定存款准备金是国家法律要求银行保留在中央银行或自己手中不能运用出去的资金，超额存款准备金则是银行为保证正常经营，自愿保留而不贷放出去的资金。由于它们都没有被贷放出去，因此也就无法进行下一轮的存款创造，r、r_t、e 越大，退出下一轮存款创造的部分便会越大，最终形成的货币供给量也就越少，货币乘数也自然越小。所以，它们与货币乘数呈反方向的变动关系。

2. 通货存款比对货币乘数的影响

无论是在 M_1 货币，还是 M_2 货币的货币乘数公式中，流通中现金与活期存款的比率 k，不仅出现在分母中，也同时出现在分子中，它的变动对货币乘数的影响比较复杂，我们不能直观地根据公式来判断 k 的变化对货币乘数的影响方向。但是，我们可以从存款货币的创造来大致地判断其影响方向，也可以利用数学方法的推导得出相同的结论。

从存款货币的创造来看，由于社会公众持有的现金可以随时存入银行，也就是 k 变小，存入银行的现金将变为银行的超额准备金，在银行正常经营的情况下，这部分由现金转化而来的资金就可以贷放出去，参与存款货币的创造，从而使货币乘数增大；同样的道理，银行为保证正常经营，必然保留足够的现金，而在客户没有提取现金之前，这部分现金实际上是银行准备金的一部分，如果社会公众从银行提取现金，也就是 k 增大，则意味着银行准备金的减少，意味着与提现额相等的银行超额准备金退出存款货币的创造，这样货币乘数自然会变小。可见，通货存款比 k 与货币乘数是反方向变动的关系。

我们还可以对 M_1 和 M_2 的货币乘数 m_1、m_2 分别求其对 k 的偏导数，然后根据其数值是否大于 0 来判断 k 的变动对货币乘数的影响方向。如果大于 0,则表示其对货币乘数将产生正的影响;反之,小于 0,则说明其对货币乘数将产生负的影响。

$$\delta m_1/\delta k=[-(k+1)+(r+r_t\cdot t+e+k)]/(r+r_t\cdot t+e+k)^2$$
$$=(r+r_t\cdot t+e-1)/(r+r_t\cdot t+e+k)^2$$
$$\delta m_2/\delta k=[(r+r_t\cdot t+e+k)-(k+t+1)]/(r+r_t\cdot t+e+k)^2$$
$$=[(r_t-1)\cdot t+(r+e)-1]/(r+r_t\cdot t+e+k)^2$$

从 m_1 对 k 的偏导数可以看出,如果$(r+r_t\cdot t+e)>1$,则 $\delta m_1/\delta k>0$;如果$(r+r_t\cdot t+e)<1$,则 $\delta m_1/\delta k<0$。由 r、r_t、t、e 这几个变量的定义和数学公式可知,在一般情况下,$(r+r_t\cdot t+e)<1$,这就说明 $\delta m_1/\delta k<0$。

我们再来分析 m_2 对 k 的偏导数,由于定期存款的存在,$r+e$ 必然小于 1,$r+e-1$ 为负数,又由于定期存款的法定准备金率 r_t 肯定小于 1,则 $t\cdot(r_t-1)$小于 0,因此在正常情况下,分子$[(r_t-1)\cdot t+(r+e)-1]$必为负数,即小于 0,那么,$\delta m_2/\delta k$ 也就小于 0。可见,通过数学公式的推导,也可以得出与前面论述相同的结论。

3. 定期存款比对货币乘数的影响

在 M_1 货币的货币乘数公式中,定期存款比 t 只出现在分母中,因此,它的变动自然会与货币乘数呈反方向变化。由于定期存款并不包括在 M_1 货币中,这个比率越大,则意味着货币供给量越小,因此,M_1 货币的货币乘数也就越小,它的变动自然将引起货币乘数 m_1 的反向变动。但在 M_2 货币的货币乘数公式中,t 既出现在分母中,也出现在分子中,那么它的变动与货币乘数究竟是什么关系呢?我们也可以从存款货币的创造和数学公式的推导来简略地进行判断。

从存款货币的创造来分析,由于一般活期存款的法定存款准备金率要明显大于定期存款的法定存款准备金率,如果它们各为 10% 和 2%,又假定开始定期存款与活期存款的比率为 1,总存款量为 100 亿,也就是说,在商业银行的存款中,它们各占一半,现在,这个比率提高到 3,也就是在总存款中,定期存款占到 75%,为 75 亿,活期存款为 25 亿,则前后商业银行的法定准备金总额分别为:6 亿($50\times10\%+50\times2\%$)和 4 亿($25\times10\%+75\times2\%$),也就是说,随着定期存款比 t 的增大,商业银行的准备金可以减少,用于贷放出去的资金比例相对增大,从而可以有更多的资金参与存款货币的创造,所以,定期存款比 t 与 M_2 货币的货币乘数呈正方向变化的关系。

我们现在来求 M_2 货币对定期存款比 t 的偏导数:

$$\delta m_2/\delta t=[(r+r_t\cdot t+e+k)-r_t\cdot(k+t+1)]/(r+r_t\cdot t+e+k)^2$$
$$=[(r-r_t)+e+k(1-r_t)]/(r+r_t\cdot t+e+k)^2$$

在上式中,分母由于是平方关系,其值必大于 0,在分子中,由于活期存款的法定准备金率 r 一般明显大于定期存款的法定准备金率 r_t,而定期存款的法定准备金率又小于 1,因此,$[(r-r_t)+e+k(1-r_t)]$必然大于 0,所以,$\delta m_2/\delta t$ 也大于 0,这说明,定期存款比 t 的变动将引起 M_2 货币的货币乘数的同方向变动。

前面介绍的是 t 的变动对货币乘数的直接影响,实际上,t 的变动不仅对货币乘数产生直接影响,还引起影响货币乘数的其他因素的变动,从而对货币乘数产生间接的影响。例如,t 的上升,会使商业银行原有的准备金变得相对太多,可以把一部分准备金更好的运用起来,同时由于定期存款相对稳定,居民的提现率变低,银行的超额准备金也就可以降低,从而对货币乘数产生正向的影响。

(三)对影响货币乘数因素的进一步分析

我们知道了影响货币乘数的因素,以及它们会对货币乘数产生怎样的影响,但是这些因素又是如何决定的呢?

1.中央银行与法定存款准备金率

商业银行的法定准备金是由中央银行以法律的形式所规定的,必须保留的存款部分。由于定期存款的存期是相对固定的,在许多国家中央银行针对不同的存款规定了不同的存款准备金率,一般定期存款的准备金率明显低于活期存款的准备金率,但影响货币乘数的这两个指标,都决定于中央银行。中央银行作为货币管理当局,根据国家的经济发展形势和确定的货币政策目标,将对其进行适时地调整,以改变货币乘数的大小,达到控制货币供给量的目的。法定存款准备金率是中央银行调整货币政策的三大工具之一,但在不同的国家,是否运用,运用到何种程度,各国的货币管理当局会根据具体的经济结构和发展形势而定。一般在发达的市场经济国家,由于具有健全的金融市场和足够多的政府债券,可以利用公开市场业务方便的调剂基础货币和其他影响货币供给的指标,而且这一工具本身对货币供给的影响非常敏感,其较小的变动就会对经济产生巨大的冲击,所以,法定存款准备金率这一工具运用的并不多。但在发展中国家,由于市场经济不发达,公开市场业务操作的条件并不具备,因此,法定存款准备金率仍然是实施货币政策的主要手段之一。

2. 商业银行与超额准备金率

超额准备金是商业银行保留的、超过法定要求的那一部分准备金,超额准备金率是指超额准备的这一部分与活期存款的比率,这一比率的高低主要决定于商业银行的经营行为。商业银行之所以要保留一部分超额准备金,实际上是对成本和收益权衡的结果。持有超额准备金的成本有:超额准备金是不能贷放出去的资金,那么如果贷放出去可能收到的利息便是保有超额准备金的机会成本,因此资金市场利率是决定超额准备金率的重要因素,市场利率越高,商业银行为获得较多的收益,将尽量压缩超额准备金的数量,使超额准备金率降低;反之,如市场利率下降,超额准备金率一般会上升。

持有超额准备金付出成本,也有相应的收益,其收益为:如果不持有超额准备金,在出现流动性不足时会造成损失。而这种可能的损失,又决定于出现流动性不足的可能性和在出现不足时从其他渠道获得资金的难易程度与成本。银行出现流动性不足的可能性又与银行的预期存款流出量和不确定性密切相关。当银行真的出现流动性不足时,必须从中央银行和其他渠道获得贷款,否则就会导致破产,为满足流动性要求,银行可以从其他渠道贷款,可以催收自己贷放出去的款项,可以出售手中的有价证券,但哪一种方式都会付出成本,如果借入资金比较容易,成本较低,则银行就可以少持有超额准备金,超额准备金率也就较低,反之,则必须持有较多的超额准备金,超额准备金率增大。因此,商业银行的负债管理能力越强,即在必要时获得流动性补充的渠道越多,费用越低廉,它就可以持有较少的超额准备金。

除此以外,决定商业银行超额准备金率高低的因素还有:第一,社会公众的资产偏好行为。如果社会大众愿意持有较多的通货,把一部分活期存款转化为现金,则商业银行的库存现金和在中央银行的准备存款将减少,为满足居民提现的需要,防止出现流动性不足,商业银行就要增加超额准备金,反之,如果大众持有现金的偏好减弱,都想把通货存入银行,则商业银行就可以减少超额准备金;如果社会公众偏好定期存款,纷纷把通货或活期存款转为定期存款,由于定期存款的存期稳定,所以,商业银行就可以减少超额准备金,从而使超额准备金率降低。第二,商业银行的业务经营类型。如果该商业银行的经营趋于保守,即在流动性、安全性和盈利性的权衡中,侧重于前两者,则会保留较多的超额准备金,从而超额准备金率偏高,反之,如果该商业银行勇于冒险,即偏重于盈利性,那么,通常它会保存尽可能少的超额准备金,超额准备金率也就较低。第三,中央银行的货币政策意向。在其他条件一定的情况下,中央银行的货币政策意向也会在一定程度上影响超额准备金率的高低。如在中央银行实施紧缩的货币政策时,商业银行将会保存较多的超额准备金,导致超额准备金率上升;反之,当中央银行实施扩张的货币政策时,商业银行将会保存较少的超额准备金,从而使超额准备金率下降。第四,社会对资金的需求程度。商业银行与其他市场主体构成资金供需的双方,商业银行的贷款要受到社会经济状况的制约。如果市场资金非常紧缺,市场利率较高,商业银行为了获得尽可能多的收益,将把资金尽量多的贷放出去,从而相应地减少超额准备金;反之,在经济紧缩的时期,社会对资金的需求非常弱,即使商业银行想把资金贷出去,也将因缺乏需求而被迫把资金闲置,从而形成超额准备金,使得超额准备金率增大。

可见,超额准备金率虽然主要决定于商业银行的经营行为,但由于银行是在一定的社会经济环境中运行的,因此,中央银行、企业及居民公众的行为也对超额准备金率的高低产生间接的影响。

3.社会公众与通货存款比、定期存款比的决定

影响货币乘数的通货存款比和定期存款比,这两个因素主要决定于社会公众的资产选择行为,也就是财富所有者选择以何种资产组合持有其财富的行为。因此,任何影响和决定社会公众资产选择的因素,都是影响通货存款比和定期存款比的因素。下面我们来分别看一下这两个货币乘数的因素是如何决定的,有什么因素在影响着它们。

(1)通货存款比。根据标准的资产选择理论,财富所有者对某种资产的需求,主要决定于以下几项因素:财富或收入、其他资产的预期报酬率、该种资产的风险、该种资产的流动性。

第一,从财富总额及其收入的变动来看,随着收入或财富的增加,流通中的现金和

活期存款都会增加。但是,这两种资产的收入弹性是不同的,有的增加的多,有的增加的少,如果人们的流动性偏好特别强,那么,通货会有更多的增加,通货存款比上升;如果人们的流动性偏好不强,或者人们的消费需求已经超过温饱线,更多的追求高档消费品和进行金融资产的投资,那么,通货存款比将下降,因为人们在购买高档消费品和金融资产时,一般用活期存款来支付,用现金支付越来越不方便。财富的增加最终对通货存款比产生何种影响,取决于正反两方面因素力量的消长,它和国民经济的发展阶段有密切关系,一般来说,随着收入或财富的增长,通货存款比会下降。

第二,活期存款的收益及得到的服务。一般活期存款没有收益,但也有的支付少量利息,能够得到各种服务,由于持有通货没有收益,如果持有活期存款的收益增加,并且能得到更多的服务,那么,人们自然愿意更多的持有活期存款,尽可能少的持有现金,从而使通货存款比下降。

第三,其他资产预期收益率的变化。通货是人们持有的金融资产的一种,持有通货一般是没有收益的,而持有其他金融资产都会有一定的收益,当人们预期其他资产的收益率上升时,人们对通货和活期存款的需求一般都将减少,但二者减少的比例是不同的,一般来说,活期存款对其他资产预期收益率的变化较为敏感,也就是说,如果其他资产预期收益率上升,那么,人们将用更多的活期存款去购买其他金融资产,而通货主要是满足人们的流动性需要,对其他资产预期收益率的变化不太敏感,会保持相对稳定。因此,当其他金融资产的预期收益率变化时,通货存款比如何变动,取决于它们二者各自变化的幅度。

第四,金融市场的发达程度。一般来说,金融市场越发达,社会信用制度越健全,社会公众持有活期存款的机会成本便越低,社会主体就越愿意使用支票进行购买和支付,社会流通中的现金就越少,从而通货存款比也就越小。

第五,社会其他因素。通货与活期存款作为金融资产,持有它们的风险是不同的,因为活期存款面临着一个银行破产的风险。当在经济动荡不稳定时期,人们自然愿意持有更多的通货,而不愿持有活期存款,致使通货存款比上升。反之,在经济稳定,社会预期良好的时期,社会公众将尽可能地少持有现金,从而通货存款比下降。另外,季节性也会影响到这个指标的变化,例如,节假日和农村收获时显然会有更多的活期存款转化为现金。再有,地下经济的存在与猖狂程度也影响到这个指标,因为地下经济的特征就是非法和隐蔽,而使用现金对他们来说最安全,因此,非法的地下经济活动越猖獗,对现金的需求越大,通货存款比也就越高。

(2)定期存款比。定期存款比是指商业银行的定期存款与活期存款的比率。定期存款与活期存款一样,也是金融资产中的一种,持有哪种以及持有多大比例自然就是一种典型的资产选择行为。影响这个指标的因素有以下几个:第一,收入或财富的变动。当收入增加时,一般定期存款和活期存款均会增加,但它们对收入变动的敏感程度不同,一般随着收入的增加,定期存款的增加幅度要大于活期存款的增加幅度。因此,正常情况下定期存款比会变大。第二,定期存款利率的变化。定期存款利率的高低决定着存款者的收益多少,当定期存款的利率相对提高时,人们愿意更多地持有这种金融资产,反之,当定期存款的利率相对下降时,人们会尽量多地持有其他金融资产,而不愿持有定期存款。因此,定期存款利率的变化与定期存款比呈正方向变化。第三,持有定期存款机会成本的变化。持有其他资产的收益是持有定期存款的机会成本,当其他资产的收益率上升时,也就是人们持有定期存款的机会成本提高时,人们会尽量少地持有定期存款,因此,定期存款比就会下降,反之,定期存款比就会上升。

综上所述,无论是基础货币,还是货币乘数,它们都是由中央银行、商业银行和社会公众这三类经济主体的行为决定的。一般来说,如果抛开它们之间的相互影响,基础货币和法定准备金率决定于中央银行的行为,超额准备金率主要决定于商业银行的行为(还受社会其他主体的影响),通货存款比和定期存款比则决定于社会公众的经济行为。这说明,在现代市场经济中,货币供给只能部分地由中央银行来决定和控制,它还在很大程度上受到商业银行和社会公众的影响,而这些社会经济主体的行为变化是遵循经济运行规律的。所以说,在现代经济中,货币供给并不是一个完全地决定于中央银行的外生变量,而是一个具有外生与内生双重性质的变量,货币供给的内生性比外生性更强。

【拓展阅读】

我国20世纪末期21世纪初期的货币供给调控

目前,我国的货币供给调控仍然采用货币基础调控法:中央银行通过对控制目标期的货币需求和货币乘数的预测,确定基础货币的控制目标,然后采用货币政策工具的调整来控制基础货币的供给,再通过货币乘数的放大效应,最后实现控制货币供给的目标。

我国20世纪末期的基础货币供给量增长率呈现逐步下降的趋势,同期货币乘数出现逐步上升的趋势,货币供给量也呈现逐步下降的趋势,但其下降幅度低于基础货币。导致货币乘数逐步上升的原因主要在于:法定准备金率、现金比率和活期存款比率均呈现下降的趋势。法定准备金率是货币政策的工具,它的下调是中央银行为了改革准备金率制度,减少商业银行的准备成本,增加货币供给而主动下调的。现金比率和活期存款比率下降是由于20世纪90年代中期现金膨胀的逐步下降,使人们对现金和活期存款的需求相对下降、定期存款增长比较快所致。

我国21世纪初期的货币供给总量总体呈现稳定增长、小幅波动的趋势。同期货币乘数仍然延续小幅持续上升的趋势,并呈现规则的季节性波动。由于支付结算的电子化水平的提高,现金比率继续小幅下降;定期存款比率略有上升,活期存款比率和储蓄存款比率基本保持稳定,小幅波动;为抑制外汇占款比率大幅增长带来的流动性过剩,中央银行持续多次提高法定准备金率,但超额准备金率的大幅下降几乎抵消了法定准备金率提高对货币紧缩的作用。货币乘数仍然呈现持续上升趋势。

2006年开始,中央银行为了冲销国际收支双顺差带来的外汇储备和外汇占款的增长对货币供给的影响,逐步提高法定准备金率,使货币乘数开始下降;准备金的增加使基础货币增长率上升。2008 年下半年,美国次贷危机加剧并引发了全球金融危机和经济危机。反危机的刺激经济措施导致了信贷和货币供给的猛增,最高达 38.9%,超过 1994 年的最高水平,虽然较好的阻止了经济的下滑,但也对随后的通货膨胀上升形成较大的推动力。2010 年开始紧缩,到 2012 年 1 月,M_1 增速从最高点的 38.9%跌到最低点 3.11%。货币供应的大幅波动,对国民经济的平稳增长带来较大的不利冲击。

三、货币供给的内生性与外生性

就货币供给与经济运行间的关系而言,存在着两种理论上的分歧,即货币供给的内生性(endogenous)和货币供给的外生性(exogenous)。货币供给的内生性是指货币供给是经济体系中的内生变量,决定货币供给变动的因素是经济体系中实际变量及微观主体的经济行为,中央银行难以直接控制;货币供给的外生性是指货币供给是经济系统运行的外生变量,并不是由经济因素,如收入、储蓄、投资和消费因素所决定的,货币供给的变动由中央银行的货币政策决定。

从政策含义的角度来考察这一问题,两者的分歧在于:货币政策的调节作用是否有效。如果说货币供给是内生变量,货币供给就是被动地决定于客观经济过程,而货币当局不能有效地控制其变动。所以货币政策的调节作用,特别是以货币供给变动为操作指标的调节,就有很大的局限性,货币政策的效果就会大打折扣。如果认为货币供给是外生变量,货币当局就能有效地通过对货币供给的调节来达到控制经济的目的。

凯恩斯在《就业、利息和货币通论》中将货币的外生性作为宏观研究的一个重要假设前提,即中央银行可以完全控制货币供给,进而认为货币体系只是外加于实物经济上的一层面纱,与实物经济完全没有关系,是独立于实物经济的外生变量。凯恩斯理论盛行后,货币的外生性一直是经济学主流学派的一个基本命题,并得到了货币学派的推崇,一度成为经济学的教条。

弗里德曼是倡导货币供给外生论的典型代表。他认为,货币供给方程中的三个主要因素——基础货币 H、存款准备金率 D/R 和现金比率 D/C,虽然分别决定于货币当局的行为、商业银行的行为和公众的行为,但其中,中央银行能够直接决定 H,而 H 对于 D/R 和 D/C 有决定性影响。也就是说,货币当局只要控制或变动 H,就必然能在影响 D/R 和 D/C 的同时决定货币供给量的变动。在这种情况下,货币供给无疑是外生变量。

后凯恩斯主义经济学家把货币供给的内生性看作货币经济学的主要命题,认为货币的创造起源于经济主体对货币的需求。格利和肖在《金融理论中的货币》一书中讨论了非货币中介的重要作用,并第一次提出了内生货币的概念,区分了内生货币和外生货币,认为内生货币发行反映了私人部门内部生产与消费、生产与生产之间发生的金融活动,是与增长、积累和投资等问题联系在一起的。

后凯恩斯学派的代表人物托宾认为,对货币供给与基础货币、存款准备金率和现金比率之间的关系不能简单化，这三个变量及其决定因素之间存在着交叉影响关系，特别是后两个变量，即 D/R 和 D/C，常常随经济环境的变化而变动，因而不应被当成货币供给方程式中的固定参数。从实际经济运行的资料来看，现金比率并不是始终处于稳定的状态，经常出现周期性的波动。至于存款准备金率的变动，他认为主要取决于商业银行的行为。盈利率与风险偏好程度及与此相关的利率结构，是商业银行超额准备金率变动的重要决定因素，特别是在经济波动时期，存款准备金率变动与基础货币之间往往具有明显的反向变动关系。同时，托宾在其资产选择理论中进一步考察了影响货币供给的内生因素，认为公众的资产偏好和资产选择结构在很大程度上受社会经济活动和经济环境的影响，因此，不能单独地从中央银行的角度研究货币供给的决定，真正的存款创造过程应该是一个反映银行与其他私人单位的经济行为的内生过程。

另外，银行和社会公众的自动适应机制体现了货币供给内生性的一面。在现代金融经济中，金融深化和金融创新使得企业融资的工具多样化，尽管不同的金融工具之间的替代性日益增强，但银行贷款仍是主要的融资渠道。在经济繁荣时期，企业信贷需求增加，银行会扩大贷款，这时即使中央银行不增加基础货币供给，有意控制贷款规模，银行也会通过货币市场拆借资金，提高超额准备金的利用率，增强货币的创造能力，这将导致银行存款准备金率下降，流动性降低，当挤兑发生时，银行只有出售资产或收回贷款来应付难关，从而有可能引发全面的金融危机，中央银行为了维护金融秩序的稳定，不得不增加基础货币的投放。而当经济衰退时，公众由于缺乏信心，会自动缩减信贷需求，这时中央银行如采取扩张性货币政策来促进生产和扩大就业也只是一厢情愿，实际的货币供给并不会增加。

第三节　货币供给模型

完整的货币供给理论应该包括货币供给的决定、货币供给影响经济以及如何控制货币供给的理论，但我们在这里所介绍的主要是货币供给的决定理论。对货币供给问题的研究，西方学者都是从基础货币和货币乘数两个方面进行的，而且各个学说中对基础货币的认识基本一致，因此，对货币乘数研究的不同就大体代表了货币供给理论的发展进程。下面对西方有代表性的货币供给学说作一下简要介绍。

一、弗里德曼—施瓦茨的货币供给模型

弗里德曼和施瓦茨于 1963 年出版了《1867—1960 年的美国货币史》，在该书的附录中提出了自己的货币供给模型。他们认为，决定货币供给的主要因素有三个：基础货币（H）、存款准备金比率（D/R）和存款通货比（D/C）。

首先他们把社会的货币存量分为两部分，一是货币当局的负债，即社会公众所持有的通货；二是商业银行的负债，即银行存款，包括活期存款、定期存款和储蓄存款。如用

M 表示货币存量，C 表示社会公众所持有的通货，D 为商业银行的存款，则：

$$M = C + D \tag{12-1}$$

根据基础货币或高能货币的定义，则有：

$$H = C + R \tag{12-2}$$

式中，H 表示基础货币或高能货币；R 表示商业银行的准备金。

将式(12-1)除以式(12-2)可得：

$$\frac{M}{H} = \frac{C + D}{C + R} = \frac{\frac{D}{R}\left(1 + \frac{D}{C}\right)}{\frac{D}{R} + \frac{D}{C}} \tag{12-3}$$

即：

$$M = \frac{\frac{D}{R}\left(1 + \frac{D}{C}\right)}{\frac{D}{R} + \frac{D}{C}} H \tag{12-4}$$

由式(12-4)可以看出，货币乘数为：

$$\frac{\frac{D}{R}\left(1 + \frac{D}{C}\right)}{\frac{D}{R} + \frac{D}{C}}$$

式(12-4)即为弗里德曼和施瓦茨在分析货币供给的决定因素时所使用的基本方程式。该式表明一国的货币供给取决于基础货币 H 和货币乘数 m。货币乘数又进一步取决于商业银行存款与其准备金的比率 D/R，以及商业银行的存款与社会公众持有的现金之比 D/C。由此可以看出，决定货币供给的经济主体有三个：一是货币当局，它决定基础货币 H；二是商业银行，它决定存款对准备金的比率 D/R；三是社会公众，它决定存款对现金的比率 D/C。

弗里德曼和施瓦茨通过实证研究得出：基础货币 H 的变化是货币供给长期性变化和主要周期性变化的主要因素，D/R 和 D/C 的变化对金融危机条件下的货币运动有着决定性的影响，而 D/C 的变化则对货币的温和的周期性变化起到重要的作用。他们认为，H 是受货币当局直接控制的，因此，他们把货币供给看成是完全由货币当局决定的一个外生变量。

二、卡甘货币供给模型

1965 年，美国经济学家卡甘（P. Cagan）出版《1875—1960 年美国货币存量变化的决定及其影响》一书。在该书中，卡甘使用了弗里德曼和施瓦茨对货币供给量和基础货币的定义。重新对货币供给模型作了推导和分析。具体推导过程如下：

根据货币供给量的定义：$M = C + D$

有：

$$\frac{D}{M} = 1 - \frac{C}{M} \tag{12-5}$$

$$\frac{R}{M}=\frac{R}{D}\frac{D}{M}=\frac{R}{D}\left(1-\frac{C}{M}\right) \tag{12-6}$$

根据基础货币的定义,有:

$$H=C+R$$

$$\frac{H}{M}=\frac{C+R}{M}=\frac{C}{M}+\frac{R}{M}=\frac{C}{M}+\frac{R}{D}\left(1-\frac{C}{M}\right)=\frac{C}{M}+\frac{R}{D}-\frac{R}{D}\frac{C}{M} \tag{12-7}$$

$$M=\frac{1}{\frac{C}{M}+\frac{R}{D}-\frac{R}{D}\frac{C}{M}}\cdot H \tag{12-8}$$

式(12-8)就是卡甘货币供给模型。显然,该模型与上述的弗里德曼—施瓦茨模型基本相似。他们只是形式上的区别,并没有实质上的不同。卡甘模型中以现金比率(C/M)、准备金和存款之比(R/D)分别取代了弗里德曼—施瓦茨模型中的存款与现金之比(D/C)和存款与准备金之比(D/R)。

但是,与弗里德曼—施瓦茨模型相比,卡甘模型更为明显地反映了现金比率(C/M)和准备金率(R/D)这两项决定因素的变化对货币乘数的影响。根据卡甘的定义,C/M 和 R/D 这两项的值必定小于 1,因而此两项的积也必小于其中任何一项的值。所以,现金比率和准备金率中,任何一项的上升必然导致货币乘数的减小;反之,任何一项的下降必然导致货币乘数的增大。

卡甘运用其货币供给模型对美国 1875—1960 年货币存量变动的决定因素进行了实证分析,得出了以下结论:长期的和周期性的货币存量的变动决定于基础货币、现金比率和准备金率这三个因素;基础货币增长是货币存量长期增长的主要原因;现金比率的变动则是货币存量周期性波动的主要原因。

三、乔顿货币供给模型

20 世纪 60 年代末,美国经济学家乔顿(Jerry L. Jordan)发展了弗里德曼、施瓦茨和卡甘的分析,推导出了较为复杂的货币乘数模型。他们的模型存在着以下两点明显的差异:第一,乔顿的货币定义只包括公众的手持现金和活期存款,即狭义的货币定义 M_1;第二,乔顿对不同类型的银行以及具有不同法定准备金率的存款类型进行了区分,使其更接近于现实。乔顿模型被视为货币供给决定机制的一般模型,为大多数经济学家所接受。

我们来推导乔顿的货币乘数公式。对公式中出现的变量及其符号定义如下:M_1 为狭义的货币存量(现金 + 活期存款),B 为基础货币(公众手持现金 + 商业银行准备金),C 为公众所持有的现金,R 为商业银行准备金(法定准备金 + 超额准备金),D 为活期存款,T 为定期存款,E 为超额准备金,r_d 为活期存款的法定准备金率,e 为超额准备金率,t 为定期存款比率,k 为现金比率,r_t 为定期存款的法定准备金率。

根据定义有:$k=\frac{C}{D}$,$t=\frac{T}{D}$,$e=\frac{E}{D}$

所以：$C = D \cdot k, T = D \cdot t, E = D \cdot e$

$B = R + C = r_d D + r_t T + E + C = r_d D + r_t \cdot t \cdot D + eD + kD$

因为：$M_1 = B \cdot m_1$

$M_1 = C + D$

将上式处理得：

$$m_1 = \frac{C + D}{B} = \frac{Dk + D}{r_d D + r_t \cdot t \cdot D + eD + kD} = \frac{1 + k}{r_d + r_t t + e + k} \tag{12-9}$$

$$M_1 = \frac{1 + k}{r_d + r_t t + e + k} \cdot B \tag{12-10}$$

这就是著名的乔顿货币供给模型。由此可以看出，货币乘数是由多种复杂因素决定的，而这些因素分别受到货币当局、商业银行和非银行公众等不同经济主体行为的影响。

我们把乔顿模型中的货币定义扩大为 M_2，以 m_2 来表示相应的货币乘数，则有：

$$m_2 = \frac{C + D + T}{R + C} = \frac{Dk + D + Dt}{r_d D + r_t tD + eD + kD} = \frac{1 + k + t}{r_d + r_t t + e + k} \tag{12-11}$$

$$M_2 = \frac{1 + k + t}{r_d + r_t t + e + k} \cdot B \tag{12-12}$$

四、伯尔格货币供给模型

20 世纪 70 年代初，美国经济学家伯尔格（Albert E. Burger）在他所著的《美国货币供给的过程》一书中，发展了弗里德曼—施瓦茨、卡甘和乔顿等人的模型，推导出一个更复杂和精密的伯尔格模型。

与以前的货币供给模型不同，伯尔格使用了一个全新的概念：净来源基础货币。所谓净来源基础货币是指从基础货币中减去商业银行向中央银行贴现和借款后的余额，实际上就是银行系统的非借入准备金与公众所持有的现金之和，也就是货币当局能够直接控制的那部分基础货币。伯尔格以“净来源基础货币”为分析工具，分别导出 M_1 的货币乘数 m_1 和 M_2 的货币乘数 m_2。

在推导 m_1 和 m_2 之前，对有关的变量及其符号作如下定义：B^a 为净来源基础货币；R 为银行系统的存款准备金总额；C^p 为非银行公众所持有的现金；D^p 为活期存款；T 为定期存款；D^t 为政府在商业银行的存款；A 为商业银行向中央银行的贴现和借款；r 为准备金率；b 为商业银行向中央银行的贴现存款占其存款总额的比率；t 为定期存款与非银行公众活期存款之比；d 为政府存款与活期存款之比；k 为现金比率。

根据以上变量的定义，可知：

$B^a = R - A + C^p$

$R = r(D^p + T + D^t)$

$$b=\frac{A}{(D^p+T+D^t)}$$

$$t=\frac{T}{D^p}\qquad d=\frac{D^t}{D^p}\qquad k=\frac{C^p}{D^p}$$

将上式整理,得:

$$B^a=(r-b)(D^p+T+D^t)+C^p$$

将上式两边同除以 D^p,得:

$$\frac{B^a}{D^p}=(r-b)\left(\frac{D^p}{D^p}+\frac{T}{D^p}+\frac{D^t}{D^p}\right)+\frac{C^p}{D^p}=(r-b)(1+t+d)+k \tag{12-13}$$

从而:

$$D^p=\frac{1}{(r-b)(1+t+d)+k}B^a \tag{12-14}$$

根据 M_1 的定义,有:

$$M_1=D^p+C^p=D^p(1+k)=\frac{1+k}{(r-b)(1+t+d)+k}B^a \tag{12-15}$$

因此 M_1 的货币乘数为:

$$m_1=\frac{1+k}{(r-b)(1+t+d)+k} \tag{12-16}$$

根据 M_2 的定义,有:

$$M_2=D^p+C^p+T=D^p(1+k+t)=\frac{1+k+t}{(r-b)(1+t+d)+k}B^a \tag{12-17}$$

因此,M_2 的货币乘数为:

$$m_2=\frac{1+k+t}{(r-b)(1+t+d)+k} \tag{12-18}$$

将式(12-15)、式(12-17)与乔顿模型进行对比,可以发现它们有以下不同:第一,伯尔格用的是净来源基础货币的概念,而乔顿用的是基础货币的概念,根据它们的定义,显然后者大于前者,前者是后者的组成部分;第二,正因为净来源基础货币在量上小于基础货币,所以伯尔格模型中的 m_1 大于乔顿模型中的 m_1。

由上可见,伯尔格模型中的货币乘数决定于以下五个因素:准备金率 r、借入准备金率 b、政府存款比率 d、现金比率 k、定期存款比率 t。伯尔格分析了五个因素对货币乘数的影响,结果如下:

(1)准备金率 r 与货币乘数 m_1、m_2 呈反向变动。即 r 上升,货币乘数 m_1、m_2 下降;r 下降,货币乘数 m_1、m_2 上升。

(2)借入准备金率 b 的变化将引起货币乘数 m_1、m_2 的同向变化。当准备金率 r 一定时,借入准备金率 b 越大,则商业银行的实际准备金率越小。因此,m_1、m_2 为 b 的递增函数。

(3)政府存款比率 d 的变化将引起货币乘数 m_1、m_2 作反向的变化。这可以直接从式(12－16)和式(12－18)中明显看出。

(4)现金比率 k 的变化与货币乘数 m_1、m_2 的变化是反向的。通过数学推导,可以发现,无论是 m_1 还是 m_2,都是 k 的递减函数。

(5)定期存款比率 t 的变化将引起 m_1 的反向变化,同时引起 m_2 的同向变化。由于 M_2 包括定期存款,而定期存款的法定准备金率低于活期存款的法定准备金率,所以 t 越大,m_2 越大。但是,M_1 不包括定期存款,于是,t 越大,m_1 越小。

【本章小结】

1.货币供给的定义可以从动态和静态两个角度来考察。从动态上看,货币供给是货币供给主体向社会供给货币的经济行为;从静态的角度来看,货币供给是一个存量概念,通常是指一定时点上一国经济中的货币存量的总额。

2.在部分准备金和部分现金提取的条件下,商业银行能够进行多倍的存款创造。存款创造的倍数即存款乘数取决于法定准备金率并与之成倒数关系。商业银行存款创造的原理适用于存款的收缩。在考虑了超额准备金、现金漏损和定期存款因素后,对简单存款乘数模型进行了修正,修正后的存款乘数小于简单的存款乘数。

3.基础货币是流通中的现金和商业银行准备金之和,是货币供给量中最基本的部分。在发达国家,中央银行主要是在公开市场上买卖政府债券来控制基础货币。货币供给和基础货币之间的倍数被称为货币乘数,其大小取决于活期存款的法定准备金率、定期存款的法定准备金率、流通中现金与活期存款的比率、定期存款与活期存款的比率以及商业银行的超额准备金率。

4.货币供给理论起步于 20 世纪 60 年代。其中比较有代表性的是弗里德曼—施瓦茨的货币供给模型、卡甘的货币供给模型、乔顿的货币供给模型、伯尔格的货币供给模型。

【复习思考题】

1.简述商业银行的存款货币创造机制。

2.什么是基础货币?影响基础货币的因素有哪些?

3.什么是货币乘数?影响货币乘数的因素有哪些?

4.中央银行、商业银行及社会公众的行为是如何影响货币乘数的?

5.如何理解货币供给的内生性和外生性。

第十三章 CHAPTER 13
货币均衡与失衡

【学习目标】

本章要求学生理解货币均衡与失衡的含义;掌握货币供求与社会总供求的内在联系;了解通货膨胀的含义、类型、影响及治理方法;了解通货紧缩的含义、类型、影响及治理方法。

【重要概念】

货币均衡　货币失衡　供应性调整　需求性调整　混合性调整　逆向性调整　通货膨胀　公开型通货膨胀　隐蔽型通货膨胀　爬行通货膨胀　恶性通货膨胀　需求拉上型通货膨胀　成本推动型通货膨胀　供求混合型通货膨胀　结构型通货膨胀　预期通货膨胀　非预期通货膨胀　菲利普斯曲线　收入指数化　通货紧缩　相对通货紧缩　绝对通货紧缩　需求不足型通货紧缩　供给过剩型通货紧缩　显性通货紧缩　隐性通货紧缩

通货膨胀与通货紧缩是当今世界各国经常发生的经济现象,它们都与货币的供求紧密相连,实际上是货币供求失衡的两种表现形式。因此,本章将从货币失衡及其矫正的角度来认识通货膨胀和通货紧缩。由于这两种经济现象的发生对一国经济和政治都会产生广泛的不良影响,因此认真研究它们产生的原因,寻找治理和防止它们发生的措施具有重要的意义。

第一节 货币均衡与失衡概述

一、货币均衡与失衡的含义

均衡与失衡是现代经济学研究中使用非常普遍的一对概念,均衡一般是人们追求的目标,但失衡却是存在的常态。货币均衡是指货币供给与货币需求之间的一种对比关系,是在经济运行过程中供给与需求的大体一致。一般而言,货币供给量等于货币需求量,即 Ms = Md,我们称之为货币均衡;如果货币供求不相等,即 Ms ≠ Md,则称之为货币失衡,它可以是 Ms > Md,也可以是 Ms < Md。

在现代市场经济条件下,一切经济活动都必须借助于货币的运动,社会需求都表现为拥有货币支付能力的需求,即需求都必须通过货币来实现。因此,我们说货币的均衡与失衡,也就是在说社会商品供求的状态是均衡的,还是失衡的。具体而言,货币均衡与失衡包括如下几个方面的含义:

1.货币均衡是指货币供求的一种理想状态,即货币供给与货币需求在数量上完全相等,这是一种偶然现象,而货币供求的非均衡,即货币失衡反而是一种经常存在的状态。

2.货币均衡是一个动态的过程,它并不要求在某一具体时间上供求的完全适应,允许短期内货币供求间的不一致,因为在经济运行中,货币供给具有易变性和确定性,而货币需求具有相对稳定性和模糊性,它们之间的这两对矛盾相互作用的结果往往会使货币供给量偏离货币需求量,但在长期内货币供给与需求应是大体一致的。

3.货币均衡与社会商品、服务的总供求是紧密联系在一起的,货币供求在一定程度上反映了国民经济的均衡状态。因为货币不但是商品交换的媒介,而且其本身的均衡还是国民经济发展的内在要求,货币供求与商品供求相互作用、相互制约,在现代经济条件下,我们无法想象离开货币供求的商品供求。

4.货币均衡的实现过程离不开利率的作用。在市场经济条件下,利率不但是货币均衡与否的指示器,而且还能成为货币由失衡趋向均衡的自动调节杠杆。因为,利率对于公众和企业的货币需求来说,成负相关的关系,而货币供给,作为一个内生变量,与利率变动成正相关关系,货币均衡与信贷平衡是两个既有联系又有区别的概念。其联系表现为,银行部门的信贷收支和非银行部门的货币收支可以通过一定的渠道相互转化,货币均衡与信贷平衡都最终取决于货币的流通状况。它们的区别在于,货币均衡反映的是货币运动的状况,而信贷平衡反映的是信贷资金的运动状况;货币供求的运行主要与商品流通过程相联系,而信贷资金的运动主要与生产过程相联系;货币均衡主要反映了社会经济主体对货币的需求和银行体系供应到社会的货币量之间的平衡关系,而信贷平衡所分析的乃是社会再生产过程对银行信贷资金的需求与信贷资金的供给之间的平衡关系。

二、货币供求与社会总供求的内在关系

1.社会总供求平衡的含义

社会总供求包括供给和需求两个方面,社会总需求通常是指一国在一定时期内社会各方面实际占用或使用的全部产品之和,由于在市场经济条件下,一切需求都表现为有货币支付能力的购买需求,因此,社会总需求也就是一定时期内社会的全部购买支出。总需求有现实需求与潜在需求之分,现实需求是指有现实购买力的需求,而潜在需求是指尚未实现的需求或将要实现的需求。

社会总供给,通常是指在一定时期内,一国生产部门按一定价格提供给市场的全部产品和劳务的价值之和,以及在市场上出售的其他金融资产的总量。由于这些商品都是在市场上实现其价值的,因此,社会总供给也就是一定时期内社会的全部收入或总收入。

社会总供求平衡是指社会总供给与社会总需求相互适应的一种状态。可从以下几方面来把握:(1)社会总供求平衡是货币形态的均衡,而不是实物形态的均衡。实物均衡是自然经济的产物,而货币均衡才是现代商品经济总体均衡发展的重要特征。在社会总需求与总供给的平衡关系中,货币资金的运动起着重要的作用。(2)社会总供求的平衡是市场的总体均衡。社会总需求与总供给是否平衡是由货币市场和商品市场的均衡状况决定的,因此,社会总需求与总供给的平衡,也就是货币市场和商品市场的统一均衡。(3)社会总供求平衡是动态的均衡,是现实的社会总需求与短期内可能形成的总供给的平衡,而不是现实的总需求与现实的总供给的平衡。它允许短期内社会总供给与总需求一定程度的偏离,但从较长一个时期来看,二者应是大体一致的。

2.货币供求和社会总供求的关系

在现代经济条件下,货币供求与社会总供求是通过以下两条渠道紧密地联系在一起的。一是商品的供给决定了一定时期的货币需求。因为任何商品都需要货币来度量并实现其价值,有多大规模的商品供给,就必然要求有相应的货币来作为其流通的媒介。二是货币的供给在一定程度上决定了社会的总需求。因为任何需求都表现为有货币支付能力的需求,没有货币的需求是无法实现的。因此,在货币流通速度相对稳定的条件下,一定时期的货币供给量也就相应地决定了当期的社会总需求。

货币供给量与社会总需求量是两个相互联系又有区别的概念和指标。一定时期的货币供给量构成了相应时期的社会总需求量,但货币供给量的变动能多大程度上引起社会总需求量的相应变动,则取决于货币持有者的资产选择行为。因为,货币供给量是一个存量,它由现实流通中的货币和潜在的货币两大部分构成,而社会总需求量是一个流量,是流通性货币与货币流通速度的乘积,因此,货币供给量的变化能否引起社会总需求量的变化,主要取决于供给的货币中有多大比例被公众以资产的形式保存,从而使其成为潜在性货币,以及由社会经济的多种因素共同决定的货币流通速度的变化。另

外，货币供给量的变动与社会总需求量的变动在时间上也不一致。弗里德曼根据美国的实际情况研究表明，货币供给量变动以后，一般要经过 6～9 个月左右才会引起社会总需求的变动，而引起实际经济情况的变动，则需 18 个月左右的时间。

货币供给对社会总供给的影响是通过总需求来实现的。在货币供给如何影响社会总供给的研究中，现在已被广泛认可的是通过联系潜在资源或可利用资源的状况进行分析的方法：(1)只要经济体系中存在着现实可用作扩大再生产的资源，且其数量又比较充分，那么，在一定时期内增加货币供给就能够提高实际产出水平而不会推动价格总水平的上涨；(2)待潜在资源的利用持续一段时期而且货币供给仍在继续增加后，经济中可能出现实际产出水平同价格水平都在提高的现象；(3)当潜在资源已被充分利用但货币供给仍在继续扩张，经济体系中就会产生价格总水平上涨但实际产出水平不变的情况。这三个阶段可用下图表示：

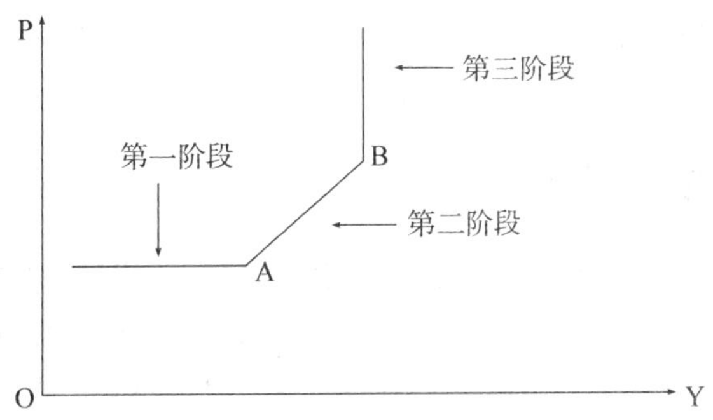

图 13－1　货币供给的效应

通过以上的分析，可以这样认为，社会总供给决定了一定时期的货币需求，但同等的总供给可能有偏大或偏小的货币需求；货币需求决定了货币供给，货币供给必须以货币需求为基础，中央银行控制货币供给量的目的，就是要使货币供给与货币需求相适应；货币供给在货币流通速度稳定的条件下，又在一定程度上决定了社会总需求；而社会总需求与总供给的平衡是我们追求的目标，以货币形式表现的商品价格既是强制总供求平衡的杠杆，又是社会总供求是否平衡的指示器。

如果我们用 Ms、Md、S、D 分别代表货币供给、货币需求、社会总供给和社会总需求，用 P 和 r 表示社会商品的价格水平与市场利率，那么，它们之间的关系可用下图表示：

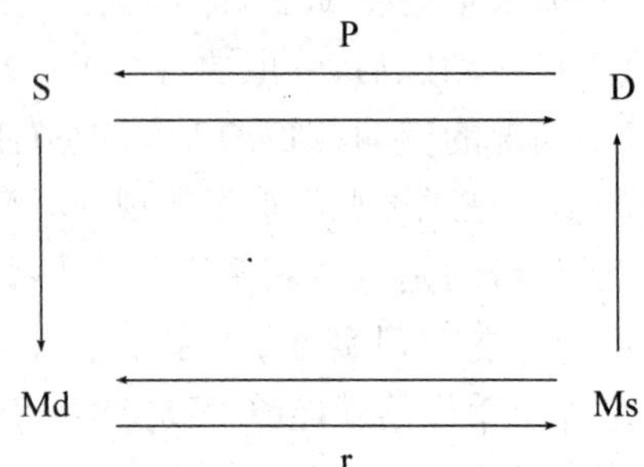

图 13-2 市场供求与货币供求的关系

在这个关系图中，货币供求的均衡是整个宏观经济平衡的关键。也就是说，如果货币供求不平衡，整个宏观经济的均衡就不可能实现。而要货币供求保持均衡，就需要中央银行控制货币的供给，使货币的供给与客观的货币需求经常保持一种相互适应的关系，以保证经济的发展有一个良好的货币金融环境。

三、货币失衡的表现及原因

一般来说，在市场经济条件下，社会总需求表现为一定时期的货币总流量，是货币数量 M 与货币流通速度 V 的乘积，社会总供给表现为一定时期的商品总流量(包括劳务在内的一切商品)，是社会价格水平 P 与商品数量 Q 的乘积。虽然就生产、供应的潜力来看，可能大于或小于总需求，但在一定时期内现实的总需求与现实的总供给始终是相等的，即 $MV = PQ$。从此恒等式可以看出，社会总供求的平衡是商品供求与货币供求的统一均衡，货币均衡是整个社会经济平衡的关键，离开货币的供求谈论社会总供求是毫无意义的。

(一)货币失衡的表现

在市场经济条件下，货币失衡，无论是货币供给大于需求，还是货币需求大于供给，都可通过社会的市场利率表现出来，货币的供求在一定程度上决定利率，而利率的变动也可在一定程度上反映货币的供求状况，但均衡利率多高才是最能保证社会总供求平衡、促进经济发展的，只能借助于经验的判断。除利率之外，货币失衡还会通过社会总供求的不平衡表现出来，其典型的形式就是价格水平的波动，但影响价格变化的因素不仅是货币的供求，因此，价格水平的变动仅仅是货币供求失衡的一种表现，不能只凭价格水平的波动(较小的波动)就做出货币供求失衡的判断。

由社会供求的恒等式 $MV = PQ$ 可知，在市场经济条件下，如果货币的流通速度是稳定的，一定时期的社会生产、供应水平变动不大，或至少是可预测的，那么，货币供给的变化只能通过价格水平的变化表现出来，可以说，货币数量与价格水平互为决定，如果货币供给量增加 1 倍，那么，社会的价格水平也将提高 1 倍；反之，如果货币供给量减少

1 倍,那么,社会的价格水平也将下降 1 倍。在这里我们所分析的,是社会充分就业下的一种状态,但经济现实是复杂的,充分就业只是社会经济的一种理想状态,在现实经济社会中,市场机制并不能保证经济的均衡发展,社会并不是充分就业状态,社会还存在许多潜在资源,货币流通速度不是常数,货币供给变化对价格的影响、对经济的影响也不仅是前面分析的状况,它符合联系资源分析货币供给效应的论断。在社会尚未达到充分就业状态时,货币供给的增加,可以增加产出,价格不变;当社会接近充分就业状态时,扩大货币供给,不但产出增加,而且价格也会提高;在出现充分就业的局面以后,货币供给的增加,不会引起产出的任何增加,而是将全部通过价格水平的上升表现出来,而价格水平的持续上升就是通货膨胀。

在计划经济体制下,由于实行价格管制,商品价格严重背离价值,也不反映供求,存在表面上的长期稳定,社会商品的供应不但短缺,而且数量也相对稳定,因此,社会总供给 PQ 是大体不变的,不变的总供给要求稳定的总需求与之相适应。但在计划经济条件下,由于急于求成,实行超赶战略,企业预算约束软化,普遍患有投资饥渴症,因此,货币供给的过多是一种常态,也是传统计划体制下宏观经济运行的一个重要特征。在社会需要的货币总需求量 MV 一定的情况下,过多的货币供给,只能由货币流通速度 V 的减慢去消化,而这就是我们经常说到的,计划经济所独有的计划定量供应物品的现象,通过这种计划手段,强制储蓄,限制一部分由货币供给过多形成的购买力,使其不能实现,也就是强制压低货币供给中流通性货币的比例,减慢货币流通的速度。在计划经济下,由于价格的管制和供给的短缺,货币供给过多不会像市场经济条件下通过价格的变化来表现,而是通过扭曲的形式表现出来,比如,票证供应、强制储蓄和黑市交易等,实际上是一种隐蔽性的通货膨胀。

计划经济体制与市场经济体制下的货币均衡与失衡,在表现方面有明显的差异:第一,在计划体制国家,货币均衡问题的主要矛盾是货币供给经常偏多,而且供给过多带来的失衡程度可以长期保持在较严重的水平上。而在市场经济中,货币供给过多或不足一般会经常交替出现,一个阶段可能供给过多,在下一个阶段可能又偏少。第二,货币的均衡与失衡,在集中计划体制国家,并不直接表现在价格和利率的变动上,因为国家对价格和利率均实行严格的管制。而在市场经济条件下,如果货币供给增长速度过快,自然会引起物价上涨和利率下跌。第三,在市场经济条件下,价格、利率不但是货币均衡与否的信号,而且在货币供求由失衡趋向均衡的调整过程中,还有调节功能。在集中计划经济体系中,对货币供求对比的调节则主要靠直接的计划方法和行政性措施。

(二)货币失衡的原因

货币失衡,不外乎货币供给大于或小于货币需求这两种情况,而引起货币失衡的原因,可以从社会总供求的恒等式 MV = PQ 来进行分析。

1.货币供给小于货币需求

我们假定在开始的时候,货币供求是均衡的,社会总供求 MV = PQ,那么,PQ 的变大或V的减小都可使货币供给显得不足。如果货币流通速度V不变,商品数量的增长或价格水平的上涨都会引起PQ的增大。一般来说,随着经济的发展,商品数量的增长是绝对的,而商品价格的变化由于受到劳动生产率、资源状况和经济结构的复杂影响,可能降低,也可能上升,如果货币供给的增长跟不上经济发展对货币提出的需求增长就会出现货币供给不足的现象。在金属货币流通的条件下,这种情况不止一次地出现过,但在纸币流通的条件下,这种情况出现的可能很小,因为在金属货币流通条件下,货币的供给受制于货币金属材料的开采供应,而纸币的供应变的极为容易。

在社会总供给PQ不变的情况下,货币流通速度V的变小,也会引起货币供给的不足,使货币供给小于货币需求。而货币流通速度V是一个受多种因素决定的变量,它的变化不仅受到中央银行的影响,还受到商业银行与社会公众行为的影响,一般在经济危机时期,由于信用链条的断裂,货币流通速度会变小,导致货币供给的不足。

如果原来的货币供求是均衡的,中央银行实行紧缩的货币政策,减少货币的供给量,也会使本来均衡的货币走向供不应求的失衡状态。

2.货币供给大于货币需求

在纸币流通的条件下,货币供给过多是一种经常出现的货币失衡现象。而引起货币供给过多的原因是复杂的,如果出现政府财政赤字,政府财政向中央银行的透支,无疑会导致货币供给的过量增加;在经济发展过程中,由于实行不恰当的经济发展战略,采取扩张性的货币政策,或者对前期货币供给不足矫正的过度,也会形成过多的货币供给;另外,在现代开放经济条件下,外汇收支的不平衡,为增加出口而贬值本国货币也会迫使中央银行增加货币的供给,造成货币供求的失衡。

事实上,在许多国家,货币供求的失衡除上述两种以外,还存在一种货币的结构性失衡,即在货币的供给与需求大体一致的情况下,货币供给的结构与货币需求的结构不相适应。造成这种货币失衡的原因在于,社会经济结构的不合理以及在此基础上的结构刚性。这种类型的货币失衡往往与货币总量的失衡交织在一起,难以分辨。因此,中央银行控制货币的目标,一方面要使货币的供给从总量上适应社会经济对货币的需求,另一方面还要对货币供给的结构进行调控,使之与货币需求的结构相一致。

四、货币失衡的矫正

货币供求的均衡是社会总供求平衡的关键,而社会总供求的平衡又是社会经济稳定发展的基础和前提,因此,在出现货币失衡时,必须进行矫正,使其尽快恢复到均衡状态。从货币失衡到货币均衡的调整对策主要有以下几种:

1.供应性调整

供应性调整是指中央银行在货币供给大于货币需求时,从紧缩货币供给入手,使之适应货币的需求;在货币供给小于货币需求时,中央银行从扩张货币供给入手,使之与货币需求相适应的一种方式。在调整过程中,它以货币的需求量为参照,通过调整货币供给量,使失衡的货币供求调整到均衡状态。假如现在的情况是货币供给小于货币的需求,那么,社会经济主体可以在中央银行货币政策的引导下做出如下调整:第一,中央银行可以在金融市场上购买有价证券,向社会投放更多的货币。可以降低商业银行的法定存款准备金率,促使商业银行增加贷款。可以放宽再贴现的条件,降低贴现利率,鼓励商业银行和社会主体的贷款与投资行为。第二,受中央银行货币政策的影响,商业银行会在利益的驱动下采取各种措施,增加贷款。第三,由于银行放款利率的降低,企业会增加投资,加快货币流通的速度。第四,鼓励居民个人增加即期消费,增大货币供给中流通性货币的比例。第五,从政府财政的角度来看,政府可以增加对微观经济主体的财政拨款,减少税种、提高税基、降低税率,加大政府投资的力度等。

2.需求性调整

需求性调整是指在货币供给量大于货币需求量时,从扩大货币需求入手,使之适应既定的货币供给量;当货币供给量小于货币需求量时,则从压缩货币需求入手,使之与货币供给量保持一致的一种方式。它以货币的供给量为参照,通过调整货币需求量来实现货币供求的均衡。假如现在的情况是货币供给大于货币需求,那么,社会经济主体可以做出如下调整:第一,动员社会主体增加市场的商品供给;第二,国家动用外汇储备,扩大进口,以增加社会商品的供给;第三,大幅度地提高商品的价格水平。以上措施的采用,实际上是在尽量提高商品价格总额,此时,只要货币的流通速度不加快,或者加快的幅度不足以抵消商品价格总额提高的幅度,就可以扩大货币需求,从而使失衡的货币供求转为均衡。

3.混合性调整

混合性调整实际上是供给性调整与需求性调整的有机结合。在货币供给大于货币需求时,不是单纯地压缩货币供给,也不是单纯地扩大货币需求,而是同时从供给和需求两方面入手,既进行供应性调整,也进行需求性调整,从而尽快地使失衡的货币供求转为均衡;反之,中央银行及其他社会经济主体则进行相反的操作。

4.逆向性调整

逆向性调整是指面对货币供给量大于货币需求量的失衡局面,中央银行的政策选择并不是直接压缩货币供给,而是增加货币供给,通过对某些商品短缺行业的结构性投放,使货币供求在新的起点上达到均衡。它存在的条件,是社会具有尚未充分利用的生产要素和某些供不应求的产品,这样,就可以通过对这类产业追加贷款和投资,使其增加生产能力,尽快扩大商品供应,让增加的商品来消化过多的货币供给,达到货币供求均衡的目的。虽然逆向性调整不如供应性调整见效那么快,而且在短期内还会扩大货币供给,使失衡的局面加剧,但只要在调整的过程中,把握好时机,掌握好力度,就可能取得事半功倍的效果。

第二节　通货膨胀

一、通货膨胀的定义和衡量指标

(一)通货膨胀的定义

通货膨胀(Inflation)是人们经常提到的一个概念,与我们的生活密切相关。但是,到底什么是通货膨胀?却是模糊的,不仅一般人是这样,就是经济学家要给它下一个准确的、能为人人所接受的定义也是非常困难的。目前较为流行的定义有两大类:一是以马克思为代表的从联系流通中纸币的发行量超过实际需求量的角度考察的通货膨胀定义,二是现代西方经济学家主要从表象观察的通货膨胀定义。

1.马克思的定义

根据马克思主义的货币理论,所谓通货膨胀,是指在纸币流通的条件下,由于货币的发行量超过商品流通中的实际需要量,从而引起货币贬值,物价普遍上涨的经济现象。在马克思的这一定义中,强调了以下两点:第一,产生通货膨胀的前提是纸币流通,在金属货币流通的条件下,一般不会出现通货膨胀;第二,纸币贬值、物价上涨出现的原因在于纸币的流通量超过了商品流通所需要的金属货币量;第三,物价上涨只是通货膨胀的一种表现形式,不是所有的物价上涨都是通货膨胀,因为物价上涨不但货币因素能够引起,而且商品价值变动、供求及人为垄断等一些非货币因素也能够引起。

这种定义的优点是指出了通货膨胀产生的原因与条件,缺陷在于考察的货币范围局限于 M_1,而且混同了纸币的发行与货币供给的区别。实际上货币的发行量只是货币供给量的一个较小的部分,更多的是通过信用渠道进行供应,也就是说,纸币发行过多只是引起物价上涨,这是通货膨胀的条件之一,但并不是唯一的原因。

2.西方经济学家的定义

西方很多经济学家都根据自己的理解对通货膨胀下过定义,一般认为:通货膨胀是指一般物价水平持续上涨的经济现象。它强调两点:一是"一般物价水平",即通货膨胀是指所有商品和劳务价格的上涨,排除了局部物价上涨的情况,也排除了股票、债券等金融资产价格的变动;二是"持续上涨",短期的、暂时的、偶然的物价上涨,不能视为通货膨胀。

这种定义仅从表象来看待通货膨胀,没有界定产生的根本原因,有其不足之处,但它概括性更强,也较为贴近社会经济现实。

通过以上的分析可以看出,无论是西方的经济学家,还是马克思,对通货膨胀所下的定义,都从不同的角度解释了通货膨胀这种货币失衡的现象。综合分析,我们认为可以给通货膨胀下一个这样的定义:它是由于流通中的货币过多,造成货币贬值、物价总水平采取不同形式持续上涨的经济现象。

(二)通货膨胀的度量

既然通货膨胀是物价水平持续上涨的经济现象,那么,就可以用一定时期内物价的上涨率,来判断经济生活中是否发生了通货膨胀,以及通货膨胀的程度如何,目前,世界上大多数国家采用以下几种物价指数来测量通货膨胀。

1.消费物价指数(Consumer price index)

又称零售物价指数,它是根据家庭消费的代表性商品和劳务的价格变动状况而编制的,反映与人们生活直接相关的衣、食、住、行以及健康、教育等商品和劳务价格的变动情况。该指标的优点是,资料容易搜集,便于及时公布,能够迅速反映公众生活费用的变化,由于它与人们的生活密切相关,所以深受关注。但它也有很大的缺点,比如包括的范围较窄,不能反映各种资本品及中间品的价格变化。

2.批发价格指数(Wholesale price index)

又称生产者价格指数,是根据原材料和各种制成品的批发价格的变动状况编制而成的一种物价指数,由于它与企业生产密切相关,能较为灵敏地反映企业生产成本的变动趋势,因此,往往为企业所关注,缺点是没有把劳务价格的变动包括在内。它与消费物价指数的变动一般是一致的,但也可能出现差异。

3.国民生产总值价格平减指数(GDP deflator)

它是一种用来衡量一个国家不同时期内所生产的最终产品和劳务的价格水平变动程度的经济指标,是按当年价格计算的国民生产总值与按固定价格计算的国民生产总值的比率。它是一个统计范围很广,包括一切商品和劳务在内的指标,能够较为全面地反映总体价格水平的变化趋势。它的缺点是所需的大量数据不易搜集,难以经常性的公布。

除此以外,衡量通货膨胀率的指标还有许多,由于它们包括的内容各不相同,用不同指标反映出来的通货膨胀率也会有所不同,因此,我们在判断通货膨胀及其程度时要通过不同的指标进行全面的衡量。

【拓展阅读】

津巴布韦发行面额百亿元新钞

据津巴布韦国家电台报道,该国通货膨胀问题日益严重,津中央银行今天发行了面额为100亿津元的新钞。津巴布韦央行发布公告说,新钞将“大大有助于改善”人们从银行取钱的情况,与100亿元新钞同时发行的还有面额为10亿元和50亿元的新钞,仅在一周前,津巴布韦央行刚刚发行了面额为5亿元的新钞。目前津巴布韦官方公布的通货膨胀率高达231000000%。就在141天前,津巴布韦央行宣布,该国启用新货币,新货币1津元相当于原来的100亿元,即在旧货币面值后面去掉10个零。经济学家指出，每次发行更大面额的钞票，通胀便进一步上升，津元就进一步贬值。

（摘自法新社：《津巴布韦发行面额百亿元新钞》，《参考消息》2008年12月21日）

二、通货膨胀的类型

通货膨胀按照不同的标准和方法，可以从不同的角度进行分类，一般包括以下几种类型：

1.根据通货膨胀的表现形态，可以把它分为公开型的通货膨胀和隐蔽型的通货膨胀。

公开型的通货膨胀是指在价格完全放开，价格对供求反应灵敏的条件下，通过价格指数的变动反映出来的通货膨胀，它的前提条件是市场经济的完善。隐蔽型的通货膨胀则是指在价格受到政府严格管制的条件下，物价保持表面的稳定，社会的供求矛盾通过非价格的形式反映出来的通货膨胀类型。这些非价格的形式就像我国在20世纪六、七十年代表现的那样，如黑市交易、凭证购买、排队挨号、有价无货、降低质量等。

2.按照发生通货膨胀的严重程度，可以把通货膨胀通俗地分为爬行式、奔跑式和恶性通货膨胀等。

所谓爬行式通货膨胀，一般是指物价上涨率在10%以下的通货膨胀，这种类型的通货膨胀通常不会引起经济生活的严重失序，经济能够正常地运行。奔跑式通货膨胀，是指年通货膨胀率达到两位数甚至三位数的通货膨胀，一般来说，这种通货膨胀会严重影响经济的发展，人们对货币失去信心，经济生活的秩序被打破。恶性通货膨胀是指物价持续地、猛烈地上升，月通货膨胀率在两位数以上，在这种情况下，货币成为烫手的物品，人们拼命地想把手中的货币花出去，因为它每一分钟都在贬值，经济运行将瘫痪。

3.按照通货膨胀发生的原因，可以把通货膨胀分为需求拉上型、成本推动型、供求混合型、结构失调型、体制转轨型等。

这种分类，实际上是对已经存在的通货膨胀，从其产生的原因角度来划分的，有关它们的含义在后面的部分我们将做详细的讨论。

4.按照对通货膨胀的预期不同，可以把它分为预期性通货膨胀和非预期性通货膨胀。

预期性通货膨胀是指通货膨胀的发生及其程度已经被社会经济主体所预计，从而采取了防范措施的一种类型。因此，这种通货膨胀对经济一般不会产生实质性的影响。非预期性通货膨胀是指未被经济主体所预见的物价上涨现象，它会对经济和社会产生实质性影响。这种划分的作用在于考察通货膨胀的效应。

另外，按照一些相关标准，还可以把通货膨胀划分为许多类型，例如，按照政府作用及态度的不同，可以分为主动性和被动性的通货膨胀；按照是否与外界有联系，可以分为内生性和外生性的通货膨胀等。

三、通货膨胀的成因

通货膨胀是一种物价持续上涨的经济现象，它的发生离不开货币量的扩大，无论何时何地都是一种货币现象。也就是说，形成通货膨胀的原因可能多种多样，但通货膨胀的发生离不开货币的扩张，没有货币供给量扩大的支撑，物价的持续上涨是无论如何都不会出现的。在对通货膨胀形成原因的研究中，影响较大的学说有如下几种：

（一）需求拉上论

它是西方经济学界出现最早的通货膨胀理论，它把通货膨胀发生的原因归结为，经济运行中的总需求大大超过总供给，即"过多的货币追求过少的商品"。由于供不应求，必然导致一般价格水平的持续上涨。至于需求的变动如何引起物价的上涨，不同的经济学派有不同的解释，其中有代表性的当属凯恩斯学派的需求拉上论和货币数量学派的需求拉上论。

凯恩斯学派认为，根据社会资源的利用程度不同，社会阶段可分为充分就业和非充分就业两种类型，在社会未达到充分就业状态之前，如果货币供给增加，从而总需求增加，则总需求的增加一般不会使物价上升，相反，会使产量和就业增加。当社会接近充分就业状态时，由货币供给增加所形成的过度总需求，一般会使产出和物价同时增加与上升，当社会达到充分就业状态以后，由于社会的资源已经充分利用，再增加货币供给，从而形成的总需求则只能使物价上升，而且是同比例的上升，增加的货币供给完全作用于价格，不会对产出产生正面的影响。因此，他们认为，货币供给增加，引起的总需求增加，不一定产生通货膨胀，只有在社会接近充分就业或充分就业以后，货币的增加才会引起通货膨胀。通货膨胀产生的直接原因是总需求的过度增加，货币供给增加只是引起总需求增加的一个原因，导致总需求增加的原因还有许多，如过高的经济发展目标、政府的财政收支政策、投资政策等。

在凯恩斯之前的传统货币数量学家认为，社会是充分就业的，社会的产出水平相对稳定，货币的流通速度为固定不变的常数，因此，货币供给的增加会导致一般物价水平的同比例上升。以弗里德曼为代表的现代货币数量学派，对传统的货币数量学说进行了修正，他们认为，经济是不断发展的，只要增加的货币数量不超过因产出增加所需要增加的货币数量，那么，就不会引起通货膨胀。如果货币数量的增加超过了产出增加引起的需要，就一定会出现通货膨胀。货币供给的扩张是导致总需求过剩的根本原因，由总需求过剩引起的物价上升一旦被人们所预期，整个经济就会出现工资、物价螺旋式上升的局面，导致物价水平的持续上升，即需求拉上型的通货膨胀。

（二）成本推动论

成本推动论认为，通货膨胀产生的原因，不是总需求的过度增加，而是生产成本的上涨。这种理论是在20世纪50年代以后，特别是70年代之后出现的。那时，一些资本主义国家在失业率居高不下、存在大量闲置资源的情况下，却出现了很高的通货膨胀率，即呈现出“滞胀”的局面，对此，需求拉上论显然无法解释，因此，许多经济学家转而从供给方面寻找原因，提出了“成本推动”的通货膨胀理论。

引起生产成本上升的原因很多，但主要是经济中存在的某些垄断性因素，如势力强大的工会组织、对市场价格具有操纵能力的团体。他们主要论述了工资推动和利润推动两种类型。所谓工资推动，是指由工资增加引起生产成本增加而导致的通货膨胀。在一些国家，由于工会组织足够强大，工会的参与大大提高了工人的谈判力量，工人的工资明显高于完全竞争条件时的工资，这种过高的工资(超过劳动生产率的提高)，引起生产成本的增加，公司为维持既定的利润，必须提高价格，从而使物价水平上升，而物价上涨又会引起工资提高，形成工资—物价的螺旋式上升局面，这就是工资推动型的通货膨胀现象。所谓利润推动，是指一些垄断性的经济组织凭借其垄断地位，为获得超额利润而提高价格出现的通货膨胀。最为典型的是，1973 年石油输出国组织利用垄断地位大幅提高油价(提高了 4 倍)，导致世界性的生产成本增加，出现了价格水平提高引发的通货膨胀。

这种理论的论述，指出了产生通货膨胀的表层原因，有其合理的一面，但也存在很大的缺陷，并不能从根本上正确地说明通货膨胀产生的真实原因。正如弗里德曼所分析的那样，只要政府不对由成本上升所引起的物价上涨做出增加货币供给量的反应，那么，这种个别价格的上升就只能是一次性的，而且由于工资上升导致的失业增加，还会对工资和物价水平产生下降的压力，使之恢复到原来的均衡水平。因此，这种个别价格的上升只是相对价格的变化，总体的价格水平不会提高(在货币收入一定的情况下，人们用在一种商品上的支出增加，必然使用在其他商品上的支出减少。对商品需求的变化，会使某种商品价格上升或下降，但价格总水平将保持不变)。过去经济生活中的通货膨胀，从表面上看，是由成本增加引起的，但实际上是政府对一次性涨价做出增加货币供给带来的结果。

(三)供求混合论

这种理论认为，产生通货膨胀的原因，究竟在于“需求拉上”，还是“成本推动”，虽然我们能够在理论上加以区分，但现实中却很难分清，单纯将通货膨胀产生的原因归结为需求拉上还是成本推动都是不准确的，而且无论用需求拉上，还是成本推动，都无法全面地解释通货膨胀形成的原因。实际上通货膨胀的形成，既有需求拉上的原因，也有成本推动的因素，即所谓“拉中有推，推中有拉”。例如，一方面，通货膨胀可能从过度需求开始，过度需求引起的物价上涨使工人的实际工资下降，这时工人会在工会的支持下，要求增加工资，而工资的增加，会使商品的生产成本增加，这又会成为物价进一步上涨的理由。另一方面，通货膨胀的产生也可能从成本开始，物价的上升迫使政府扩大总需求，而需求的增加又会增加生产的成本。可见，经济生活中的通货膨胀往往是二者共同作用的结果。

供求混合论的模型实际上是将需求拉上和成本推动的模型叠加在一起，我们在这里用一个综合的混合论模型对前面的三种理论概括如下：

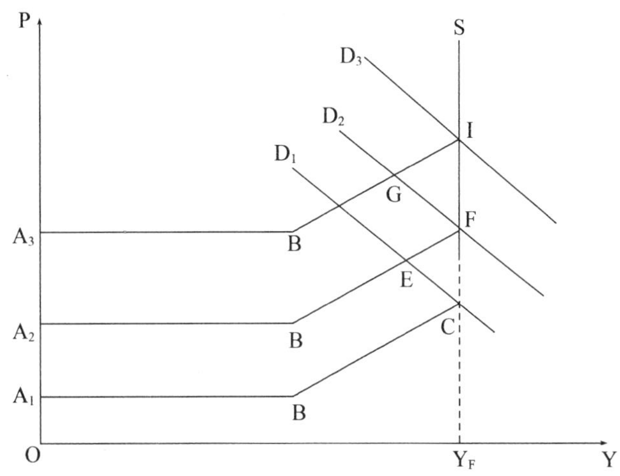

图 13－3 供求混合形成通货膨胀的模型

在上图中，横轴代表总产出或国民收入（Y），纵轴代表物价水平（P）。AS 代表社会总供给曲线，D 代表总需求，Y_F 为充分就业条件下的国民收入，根据社会的就业状况 AS 曲线可分成 AB、BC、CS 三个阶段，它表明，随着社会总需求的增加，由于社会资源状况的不同，总供给增加的能力逐渐减弱，而物价水平则逐渐提高，到 CS 阶段，已经不存在任何闲置资源，处于充分就业状态，总供给的增加，不会再增加产出，只会导致物价的上升。

假定总需求不变，由于各种原因使生产成本上升，总供给曲线 AS 发生位移，比如由 A_1S 上移至 A_2S 和 A_3S，则国民收入将逐渐下降，但物价水平却逐步上涨。

一般情况下，通货膨胀的发生，既有需求拉上的原因，也有成本推动的影响，二者共同作用，使物价水平沿着 CEFGI 轨迹螺旋式上升。

（四）结构影响论

这种理论是从经济结构的角度来寻找通货膨胀形成原因的，他们认为，即使在社会总供求平衡的条件下，某些结构性的因素也可能导致通货膨胀。这些结构性的因素包括：

1.需求移动

社会对产品和劳务的需求是不断变化的，随着经济的发展，社会的进步，人们的需求结构会有规律地发生移动，需求结构的变化要求生产结构的相应调整，需要社会生产要素的重新组合。当社会对一些部门的需求增加时，这些部门或地区的工资和物价会因需求增加但供给的相对滞后而上涨，但那些需求减少的部门或地区，其工资和物价因存在刚性而难以相应地下降。这样需求的转移就会使整个经济的物价水平提高，从而导致需求移动型的通货膨胀。

2.市场失灵

在有些国家,由于社会制度、历史传统、思想文化等因素的影响,市场有效配置资源的机制受到限制,社会资源在各部门之间的配置严重失衡,有的部门生产能力过剩,有的部门生产能力严重不足,如我国过去实行赶超发展战略,使得农业、能源、交通等部门成为经济发展的“瓶颈”。当这些“瓶颈”部门的价格因供不应求而上涨(隐蔽性上涨)时,便引起其他部门,甚至是生产过剩部门的连锁反应,使价格轮番上涨,出现资源配置失衡型的通货膨胀。

3.部门差异

各部门之间劳动生产率及其增长速度的差异是客观存在的,根据劳动生产率增长速度的不同可以把所有的生产部门分为不同的类型,比如分为先进和落后部门,如果不同部门的工人的货币工资增长率都与本部门的劳动生产率增长率保持一致,那么,价格就不会上涨。但是,由于社会是一个整体,落后部门的工人工资会要求与先进部门的工人工资保持一致,这样,落后部门的工人工资的增长就会超过劳动生产率的提高速度,其结果必然使落后部门的生产成本上升,价格上升,从而推动整体价格水平的上涨,出现部门劳动生产率差异型的通货膨胀。

4.对外开放

第二次世界大战以来,特别是 20 世纪 70 年代以来,世界经济一体化进程不断加快,一国的通货膨胀,越来越受到国外通货膨胀的影响。在世界市场上,一国的商品只是世界商品的一个组成部分,只能对商品价格起到影响作用,基本上是价格的接受者。对外开放国家的经济可以分为开放和非开放经济部门,开放部门的经济与世界市场紧密相连,而非开放部门的经济与世界市场没有直接的联系,当世界市场的商品价格上涨时,开放部门的商品价格会随之上涨,其工资也会相应地提高。由于一国经济是一个整体,开放部门工人工资的提高,会带动非开放部门的工人工资也跟着上涨,而非开放部门工资的上涨,必然使其产品成本增加,价格上升,这样整个社会的总体价格水平就会提高,从而导致外部输入型的通货膨胀。其通货膨胀率的高低决定于国外通货膨胀对开放部门的影响程度和开放部门占整个经济的比例。

一国的结构性因素确实对通货膨胀的产生有重要的作用,但就像前面所分析的那样,它们仅仅是一些具体原因,如果没有货币供给增加的支撑,它们只能引起相对价格的变化,而不会造成价格水平的总体提高,出现结构性的通货膨胀。

四、通货膨胀对社会经济的影响

通货膨胀不但影响到人们的日常生活,而且影响到社会经济的各个方面,这种影响的大小,一方面取决于通货膨胀的严重程度,另一方面取决于人们对它的预期。一般来说,通货膨胀对社会经济的影响包括以下几个方面:

(一)通货膨胀对收入分配的影响

不同的社会主体由于在社会经济结构中的角色不同,其收入来源存在巨大的差异。在通货膨胀时期,不同阶层的人们,其名义货币收入虽然没有变化,但由于物价的上涨,其实际收入会产生不同的变动,有的会下降,有的会提高。这种由于物价上涨造成的财富、收入的再分配,通常被称为通货膨胀的收入分配效应。那么,通货膨胀对不同社会主体会产生怎样的影响呢?

一般来说,通货膨胀对从社会取得固定收入的人会产生不利的影响,如领取退休金的退休人员、企业和公共部门的工薪人员、取得利息与租金的人员以及所有靠政府转移支付维持生活的人们。他们的实际收入因通货膨胀而减少,因为他们在相当长的时间内,所获得的货币收入是固定不变的,货币收入的调整相对于物价上涨的滞后时间越长,其遭受通货膨胀损失的程度也越大。通货膨胀对于有浮动收入的阶层,具有有利的影响,如企业和企业主由于工资的增加滞后于价格的上涨,会从利润增加中获得好处。社会主体之间不可避免地存在着债权债务,在通货膨胀时期,债务人是即期购买者,等到偿还债权人时,货币的购买力已经下降,所以通货膨胀对债务人有利,而对债权人不利,相当于一部分财富从债权人手中转移到了债务人手中。政府相对于社会公众来说,往往是最大的债务人,而且随着名义货币收入的增长,在累进税制下,实际的税基会提高,纳税等级会上升,从而政府的税收收入提高,因此通货膨胀对政府有利,而对公众不利。由于实际资产和收益、面值不固定的金融资产会随着物价的上涨提高其价格,不会受到物价上涨的直接影响,而货币财富如现金、存款、债券(其面值和收益固定)等,其实际价值会因物价的上涨而下降,因此,通货膨胀对实际财富的持有者有利,对货币财富的持有者不利。如果通货膨胀被预期,那么,这种收入分配的效应就可被减轻或抵消。

(二)通货膨胀与经济增长

通货膨胀与经济增长之间到底是怎样的关系,目前有三种不同的观点,一是促进论,二是促退论,三是中性论。前面我们分析了通货膨胀时期,物价上涨对不同主体财富、收入的影响,他们在通货膨胀下会做出自己的行动选择,而经济增长实际上是市场主体按照经济规律不断调整经济行为的结果。

促进论者认为,通货膨胀在一定时期,具有正的产出效应,能够促进经济增长。因为:(1)政府可以从通货膨胀中,增加财政收入(减轻债务负担、增加税收收入),如果政府将通过通货膨胀增加的收入用于实际投资,并采取相应的措施保证民间投资不因政府投资的增加而减少,那么,这种通货膨胀就会因增加了实际投资而促进经济增长;(2)一般情况下,通货膨胀在财富和收入的再分配方面有利于富裕阶层,而富裕阶层的边际储蓄倾向比较高,因此,通货膨胀会通过提高储蓄率来促进经济增长;(3)通货膨胀发生后,公众的预期有一个过程,物价的上涨会快于名义工资的提高,这样企业的利润就会增加,而这又会刺激企业增加投资,从而促进经济增长。所以,当经济处于有效需求不足,存在经济增长潜力时,一定程度的通货膨胀能够促进经济增长,特别是在通货膨胀的初期,效果更为明显。

促退论者认为,通货膨胀虽然在初始阶段对经济具有一定的刺激作用,但长期的通货膨胀将降低经济效率,阻碍经济增长。因为:(1)在通货膨胀时期,由于货币贬值,购买力不断下降,人们不愿持有货币,将减少储蓄,尽力把现金转化为实物资产或增加即期消费,导致整个社会的储蓄率下降,进而使投资减少,经济增长率下降;(2)通货膨胀的发生,将妨碍货币职能的正常发挥,不但将因币值不稳增加经济核算的困难,影响储蓄和正常的积累,而且在严重时会影响货币作为支付手段和流通手段的职能,使商品交换倒退到物物交换的原始状态;(3)通货膨胀会使价格机制遭到破坏,增加生产性投资的风险和经营成本,从而资金流向生产部门的比重将下降,流向非生产部门的比重将上升,因而会阻碍经济增长;(4)由于通货膨胀对借款者有利,会诱发过度的资金需求,而过度的资金需求会迫使政府及金融机构加强信贷管理,降低金融体系的运营效率;(5)通货膨胀的加速,会促使政府加强价格管理,从而降低经济发展的活力,影响经济的增长。此外,通货膨胀还会影响到商品的出口,由于国内价格高于国外价格,商品的国际竞争力会降低,从而不利于出口,进口增加,导致贸易逆差加大,影响经济增长。

中性论者认为,由于存在公众的预期,在一段时间内他们会对物价上涨做出合理的行为调整,从而使通货膨胀正反方面的各种效应相互抵消,因此,从一个较长的时期观察,通货膨胀既不会促进经济增长,也不会损害经济增长。

对通货膨胀的研究,之所以出现以上三种不同的观点,相当一部分原因在于考察时所侧重的阶段不同。一般来说,通货膨胀的过程可分为三个阶段:在通货膨胀的初期阶段,较低的通货膨胀率对人们影响不大,也没有形成通货膨胀的预期,因此能够充分挖掘经济增长的潜力,对经济增长产生正效应;随着人们预期的形成,通货膨胀的速度会加快,第一阶段的正效应将很快减退,直至全部消失;通货膨胀率达到一定程度,会严重破坏正常的经济秩序,对经济增长产生阻碍作用。促进论研究的着眼点是第一阶段,促退论所关注的是第三阶段,而中性论则是考察通货膨胀的全过程。

通货膨胀与经济增长的关系,实际上从实证的角度进行研究更为准确,更有意义。大量实证研究的结果表明,在短期内,通货膨胀可以提高产出水平,但从长期来看,对经济增长的影响很小,甚至起阻碍作用,弊大利小。

(三)通货膨胀与失业

社会的就业水平在某种程度上代表着社会资源的利用程度,失业和就业是相对的一个概念,通货膨胀与失业都是市场经济下经常存在的经济现象,对它们之间关系的研究是西方通货膨胀理论的重要内容。

最早研究这一问题的人,是执教于英国伦敦大学的新西兰经济学家菲利普斯(A. W. Phillips)教授,他于 1958 年发表《1861 年—1958 年英国的失业与货币工资的变化率之间的关系》一文,研究发现在失业率与货币工资上涨率之间存在一种此增彼减的替换关系，在图上表现为一条向右下方倾斜的曲线。菲利普斯的研究结果问世以后，立即引起了经济学界的高度重视，许多经济学家对这一结论进行了验证和注释，由于货币工资构成产品成本的一个固定比例，产品价格的变动率基本等同于货币工资的变动率，因此，萨缪尔森等人对菲利普斯曲线进行了修正，认为通货膨胀与失业之间同样存在互为消长的关系。经过修正的菲利普斯曲线表明，要想使失业率保持在较低的水平，就必须忍受较高的通货膨胀率，反之，要保持物价的基本稳定，就必须忍受较高的失业率，政府可以根据这一关系进行相机抉择，选择任何一个位于这一曲线上的通货膨胀率和失业率的组合。

在菲利普斯曲线被提出后的近十年中，人们几乎把它看作是"金科玉律"。但从20世纪60年代中期以后，资本主义经济的现实越来越与菲利普斯曲线的结论相背离，著名经济学家弗里德曼等人通过实证研究和理论分析，对菲利普斯曲线提出了质疑，认为，在任何时候，都存在一个不受通货膨胀影响的失业率，称之为自然失业率，政府的扩张性经济政策，只能在短期内，尚未被人们充分预期的情况下，使实际失业率降低到自然失业率以下，随着时间的推移，一旦被人们准确预期，通货膨胀与失业之间的这种替代关系便会消失，原来向下倾斜的曲线就会变成一条与纵轴平行的直线，即无论通货膨胀的程度如何，社会的实际失业率都将收敛于自然失业率。

由于人们对通货膨胀及其程度能够做出合理预期，但需要一定的时间和过程，因此，人们对实际通货膨胀率的预期偏差导致了实际失业率与自然失业率的偏离，也就是说，如果人们的预期通货膨胀率等于实际通货膨胀率，那么实际的失业率就等于自然失业率，或者说，当实际失业率等于自然失业率时，通货膨胀的程度完全决定于人们对它的预期。

进入20世纪70年代(特别是1973年后)，大多数西方国家都出现了高通货膨胀与高失业并存的"滞胀"现象，菲利普斯曲线似乎变成了一条向上倾斜的曲线。这种情况的出现，究竟是什么原因引起的，不同的人有不同的解释，至今尚没有一个令人满意的答案。

(四)通货膨胀与社会经济危机

前面的分析，都是以通货膨胀不太严重为假定前提的，当物价持续上涨到一定程度，形成恶性通货膨胀时，就会对社会经济产生重大的影响，有可能引发社会经济危机。

在出现恶性通货膨胀时，由于物价飞涨，社会经济主体的预期将变得无法捉摸，生产性投资的比例会越来越小，大量的资源被用于非生产性领域，投机活动盛行；由于地区之间物价上涨幅度的不均衡，必然会造成原有商路的破坏，流通秩序的紊乱，导致经济发展的失衡和社会资源的浪费；迅速上涨的物价，使借债更为有利，如果利率的提高难以弥补物价上升给债权人造成的损失，那么，就会使信用制度遭到破坏，信用关系极度萎缩；恶性通货膨胀会导致突发性的商品抢购和银行的挤兑风潮，由于通货膨胀造成不利于劳动者的收入、财富的再分配，使人民的生活水平急剧下降，其结果会加剧阶级矛盾,引起政治经济危机。同时严重的通货膨胀还会危及货币本身,造成货币制度的更替和变化。因此,各国都非常重视对通货膨胀的治理和控制。

【拓展阅读】

阿根廷的通货膨胀

在20世纪80年代的大部分时间里,阿根廷一直是一个典型的经济案例,年通货膨胀率平均达到450%,1990年之前的12个月里,其通货膨胀率更升至2000%。在这种情况下,经济活动的主要目的只是避免通货膨胀吞噬一切。作家V.S.奈保尔在访问阿根廷时,与一位具有远见卓识的阿根廷商人约格交谈,约格告诉奈保尔:

通货膨胀的一个负面影响是使你终日战战兢兢。我们公司所在的产业只能给你四五天的赊账。否则在这样的通货膨胀下,流动资本会全被扼杀。通货膨胀的另一个负面影响是人们不再关心生产力乃至技术,而所有进步的秘密全在于生产力。然而在世界任何地方,生产力的年增长不可能超过3%~4%。而在我国这样的通货膨胀下;只要你知道应该在何时何地进行投资,一日之内你就可以赚取10%(当然是名义回报)的利润,你的流动资产比包括技术在内的长期目标更重要,尽管你希望两者兼顾。

这是通货膨胀不可避免的恶果,即货币疾病。你的钱分崩离析,就像癌症,你得过且过,当通货膨胀率超过每天1%,你别无选择。你放弃计划,只要可以支撑到周末就会感到满足。然后我就会待在贝尔格拉博的公寓里阅读有关古代板球比赛的书籍。

人均而言,目前我们比1975年贫穷25%。真正的受害者是你看不见的穷人和年轻人。他们被赶出大型火车站——那些人是阿根廷生活中的游民和弃儿,像大海的浪花。阿根廷的高通货膨胀终于出现一个充满希望的转机。1989年刚刚当选总统的卡洛斯·梅内姆宣布了通过财政和货币政策进行反通货膨胀的计划。此外,他还支持许多以市场为导向的经济改革,包括在1991年年初任命由哈佛大学培养的经济学家多明戈·卡瓦洛为经济大臣。在20世纪90年代初期,通货膨胀率已降为每年30%左右,真实GDP的增长达到每年5%,超过了约格的想象。

资料来源:[美]斯蒂格利茨,《经济学小品和案例》,中国人民大学出版社,1998年11月。

五、治理通货膨胀的对策

由于人们对通货膨胀的成因有着不同的看法,所以,他们提出的治理通货膨胀的对策也各不相同。较为常见的措施包括:

(一)抑制总需求

由于社会总需求超过总供给是形成通货膨胀的根本原因,因此,在出现通货膨胀时,只要实行紧缩的财政政策和货币政策,抑制住过旺的总需求,就能够减轻并控制通货膨胀。

总需求的过快增长是由货币供给的增加支撑着的，因此，控制、降低货币供给量的增长率便是抑制总需求的重要措施。中央银行可以运用各种货币政策工具达到这一目标，如通过公开市场业务出售政府债券，通过贴现政策提高再贴现率以及直接调高商业银行的法定准本金率等。货币供给量的减少会使市场利率上升，而市场利率的上升，将促使人们增加储蓄，减少投资，从而使社会总需求减少。在仍然实行利率管制的国家，政府可以采取更为直接的方式，如直接规定金融机构的存贷款利率，实行信贷配额管理等，达到抑制总需求的目标。

政府收支是影响总需求的重要方面，紧缩的财政政策包括增加收入和减少支出两种形式。税收是政府取得收入的主要手段，政府通过税种、税率的调整，一方面可以增加收入，减少因财政赤字而引起的货币供给，另一方面可以抑制居民和企业的消费、投资需求。由于政府支出本身就是社会总需求的重要组成部分，因此，削减政府支出就能直接减少总需求，同时，在财政收入一定的条件下，削减支出也可相应地减少财政赤字，从而减少货币供给量。

由于人们对国家实行紧缩性的货币政策和财政政策，减少总需求的程度缺乏准确预期，或者即使存在准确预期，对工资和物价的调整也要滞后一段时间，因此，实行紧缩政策，在抑制总需求的同时，短期内往往伴随着失业率的大幅度上升和生产的下降。

（二）增加总供给

这是一种与抑制总需求相对应的措施和思路。凯恩斯学派和供应学派的一些经济学家，认为总供给减少是造成经济停滞、物价上涨的主要原因，因此，想法促进生产，扩大供给便成为可以考虑的重要方面。而影响供给的因素非常复杂，很难找到能立即见效的方式、方法，所以，从理论上讲，这是治理通货膨胀措施的重要方面，但在实践中效果并不理想。

（三）控制收入

这一政策的理论基础是通货膨胀的成本推进论，它是通过直接干预工资和物价的方式来进行的。通过强制性的规定工资和物价的上涨幅度，或者直接冻结工资和物价；通过规劝、制定工资—物价指导线（这种指导线是由政府根据预计的全社会平均劳动生产率的增长趋势，确定的工资、物价的最大增长限度）；通过特殊的差别税收政策等，来限制工资的过快增长和企业利润的大幅增加。

从各国的实践来看，控制收入的政策只能作为抑制通货膨胀的辅助措施。因为规劝可能陷于无效，强制必然造成价格机制的扭曲，削弱其合理配置资源的能力，同时，人们还会想方设法地规避管制，提出抗议，促使政府放弃管制，导致被压抑部分的突然释放。

(四)收入指数化

它是一种适应性的反通货膨胀措施,是将人们的收入与物价变动直接挂钩,使人们的收入随物价变动而自动调整的一种方法。指数化的范围,一般包括工资、利息和其他货币性收入。这种措施:一是可以通过剥夺政府从通货膨胀中获得的收益,来消除政府制造通货膨胀的动机;二是可以抵消或缓解物价波动对人们收入的影响,克服通货膨胀造成的分配不公;三是可以稳定微观经济主体的预期,避免出现抢购商品、挤兑银行等加剧通货膨胀的行为。但由于全面实行收入指数化在技术上有很大的难度,而且还会造成工资—物价的螺旋式上升,进一步加剧通货膨胀,因此,它只是一种适应性的消除其影响的措施,不能从根本上控制和治理通货膨胀。这种政策措施,对开放条件下小国出现的输入型通货膨胀更有积极的意义。

六、我国的通货膨胀

新中国建立以来,由于我国一直坚持稳定物价的方针,因此,在改革开放之前,物价水平基本上是稳定的,但由于我国在这一时期实行的是高度集中的计划经济体制,商品价格并不反映价值和供求,而是由计划来决定,总需求超过总供给时,虽然不会出现物价的全面上涨,但它却以变相的方式表现出来,如黑市交易、凭票供应、排队抢购、强迫储蓄等。这一时期我国的通货膨胀基本属于隐蔽型的。改革开放后,国家逐步公开调整被扭曲的商品价格,过去被压抑的通货膨胀逐渐公开化,并在 20 世纪 80 年代中期和 90 年代中期出现了严重的通货膨胀。

我国改革开放后出现的通货膨胀,是在体制转轨的大背景下形成的。对其形成原因的分析,意义主要不在于具体的结论,而在于揭示我国通货膨胀形成的复杂机理,在于介绍分析特殊时期通货膨胀问题的思路和方法。我国许多经济学家,在借鉴国外通货膨胀理论的基础上,对我国通货膨胀的形成原因,进行了较为深入的探讨,提出了一些有特色的理论假说。

1.需求拉上说

这种理论,主要是根据我国的特殊环境,从需求角度进行思考的。它认为,引起总需求量过大的原因在于货币供给量的过快增加,而导致货币供给量过快增加的原因又可归结于两个方面:一是基本建设投资过大造成的财政赤字,二是由我国银行和企业角色不明形成的信用膨胀,二者共同作用,导致总需求的急剧扩大,出现了通货膨胀。

2.成本推动说

这种理论重视成本上升的推动作用,认为改革开放后,工资增长过快和原材料涨价是形成通货膨胀的主要原因。工资是商品成本的重要组成部分,工资的过快增长,源于企业职工的个人收入最大化,而职工个人收入最大化的愿望之所以能够实现,又在于企业管理者与职工利益的同构性(过去国有企业运行机制的固有弊端)。国家在改革中为了改变原材料与制成品的不合理比价而对前者价格的多次调高,不但直接促使物价上升，而且导致制成品成本的增加，无论企业产品成本大幅度增加的原因为何，对于企业来说，最简单的办法就是利用提高出厂价的方式来解决，那时由于商品的普遍短缺，提高价格也就成为顺理成章的做法。

3.体制形成说

这种理论实际上是剖析需求拉上的终极原因。它认为，企业不是真正的企业，在资金上依赖国家、依赖银行，产权不明，不承担风险，企业投资和经营效益与职工无关，在企业停产或半停产时职工工资必须照发，企业生产的产品即使无销路也可得到国家的贷款。这种国有企业与国家之间的不正常关系，必然导致总需求大大超过有效供给，推动物价上涨，出现通货膨胀。

4.结构导致说

这种理论认为，即使供给与需求总量平衡，由于中国的特殊国情，也会使初级产品严重短缺，其价格受供求影响不断上涨，而初级产品是制成品的原料，其价格的上涨推动制成品的成本上升，从而形成成本推动型的通货膨胀。

5.摩擦说

这种理论也是从体制角度寻找引起需求过大的原因的，与体制说不同的是，它主要分析了我国特殊的公有制和计划经济条件下，计划者与劳动者追求目标不同所形成的矛盾，一般地说，计划者追求经济的高速增长，而为实现高速增长的目标往往引起货币的超发。劳动者追求高水平消费，在没有有效机制制约的情况下，劳动者追求高消费的目标就会实现，两者共同作用，必然引起总需求的膨胀，导致通货膨胀的发生。

6.混合因素说

这种理论认为，引起我国通货膨胀的因素是多方面的，既有体制性因素、政策性因素，又有与体制和政策无关的一般因素，如由于我国人多地少，农副产品的生产与需求存在很大的矛盾，假如不能从外部进口解决，那么，农产品的价格就可能上涨，从而使以农产品为原料的制成品价格上涨，引起成本推动型的通货膨胀。

对通货膨胀的治理，许多人提出的建议以及在实践中采取的措施，实际上都是建立在对通货膨胀原因分析的基础之上的。这些措施包括深化体制改革，转变经济发展的指导思想，严格控制货币的发行，压缩基本建设规模，控制消费基金的增长，调整产业结构，整顿经济秩序，运用货币政策工具，对储蓄提供保值补贴等。

第三节　通货紧缩

一、通货紧缩的涵义

对通货紧缩（Deflation）的涵义，与通货膨胀的涵义一样，目前在国内外还没有统一的认识，从争论的情况来看，大体可以归纳为以下三种：第一种观点认为，通货紧缩是经济衰退的货币表现,因而必须具备三个基本特征:一是物价的普遍持续下降;二是货币供给量的连续下降;三是有效需求不足,经济全面衰退。这种观点被称为"三要素论"。第二种观点认为,通货紧缩是一种货币现象,表现为价格的持续下跌和货币供给量的连续下降,即所谓的"双要素论"。第三种观点认为,通货紧缩就是物价的全面持续下降,被称为"单要素论"。

从上面的介绍可以看出,尽管对通货紧缩的定义仍有争论,但对物价的全面持续下降这一点却是共同的。一般来说,单要素论的观点对判断通货紧缩的发生及其治理更为科学一些。这是因为,通货紧缩作为通货膨胀的反现象,理应反映物价的变动态势,表现为价格的全面、持续下降,表明单位货币所反映的商品价值在增加,是货币供给量相对不足的结果,也就是说,货币供给不足可能只是通货紧缩的原因之一,因此,双要素论认为货币供给下降的观点,将会缩小通货紧缩的范围;而三要素论中的经济衰退,一般是通货紧缩发展到一定程度的结果,因此,用经济衰退的出现来判断通货紧缩就太晚了。根据单要素论的观点,判断通货紧缩的标准只能是物价的全面持续下降,其他现象可以作为寻找成因、判断紧缩程度的依据,但作为通货紧缩的构成要素是不妥的。

二、通货紧缩的测度

既然通货紧缩是指物价的全面持续下降,那么,判断通货紧缩的程度就必须解决以下两个问题:一是用什么指标来测度物价水平的变化;二是连续下降多长时间才可看作是持续下降。

反映物价总水平变化的指标,最为常见的不外乎这么三种:国民生产总值物价平减指数,生产者价格指数(即批发物价指数),消费者物价指数。在前面通货膨胀一节,我们对其内容已作了较为详细的介绍,在此不再赘述。在此要说明的是,依据不同的价格指数来进行判断,会得出不同的结论,因为不同的价格指数在抽样时覆盖的商品范围不同,不同产品的价格变动对货币变动的反应时滞也不同(一般批发价格的反应快于消费价格),而且不同价格指数的测算都会存在各自的误差。应该说,三种价格指数都可作为测度指标,但综合分析,为了进行国际比较和考虑对居民的影响程度,采用消费者价格指数可能更合适一些。

而消费者价格指数又有两种:一种是同比价格指数,另一种是环比价格指数。这两种价格指数对价格走势的判断,有时是一致的,有时又会出现差异。对一般的分析判断,可以用同比价格指数,但据此得出的结论,对轻度的通货紧缩可能不太准确。对专业的分析判断,用环比价格指数来衡量和判断通货紧缩的出现、程度更为合理与准确,但限于统计资料的不足,用环比价格指数时要对统计数据进行专业的调整。

经济运行是一个动态的过程,难免会有偶然事件的发生。如果因为突发事件导致物价的下降,而据此界定通货紧缩无疑是荒谬的。那么需要多长时间才能确认发生了通货紧缩呢?这是一个需要繁杂论证和计算的过程,但有一个起码的标准是可以肯定的,那就是这个时间,至少应长到能够判定物价的下降并非偶然因素所致。而这又与我们对经济形势的认识紧密联系在一起，因此，它将是一个不断缩短的量值。从我国目前的情况来看，如果价格水平连续二到三个季度以上下降就应视作持续下降。

三、通货紧缩的类型

通货紧缩类型的划分，对于全面准确地把握通货紧缩的性质、机理，针对不同情况寻找不同的治理对策来说具有重要的意义。按照不同的标准，通货紧缩可以划分为不同的类型，主要有：

（一）按照通货紧缩的发生程度不同，可以分为相对通货紧缩和绝对通货紧缩

相对通货紧缩是指物价水平在零值以上，在适合一国经济发展和充分就业的物价水平区间以下，在这种状态下，物价水平虽然还是正增长，但已经低于该国正常经济发展和充分就业所需要的物价水平，通货处于相对不足的状态。这种情形已经开始损害经济的正常发展，虽然是轻微的，但如果不加重视，可能会从量变到质变，对经济发展的损害会加重。

绝对通货紧缩是指物价水平在零值以下，即物价出现负增长，这种状态说明一国通货处于绝对不足状态。这种状态的出现，极易造成经济衰退和萧条。根据对经济的影响程度的不同，又可以分为轻度通货紧缩、中度通货紧缩和严重通货紧缩。而这三者的划分标准主要是物价下降的幅度和持续的时间长度。一般来说，物价出现负增长，但幅度不大（比如 -5%），时间不超过两年的称为轻度通货紧缩。物价下降幅度较大（比如在 -5% ~ -10%），时间超过两年的称为中度通货紧缩。物价下降幅度超过两位数，持续时间超过两年甚至更长的情况称为严重通货紧缩，20 世纪 30 年代世界性的经济大萧条所对应的通货紧缩，就属此类。

（二）按照通货紧缩产生的原因不同，可以分为需求不足型通货紧缩和供给过剩型通货紧缩

所谓需求不足型通货紧缩，是指由于总需求不足，使得正常的供给显得相对过剩而出现的通货紧缩。由于引起总需求不足的原因可能是消费需求不足，投资需求不足，也可能是国外需求减少或者几种因素共同造成的不足，因此，依据造成需求不足的主要原因不同，可以把需求不足型的通货紧缩细分为消费抑制型通货紧缩、投资抑制型通货紧缩和国外需求减少型通货紧缩。所谓供给过剩型通货紧缩，是指由于技术进步和生产效率的提高，在一定时期产品数量的绝对过剩而引起的通货紧缩。这种产品的绝对过剩只可能发生在经济发展的某一阶段，如一些传统的生产、生活用品（像钢铁、落后的家电等），在市场机制调节不太灵敏，产业结构调整严重滞后的情况下，可能会出现绝对的过剩。这种状态从某个角度来看并不是一个坏事，因为它说明人类的进步，是前进过程中的现象。但这种通货紧缩如果严重的话，则说明该国市场机制存在较大的缺陷，同样会对经济的正常发展产生不利影响。

(三)按照通货紧缩的表现方式不同,可以把通货紧缩分为显性通货紧缩和隐性通货紧缩

界定通货紧缩,在一般情况下可以而且能够用物价水平的变动来衡量,因为通货紧缩与通货膨胀一样是一种货币现象。但是如果采取非市场的手段,硬性维持价格的稳定,就会出现实际产生了通货紧缩,但价格可能并没有降低下来的状况,而这种类型的通货紧缩就是隐性通货紧缩。隐性通货紧缩的存在为我们的判断带来了困难,但并不影响我们以物价水平的变化作为判断通货紧缩是否发生的标准,就像隐性通货膨胀的存在,不影响我们以物价水平作为通货膨胀是否发生的判断标准一样。

四、通货紧缩产生的机理

关于通货紧缩的起因、发展与加深,不同国家在不同时期是不同的,不同的经济学家也有不同的认识,由此形成了不同的通货紧缩理论。在此我们介绍几种影响较大的通货紧缩理论。

(一)马克思对通货紧缩问题的分析

在经济学研究中,较早提出通货紧缩问题的是马克思,他在《资本论》中,多次分析到流通中货币的膨胀和收缩问题。他认为通货的膨胀和收缩可能由经济的产业周期引起,可能由流通中的商品数量、价格变动引起,可能由货币流通速度的变化引起,还可能由技术因素引起。但他在研究这一问题时,是以金属货币流通为对象的,由于金属货币本身具有价值,其过多过少都不会引起币值的变化,只有在纸币流通的条件下,货币供给的过多或过少才会引起币值的变动。因此,马克思对通货膨胀和通货紧缩问题的研究,是建立在纸币流通规律的基础上的。实际上是在讨论金币流通与替代金币流通的价值符号的关系,并非在讨论货币供给的多少与物价涨落的关系。

(二)凯恩斯的通货紧缩理论

继马克思之后,联系货币政策来讨论通货紧缩问题的是凯恩斯。他于1923年在《币值变动的社会后果》中分析了1914~1923年英国物价水平的变动,指出,“从1914~1923年间,所有国家都出现了通货膨胀现象,也就是说,相对于可购买的物品而言,支出货币的供给出现了极大地扩张。从1920年起,重新恢复对其金融局势控制的那些国家,并不满足于仅仅消灭通货膨胀,而且还过分缩减了其货币供给,于是又尝到了通货紧缩的苦果”。他认为,通货紧缩将使社会生产活动陷于低落。他指出,“无论是通货膨胀还是通货紧缩,都会造成巨大的损害,……两者对财富的生产也同样会产生影响,前者具有过度刺激的作用,而后者具有阻碍作用,在这一点上,通货紧缩更具危害性”。而通货紧缩之所以会使社会生产活动陷于低落,是因为通货紧缩的再分配效应不利于生产者。由于生产者的生产资金大部分是借来的,在通货紧缩的情况下,生产者停止经营，减少借款，把自己的实物资产变为通货，比辛苦经营劳作更有收益。

凯恩斯在他的代表作《就业、利息和货币通论》中，对通货紧缩现象的分析，更多使用的是就业不足和有效需求不足这样的术语，通过对30年代大危机的精辟分析，提出了“有效需求不足”的论断，认为有效需求不足是导致通货紧缩的根本原因。治理的对策自然就是扩大有效需求，而在扩大有效需求方面，财政政策比货币政策更有效，在通货紧缩时期，政府要做的就是通过财政政策和货币政策的有机结合，尽可能地扩大有效需求。

（三）欧文·费雪的通货紧缩理论

与凯恩斯的有效需求理论不同，费雪是从供给角度联系经济周期来研究通货紧缩问题的，他通过对20世纪30年代世界经济危机的研究，于1933年提出了“债务—通货紧缩”理论。他认为企业的过度负债是导致30年代大萧条的主要原因。在经济的繁荣时期，企业家为追求更多的利润，会过度负债，而在经济状况转坏时，企业家为了清偿债务会降价倾销商品，导致物价的下跌，出现通货紧缩。通货紧缩的出现，又会使企业利润减少，生产停滞，失业增加。而失业的增加，会使人们的情绪低落，产生悲观心理，对经济和生活丧失信心，更愿持有较多的货币，居民和企业的这种行为将使货币流通速度下降。而因物价下降出现的利润减少和实际利率的上升，意味着企业真实债务的扩大，会使贷者不愿贷，借者不愿借。过度负债和通货紧缩会相互作用，由于过度负债的存在，在经济周期的转型阶段，会出现通货紧缩现象，反过来，由债务所导致的通货紧缩又会反作用于债务，其结果会形成欠债越多越要低价变卖，越低价变卖自己的资产越贬值，而自己的资产越贬值，负债就越重的恶性循环。最后，则必然出现企业大量破产、银行倒闭的危机。该理论实际上是将通货紧缩的过程看作是由商业信用被破坏和银行业引发危机的过程。

走出“大萧条”，解决通货紧缩的对策要么是自由放任，企业破产后进行强制恢复，要么是增加货币供给，利用通货膨胀的方式助其恢复。

（四）其他经济学家对通货紧缩的看法

二次世界大战后，西方许多国家处于通货膨胀之中，因此，理论界对通货紧缩问题的专门论述不多，多是在研究通货膨胀问题时，把通货紧缩作为它的对立面稍带论及。如弗里德曼等人认为，“货币存量的大幅度变动是一般价格水平大幅度变动的必要且充分条件”，货币供给过分低的增长率，更不用说货币供给的绝对减少，将不可避免地意味着通货紧缩，反之，若没有货币供给如此低的或负的增长率，大规模的、持续的通货紧缩决不会发生。萨缪尔森、布坎南等人也把通货紧缩和通货膨胀一样，都看作是政府干预过多、政策失当的产物。近十几年来，通货紧缩问题开始受到人们的重视，提出了许多很有价值的观点。

美国经济学家保罗·克鲁格曼将近年来出现世界性通货紧缩的原因归结为社会总

需求的不足，并强调需求不足在不同国家或在同一国家的不同时期有着不同的社会制度根源，如果实行联系汇率和固定汇率制度的国家的货币被高估，就极易受到其他出口国家货币突然贬值的冲击，出现国内价格下降导致通货紧缩。他主张用“有管理的通货膨胀”政策来治理通货紧缩，而这一观点则对以稳定物价为目标的传统货币金融理论构成了挑战。美国另一著名经济学家加利·西林则指出通货紧缩具有自我强化的性质，他认为，当购买者采取观望的态度，等待物价进一步下跌时，资本将进一步过剩，商品存货将继续增加，从而将使物价进一步下降。物价继续下降的结果，会使消费者产生进一步的观望心理。这样物价就会陷于一个螺旋式的自我下降过程。美联储主席格林斯潘认为，通货紧缩的发生是由于人们更愿意把持有的实物换成货币。通货紧缩产生的主要原因很可能是资产泡沫破裂对经济产生的消极影响，20世纪30年代危机的出现，与资产泡沫的破裂有着紧密的联系，至少是加重了通货紧缩的局面。目前出现的通货紧缩，与技术进步、信息的快速传播导致的结构性变化，有着直接的关系，也是导致通货紧缩发生的重要原因。

五、通货紧缩的成因和影响

（一）通货紧缩的成因

尽管不同国家在不同时期发生通货紧缩的具体原因各不相同，但从国内外经济学家对通货紧缩的理论分析中，仍可概括出引起通货紧缩的一般原因：

1.紧缩性的货币财政政策

如果一国采取紧缩性的货币财政政策，降低货币供应量，削减公共开支，减少转移支付，就会使商品市场和货币市场出现失衡，出现“过多的商品追求过少的货币”的现象，从而引起政策紧缩型的通货紧缩。

2.经济周期的变化

当经济到达繁荣的高峰阶段时，经济会由于生产能力的大量过剩，商品供过于求，出现物价持续下降的现象，从而引发周期性的通货紧缩。

3.投资和消费的有效需求不足

当人们预期实际利率进一步下降，经济形势继续不佳时，投资和消费需求都会减少，而总需求的减少会使物价下跌，形成需求拉下型的通货紧缩。

4.新技术的采用和劳动生产率的提高

由于技术进步以及新技术在生产上的广泛应用，会大幅度地提高劳动生产率，降低生产成本，导致商品价格的下降，从而出现成本压低型的通货紧缩。

5.金融体系效率的降低

如果在经济过热时，银行信贷盲目扩张，造成大量坏账，形成大量不良资产，金融机构自然会“惜贷”和“慎贷”，加上企业和居民的不良预期形成的不想贷、不愿贷行为，必然导致信贷萎缩，同样减少社会总需求，导致通货紧缩。

6.体制和制度因素

体制(企业体制、保障体制等)变化一般会打乱人们的稳定预期,如果人们预期将来收入会减少,支出将增加,那么人们就会"少花钱,多储蓄",引起有效需求不足,物价下降,从而出现体制变化型的通货紧缩。

7.汇率制度的缺陷

如果一国实行钉住强币的联系汇率制度,本国货币又被高估,那么,会导致出口下降,国内商品过剩,企业经营困难,社会需求减少,则物价就会持续下跌,从而形成外部冲击型的通货紧缩。

(二)通货紧缩的影响

通货紧缩与通货膨胀都属于货币领域的一种病态,但通货紧缩对经济发展的危害比通货膨胀更严重。首先,通货紧缩会加速经济的衰退。由于物价持续下降,必然使人们对经济产生悲观情绪,持币观望,使消费和投资进一步萎缩,加速经济的衰退。其次,物价的下降会使实际利率上升,企业不敢借款投资,债务人的负担加重,利润减少,严重时引起企业亏损和破产。由于企业经营的不景气,银行贷款难以及时回收,出现大量的坏账,并难以找到赢利的好项目,经营也会出现困难,甚至面临"金融恐慌"和存款人的挤兑风险,从而引起银行破产,使金融系统面临崩溃。再次,经济形势的变坏与人们的预期心理相互作用,会使经济陷入螺旋式的恶性循环之中。同时这种通货紧缩还会通过国际交往传播到国外,而世界性的通货紧缩又会反过来加剧本国通货紧缩的程度。

六、通货紧缩的治理

由于通货紧缩形成的原因比较复杂,并非由单一的某个方面的原因引起,而是由多种因素共同作用形成的混合性通货紧缩,因此治理的难度甚至比通货膨胀还要大,必须根据不同国家不同时期的具体情况进行认真研究,才能找到有针对性的治理措施。下面以我国目前存在的通货紧缩为例,提出治理通货紧缩的一般措施,包括两个方面:

(一)实行扩张性的财政政策和货币政策

要治理通货紧缩,必须实行积极的财政政策,增加政府公共支出,调整政府收支结构。对具有极大增长潜力的高新技术产业,实行税收优惠政策,尽可能地减少对企业的亏损补贴以及各种形式的价格补贴,利用财政贴息的方式启动民间投资,大力发展民营经济,引导其资金投向社会急需发展的基础设施领域,在继续增加国家机关和企事业单位以及退休人员工资的基础上,更要把增加农民和中低收入者的收入当作一件大事来抓。总之,实行积极的财政政策,就是要在加大支出力度的基础上,优化财政收支结构,既要刺激消费和投资需求,又要增加有效供给。

通货紧缩既然是一种货币现象,那么治理通货紧缩,也就必须采取扩张性的货币政策,增加货币供给,以满足社会对货币的需求。增加货币供给的方式不外乎从基础货币和货币乘数两个方面着手。中央银行可以充分利用自己掌握的货币政策工具,影响和引导商业银行及社会公众的预期和行为。在通货紧缩时期,一般要降低中央银行的再贴现率和法定存款准备金率,从社会主体手中买进政府债券,同时采用一切可能的方法,鼓励商业银行扩张信用,从而增加货币供给。具体操作要根据造成货币供给不足的原因灵活掌握。

财政政策与货币政策的配合运用,是治理通货紧缩和通货膨胀的主要政策措施,但由于货币政策具有滞后性的特点,而且在通货紧缩时期,利率弹性较小,因此财政政策的效果一般比货币政策更直接有效。

(二)加大改革力度,充分发挥市场机制的作用

市场经济是在全社会范围内由市场配置资源的经济,市场经济不是万能的,但实践证明它是最优的,政府对“市场缺陷”的矫正,必须限制在一定的范围,受到约束,否则,对经济的破坏作用是巨大的。反思我国目前通货紧缩局面的形成,无不跟政府主导型发展战略有关,像国有企业垄断,重复建设造成经济结构的扭曲,短缺与无效供给的并存以及政府部门的腐败,效率低下等都与政府对市场的不信任、对市场的过度干预紧密相连。因此,要想尽快走出通货紧缩的困境,必须加大改革力度,充分发挥市场机制的作用,积极推进国有企业的转制工作,建立现代企业制度,打破垄断,使其真正发挥促进经济发展的关键作用,完善市场经济所需要的科技、教育、住房、卫生、医疗、社会保障制度。

【拓展阅读】

世界21世纪初期的通货膨胀和通货紧缩

世界进入21世纪初期,各国经济持续稳定增长,通胀也维持在一个较低的水平,世界经济呈现出一个低通胀和高增长的繁荣景象。但这种景象并没有持续多久。在2006年以后,金融创新迅速发展,虚拟经济过度膨胀,流动性过剩,资产泡沫不断膨胀,系统性金融风险急剧上升。2007年美国次贷危机爆发,并在2008年下半年急剧恶化,引发了世界金融危机和经济危机的全面爆发。金融机构大量倒闭,金融市场价格持续暴跌,世界性的通货膨胀迅速转化为通货紧缩,世界经济大幅衰退,失业率大幅上升。

在2008年世界金融危机加剧以后,各国政府为了治理危机,刺激经济,普遍实行积极的扩张性财政政策和货币政策。美国国会通过7000亿美元的救市方案,欧盟出台2000亿欧元救市,中国推出4万亿经济刺激计划等等。各国中央银行为了治理信用危机导致的货币流动性短缺,除了大幅降低利率外,还采取量化宽松政策(Quantitative Easing Policy),从商业银行大量购买政府债券和政府担保债券,增加货币供应量。2009年上半年中国信贷量猛增,贷款同比增长率创纪录的达到34.4%,对阻止经济增长下滑发挥了积极的作用,但也为随后的通胀留下了隐患。2010年下半年又被迫开始新的一轮治理通胀的任务。而欧元区则因救助危机的大量政府支出加剧了原已过度膨胀的财

政赤字和政府债务,最终引发了严重的欧洲主权债务危机。

【本章小结】

1.货币均衡是指货币供给与货币需求之间的一种对比关系,是货币供求的一种理想状态,是在运动变化中达成的一个动态过程。它与社会商品、服务的总供求紧密地联系在一起,货币供求在一定程度上反映了国民经济的均衡状态。货币均衡与信贷平衡是两个既有区别又有联系的概念。

2.货币失衡,无论是货币供给大于需求,还是货币需求大于供给,都可通过社会的市场利率表现出来,货币的供求在一定程度上决定利率,而利率的变动也可在一定程度上反映货币的供求状况。除利率之外,货币失衡还会通过社会总供求的不平衡表现出来,其典型形式就是价格水平的波动。通货膨胀与通货紧缩实际上是货币供求失衡的两种表现形式。

3.通货膨胀是由于流通中的货币过多,造成货币贬值、物价总水平采取不同形式持续上涨的经济现象。判断通货膨胀的发生与程度可以根据需要选择不同的物价指数进行。按照不同的标准,通货膨胀可以分为许多类型,不同类型的通货膨胀形成的原因也各不相同,由此形成了需求拉上、成本推动、供求混合、结构影响的通货膨胀理论。通货膨胀不但影响到人们的日常生活,而且影响到社会经济的各个方面,这种影响的大小,一方面取决于通货膨胀的严重程度,另一方面还取决于人们对它的预期。由于人们对通货膨胀的成因有着不同的看法,所以治理通货膨胀的对策也各不相同。

4.通货紧缩是与通货膨胀相对应的一个概念,虽然在定义上仍有争论,但对物价的全面持续下降这一点却是共同的。判断通货紧缩的程度也同样需利用各种不同的物价指数。关于通货紧缩的起因、发展与加深,不同国家在不同时期是不同的,不同的经济学家也有不同的认识,由此形成了不同的通货紧缩理论。我国目前存在的通货紧缩问题,其形成、发展有着较为特殊的复杂原因,既有深远的国际经济背景,又受到我国内部因素的多重影响,治理的难度也较大,其措施不外乎实行扩张性的财政、货币政策和深化改革。

【复习思考题】

1.什么是货币均衡,货币失衡的表现是什么?

2.货币均衡与市场均衡的关系是怎样的?

3.如何度量通货膨胀?通货膨胀对经济会产生什么影响?

4.通货膨胀形成的原因有哪些?如何治理通货膨胀?

5.什么是通货紧缩?通货紧缩可以分为哪些类型?

6.我国通货紧缩是如何形成的?应从哪些方面进行治理?

第十四章 CHAPTER 14 货币政策

【学习目标】

本章要求学生掌握货币政策最终目标与中介目标的确定与选择;熟悉一般性货币政策工具;理解主要的货币政策传导机制,并对货币政策效应的评价标准与影响因素有一定的了解。

【重要概念】

货币政策　最终目标　存款准备金　再贴现　公开市场操作　中介目标　传导机制　通货膨胀目标制　时滞　货币流通速度

货币政策是政府对经济进行宏观调控(包括稳定物价水平、促进经济增长等)所采取的重要的经济政策之一,具体是指中央银行为了实现既定的经济目标,运用各种政策工具调节货币供应量和利率等经济变量,进而影响宏观经济运行的方针和措施的总和。它包括货币政策目标、货币政策工具、货币政策手段、货币政策传导机制及货币政策效果等基本内容。货币政策通常由一国的中央银行来制定和实施。中央银行在国家法律授权的范围内制定货币政策,并凭借其领导和管理全国金融机构的特殊地位和拥有的特权,运用各种政策手段组织货币政策的实施。

中央银行制定和实施货币政策,对宏观经济进行全方位的调控作用主要表现在:(1)通过调控货币供应量保持社会总供求的平衡;(2)通过调控利率与货币供应量,控制通货膨胀,保持物价水平的稳定;(3)调节国民收入中消费与储蓄的比例,并引导储蓄向投资转化,实现资源的合理配置,促进经济的协调发展;(4)通过干预外汇市场,稳定汇率,促进国际收支平衡,实现经济的内外均衡;(5)维护金融体系的稳定,尽可能地减少金融危机冲击的破坏性。

第一节 货币政策目标

货币政策的制定与实施必须围绕着货币政策的目标进行。一般认为,货币政策的目标由最终目标、中介目标和操作目标三个渐进式的层次组成,它们是相互联系的有机整体。

一、货币政策的最终目标

通常来看,货币政策的最终目标主要有稳定币值、经济增长、充分就业、平衡国际收支和金融稳定五个,每个目标都有自己具体的含义和评价标准,但目标之间存在冲突。

(一)稳定币值

稳定币值包括货币价值的对内稳定和对外稳定。前者表现为货币购买力的稳定,即物价稳定,通常是指设法促使一般物价水平在短期内不发生显著的波动,以维持国内币值的稳定。抑制通货膨胀,避免通货紧缩,保持价格稳定,进而实现币值稳定是货币政策的首要目标。通货膨胀会使债权人遭受额外的损失,正常的借贷关系遭到破坏;物价的剧烈波动加剧了经济中的不确定性,商品和劳务的价格中所包含的信息变得不那么可信,消费者、企业和政府的决策更加困难;严重的通货膨胀导致货币严重贬值,有可能造成货币体系的崩溃;通货膨胀加剧了社会分配的不公,使社会矛盾加剧。而通货紧缩会引起企业和公众对经济的不良预期,制约其有效的投资需求和消费需求,造成企业销售下降,利润减少,企业倒闭,失业增加,经济陷入衰退之中。

后者则是指货币的汇率保持相对稳定。在综合考虑本国经济环境和发展阶段的前提下,通过央行对外汇市场的经济干预,实现本国货币在国际市场上的兑换比价不出现显著的波动,且对国内经济的运行和对外贸易及资本流动不产生较大的负面影响。

(二)经济增长

经济增长,是指一国生产商品和劳务能力的增长,尤其是国民生产总值的增长必须保持合理的、较高的速度。任何一国的政府和中央银行所追求的目标都是在潜在增长水平上的稳定增长。总供求的失衡是引起经济波动的主要原因,低于潜在水平的增长造成资源的浪费,高于潜在水平的增长其后果可能是严重的通货膨胀,因此中央银行宏观调控的目的就是要调节总供求的平衡,熨平经济的周期性波动,实现潜在增长水平上的稳定增长。中央银行可以运用货币政策来影响人们的投资需求和消费需求,在经济过热时紧缩货币,抑制过热的总需求;在经济衰退时,扩张货币以降低利率,刺激总需求,以促进经济增长。

（三）充分就业

充分就业是指有能力并自愿参加工作的人，都能在合理的条件下，随时找到合适的工作。失业的存在表明一部分愿意工作并且有工作能力的人没有工作，说明经济中有一部分资源，特别是劳动力资源没有得到充分利用。经济社会中总是存在着摩擦性失业、季节性失业以及结构性失业等失业问题，这类失业一般是短期的，称之为“自然失业”，如果失业率在自然失业率水平之下，就可以说该经济社会达到了充分就业。中央银行所要解决的不是上述因素造成的短期失业问题，而是由总需求不足而引起的周期性失业问题。这种周期性的失业率在经济增长速度放慢时上升，在经济繁荣时下降。在经济衰退、失业严重时，中央银行可以通过实行扩张性的货币政策，扩大货币供给以促进社会总需求，从而拉动经济增长，以创造更多的工作机会降低失业率。

（四）平衡国际收支

保持国际收支平衡是保证国民经济持续稳定增长和经济安全甚至政治稳定的重要条件。如果一个国家的国际收支长期处于逆差的状态，很可能导致外汇市场对本币的信心丧失，资本大量外流，外汇储备急剧下降，本币大幅贬值，并导致严重的货币和金融危机。而若存在长期的巨额国际收支顺差，既使大量的外汇储备闲置，造成资源的浪费，又因为购买大量的外汇而增发本国货币，导致或加剧国内的通货膨胀。此外，巨额的经常项目顺差或逆差还可能加剧贸易摩擦。相比之下，逆差的危害比顺差更大，因此各国调节国际收支失衡主要是为了减少甚至消除国际收支逆差。

货币政策在调节国际收支方面具有重要作用。在资本项目自由兑换的情况下，提高利率将吸引国际资本的流入，降低其资本项目逆差或增加其盈余；反之亦然。汇率的变动对国际收支平衡也具有重要影响。本币贬值有利于促进出口，抑制进口，降低其贸易逆差或增加其盈余，但却不利于资本项目的平衡。反之，本币升值将吸引国际资本流入，有利于资本项目平衡；但却抑制出口，鼓励进口，不利于经常项目平衡。因此，货币政策的目标之一，就是要通过本外币政策的协调，实现国际收支的平衡。

（五）金融稳定

自20世纪80年代以来，国际领域内的金融危机频繁出现，特别是1997年的亚洲金融风暴和2007~2008年的美国金融危机，更是对全世界的经济带来了巨大的冲击，因此越来越多的国家要求中央银行肩负起稳定金融体系的重任，于是金融稳定自然成为货币政策的最终目标之一。

一国货币政策要实现金融稳定的目标，必须建立在“金融、经济、社会”相互依存的系统观的基础上，以一个国家或区域的币值稳定、经济稳定发展为目标，以货币供应量、利率、汇率、金融资产价格、信贷、预期为传媒，在货币市场、资本市场、商品市场和外汇市场上实现内外均衡发展，创造良好的金融市场“信心、信用、信息”环境，保证市场参与者对市场的预期和信心，在货币政策内生性和外生性动力机制交互作用于金融活动的过程中，密切注视货币政策要素连续变化过程中出现的波动与突变，最终实现货币稳定、银行体系稳定、资本市场等整个金融体系的稳定。①

（六）最终目标的选择

上述五大货币政策最终目标之间既有统一性又有矛盾性。通常情况下，充分就业和经济增长之间的关系基本是一致的，但也存在着冲突。例如，经济增长如果是源于非劳动力要素的增长，或是因为技术水平的提高从而引发劳动生产率的提高，则伴随着经济的增长，就业人口反而会下降。除此之外，其他目标之间往往更是存有矛盾。如短期内，价格稳定的政策目标常常同充分就业的目标相矛盾，著名的菲利普斯曲线表现了两者之间的矛盾关系；又如稳定物价与经济增长之间，从一般经济逻辑上看，只有物价稳定才能维持经济的长期增长势头，但从西方货币政策实践的结果来看，要使稳定物价与经济增长齐头并进并不容易。主要原因在于，政府往往较多地考虑经济发展，采用扩张信用和增加投资等办法刻意追求经济增长的高速度，结果必然造成货币发行量的增加和物价的上涨，使物价稳定与经济增长之间出现矛盾。再如经济增长与平衡国际收支之间，在一个开放型的经济中，国家为了促进本国经济发展，经常会遇到两个问题：一是经济增长会引起进口增加，因为随着国内经济的增长，国民收入增加及支付能力的增加，通常会增加对进口商品的需要。如果该国的出口贸易不能随进口贸易的增加而相应增加，必然会使得贸易收支状况变坏，进而造成国际收支逆差。二是引进外资可能形成资本项目顺差。要促进国内经济增长，就要增加投资，提高投资率，在国内储蓄不足的情况下，必须借助于外资，引进外国的先进技术，以此促进本国经济发展。结果是经济增长的同时，可能由于这种外资的流入，而带来国际收支顺差。当然，这种外资的流入可以在一定程度上弥补贸易逆差而造成的国际收支失衡，但并不一定就能确保经济增长与国际收支平衡的齐头并进。

由于货币政策最终目标之间的矛盾性，中央银行在某一特定时期实施的货币政策不可能同时兼顾各项最终目标，于是出现了如何选择货币政策最终目标的问题。各国在货币政策的最终目标选择方面各有不同，理论界对此问题也有争论，主要有三种意见，分别是单目标论、双目标论和多目标论。单目标论认为，货币政策只能以单一目标为己任，要么确立币值稳定或物价稳定为货币政策的唯一目标，要么以经济增长为货币政策的唯一目标。双目标论认为，货币政策的最终目标不应该是单一的，而应该同时兼顾稳定物价和经济增长两个目标。多目标论则认为，货币政策作为宏观经济间接调控的主要经济手段之一，对各个宏观经济目标都有十分重要的影响，不能只以其中一个或两个目标作为中央银行的货币政策目标，应该在总体上兼顾各个目标，并在不同时期以不同的目标作为相对重点。根据《中国人民银行法》的规定，我国货币政策的目标是保

① 本段内容引自：陈松林，《金融稳定基石：货币政策要素协调》，《金融与保险》，2004年第6期。

持货币币值的稳定,并以此促进经济增长。

二、货币政策的中介目标

(一)中介目标与中介指标

货币政策的中介目标,也称货币政策的中间目标。中央银行不可能通过货币政策的实施而直接达到其最终目标,而只能通过观测和控制一些具体的指标来影响实际的经济活动,从而间接地达到最终目标。这些能为中央银行所直接控制和观测的指标,就是我们通常所说的货币政策的中介指标。这些中介指标在一定时期所要达到的具体数值就是货币政策的中介目标。中介目标是发挥货币政策作用的过程中一个十分重要的中间环节,也是判断货币政策力度和效果的重要指示变量。

目前,充当货币政策中介指标的经济变量主要是货币供应量和利率,在一定条件下,贷款总量和汇率也可作为中介指标。

(二)中介指标的选取标准

货币政策的中介指标是通过具体的金融指标来观测和控制的。一般认为,中介指标若能有效地反映货币政策的效果应具备以下四个条件:

1.可测性

中介指标的可测性有两个要求:一方面,指标必须有明确的定义并便于观察、分析和监测;另一方面,中央银行要能够迅速地获取这些指标的准确数据。作为中介指标要比最终目标更快地反映货币政策的效果。比如,GDP 数据是按季统计并在下一个月公布,而货币供应量数据是按月公布的,市场利率的数据更是随时可以得到。

2.可控性

中介指标变量必须是中央银行运用货币政策工具可以对其进行有效控制的金融指标。否则,中央银行就不知道其货币政策的运用是否适当,而且即使发现货币政策运用有误也不能把它拉回到正确的轨道上来。对中介指标的可控性要求反映出该类指标应该具有一定程度的外生性,从而表现出政策变量的性质。

3.相关性

相关性是指作为中介指标的变量与最终目标之间要有密切的联系,它们的变动必然要对最终目标产生可预测的影响。这样,中央银行通过调节中介指标就可以影响最终目标,从而达到中央银行宏观调控的目的。相关性反映出中介指标应该具有一定程度的内生性,从而表现出经济变量的性质。

4.抗干扰性

由于作为中介指标的金融变量应该能够同时表现出政策变量和经济变量的性质,因此如果某个中介指标的变动不能明确区分这两种不同性质变量的影响,那么该指标的抗干扰性就较差。例如,市场利率是比较常见和重要的一个中介指标,其在可测性、可控性和相关性等标准上都表现出一定的优势，但是抗干扰性却较差。比如，在经济高涨时期，投资和消费需求的膨胀导致资金需求上升，进而引起市场利率上升；与此同时，为了抑制通货膨胀，央行也会采取各种政策手段提高市场利率，结果市场利率真的上升了，却难以分辨出到底是货币政策发挥了作用还是经济本身的发展引发了利率的提高。所以，中介指标应该能够较准确地反映货币政策设定的方向和力度，否则会影响货币当局决策的正确性。

5.适应性

中介指标应当要与当时的经济体制、金融体制有较好的适应性，一个与经济无法适应的目标不但不能正确的体现出经济的状况、影响决策的正确性，而且还会对经济产生负面的影响。

(三)利率与货币供应量

1.利率作为中介指标的分析

作为中介指标，利率的优点是满足可测性、可控性、相关性强等基本条件，但是缺点是抗干扰性差，如前所述，利率的变动难以区分是经济变动还是政策引发的，同时利率容易受心理预期、金融市场投机活动等各种非货币政策因素的影响而降低其真实性。另外，我们能直接观察到的、可控制的是名义利率而不是实际利率，而真正对经济能产生影响的是实际利率。实际利率等于名义利率减去预期通货膨胀率，由于预期通货膨胀率难以计量，所以就难以得到实际利率的数据，并对它进行控制，因此如何从大量数据中得出一个代表性利率并不容易；还有，中央银行的货币政策操作首先影响的是短期利率，对中长期利率的影响较小，波及速度也较慢，但对经济增长影响力度较大的是中长期利率，如固定资产投资、基础设施投资等。短期利率和长期利率之间关系的松弛也影响了货币政策的效果。

2.货币供应量作为中介指标的分析

货币供应量作为中介指标的优点是满足可测性、可控性、抗干扰性强等条件，但是缺点是相关性存在一定的问题：一方面，一定时期的货币供应量代表了当期的社会有效需求总量和整个社会的购买力，对最终目标有着直接影响，然而以 M_0、M_1、M_2、M_3 来说，哪一个指标更能代表一定时期的社会总需求和购买力？指标口径的选择可能成为货币供应量作为中介目标存在的主要问题。另一方面，金融创新导致原有的货币各层次的界线变得模糊，使中央银行越来越难以观察、监测和分析这些变量。此外，随着金融市场的发展和电子信息技术的普及，货币供应量的内生性日益显著，货币供应量的可控性越来越差，在很大程度上影响到货币政策的实施效果。

3. 利率和货币供应量不能同时作为中介目标

目前，大多数国家的中央银行都选用货币供应量或者利率作为中间指标，但两者孰优孰劣，尚不得而知。从前面的分析也可看出，两者各有优劣，所以很难从选择指标的标准直接得出货币供应量和利率谁更适合作为中介指标的结论。但有一点可以肯定的是,货币供给量和利率不能同时被选择作为中介指标(见图 14-1a 和 14-1b)。

从图 14-1a 可以看出,如果中央银行将货币供应量作为中介指标,则面对货币需求的不断变化,要想保持货币供应量稳定在 M_0 的目标状态下,利率必须相应地变动;而从图 14-1b 可以看出,如果中央银行把利率作为中介指标时,同样为了保持利率的稳定状态 r_0,就必须变动货币供应量。

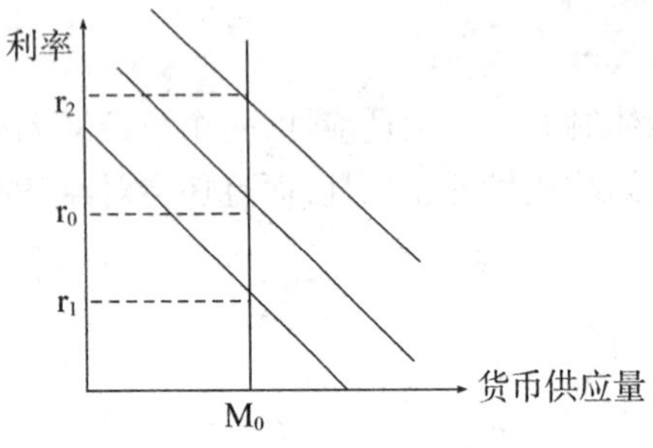

图14-1a 货币供应量M_0为中介指标　　图14-1b 利率r_0为中介指标

一般说来,各国都是根据一定时期的经济状况和中央银行操作的方便来选取中介指标的。当把抑制通货膨胀作为主要任务时,往往选择货币供应量作为中介指标;而当通货膨胀不是主要矛盾,经济增长成为主要目标时,多以利率作为中介指标。美国在 20 世纪 50、60 年代时,以利率为中介指标,在 70 年代则以货币供应量为中介指标,到 90 年代,由于金融结构的变化,货币供应量已不能作为一个反映经济和金融状况的可靠的指标,美联储又把利率纳入到中介指标中来。

三、货币政策的操作目标

货币政策中介指标是中央银行通过货币政策操作和传导以后才能达到的政策变量,而中央银行通过货币政策工具操作就能够比较直接、有效、准确实现的政策变量是货币政策的操作指标,也称作手段变量,如准备金、基础货币、同业拆借市场利率、回购协议市场利率等。操作指标所要达到的具体数值就是操作目标。操作指标有两个特点:一是直接性,即可以通过政策工具的运用直接引起这些指标的变化;二是灵敏性,政策工具可以准确的作用于操作指标,使其达到目标区。操作指标的选择同样要符合可测性、可控性及相关性三个标准,除此之外,操作指标的选择很大程度上还取决于中介指标的选择。主要的操作指标有短期利率、基础货币、准备金。

(一)短期利率

经常被选作操作指标的短期利率是银行同业拆借利率。银行同业拆借市场作为货币市场的基础,其利率是整个货币市场的基准利率。中央银行通过调控银行同业拆借利率就可以改变货币供应量,以影响长期利率。短期利率作为操作指标存在的最大问题是利率对经济产生作用存有时滞,同时因为是顺商业周期的,容易形成货币供应的周期性膨胀和紧缩。

（二）基础货币

基础货币又称高能货币，是流通中的现金和银行准备金的总和。一般认为，基础货币是比较理想的操作指标。首先，就可测性而言，基础货币表现为中央银行的负债，其数额随时反映在中央银行的资产负债表上，很容易为中央银行所掌握。其次，基础货币中的通货可以由中央银行直接控制；银行准备金总量中的非借入准备金，中央银行可以通过公开市场操作随意加以控制；借入准备金虽不能完全控制但可以通过贴现窗口进行目标设定，并进行预测，有较强的可控性。最后，根据货币乘数理论，货币供应量等于基础货币与货币乘数之积，只要中央银行能够控制住基础货币的投放，也就等于间接地控制住了货币供应量，从而就能够进一步影响到利率、价格及国民收入，以实现其最终目标。

（三）准备金

由于银行准备金的变动是银行信用扩张或收缩的前提，而中央银行的主要货币政策工具都能对银行准备金产生直接或间接的影响，因而准备金可以作为货币政策的操作指标。准备金从需求方面看可分为法定准备金和超额准备金，前者是金融机构依照法律规定缴纳的，后者是金融机构为应付临时性的资金需求而储备的。从供给方面看，可将其分为借入性储备和非借入性储备，前者为金融机构通过向中央银行再贴现和贷款取得的；后者为金融机构在公开市场上买卖证券取得的。存款金融机构的准备金越多，其创造信用的能力就越强，反之则越弱。准备金的增加意味着市场银根宽松；准备金的减少，则意味着市场银根紧缩。因此，以准备金为操作指标，有利于监测政策工具的调控效果，并及时调节和控制其方向和力度。

第二节　货币政策工具

中央银行通过货币政策工具的选择和使用来实现宏观调控的目标。货币政策工具是由中央银行掌握和具体实施的，它的运用可对基础货币、银行储备、货币供应量、利率、汇率以及金融机构的信贷活动等产生直接或间接的影响。

货币政策工具按其操作对象来划分，可分为三类：一般性货币政策工具、选择性货币政策工具和其他货币政策工具。一般性货币政策工具是对货币供应量或信用总量进行调节和控制的政策工具，是最为主要的一类政策工具；选择性货币政策工具是指中央银行针对某些特殊的经济领域或特殊用途的信贷而采用的信用调节工具；其他货币政策工具又可分为两种——直接信用控制和间接信用指导。

一、一般性货币政策工具

为实现货币政策的最终目标,中央银行主要运用三个传统的货币政策工具——(法定)存款准备金政策、再贴现政策和公开市场操作,对经济进行调控。这三个工具都是针对货币信用总量进行调节的,而不是对特种信用量的控制,所以,我们又将其称之为一般性货币政策工具。

(一)(法定)存款准备金政策

存款准备金政策是指中央银行通过调整法定存款准备金比率,来影响商业银行的信贷规模,从而影响货币供应量的一种政策措施。目前,凡是实行中央银行制度的国家,一般都实行法定存款准备金制度。它是一种威力强大但不宜常用的货币政策工具。

法定存款准备金能够保证商业银行等存款货币机构的资金流动性和现金兑付能力,为银行资产的流动性提供了一个缓冲和保险装置,避免商业银行等金融机构发生流动性危机的可能性。法定存款准备金制度的建立对商业银行的存款创造能力规定了上限。在商业银行储备总量一定时,提高法定存款准备金率会减少其超额准备,从而降低商业银行的存款创造能力;当准备金率出现较大幅度上升以致完全消化了商业银行的超额准备时,将迫使商业银行收回已贷款项和投资,货币紧缩的作用非常明显。

法定存款准备金政策作为一种货币政策工具,其优点在于它对所有存款货币银行的影响是平等的,并且它对货币供应量有极强的影响力,力度大,见效快。但正是由于存款准备金率威力巨大,所以它不适合作为日常货币政策的操作工具。存款准备金率的微小变化都会对银行信贷、货币供应及经济运行产生巨大的影响。于是,各国中央银行在使用这一政策工具时都比较谨慎。同时,存款准备金率是存款机构日常业务统计和报表中的一个重要指标,频繁调整势必会扰乱存款机构正常的财务计划和管理。

值得注意的是,自20世纪80年代末、90年代初开始,一些西方国家由于准备金率的调整会冲击短期利率中介指标以及《巴塞尔资本协议》关于资本充足率的监管已能覆盖准备金率的作用,因而逐步弱化了这一政策工具的地位,出现准备金率普遍降低的趋势,少数国家甚至取消了法定准备金制度。

就我国而言,法定存款准备金政策则始于1984年中国人民银行成为真正的中央银行之后。最初十几年,我国的法定存款准备金率变动不大,但近些年来作为一项重要的调控工具却频繁变化,而且幅度较大,并呈现出持续变动的状态。关于我国法定存款准备金政策的变化情况可以通过有关网站提供的统计数据加以了解,这里不再赘述。当然,我国法定存款准备金率的每一次变动都与当时经济发展的情况密切相关。例如,1998年,为了应对当时亚洲金融危机对我国经济的影响,经国务院同意,中国人民银行决定对存款准备金制度进行改革,将原各金融机构在人民银行的“准备金存款”和“备付金存款”两个账户合并,称为“准备金存款”账户,同时法定存款准备金率从13%下调到8%。而在2008年为了应对美国金融风暴的冲击,中国人民银行在9~12月期间连续4

次下调法定存款准备金率,显示出强烈的货币政策转向信号,表明央行对经济冲击做出了迅速反应,为挽救经济下滑及时推出了适当的政策调控机制。又如 2011 年前 4 个月,人民银行 4 次提升法定存款准备金率,表现了货币政策为应对通货膨胀而强化控制信贷投放规模所做出的调整。

2004 年 4 月 25 日,我国存款准备金率告别了"一刀切"时代,开始实行差别化政策。所谓差别存款准备金率制度,就是金融机构适用的存款准备金率要与其资本充足率、资产质量状况、金融机构内控状况等指标挂钩。目前主要关注资本充足率,金融机构资本充足率越低、不良贷款比率越高,适用的存款准备金率就越高;反之,金融机构资本充足率越高、不良贷款比率越低,适用的存款准备金率就越低。

事实上,差别存款准备金率还可以在很多情况下实施,例如,在 2008 年 9 月 25 日的法定存款准备金率下调中,人民银行规定下调中小金融机构人民币存款准备金率 1 个百分点,对汶川地震灾区的金融机构存款准备金率下调 2 个百分点,而大型金融机构并不做相应的调整,再次使用了差别化的存款准备金政策,凸显了货币当局对经济有保有压的结构型调控意图,有利于减小中小金融机构经营压力,保持经济平稳健康发展。

(二)再贴现政策

中央银行通过贴现窗口向商业银行提供的贷款,即为再贴现贷款,其利率就是再贴现率。相对于市场利率而言,再贴现率是一种官定利率,常用来表达中央银行的政策意向,具有短期性的特点。所谓再贴现政策,是指中央银行通过提高或降低再贴现率以及规定有关的可再贴现票据的资格,来影响商业银行的信贷规模和市场利率,以实现货币政策预期目标的一种手段。

再贴现率的变动影响商业银行从中央银行获得贷款的成本,从而影响超额准备金的数量和其贷款规模。当再贴现率提高时,商业银行的再贴现贷款成本上升,将减少再贴现贷款,其超额准备金相应的减少,如果准备金不足,商业银行只能收缩对客户的贷款和投资规模,社会的货币供给量将会减少。随着市场货币量的减少,市场利率会上升,社会对货币的需求也相应减少。如果中央银行降低再贴现率,则发生一个相反的反应过程。

除此之外,中央银行还可以通过规定再贴现票据的种类,决定何种票据具有再贴现资格,进而影响商业银行的资金投向,并可以通过对要求再贴现的票据实行差别化再贴现率,从而影响各种再贴现票据的再贴现数量,促使货币供给与中央银行的货币政策意图相符合,与国家的产业政策相一致。

可见,再贴现政策的效果体现在两个方面:一是再贴现率的变动在一定程度上反映了货币政策变动的方向和力度,具有告示作用;二是通过再贴现率和再贴现票据资格的变动,可以影响到商业银行的资金成本和超额准备金,进而影响其投融资决策。不过,这种政策工具的效果在现实中存在很大的不确定性,主要原因在于,在实施过程中,中央银行不具有足够的主动性,再贴现行为是否发生以及规模变化取决于商业银行而不是中央银行,并且再贴现利率的调整受到一定限制,造成告示效应存在不确定性。正因为如此,近些年来,再贴现政策更多地被中央银行用于履行其“最后贷款人”的职能,以防止金融恐慌的出现和蔓延。

(三)公开市场业务

公开市场业务(也称“公开市场操作”),是指中央银行通过在市场上以平等的经济主体身份,公开买进或卖出有价证券(特别是政府短期债券)来投放或回笼基础货币,以控制货币供应量,并影响市场利率的一种行为。公开市场操作在金融市场发达的国家是最重要的、也是最常用的货币政策工具。

公开市场操作有两种基本方式:永久性储备调节和临时性储备调节。前者是指中央银行根据经济长期发展的需要,在市场中公开单向性地买进或卖出证券,从而使商业银行的储备在一个较长时期内增加或减少。后者是指中央银行为了消除一些偶然因素对银行储备造成的影响,通过回购性的操作,使银行储备在短期内得到临时性调节,但不会影响到银行储备的累计总量。

中央银行在公开市场上买进证券会增加商业银行等存款货币机构的准备金,扩大基础货币,从而增加货币供应;中央银行在公开市场上卖出证券,会缩小基础货币,从而减少货币供应。同时,中央银行通过在公开市场上买进或卖出证券还可以影响利率水平和利率结构。一方面,中央银行买进证券时,该种证券的需求增加,证券价格会上升,相应地利率将降低;另一方面,中央银行买进证券的行为使货币供给增加,市场利率也会下降。当中央银行卖出证券时,利率水平将会发生相反的变化。此外,中央银行在金融市场上买卖不同种类和期限的有价证券,可以直接改变市场上不同证券的供求状况,从而使利率结构发生变化。

我国从20世纪90年代后期开始逐步增加对公开市场操作工具的使用,目前其也已成为我国央行重要的货币政策工具。与前两种政策工具相比,公开市场操作具有明显的优越性:

(1)主动灵活。公开市场操作的主动权完全在中央银行手中,中央银行完全可以控制公开市场买卖的规模,并且可以随时根据情况的变化,连续地调整自己公开市场操作的方向、规模和时机,不会使经济发生猛烈的波动。

(2)操作具有双向性,易于逆转。在公开市场操作中,中央银行既可以买入有价证券,也可以卖出有价证券,既可以作正回购协议,也可以作逆回购协议,所以当公开市场操作出现错误时,中央银行可以立即逆向使用这一工具加以纠正。

(3)可实现数量、价格同时调整。如前所述,公开市场操作不仅可以直接影响货币的供应量,还可以影响市场利率的平均水平和结构,同时实现价量调控。

但是,公开市场操作要有效地发挥其作用,还必须具备一定的条件:一方面,需要存在一个成熟发达的金融市场,不但市场规模要大,而且可用以操作的有价证券种类要足够丰富;另一方面,公开市场操作的技术性很强,同时还需要其他政策工具的配合。

二、选择性政策工具

传统的三大货币政策工具主要是通过对货币总量的调节，进而影响宏观经济的运行。但是，在现实经济中，并不总是整个宏观经济出现问题，有时只是个别领域的信用需要加以调节，于是选择性货币政策工具应运而生。这类工具是中央银行针对某些特殊的经济领域或特殊用途而采用的信用调节工具，一般包括消费信用控制、证券市场信用控制及不动产信用控制和优惠利率等。

（一）消费信用控制

消费信用控制，是指中央银行对消费者就不动产以外的耐用消费品分期购买或贷款的管理措施，目的在于影响消费者对耐用消费品有支付能力的需求。在消费过度膨胀时，可对消费信用采取诸如首期付款最低限额规定、消费信贷最长期限规定、可用消费信贷购买的耐用消费品种类规定等一些必要的管理措施，从而达到有效控制消费信用膨胀的目的。相反，在经济衰退，消费萎缩时，则应放宽甚至取消这些限制措施，以提高消费者对耐用消费品的购买能力，刺激消费的回升。

（二）证券市场信用控制

证券市场信用控制是中央银行对有关证券交易的各种融资行为进行限制，目的在于遏制证券交易的过度投机，同时又不至于引起金融市场的剧烈波动。例如，规定一定比例的保证金率或规定保证金限额。

（三）不动产信用控制

不动产信用控制指中央银行对商业银行等金融机构在房地产方面贷款的限制措施，其目的主要在于限制房地产投机，抑制房地产泡沫。中国人民银行根据国务院办公厅在 2010 年初发布的《关于促进房地产市场平稳健康发展的通知》实行差别化的住房信贷政策就是一种比较典型的不动产信用控制措施。

（四）优惠利率

优惠利率指中央银行对国家拟重点发展的某些部门、行业和产品规定较低的利率，以鼓励其发展，有利于国民经济产业结构和产品结构的调整和升级换代。优惠利率主要配合国民经济产业政策使用。现实中，不但发展中国家多会运用优惠利率，发达国家也普遍采用。

三、其他货币政策工具

(一)直接信用控制

直接信用控制,是指中央银行以行政命令或其他方式,从总量和结构两个方面,对金融机构尤其是商业银行的信用活动所进行的直接控制。其手段包括利率上限、信用分配、流动性比率管理和直接干预等。

最常见的直接信用管制工具就是规定存贷款的利率最高限制,如1980年之前美国的《Q条例》。信用分配,是指中央银行根据金融市场状况及客观经济需求,分别对各个商业银行的信用规模加以分配,限制其最高数额。规定商业银行的流动资产和存款的比率——流动性比率,目的也在于限制商业银行的信用扩张。直接干预,指中央银行直接对商业银行信贷业务的放款范围等加以干预。

(二)间接信用指导

间接信用指导是指中央银行通过道义规劝、窗口指导等办法来间接影响商业银行的资产投放和信用创造。道义劝告是指中央银行利用其声望和地位,对商业银行和其他金融机构发出通告、指示或与各金融机构的负责人进行面谈,通过交流沟通促使商业银行和其他金融机构自动采取相应的措施来贯彻执行中央银行的政策。窗口指导则是中央银行根据产业行情、物价趋势和金融市场的动向,规定商业银行的贷款重点投向和贷款变动数量等,并要求其遵照执行的一种做法。它虽然只是一种“指导”,而非法律规定,但是实际上具有强制性效力。

间接信用指导的优点是较为灵活,但其发挥作用的大小,取决于中央银行在金融体系中是否具有较强的地位、较高的威望以及控制信用的足够的法律权利和手段。

第三节　货币政策传导机制

货币当局根据宏观经济运行的变化制定并运用相应的货币政策工具,首先会影响到商业银行等金融机构的准备金、融资成本、信用能力和行为以及金融市场上货币供给与需求的状况,然后再通过金融机构和市场的行为变化去影响企业、居民等非金融部门的消费、储蓄和投资,最终通过这些经济主体的活动促使社会各经济变量,包括总支出量、总产出量、物价、就业等产生变化。整个过程就是货币政策传导的过程,这一过程是否顺畅、各环节能否发挥出其应有的作用直接决定着货币政策的实施效果及其对经济的贡献度。

一、货币政策传导机制的含义

简单地说,货币政策的传导机制就是货币当局从运用一定的货币政策工具到达到其预期的最终目标所经过的途径或具体的过程。中央银行在确定货币政策的最终目标之后,就要选用一定的货币政策工具进行政策操作,然后经过操作变量、中介变量再到最终目标的实现,这其中的逐次传递过程及其作用机制正是货币政策传导机制所要研究的内容。图 14－2 反映了这一过程:央行的各种货币政策工具首先对操作变量起作用,然后操作变量的变动再引起中介变量的变化,进而中介变量的这种变化才会影响到企业和家庭的投资、消费行为,并影响到最终目标。

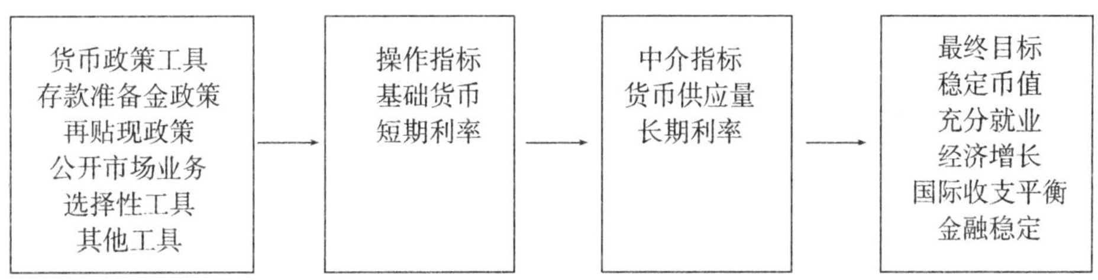

图 14－2　货币政策传导机制示意图

二、主要的货币政策传导渠道

依据推动经济增长的三驾马车——投资、消费和国际贸易,我们可以将主要的货币政策传导渠道分为以下三方面进行介绍。

(一)投资渠道

投资是国民经济增长的重要动力,因此通过货币政策的调控影响投资的变化,就会对整个经济的发展产生作用,进而实现最终目标。在已有的货币政策传导机制的研究中,早期凯恩斯学派的利率传导机制、货币学派的传导机制、托宾 q 理论、可贷资金传导、信息不对称传导机制都属于投资渠道的传导机制观点。

1. 凯恩斯学派的利率传导机制

主要思想是,货币供给 M 的增加会使利率 i 下降,利率下降则促使投资 I 增加,投资增加又会引起产出 Y 的增长。其传导机制为:

$M\uparrow \rightarrow i\downarrow \rightarrow I\uparrow \rightarrow Y\uparrow$

显然,在这种传递机制中,如果流动性陷阱出现,则货币供给 M 的增加并不能带来利率的下降,进而也就不可能导致投资的增加。同时,如果没有出现流动性陷阱,但是当投资的利率弹性非常低时,利率的下降也不会对投资的增加有明显的刺激作用,结果导致增加货币供给从而刺激经济增长的货币政策失效或效果不明显。

2. 货币学派的货币政策传导机制

与凯恩斯学派不同,货币学派认为,利率在货币传导机制中并不发挥重要的作用,他们更强调货币供应量在整个货币政策传导机制上的直接效果,这一点与弗里德曼的货币需求思想密切相关,但货币学派仍然赞同投资对经济增长的重要性,只不过货币政策不是通过利率而是直接以货币供应量 M 作用在社会支出 E 上,再通过变化的支出 E 引起投资 I 的变化,并最终影响到社会产出 Y 的变化。其传导机制为:

$M\uparrow\rightarrow E\uparrow\rightarrow I\uparrow\rightarrow Y\uparrow$

在货币主义者看来,$E\rightarrow I$ 的过程是资产结构的调整过程。如果货币供应超过人们意愿持有的货币,人们将会投资于各种盈利性资产,包括金融资产和非金融资产,人们的不同投资取向则会相应地引起不同资产的相对收益率发生变化,于是就会引起资产结构的调整。

3.托宾 q 理论

耶鲁大学的詹姆斯·托宾发展了凯恩斯的理论,在货币政策传导机制中考虑到了资本市场上的资产价格,特别是股票价格对实际投资的影响,其基本思路是货币数量的变化直接或间接地影响到资产价格,而资产价格的变动又会导致实际投资发生改变,并由此进一步影响到实体经济和产出。而资产价格,特别是股票价格之所以能够影响实际投资,是因为股票价格是对现存资本量的价值评估,是评判企业资本市场价值的依据,而企业资本的市场价值与企业资本的重置成本(即按现行物价进行新投资的成本)相比较,将会影响实际投资。

于是,托宾提出了一个新的变量 q,将其定义为:q = 企业资本的市场价值/企业资本的重置成本。而这一理论也因此被称为托宾 q 理论。

由定义可知,当 q 很高(大于 1)时,企业的市场价值高于资本价格,意味着在新厂房和设备上的投资支出可以从发行公司股票上得到回收,并且还有盈余,这时,企业就会增加投资支出;反之,当 q 很低(小于 1)时,由于企业资本的市场价值低于资本价格,因此如果这时企业想购买资本品,可以低价购买其他企业已存在的资本品,结果是较少发生新投资品的购买,投资支出降低。整个传导机制表现为:

$M\uparrow\rightarrow P_s\uparrow\rightarrow q\uparrow\rightarrow I\uparrow\rightarrow Y\uparrow$

前面的论述表明 q 和投资支出 I 有正相关关系,那么为什么 q 的变化与普通股股票价格 P_s 也是正相关关系呢?举例说明,假如实行了扩张性货币政策,那么货币供给量就会增加,结果人们发现手中的货币比他们需要持有的要多,就会按照自己的偏好安排其金融资产,其中一部分货币必然流向股票市场,造成对股票需求的增加,股票价格(P_s)将会上升。

4. 可贷资金传导机制

货币政策影响投资支出的另一个渠道就是可贷资金。当中央银行采取宽松货币政策时,例如,在公开市场上大量购买政府债券或降低再贴现率后,商业银行体系的超额准备金会增加,可用于发放贷款的资金增加。这时,企业的贷款需求就较容易得到满足,从而投资支出增加,投资增加又进一步引起国民收入的增长。反之,如果中央银行减少货币供应量，则有相反的结果。如果以 L 表示贷款量，那么可贷资金的一条传导渠道为：

$M\uparrow\rightarrow L\uparrow\rightarrow I\uparrow\rightarrow Y\uparrow$

即使中央银行没有通过公开市场业务或调整再贴现率来改变商业银行的可贷资金量，在选择性的货币政策工具中，信贷渠道也会发挥重要的作用。当中央银行提高了证券保证金比率时，用于股票投资的贷款量会减少，股票价格会下跌，从而使托宾 q 值下降，这样，在资本市场上的收购活动会增加，全社会的实物资本支出总量会相应地减少。反之，如果中央银行降低了证券交易保证金比率，那么，用于购买股票的贷款量增加，股票价格会上升，提高了托宾 q 值，因而，投资支出会增加。所以，可贷资金的另一条传导渠道为：

证券交易保证金比率$\downarrow\rightarrow$用于股票投资的贷款$\uparrow\rightarrow P_s\uparrow\rightarrow q\uparrow\rightarrow I\uparrow\rightarrow Y\uparrow$

5. 信息不对称传导机制

信息经济学的产生引发了人们对信息问题的关注，在金融市场上，进行交易的双方之间并不总是处于信息完全和对称的环境下，交易的一方可能对另一方的情况并不太了解，于是作出的决策可能就会出现失误。交易之前会产生信息不对称下的逆向选择问题，而交易之后会产生信息不对称下的道德风险问题。所以，信息不对称传导机制就是指货币政策通过影响股票价格，引起企业资产净值的变化，进而影响银行贷款过程中的逆向选择和道德风险的发生，从而改变投资支出的传递过程。

其传导过程表述如下：

$M\uparrow\rightarrow P_s\uparrow\rightarrow$企业资产净值$\uparrow\rightarrow$逆向选择和道德风险$\downarrow$

$\rightarrow$贷款$\uparrow\rightarrow I\uparrow\rightarrow Y\uparrow$

（二）消费者支出渠道

除了投资，带动经济增长的要素还有消费，所以一些经济学家又通过货币政策对人们的收入、财富以及资产流动性的改变，联系到人们的消费支出的变化，进而影响到实际经济。

1. 利率与收入渠道

货币供应量增加，会促使利率下降，储蓄意愿降低，消费者的支出增加。同时，货币供应量增加如果会使人们的恒久性收入增加，则根据恒久性收入原则，消费支出就会增加。反之，若中央银行利用货币政策减少货币供应量后，则会通过反向的渠道减少消费支出。如果以 C 表示消费支出，Y_t 表示恒久性收入，则通过利率和收入的传导机制可表述如下：

$M\uparrow\rightarrow i\downarrow, Y_t\uparrow\rightarrow C\uparrow\rightarrow Y\uparrow$

2. 财富效应

储蓄生命周期理论表明，消费者是按时间均匀地安排他们一生的消费支出的，而决定消费者支出的是消费者的毕生财富，不仅仅是当期的收入水平。消费者毕生财富包括所有的金融资产，如股票或债券等。所以，当股票和债券价格上升后，消费者的财富就会增加，这样就会扩大消费者的支出。因此，财富效应对消费者支出的影响渠道为：

M↑→P_s↑→毕生财富↑→C↑→Y↑

3. 流动性效应

流动性效应是指货币政策通过影响股票价格，使消费者持有的金融资产价值发生变化，进而改变其财务状况，从而影响其耐用消费品支出变化的政策效应。人们在进行耐用品消费时，通常会根据自己的资产负债状况得出一个关于资产流动性的判断，当预计到未来的财务状况比较困难时，一般都愿意持有流动性强的金融资产而不是流动性不足的实物资产，于是耐用消费品的需求就会下降，反之，则会增加对耐用消费品的需求。

一般地说，当股票价格上升时，金融资产的价值也会上升，人们对发生财务困难的可能性的估计会降低，会愿意增加对耐用消费品的支出。这样，流动性效应的传递机制可以表述为：

M↑→P_s↑→金融资产价值↑→财务困难的可能性↓→耐用消费品支出↑→Y↑

(三)国际贸易渠道

二战之后，伴随着各国经济开放度的不断提高，经济全球化的趋势日益突出，进出口在经济中的地位越来越重要。而浮动汇率的出现，则促使汇率对净出口的影响成为一个重要的货币政策传导渠道，这也是开放经济下的必然结果。所谓货币政策的国际贸易传导渠道，是指货币政策的变动通过货币供给量的改变影响到国内利率，而利率变化进而引起汇率变动，最后对净出口产生影响的过程。

一国若出现长期的货币供给增加，将会使国内的真实利率水平降低，并使国内物价水平提高，而这两个因素都会使汇率(以直接标价法计)上升，本国货币贬值。根据有关理论，一国货币贬值，则该国的出口上升，进口下降，从而净出口将增加，最终总产出也会增加。反之，亦然。可见，国际贸易渠道的货币政策传导机制可以表述如下：

M↑→利率↓物价水平↑→本币汇率↓→净出口↑→Y↑

综上所述，尽管关于货币政策传导渠道的观点很多，但都只是从某个角度描述了货币政策产生效应的过程，在实际的货币政策实施过程中，由于经济运行的复杂性，可能某一种传导机制在某个国家或地区的某个时期能够非常有效的解释货币政策发生作用的过程，但绝不能由此就认为该种传导机制是有效的，其他渠道是无效的，更何况货币政策的传导机制是内生于经济运行中的。所以，对货币政策传递机制的理解不可失之偏颇。

第四节　货币政策效应

自20世纪50年代西方国家开始有意识地运用货币政策干预宏观经济以来，货币政策实施效果的好坏就成为人们关注的焦点，也是国内外学者们一直致力于研究的重要问题，因为制定和执行货币政策的根本目的就是通过一定的政策手段去有效地影响经济发展，所以货币政策效应问题可谓是整个货币政策问题的关键。

一、评价货币政策效应的标准

货币政策效应就是中央银行操作货币政策工具后所达到其最终目标的程度。评价货币政策实施效果的好坏一方面取决于效应发挥的快慢，另一方面则取决于货币政策执行后的实际经济结果与预期效果之间的差距。如果中央银行执行货币政策后，能够较快地接近货币政策确定的最终目标的目标值，则货币政策的效果就好。但是，如果要等很长的时间才能接近中央银行确定的目标值或实施结果与目标严重偏离，则货币政策的效果就较差。

二、影响货币政策效应的因素

（一）货币政策的时滞

时滞是影响货币政策效应的重要因素。任何政策从制定到获得主要的或全部的效果，必须经过一段时间，这段时间即称为时滞。如果时滞很长，则很难评判政策的效果，甚至政策本身是否成立都成了问题。根据发生的先后，时滞可分为内部时滞和外部时滞。

1．内部时滞

货币政策的内部时滞是在货币政策的决策主体内部发生的，它是指作为货币政策决策和操作主体的中央银行从制定政策到采取实际行动所需要的时间。内部时滞又可以细分为认识时滞和决策时滞。

认识时滞是指从现实经济运行客观上有实施货币政策的需要开始，到中央银行认识到确实需要实施货币政策为止所耗费的时间。这段时滞之所以存在，主要因为两点：一是搜集各种信息资料需要耗费一定的时间；二是对各种复杂的社会经济现象进行综合性分析，作出客观的、符合实际的判断需要耗费一定的时间。

决策时滞是指中央银行根据对经济形势的判断，制定所需要的货币政策而花费的时间。中央银行一旦认识到经济活动中需要采用某种货币政策措施解决矛盾，就要着手拟定政策实施方案，并按规定程序报批，然后才能公布及实施贯彻。决策时滞之所以存在，是因为中央银行根据经济形势研究对策、拟订方案，并对所提方案做可行性论证，最后审定批准，整个制定过程的每一个步骤都需要耗费一定的时间。

内部时滞的长短，取决于中央银行对作为决策依据的各种信息资料的占有程度和对经济、金融形势的分析、判断能力，体现了中央银行决策水平的高低和金融调控能力的强弱。

2．外部时滞

外部时滞是指从中央银行货币政策实际执行到这一政策在经济中产生相应效应之间的时间,这也是作为货币政策调控对象的金融部门及企业部门对中央银行实施货币政策的反应时间。外部时滞是由金融部门和企业部门的行为等多种因素综合决定的复杂变量,较为客观,中央银行对这段时滞很难进行实质性控制。对外部时滞又可以细分为操作时滞和市场时滞。

操作时滞是指从调整货币政策工具到其对操作指标和中介指标发生作用所需耗费的时间。中央银行一旦实施相应的货币政策工具,需要通过操作变量的反应,然后再传导到中介变量,这中间的各个环节都会花费时间。这段时滞的大小主要取决于商业银行及其他金融机构对货币政策的态度、对政策工具的反应能力以及金融市场对央行政策的敏感程度。

市场时滞是指从中介变量发生反应到其对货币政策最终目标变量产生作用所需的时间。金融系统对货币政策的实施产生反应后,其他经济主体如企业、消费者等是否会在相应的投资或消费行为中有所行动也有一个滞后的过程。况且各种政策工具对中介变量的作用力度大小不等,社会经济过程对中央银行宏观金融调控措施的反应也是具有弹性的。因此,中介变量的变动是否最终能够对目标变量发生作用,还取决于调控对象的反应程度。

(二)货币流通速度

对货币政策有效性的另一主要限制因素是货币流通速度。货币流通速度是单位货币在一定时期(通常是1年)参与流通的次数,代表了货币总量与整个经济的名义总产出之间的联系,可以表示为 $V=\frac{P\times Y}{M}$,其中 V 代表货币流通速度,P 代表价格水平,Y 代表总产出,M 表示货币总量。

经验数据表明,即使在短期内,货币流通速度的变化也相当剧烈,因而不能将它看作常数。就货币流通速度的一个很小的变动而言,如果政策制定者未能预料到或估算不准确,则都可能造成货币政策效果的严重偏差。假设,在预测的年度,GNP将增长10%;再假设,根据以前一些年份有关数据的实证规律,只要包括货币流通速度在内的其他条件不变,货币供给等比增加即可满足GNP增长对货币的追加需求。如果货币流通速度在预测的期间加快了10%,不考虑其他条件的变化,货币供给则只需增加9.1%即可。要是货币当局没有预见到货币流通速度的变化,而是按流通速度没有多大变化的考虑做出增加货币供给10%的决策,那么新增的货币供给量则必将成为助长经济过热的因素。但是,在实际生活中,对货币流通速度变动的估算,很难做到不发生误差,因为影响它发生变动的因素太多,这当然也就限制了货币政策的有效性。

(三)微观主体的预期

微观主体的预期是影响货币政策有效性的另一个重要因素。任何一项政策的推出，总会引起经济主体间的利益分配格局发生变化，而在现代经济中，各种微观经济主体都会通过可能获得的各种信息对未来的经济做出预期，并进而引导投资和消费决策。所以，当一项货币政策被提出时，各个微观主体会立即预测政策的后果，并很快地做出对策，而且极少有时滞。可见，如果货币当局推出的政策会面对微观主体广泛采取抵消其作用的对策，那么该政策就可能归于无效。

鉴于微观主体的预期，似乎只有在货币政策的取向和力度没有或没有完全为公众知晓的情况下才能生效或达到预期效果，但是这种可能性不大，货币当局不可能长期不让社会知道它所要采取的政策；即使采取非常规的货币政策，不久之后也会落在人们的预期之内。这就是说，货币政策仍可奏效，但公众的预期行为会使其效应打很大的折扣。

（四）其他经济政治因素

除时滞、货币流通速度和微观主体的预期等因素影响外，货币政策的效果还会受到其他外来的或体制的因素影响，如客观经济条件的变化、政治因素的影响等。如前所述，一项既定的货币政策出台后总要持续一段时间，在这段时间内，如果一些客观经济条件出现某些始料不及的情况，而货币政策又难以做出相应的调整时，就可能出现货币政策效果下降甚至失效的情况。另外，由于任何一项货币政策方案的贯彻，都可能给不同阶层、集团、部门或地方的利益带来一定的影响，这些主体如果在自己利益受损时做出较强烈的反应，就会形成一定的政治压力。当这些压力达到一定程度时，就会迫使货币政策进行调整。

此外，在今天这样一个信息化社会中，如果货币政策的透明度高，不但政策取向、具体目标、执行过程都能公开化，而且决策者在整个决策过程中都能与广大公众之间取得良好的沟通，那么相应的货币政策的公信度就会大大提高，最终的政策效果就会很好。

三、货币政策与财政政策的搭配

货币政策和财政政策作为当代各国调控宏观经济的主要手段，只有相互协调配合，才能保证国家对宏观经济的调控获得预期效果。

研究财政政策与货币政策的最佳配合问题，首先要求理清这两大政策关系。财政政策与货币政策的共性表现在三个方面：一是这两大政策作用于同一个经济范围，即本国的宏观经济方面；二是这两大政策均由国家制定；三是最终目标一致。

财政政策与货币政策的区别也表现在三个方面：一是政策的实施者不同。财政政策由政府财政部门具体实施，而货币政策则由中央银行具体实施。二是作用过程不同。财政政策的直接对象是国民收入再分配过程，以改变国民收入再分配的数量和结构为初步目标，进而影响整个社会经济生活；货币政策的直接对象是货币运动过程，以调控货币供给的结构和数量为初步目标，进而影响整个社会经济生活。三是政策工具不同。财政政策所使用的工具一般与政府的收支活动相关，主要是税收和政府支出及转移性支付等;货币政策使用的工具通常与中央银行的货币管理业务活动相关,主要是存款准备率、再贴现率、公开市场操作等。

由此可见,财政政策与货币政策的共性,决定了它们之间必须密切配合的客观要求;而财政政策与货币政策的区别,又导致了他们在实施过程中有发生偏差的可能性。这就产生了如何协调这两大政策的问题。从逻辑上看,财政政策与货币政策有四种配合模式:紧缩的财政政策与紧缩的货币政策的配合,宽松的财政政策与宽松的货币政策的配合,紧缩的财政政策与宽松的货币政策的配合,宽松的财政政策与紧缩的货币政策的配合。

在总量平衡的情况下,调整经济结构和政府与公众之间的投资比例,一般采取货币政策和财政政策“一松一紧”的办法。“紧”财政,使政府的支出和投资直接减少;“松”货币,使公众能够以较低的成本获得较多的资金,并使因为纳税而导致的收入减少得到补偿,其结果是调整了政府与私人企业的投资结构。相反,“松”财政,直接扩大了政府的支出和投资;“紧”货币,使企业和公众的借贷数额减少和借贷成本增加,其结果是企业投资和居民的一般性投资减少。在总量失衡情况下的微量调整,一般单独使用财政或货币政策。根据西方国家的经验,财政政策在短期内见效快,但长期调整还要靠货币政策。因此,当今经济运行因特殊情况而出现临时失衡时,政府采用财政政策解决;而政府做长期调整时,多通过货币政策来实现。在总量失衡较为严重的情况下,政府要达到“扩张”或“紧缩”目的,一般同时使用财政政策和货币政策两种手段,即“双松”或“双紧”。在经济萧条后期,设备大量闲置,工厂开工不足,而失业率又很高,为刺激生产和投资,提高闲置设备的生产能力,一般实行“双松”政策。在社会总需求过度膨胀,物价持续上涨,经济生活极不安定的情况,一般采取“双紧”政策。在总量失衡与结构失调并存的情况下,政府一般采用先调总量,后调结构的办法,即在放松或紧缩总量的前提下调整结构,使经济在稳定中恢复平衡。如我国20世纪90年代中期为抑制通货膨胀采用了适度紧缩的财政政策和货币政策,实现了经济的“软着陆”。20世纪90年代后期和21世纪初为了治理通货紧缩采用了积极的财政政策与稳健的货币政策。

四、通货膨胀目标制

自20世纪80年代以来,伴随着金融全球化的迅速发展,各国金融结构出现了明显的变化,金融创新(financial innovation)、“货币基数偏移”(monetary base drift)、货币流通速度不稳定(monetary velocity instability)等制度因素的出现,使货币供应量与最终目标的相关性大幅削弱,造成以货币供应量为代表的货币数量目标制[①] 的作用不断减弱;与此同时,汇率、利率等价格目标机制也出现了诸多问题。于是,许多工业化国家和新兴市场国家都试图打破使用中间指标的传统,开始将名义锚直接放在通货膨胀率本身,由此

① 货币数量目标制假定货币供应量与一般价格水平长期存在稳定的关系,把货币供应总量作为货币政策的中介指标,从而通过实现货币总量目标来间接实现通货膨胀目标。

产生了一种新的货币政策框架——通货膨胀目标制。

简单地看，通货膨胀目标制就是一种“基于规则的相机抉择”制度，它从制度上规定把价格稳定作为货币政策最基本、最主要的目标，并公开宣布一个数量化的通货膨胀目标值和达到该目标的时间表；由于不再盯住货币供应量、利率等传统中介指标，因此其决策过程可以描述为“盯住通货膨胀预测”，且要求中央银行具有操作货币政策的独立性；通胀目标制在选择货币政策工具操作时会考虑尽可能多的信息，并注重通过公告操作方式对基准利率进行调整和对市场利率加以引导，政策具有高度的透明性和公开性。1989年，新西兰率先采用了通胀目标制，之后加拿大、英国、韩国等40多个工业化国家和新兴市场国家先后采取了这种货币政策框架。

从实践看，几乎在所有实施通货膨胀目标制的国家，中央银行所制定的通胀率目标范围的中间值都是在2%左右。比如，新西兰央行将该值设定为1.5%，加拿大和瑞典央行设定为2%，英国、澳大利亚、西班牙等国则设定为2.5%。事实表明，在稳定物价、为经济增长提供良好的环境方面，通货膨胀目标制策略取得了显著的成功。在上述那些国家，不但通胀和通胀预期被有效地限制在目标范围之内，而且在短期内由突发事件引起的物价波动的影响也被大大缓和了，从而避免了“棘轮效应”的产生。因此，通胀目标策略作为一种新的货币政策框架正被越来越多的国家所接受和运用。

将通货膨胀率作为货币政策的中间目标有以下几个优点：(1)它可以保持中央银行货币政策的独立性，使中央银行能够对国内的经济波动做出相机抉择；(2)货币流通速度的变化对政策效果的影响大大减弱，因为该政策允许央行运用各种有用的信息而不单纯是一个货币供应量增长来制定其政策，这样可以抵消金融创新和经济全球化对货币政策实施效果所带来的冲击；(3)与汇率变量一样，它很容易为公众所理解，因此具有很高的透明性，有助于市场形成稳定的通胀预期；(4)由于制定了明确的通胀目标，对中央银行形成了有效的责任约束。

【本章小结】

1.货币政策有稳定币值、经济增长、充分就业、平衡国际收支和金融稳定五大最终目标，但各个目标彼此之间往往存在不同程度的矛盾。

2.货币政策在选取中间指标时要遵循可测性、可控性、相关性、抗干扰性和适应性等标准，常用的中间指标有利率、货币供应量、汇率等。

3.货币政策为了实现最终目标，最常用的一般性政策工具主要包括(法定)存款准备金政策、再贴现政策和公开市场操作，除此之外还可以运用选择性政策工具和直接信用控制与间接信用指导等其他工具。

4.货币政策的实施过程可以通过传导机制加以描述，从拉动经济的三部马车——投资、消费和国际贸易角度可以分析各个学派提出的货币政策影响宏观经济的不同渠道。

5.影响货币政策效应好坏的因素主要有政策时滞、货币流通速度、微观主体的预期及其他一些经济政治因素；在调控经济时，一国的货币政策应该与财政政策进行合理有效的搭配;20世纪90年代开始,通货膨胀目标制作为一种新的货币政策框架越来越受到人们的关注。

【复习思考题】

1.简述货币政策最终目标之间的关系。

2.选择货币政策中介目标的标准是什么?

3.一般性政策工具包括哪些?查阅相关资料,说说美联储在2007~2009年间的金融危机中创新了哪些货币政策工具?

4.从投资、消费和国际贸易三大角度看,货币政策都有哪些主要的传导渠道?

5.影响货币政策效应的因素主要有哪些?

6.通货膨胀目标制具有哪些优势?我国是否可以推行这种新的货币政策框架?

7.结合我国当前的宏观经济形势,说说我国货币政策与财政政策应该如何搭配。

CHAPTER 15 第十五章
金融危机与金融监管

【学习目标】

本章要求学生掌握金融危机的概念和类型，理解金融危机形成的机理，熟悉金融危机的防范和治理措施，了解金融监管的理论基础、监管原则和主要的监管内容。

【重要概念】

金融危机　货币危机　资本市场危机　银行业危机　外债危机　综合性金融危机　金融危机预警　存款保险制度　金融监管　道德风险　银行挤兑　预防性监管　信息披露制度　金融监管体制

金融危机和金融动荡逐渐成为世界各国面临的重要问题，认识金融危机的形成机制，有效地预防金融危机，已成为各国共同的任务和经济学家们的重要研究课题。本章将对金融危机的概念和形成机理进行介绍，并在此基础上，阐述金融危机的防范与治理以及金融监管的丰富内容。

第一节　金融危机的概念和形成机理

一、金融危机的概念与类型

(一)金融危机的概念

《新帕尔格雷夫经济学大辞典》将金融危机定义为："全部或部分金融指标短期利率、资产(证券、房地产、土地)价格、商业破产数和金融机构倒闭数的急剧、短暂的和超周期的恶化"。货币主义的代表密尔顿·弗里德曼和施瓦茨在著名的《1867～1960 美国货币史》书中对金融危机是这样叙述的:"在暂时的金融市场管理中,政府必须保证没有'头寸危机',金融机构能易于有机会获得现金。'头寸危机'将会损害信心,引起不必要的混乱,甚至造成金融危机,金融危机将产生或加剧货币紧缩效应的银行业恐慌。"简言之,金融危机就是指一系列金融指标的恶化,是金融脆弱性达到一定程度以及金融风险积累到一定程度从而导致的整个金融体系或局部金融体系的混乱和动荡。

(二)金融危机的类型

金融危机爆发时,金融恶化几乎波及整个金融领域,并对其具有破坏性影响。金融危机的表现形式有很多,我们根据金融危机的性质与内容,可将金融危机划分为以下五种类型:

1.货币危机

货币危机又称为货币市场危机,是指由于投机冲击导致一国货币大幅度贬值,或迫使该国金融当局为保卫本币而动用大量国际储备或急剧提高利率而出现的危机。这种危机一般出现在实行固定汇率制或盯住汇率制的国家。在这些国家,由于汇率没有根据国内经济的变化进行相应的调整而导致货币内外价值的脱节(通常反映为本币汇率的高估),引发投机冲击。市场参与者在外汇市场上大量抛售本币,使本国货币面临严重的贬值压力,结果要么是外汇市场上本币大幅度贬值,要么是该国货币当局动用大量国际储备干预市场(这可能耗尽中央银行的外汇储备)或大幅度提高国内利率,以捍卫本币币值。例如,1997 年亚洲金融危机中的泰国危机和 1998 年的俄罗斯金融危机,便是典型的货币危机。

2. 资本市场危机

资本市场危机是指一些国家的资本市场(主要是股票市场)由于国内或国外的原因,导致证券价格在短期内出现大幅度下降而形成的危机。在一些国家的证券市场,证券泡沫成分过高、发生投机冲击或受国际证券市场下挫的影响,使投资者的信心发生动摇,大量抛售证券,导致证券价格出现暴跌, 如 1987 年美国华尔街的"黑色星期一"。

3.银行业危机

银行业危机也称金融机构危机,是指银行不能如期偿付债务,或迫使政府出面,提供大规模援助,以避免违约现象的发生。一家银行的危机发展到一定程度,可能波及其他银行,从而引起整个银行系统的危机,金融市场严重动荡,市场不能有效地发挥作用,整个经济活动都受到影响。从 20 世纪 80 年代中期开始,银行业危机和货币危机经常同时发生,并以"孪生货币危机"著称。

4.外债危机

外债危机是指一国的支付系统严重混乱,不能按期偿付所欠外债而出现的危机。债务危机多发生在发展中国家,因为发展中国家的经济发展亟待资金投入,而由于国内收入水平低,储蓄能力不足,往往需要大量举借外债来填补巨大的储蓄缺口。然而,如果这些发展中国家的外债结构安排不合理,对外国债务资金的使用不合理,又不注重对外债的管理，加之国内储蓄能力没有相应地提高，对外债的依赖程度有增无减，就极有可能出现不能按期支付本息的债务困境。20 世纪 80 年代中期，一些拉美国家由于大量借入外债而又没有能力产生相应的产出，形成了巨额的国际收支逆差，最终导致了拉美债务危机的爆发。

5.综合性金融危机

综合性金融危机可以称为“全面金融危机”，是指主要的金融领域都出现严重混乱，往往表现为以上几种危机的混合。由于经济是一个联系紧密的系统，因此，在现实社会中，一种危机的爆发往往会带动其他危机的爆发。例如，在亚洲金融危机中，首先是泰国爆发了货币危机，之后引发了资本市场危机、银行业危机，并迅速扩散到有关国家的金融市场，形成了综合性金融危机。综合性金融危机会对证券市场、外汇市场和银行体系造成巨大的冲击，严重损害有关国家的经济、金融利益，并有可能引发经济危机。

二、金融危机的形成机理

(一)货币危机理论

货币危机理论主要研究货币危机爆发的动因和根源、危机的特点以及危机的防范措施。自 20 世纪 70 年代以来，货币危机理论形成了比较完整且独立的体系。按照时间大致可以分为以下三个阶段：第一阶段，以克鲁格曼—弗拉德—戈博模型为主，被称为“第一代货币理论危机”，也被称为投机攻击模型；第二阶段从 80 年代中期开始，以奥布斯特菲尔德的“预期自我实现型货币危机”模型为代表，被称为“第二代货币危机理论”；第三阶段从 1997 年亚洲金融危机之后，以麦金农和克鲁格曼为代表，被称为“第三代货币金融危机理论”。

1.第一代货币危机理论模型——宏观经济失衡

第一代货币危机理论模型的代表人物是保罗·克鲁格曼、罗伯特·弗拉德和彼得·戈博。第一代货币危机理论是以 20 世纪 70 年代末开始的拉美国家的货币危机为背景的，它表明投机性冲击是在市场预期与国内经济政策出现根本不一致时所做出的理性反应。尤其在固定汇率制下，巨额的财政赤字、高通货膨胀率和固定汇率制产生了极大的矛盾，诱发市场对该国货币的投机性冲击，导致政府的外汇储备损失殆尽，并使政府放弃原来的汇率。

因为第一代货币危机模型是以拉美国家的货币危机为背景的，因此其研究对象是发展中国家，不具有广泛的适用性。因为货币危机不只发生在发展中国家，在发达国家也会出现，所以当 1992 ~ 1993 年欧洲货币危机出现时，人们无法用第一代货币危机模型对其进行解释，这也直接导致了第二代货币危机模型的产生。

2.第二代货币危机理论模型——政府抉择

第二代货币危机理论产生于 20 世纪 80 年代至 90 年代中期，由奥布斯特菲尔德、卡尔沃、莫里斯、辛等人共同提出。

该理论是以1992年欧洲货币危机、1994年墨西哥危机、1997年东南亚金融危机为研究对象,修正了第一代模型中政府行为线性化的假设,提出非线性假说。其理论核心是政府是主动的行为主体,在面对投机性攻击或基本经济形势滑坡的情况下会出于对社会总福利的考虑实施某种政策改变,而这种对政策变更的预期会引发投机性攻击,形成货币危机,迫使政府实施新的政策,进而造成了货币危机的"自我实现"。该理论的政策意义是仅仅依靠良好的国内经济基本条件并不足以抵挡货币危机的发生,固定汇率制的先天不足很容易引发投机性攻击。如果一国选择固定汇率制,必须辅之以资本管制或是资本市场限制。

第二代货币危机理论较好地解释了1992年欧洲货币危机,并且区别于第一代货币危机理论的线性分析,第二代货币危机理论提出政府行为的非线性假说,即认为经济中存在多重均衡,并且货币危机不是由于宏观经济基本面出现问题导致的,而是由于公众预期促成货币危机的自我实现,这些都使货币危机理论的解释力大大加强。

3.第三代货币危机理论模型——对亚洲金融危机的解释

第三代货币危机理论产生于20世纪90年代,以亚洲金融危机为研究对象,强调金融机制的作用。在前两代理论的基础上,重点研究资本流动和货币危机形成的机理。

该理论的核心是发达国家扩张性的货币政策导致超额流动性的增加,而发展中国家放松资本管制和利率较高等因素导致发达国家的资本迅速流入,但是发展中国家金融配套设施不完善,银行监管不力,出现过度投资、资产价格泡沫、关联贷款和短期债务增加等现象,加剧了金融的脆弱性。大多数发展中国家采用的是盯住汇率制,金融脆弱性使得货币存在贬值的可能性,为防止货币贬值,政府在动用外汇储备的同时提高利率,动用外汇储备会造成外汇枯竭,提高利率又加剧金融的脆弱性,因而发生了双危机。

(二)银行业危机理论

1.货币政策失误理论

货币政策失误导致银行业危机的理论是由美国著名的货币主义者米尔顿·弗里德曼提出来的。弗里德曼认为导致金融动荡的根本原因是货币政策失误。由于货币乘数是相对稳定的,货币需求是一个稳定的函数,而货币数量决定了物价和产出量。货币供给变动的原因在于货币政策,也就是说,金融动荡的根源在于货币政策,货币政策的失误可以使一些小规模的、局部的金融问题发展为剧烈的、全面的金融动荡。

2.货币存量增速理论

货币学派的布拉纳尔和梅尔泽尔提出货币存量增速导致银行业危机的理论。他们认为货币存量增速对产生金融危机有巨大影响,一旦因中央银行对货币供给的控制不当而导致货币过分紧缩,即使在经济平稳运行时,也会引发金融危机。因为突发性大幅度货币紧缩会迫使银行为维持足够的流动性而出售资产以保持所需的储备货币,所以资产价格因此而下降并导致了利率的上升,这又增加了银行的筹资成本,降低了银行的偿付能力,存款人信心也受到打击。如果大批银行因失去流动性和偿付能力而倒闭破产,这必然使货币供应进一步减少,最终使金融机构的破产加速并迅速传播,金融危机就此爆发。

3.金融不稳定假说理论

作为当代研究金融危机的权威,海曼·明斯基认为,以商业银行为代表的信用创造机构和贷款人的相对特征使金融体系具有天然的内在不稳定性,投资者怎样形成和运作现金流是关键,如果现金流不能正常运作,金融体系就不稳定,就会导致金融危机。

4.银行体系关键论

诺贝尔经济学奖得主托宾1981年提出了银行体系关键论。这一理论的核心思想是银行体系在金融危机中起着关键作用。托宾认为,在过度负债状态下,如果银行能提供贷款,就可以避免债务—通货紧缩的过程。但在过度负债的经济状态下,经济在金融扩张中积累起来的风险增大并显露出来,银行可能遭受贷款损失,甚至破产,所以,银行为了控制风险,必然不愿提供贷款,甚至提高利率、减少贷款。银行的这种行为会使企业投资减少,或引起企业破产,从而直接影响经济发展,或者使企业被迫出售资产以清偿债务,造成资产价格急剧下降。这种状况会引起极大的连锁反应,震动也极强烈,使本来已经脆弱的金融体系崩溃得更快。

5.银行挤兑理论

戴蒙德和戴维格提出了银行挤兑理论。该理论的基本思想是银行作为一种金融中介机构,其基本的功能是将不具流动性的资产转化为流动性的资产,但正是这种功能本身使得银行容易遭受挤兑。银行是金融中介机构,其债务主要为短期存款,其资产通常是向企业和消费者发放的长短期贷款。当资产价值不抵其债务价值时,银行就失去了偿还能力,即贷款人没有能力或不愿意偿还债务时,银行资产价值就可能下跌。

6.道德风险理论

较早提出道德风险理论的是著名发展经济学家麦金农。亚洲金融危机的爆发使这一问题更加凸显出来,在众多将这次危机归因于金融机构的道德风险问题的经济学家中,最具代表性的仍属克鲁格曼。他认为由政府免费保险且又监管不严的情况下,金融中介机构具有很强的从事风险投资的欲望而很少考虑投资项目的贷款风险。当国内机构无法从国际资本市场融资的情况下,国内投资需求过度只会造成国内利率的上升,而不至于引发投资过度。但如果资本项目放开,国内的金融中介机构可以在世界资本市场上自由融资,那么由政府保险引发的道德风险就可能导致经济的过度投资。

(三)外债危机理论

1.债务—通货紧缩的理论

1933年,欧文·费雪面对大萧条提出了债务—通货紧缩理论。这一理论的核心思想是当经济不景气时,就没有足够的“头寸”去清偿债务,引起连锁反应,导致货币紧缩。费雪认为,债务—通货紧缩,即欠得越多就变卖得越多,变卖得越多就越贬值,最终是

“债务越还越多”，金融危机就此爆发。

2.资产价格下降论

沃尔芬森提出了资产价格下降论。这一理论的核心思想是由于债务人的过度负债，在银行不愿提供贷款或减少贷款的情况下，被迫降价出售资产，这就会造成资产价格急剧下降。

3.综合性国际债务理论

苏特从经济周期的角度提出了综合性的国际债务理论。他认为，随着经济的繁荣，国际借贷扩张，中心（资本剩余）国家向国外投资，边缘（被投资）国家外债增多；其次，债务的大量积累导致国偿债务负担的加重，并逐渐失去偿债能力，最终爆发债务危机；最后，债权、债务国间就债务清理问题进行谈判并达成协议，边缘、半边缘债务国因而得以继续从国际市场上融资，但不良的偿债记录限制了债务国的融资规模，直至新周期第一阶段即贷款繁荣阶段的来临。

第二节 金融危机的防范与治理

进入20世纪90年代以来，金融危机频繁发生，特别是由美国次贷危机引发的一场席卷全球的金融危机，导致全球经济陷入衰退。这就促使学术界从不同层面、不同角度对其进行了深入的研究，核心在于金融危机的防范与治理。

一、金融危机的防范

（一）建立金融危机早期预警系统

金融危机预警是指就宏观经济、金融领域未来可能出现的危险或危机提前发出警报的一种经济活动，目的在于尽量减少或避免巨额的经济损失。早期预警系统用于实时监测银行和金融体系的财务状况，包括金融机构和业务经营方面的全面信息、宏观经济和国际金融市场的变化（特别是能够引发金融危机的变化）。建立有效的早期预警系统需要一国政府不同部门之间的交叉合作，以对整个金融和经济活动进行检测。

国际货币基金组织和一些国家的中央银行最近已经建立起了各自的早期预警系统，这些预警系统监测大量的经济和金融指标，如实际利率的高估水平、经常账户赤字占GDP的比率、短期债务与外汇储备的比率、外汇储备增长率、出口增长率、银行系统的合计资本比率、流动比率及不良贷款率等。运用某种统计方法预测某经济体在一定时间范围内发生货币危机、银行危机及股市崩盘的可能性大小的宏观金融检测系统，除指标体系外，还包括主要的法律框架和组织结构等制度的建立。

（二）健全信息披露制度

健全的信息披露制度有助于政府及监管机构及早了解金融机构及金融市场的动态变化，并及时采取措施，防范金融危机的发生。披露信息需要从两个方面推进：一方面，要促进有关各金融机构全面及时地公布经济和财政数据，以便及时发现问题，提醒和帮助金融体系将危机消除在萌芽状态；另一方面，必须改进市场参与者的信息披露方式，加强市场纪律和约束。

（三）建立社会紧急救援制度

为了增强和重建市场信心，阻止公众恐慌情绪的传播，使那些只是出现暂时流动性困难的金融机构免遭倒闭厄运，减弱个别金融机构对整个金融体系造成的冲击和“多米诺骨牌效应”，建立社会紧急救助手段是十分必要的。目前多数国家建立的社会紧急救助手段包括存款保险制度和债务解救制度。

1.存款保险制度

为了防止由银行危机而引起的金融恐慌的出现，有效地鼓励社会储蓄和金融中介活动，监督并促使银行安全经营，维护金融的稳定，各国纷纷建立了自己的存款保险机构。这种保险机构可由政府设立，也可由政府主管机构与银行业联合设立，还可由银行同业协会自己组织存款保险机构。存款保险制度要求经办存款的机构根据存款额大小按一定的保费率交纳保险费给一定的保险机构，当投保存款机构不能支付存款时，该保险机构在一定的限度内代为支付。存款保险制度是美国于 1933 年首创，它为存款人提供保护，从而增强了市场信心。

2.债务解救制度

债务解救制度的直接目标是对出现问题的金融机构进行积极的援救。对于大多数国家而言，债务解救的机构主要有援助当局和资产管理公司两种形式。援助当局可以由政府或私人机构经营，除了进行解救任务外，还要进行包括诸如兼并等形式的金融机构的重组。资产管理公司既可以采取由政府所有，也可以采取由私人机构所有的形式。他们负责将出现问题的金融机构的不良资产接收过来，然后将这些资产打包重组成容易出售的资产。资产管理公司的最终管理目标是使这些资产在扣除了经营成本和财务成本之后得到最大净值。对问题严重的金融机构，资产管理公司通常需要将坏账与该银行完全分离，以便在重组过程中能够独立自主地进行操作。

（四）加强对金融市场和金融资本流动的管理

国际资本流动，尤其是短期资本流动，具有极强的冲击性，任何自由流出入都可能给一个经济体带来严重的负面影响。在稳定金融市场措施中，暂时实施资本账户管制，特别受到关注。即使是在自由化最推崇的时候，对国际资本也有必要进行适当的限制和政策引导也是主流观点。

二、金融危机的治理

金融危机的治理是指在金融危机已经爆发后,如何对之进行有效的控制,以防止其进一步向市场和其他地区扩散,并采取相应的措施减少金融危机的行为。与金融危机的防范不同,金融危机的防范重在治本,治理重在治标。金融危机防范重在长期目标,只是通过构建一个稳健的金融体制,将潜在的风险控制在最小的范围内,从而达到使金融危机延缓发生,或在某一特定时间发生的目的。因此,金融危机的预防措施主要偏重于从宏观管理经济环境、体制改革、监管体制、微观结构等角度进行。金融危机的治理重在应急,要求对症下药,对金融危机进行有的放矢的控制 。

(一)稳定金融市场

1.动用外汇储备干涉外汇市场

针对国际投资资本的冲击,中央银行可以运用本币资金进行入市干涉,以稳定汇率。此种对冲性干涉的做法确实能在一定时期内减少汇率波动幅度和打击投机行为,但会受到该国或地区的外汇储备规模、能从国际金融机构和其他国家官方机构获得的外汇规模及在国际市场上所能借到的外汇规模等限制。1997 年,泰国、印度尼西亚、菲律宾和马来西亚的中央银行,先后动用了近百亿美元的外汇储备来购买本国货币,以阻止本币贬值。1997 年 7 ~ 10 月,中国台湾投入了 70 亿美元干涉外汇市场以保卫新台币。

2.提高利率,增加借用本币资金的成本

提高短期利率的目的在于提高投机者在进行卖空投机操作时借入本币的成本。1997 年 5 月菲律宾中央银行将隔夜拆借利率由原来的 10%提高到 15%,印度尼西亚将再贴现率由 7%提高到 30%,泰国则将隔夜拆借利率提高到 1000%,香港金融管理局也曾将隔夜利率提高至 300%。但提高利率来捍卫货币的有效性也受到制约,投机者可以利用金融衍生工具的操作来应对高利率。同时提高利率对本国(地区)经济的副作用也很大。例如,在香港提高利率后,银行就经历了严重的流动性匮乏危机。

3.动用财政资金稳定股市

国家可通过法令强制企业将剩余资金如实托盘,也可建立股市稳定基金,当股价下跌至某一水平时,就可以运用基金进场托盘。1997 年 11 月 21 日,印度尼西亚政府规定国有企业将净利润的 1% 用在雅加达股票市场上购买股票。

4.保障金融债权,增强存款人信心

1998 年 1 月 27 日,印度尼西亚政府向所有银行提供了储蓄业务和外债业务的全面保证,以维护储户和债权人的利益。1998 年,日本修改存款保险法,允许储蓄存款保险机构设立特别结算账户,可动用资金 13 万亿日元,使原先不在保险范围内的大额储蓄存款也可以获得保险。

（二）重组改革金融部门

金融危机以后，大规模的金融部门重组和改革势在必行，其中银行业的重组和改革被置于核心地位。

1.确定金融部门重组和改革的规划及执行机构

20世纪90年代的日本、泰国、印度尼西亚、韩国和新加坡等国家先后设立相应机构，并公布金融重组计划和方案。日本成立了金融工作小组、泰国成立了金融重组局、印度尼西亚成立了印度尼西亚银行改革局、韩国成立了金融监督委员会等机构，旨在改革重组原有的金融机构以及行使对银行、证券、保险和其他金融机构的监管职能。

2.多渠道分离和处置不良资产

发生了金融危机以后，必然伴随巨额的不良资产，要增强公众对银行的信心就必须把银行资产负债表中的不良资产分离出去。分离资产负债表，最早是日本1946年采用的。后来，逐渐形成专门的中介机构来经营和管理分离出去的不良资产，这一中介机构发展至今，获得了专门的统一名称——资产管理公司。20世纪90年代以来，金融危机不断，资产管理公司也广泛流行起来。资产管理公司处置银行不良资产的手段多种多样，贷款出售、债权置换、债转股、合股制和证券化等，为了防止资产管理公司对资产控制权的留恋，通常给其规定一定的存续期。

3.多渠道充实银行资本金

银行充实资本金的主要措施有动用留存利润、发行债券、提高坏账准备金提取率等，但政府注入资本，作为实现银行资本金充足率的非常措施，却在许多国家都采用过。需要注意的是，政府注入资金很少采取财政简单拨款的方式，通常是以银行增加对政府的债权来换取银行接受投资而增加对政府的负债。二级资本援助计划方案的基本做法是债券交换，及政府购买银行的次级债券，银行则反而转过来购买不可流通的政府债券。这种做法的实质也同样是银行政府之间的债权与债务的转换。这样的操作本身并不直接引起货币供应量的变化，但却能够用自己的资产业务换取可计入资本充足率的投资和负债。

4.允许或吸收外资参与重振国内金融企业

在允许或吸收外资参与重振国内金融企业的同时，加强国内金融机构的公司治理，合并重组有问题的金融机构，杜绝金融隐患的存在，以防范金融危机的再次发生。

泰国于1997年将外国投资者拥有银行股份的比例由25%提升到50%以上。1998年，马来西亚允许外商投资于保险业的股份由原来的30%增至49%，允许投资于证券公司的股权由原先的30%增至40%，还允许建立由外方控股或由外方独资的基金管理公司。印度尼西亚则取消外国股份在本国银行不能超过49%的限制，直至允许外国投资者拥有100%的股份。1998年，韩国被迫接受IMF加速金融改革的建议，允许外资参与韩国金融机构的重组，允许外资银行和证券公司在韩国开设分支机构。1998年新加坡也宣布在5年时间内进一步开放国内市场。

5.加强金融机构的公司治理

从广义来说,公司治理是与公司的现代经济组织形式伴随在一起的。公司治理反映着经济发展的特点,金融机构的发展应伴随着经济发展的变化而提高管理水平,落后的管理水平,则意味着金融机构内部脆弱性的积累。金融危机的爆发,揭示了公司管理水平的落后,显示了公司治理的迫切性,同时也为金融机构治理提供了巨大的动力。

6.合并、重组有问题的金融机构

在亚洲金融危机期间,马来西亚27家金融机构合并成6个中心银行;印度尼西亚关闭了38家财务陷入困境的银行,并接管了7家银行;日本政府也被迫关闭了日本长期信用银行和日本债券信用银行;韩国的数十家银行被重组成6家银行,关闭非银行金融机构数百家。2008年由美国次贷危机引起的金融危机爆发后,美国也采取了这一措施。2010年6月底美国财政部公布了《金融监管改革——新的基础》的金融机构改革计划,美国两大房贷提供机构——房利美和房地美被政府接管,贝尔斯登和美林证券被收购,高盛和摩根士丹利转变为银行控股公司。

(三)推进宏观经济调整及结构性改革

经济发展决定金融,金融危机的爆发是与一国的经济状态有密切关系的。因此,防范与治理金融危机,必须注意宏观经济层面的改革。

1.实施扩张性的财政政策和货币政策。以往的国际金融组织往往建议发生金融危机的国家采取紧缩政策,但实践证明,紧缩政策往往适得其反,加剧了其经济萧条和局势紧张。东南亚金融危机中的马来西亚就经历了这一政策循环。1997年10月,马来西亚接受国际货币基金组织(IMF)的建议,实行紧缩的财政政策,但局势更为紧张,到1998年4月,马来西亚为防止进一步衰退而放松了财政政策。因此,政府应当注意调整经济结构,注意财政政策与货币政策的合理搭配,最大限度地保证经济稳定、健康发展。

2.调整经济结构。在发展中国家,主要是消除制约市场机制资源配置作用的因素。如韩国在亚洲金融危机后,立即推行了切割财团的计划。

(四)国际社会援助

经济全球化的发展,使得一国金融与全球金融非常密切地联系在一起。为了避免一国金融问题蔓延而导致国际金融危机的爆发,除了可以与其他国家政府和金融机构签订互相提供紧急援助的协议,保证必要的流动性相互支持外,还可以充分地发挥国际货币基金组织、区域性国际金融组织以及其他各国中央银行的作用,寻求多方面的支援。

1.国际货币基金组织的援助

虽然国际货币基金组织的作用并不是全球银行的监管者和审计者,但是它可以通过与各成员国政府的磋商,指导各国进行有效的金融业改革,鼓励某种与国际社会相协调的宏观经济政策,培育适当的金融运行机制,使宏观经济环境有利于金融业的稳健经营，对发生了金融危机或发生了严重宏观经济困难的国家实行资金援助，并帮助这些国家规划金融业的改革。国际货币基金组织对处理金融体系问题所提供的技术援助包括调查分析并作出判断，制定补助措施，在调查的初始阶段以及在较长时期内把补救措施付诸实施。国际货币基金组织向要求援助的成员国派出自己的工作人员和由外部专家组成的技术工作援助小组，有时还同世界银行以及各地区性开发银行提供的技术援助结合起来进行。尽管国际货币基金组织介入的程度会因成员国经济的特点不同而不同，但是这些活动都在一定程度上反映了其整体观点和目标，以及通过与国际机构协调操作来帮助各国确立适当的金融体系行为规则的原则。

但是，应注意的是，国际货币基金组织提供资金援助通常会附加严格的条款。对于被救援的国家来说，及时救援附加条款行之有效，这些作为发放贷款所必须付出的代价也会令被救援国受束缚，因此，对于任何国家来说向国际基金组织求援意味着某些经济主权的丧失，需要下很大的决心。各国政府根据国际货币基金组织提出的要求实施的紧缩计划通常包括大幅度削减财政赤字、开放金融市场、核对亏损国有企业并进行私有化改造等，这些计划的付诸实施通常不是很容易的。

2.区域性国际金融组织的支持

当某个国家或地区发生金融危机时，区域性国际金融组织，如亚洲开发银行、非洲开发银行、欧洲开发银行、泛美开发银行等即可提供必要的支持和援助。区域性国际金融组织的作用，明显地表现为支持和照顾本地区成员国的利益。但是随着全球化经济、政治一体化的进一步发展，区域性国际组织越来越表现出跨区域的特征。2010 年 3 月 24 日生效的《清迈协议》就是区域性多边资金救助机制的具体形式。

3.其他各国中央银行的合作

当一国遭受金融危机的袭击时，为了对其进行有效的治理，防止金融危机向其他国家蔓延，借助于其他各国中央银行的支持与合作是十分必要的。金融业特别是银行业的国际化和一体化使得银行在国际范围内拥有相当复杂的组织机构，从而给金融监管当局的监管活动带来了困难。同时，便捷的银行交易也可使得某些机构通过在管理松懈的国家从事非法交易来逃避金融监管。此外，金融机构之间和金融体系之间的国际联系程度越来越密切，这使得任何哪怕局部微小的波动都可能会在国内金融市场乃至国际金融市场间蔓延。因此，不但在金融危机发生时，需要各国中央银行的相互支持和协作，而且在日常的业务中，各国中央银行对金融系统的监管也应协调合作，这对于抵抗金融危机来说也是非常必要的。

第三节　金融监管的原则与内容

金融监管是金融监督和金融管理的复合称谓，金融监管有狭义和广义之分。狭义的金融监管是指一国或一个地区的金融主管当局依据国家相关法律法规的授权对该国或该地区的金融机构以及他们在金融市场上的业务活动进行监督、检查、稽核和协调，以促使金融机构依法稳健地经营和健康地发展，维护金融体系安全、稳定、有效地运行。广义的金融监管则把监管的主体和对象进一步扩大，监管主体除金融主管当局外，还包括金融行业自律组织、社会中介组织以及金融机构的内控部门等，监管对象除金融机构外，还包括参与金融活动的个人和机构，如上市公司、投资者等。一般的金融监管主要是指金融监管当局对金融机构和金融市场的监管、金融机构的内部控制和稽核以及金融行业自律组织和社会中介组织对金融机构的监督等。

一、金融监管的理论基础

金融监管的理论基础是金融市场的不完全性和金融行业的特殊性。在现代市场经济中，政府一般会不同程度地对经济活动施加管制。对政府管制持肯定意见的学者主要是从市场缺陷的角度来论证其合理性和有效性的。

(一)金融脆弱说

自明斯基于1982年首次提出“金融不稳定假说”后，金融脆弱性问题引起了广泛的关注和争论。银行的利润最大化目标促使它们在系统内增加风险性业务和活动，导致系统的内在不稳定性，因而需要对银行的经营行为进行监管，银行及其他金融机构存在较大的脆弱性是由于以下几方面的原因引起的：

1.借短贷长和部分准备金制度导致了金融机构内在的流动性问题；

2.银行及其他金融机构的主要资产是金融资产而不是实物资产，主要负债是金融负债而不是资产净值，这使金融机构之间存在着相互依赖的网络；

3.存款合同的等值和流动性形成了在萧条时期提取存款的激励。Kaufman从银行体系的传染性和系统风险的角度分析认为，个别银行比其他企业更容易受到外界影响而失败；银行业也比其他产业更加脆弱、更容易被传染。

(二)自然垄断论

垄断有自然垄断和非自然垄断两种情况。自然垄断是指自由竞争的结果导致企业规模的扩大，优胜劣汰的竞争规律最终形成。生产的集中虽然在一定条件下有利于降低成本，但也导致市场被操纵、竞争被压制、价格被扭曲、资源配置效率低下，还可能阻碍技术的进步。对非自然垄断，政府可以出台各种反垄断政策和法规予以抑制，鼓励公平竞争。对自然垄断，政府可以施行价格管制，使厂商定价维持在社会平均成本水平上，以期既维持适当的经济集中，又限制价格垄断，维护消费者利益。

(三)外部效应论

外部效应是指提供一种产品或劳务的社会费用(或利益)和私人费用(或所得)之间的偏差。伴随着经济活动可能产生外部正效应或负效应，或使他人无需支付成本而受益，或使他人受损却得不到补偿。在产权明晰且交易成本为零的条件下，外部效应不会引起资源配置的不合理，并且通过与外部效应有关各方的讨价还价，可以实现互利的交易，使外部效应内在化。然而，交易成本是普遍存在的，阻碍着外部效应的消除，因而也需要政府管制来解决，因为政府管制的成本低于私人交易成本，也小于管制所带来的社会收益。

（四）公共物品论

公共物品是指社会利益大于私人所得导致私人不愿供给或供给不足的社会需求的产品或劳务。由于公共物品具有消费的非竞争性和利益的非排他性，市场无法提供公共品，而需要由政府提供。政府可自行提供，也可对供应公共品的私人部门予以补贴。

（五）信息不完全与不对称

市场对信息的供应通常是不充分的，市场交易双方拥有的信息量也往往不对称。信息不完全和不对称也会导致资源配置低效率，如低质量的产品充斥市场而高质量的产品退出市场。解决办法是，由政府提供带有公共品性质的信息，或是对市场进行管理和监督，使天然具有信息优势的一方提供更多的信息量。

市场除了具有上述缺陷致使资源无法自动实现最优配置外，也无法解决收入分配不公可能对社会整体福利水平产生影响的问题。支持政府管制的理论主要是“社会利益论”和“社会选择论”。

二、金融监管的基本原则

金融监管的基本目标是维护金融体系的稳定、健全和高效，保证金融机构和金融市场的健康发展，保护社会公众特别是银行存款人、证券市场普通投资者的利益，推动金融和经济的发展。在实现目标的过程中，有一些基本原则贯穿于各国监管过程的始终。巴塞尔银行监管委员会（简称巴塞尔委员会）于 1997 年 9 月公布的《有效银行监管的核心原则》提出了银行监管的原则性要求，由于这些原则贯穿于金融监管的各个环节，因此各国金融监管当局都把它们作为金融监管的指导性原则。

（一）监管主体的独立性原则

这一原则要求金融监管机构在明确的责任和目标前提下，享有操作上的自主权和充分的资源。同时，为促进监管的有效性，还需创造一些先决条件，如稳健且可持续的宏观经济政策、完善的公共金融基础设施、有效的市场约束、高效率解决金融问题的程序、适当的系统性保护机制等。

（二）依法管理原则

依法管理有两方面的含义：一是所有金融机构都必须接受金融监管当局的监督管

理,不能有例外;二是金融监管必须由金融监管机构依法进行,有关各方权利与义务的划分必须有明确的法律依据,以确保金融监管的权威性、严肃性、强制性和一贯性,从而确保金融监管的有效性。因此,金融法规的完善和依法管理是有效进行金融监管的基本前提,依法管理也就成为金融监管的重要原则。

(三)适度竞争原则

竞争是市场经济中的基本规律,是市场机制发挥作用的基础。但竞争必须适度,才能真正提高效率,而不至于造成市场的混乱。为此,金融监管当局在实施金融监管的过程中,必须遵循促进各金融机构适度竞争的原则。这就要求金融监管当局把监管的重心,放在为金融业创造适度竞争的环境上;放在形成和保持适度竞争的格局和程度的监测上;放在避免形成金融业高度垄断,使金融业失去竞争从而失去生机和活力上;放在防止出现过度竞争、破坏性竞争,从而危及金融业的安全和稳定上。总之,要求金融监管要做到“管而不死,活而不乱,限制过度竞争而又不消灭竞争”。

(四)外部监管与内部自律相结合的原则

这一原则是指在加强金融监管当局对金融业的监管的同时,也要加强金融市场各个主体以及金融业从业人员的自我约束、自我管理和自我教育。金融监管当局的监管是金融业健康稳定发展的外部保证,而金融业的自律则是金融业健康稳定发展的内在基础。按照这一原则,只要金融机构和金融市场各主体的经营和活动符合金融法律、法规规定的范围、种类及风险管理的要求,金融监管当局就不应过多的干预。各国金融监管的实践证明,过多地依赖外部监管,甚至对金融业的内部管理进行过多的干预,或者反过来单纯依靠金融业的自我约束,都不可能使金融监管达到令人满意的效果,而只有把通过内因和外因产生作用的两个方面有机地结合起来,才能取得成功。

(五)综合管理原则

这一原则是指金融监管应追求管理目标、管理对象、管理内容和管理方法的全面性与综合性,站在系统工程的高度统筹策划和实施金融监管,谋求综合效用的最大化。这就要求金融监管当局将行政的、经济的和法律的管理手段综合配套使用,将直接的与间接的、外部的与内部的、自愿的与强制的、正式的与非正式的、现场的与非现场的、事前的与事后的、国内的与国外的、经常性的与偶然性的、专业的与非专业的、资产的与负债的等等各种不同的管理方式和管理技术手段结合起来,综合配套使用。

(六)社会经济效益原则

与其他部门和企业不同,金融业的存在与发展不但以追求自身利润为目标,而且更重要的是要与整个社会经济效益相联系,可以说从最终目的的意义上讲,金融业的存在与发展就是为了满足经济运行和发展的需要,提高社会经济效益。为此,金融监管必须遵循社会经济效益原则,即在实施监管的过程中,应充分考虑到:金融机构的设立及其业务活动是否符合经济发展的需要,是否有利于提高社会经济效益;金融市场的运行状况及各个主体的行为是否有利于促进整个社会经济的稳定运行和发展。在此基础之上来确定监管重点和选择相应的管理手段。

(七)监管机构一元化原则

这一原则包括两个方面的含义,一是行使金融监管职能的各级机构的一元化,二是金融监管所依据的法律、法规的一体化。遵循这一原则,有助于做到金融监管的原则、目标、体制、技术手段、管理口径和管理程度的统一标准化,有利于提高金融监管的效率。从世界各国金融监管的实践来看,金融监管机构和金融法律法规的一元化原则在大多数国家都得到了体现,但也有少数国家由于历史文化背景、经济、政治等方面的原因而形成了多元化的金融法律法规和金融监管体制,美国就是最典型的例子。这种情况会导致若干矛盾和问题的产生,因而金融监管的各有关机构之间的协调与合作就显得尤为重要。1987 年,美国国会决定建立由各主要监管机构的代表组成的联邦金融机构检查委员会,目的就在于促进各监管机构在各自特定的监管领域中采用一致的政策和程序。

三、金融监管的主要内容

金融监管是应金融业出现的问题而产生的,其内容也随着金融业的发展而不断丰富。对金融机构的日常监管包括两个方面,一是预防性的监管,二是信息披露的监管。

(一)预防性监管

1.市场准入

对市场准入的控制是保证金融业安全稳定发展的有效预防措施,把好这个关口就意味着将那些可能危害存款人利益或金融体系安全的金融机构拒之门外。各国金融监管当局一般都参与金融机构的审批过程,只是在参与的程度和方式上存在差异。通常,要求申请人必须提交明确的业务计划,说明将要成立的银行有能力在其业务领域内满足客户对商业和信用服务的需求,并能够保持经营盈利。申请人还必须具备筹集充足的资本的能力,以保证新设的银行拥有雄厚的资本实力,并且必须证明未来的管理层在银行业务方面的能力及其良好的道德品质。

2.资本充足性监管

资本在金融机构经营中起着重要作用:一是保证机构的正常经营,以充足的资本维护机构在公众中的信誉;二是在金融机构发生意外损失时可以弥补资本金流动性的不足。所以,除注册时要求的最低标准以外,商业银行还需保持自有资本与资产总额、存款总额和负债总额以及风险投资之间的适当比例。银行在开展业务时要受自有资本的制约,不能脱离自有资本任意扩大业务。

3.流动性监管

流动性是银行生存的前提,因此也成为银行监管的主要内容之一。随着金融业竞争的加剧,银行的流动性风险也随着银行持有负债的增加而增加。准确测量银行的流动性是很复杂的,也很困难,很难定出一个具体的流动性比例。流动性比例定得低可能会引发银行危机,高了则会影响银行的盈利能力。应以考核银行资产负债和利率结构搭配是否合理为基础对流动性进行系统评价,同时要特别注意每个银行的实际情况和具体特点,提高流动性监管的针对性和灵活性。

4.业务范围限制

这是指银行等金融机构被获准经营哪些业务,哪些业务又是被禁止的。有的国家对各类金融机构规定有不同的业务范围,进行分业经营、分业监管。如美国曾在 20 世纪 30 年代大危机之后对其银行和证券进行了业务分离,但随着国际竞争的加剧,美国已于 1999 年 11 月出台了《金融现代化法案》,取消了对银行和证券分业的限制。

5.资产分散化管理

银行资产分散化管理可使银行保持较好的清偿力。高风险、高收益的贷款对银行总是有吸引力的,因此有必要对银行的贷款风险进行控制。例如,通过限制一家银行对单个借款人提供过多贷款以分散风险。意大利规定对单个客户的贷款不得超过银行的自有资本,美国规定不得超过自有资本的 10%。

6.外汇风险管理

外汇管理的目的是保持国际收支平衡,维护本国货币币值的稳定,维护本国经济发展的正常金融环境。外汇管理是一国为使其国际收支和汇率在符合本国利益的水平上保持平衡与稳定,指定和授权中央银行运用各种手段,对其境内和管辖范围之内的外汇收支存贷等进行管理。主要包括贸易项目管理、非贸易项目管理、资本项目管理、汇率管理和对黄金和本币出入国境的管理。由于国际间短期投机性资本流动对诸多国家的正常金融秩序造成极大破坏,各国都把对资本项目的外汇管理放在首要位置。

7.外债管理

随着一个国家经济开放程度的增强,外债对国际收支和整个国民经济的影响日益扩大,因此外债管理受到各国中央银行的普遍重视。外债管理主要包括借入外债和使用外债两个方面。借入外债管理的关键是控制外债规模在本国经济的承受能力范围之内,保持合理的外债期限结构;使用外债的关键是保证借入外债投向的合理和避免外债使用过程中的风险。

(二)对信息披露的监管

在不完全竞争的市场中,价格不能体现所有信息,信息不对称的情况大量存在。金融业由于进入壁垒和沉淀成本较大,形成了垄断竞争的市场格局,因此信息不对称在金融业中表现得尤其突出。金融机构具有信息优势,它比客户更了解自身的业务经营状况,因而可能滥用自己的信息优势,用欺诈手段争取客户;或不按合同约定来履行委托人职责，做出有损客户利益的事情；或不遵守贷款风险管理规则，进行关系贷款、人情贷款等，这些都是利用自身的信息优势做损人利己或损人不利己的事。对从事零售性业务的金融机构，如银行、证券公司、保险公司等，其客户多是非专业人士，而且他们是分散的个体，缺乏维权手段，也缺乏搜集信息的动力和能力，尤其处于信息劣势。为了保护广大消费者的权利，必须解决信息不对称的问题，监管机构应要求金融机构披露一些信息，披露的标准是以这些信息的披露是消费者在完全知情的前提下能够做出理性选择为界限的，即金融机构不必公开其一切财务信息，但也不能故意隐瞒信息而误导消费者。信息披露标准的制定也是一项具体而复杂的工作。

四、金融监管体制

（一）金融监管体制的类型

由于历史、文化、发展阶段、政治经济体制的不同，各国采取了不同的金融监管模式。按监管组织体系的设置来分，金融监管模式概括起来大致有三种类型。

1.统一监管模式

统一监管模式是指，对于不同的金融机构和金融业务来说，无论是审慎监管还是业务监管，都由一个机构负责。这个机构通常是各国的中央银行，也有另设独立监管机构的。这是一种典型的混业监管模式，金融监管体制改革后的英国是典型代表。受混业经营的影响，目前采用这种监管模式的国家正在增多，日本和韩国在1996年以后都分别采用了这种金融监管模式。还有许多国家正在考虑将分离出来的银行、证券、保险监管机构统一于一个监管框架之内，也有不少国家将其监管职能由中央银行移出，成立了专门的监管机构。

这种监管模式的优势主要体现在：第一，成本优势。统一监管不仅能节约人力和技术投入，更重要的是它可以大大降低信息成本，改善信息质量，获得规模效益。第二，改善监管环境。统一监管可避免由于监管者的监管水平和监管强度的不同，使不同的金融机构或业务面临不同的监管制度的约束；也可避免被监管者受多种机构重复监管及监管的不一致性而无所适从。第三，适应性强。统一监管能迅速适应新的金融业务，既可避免监管真空，降低金融创新形成的新的系统性风险；又可避免多重监管，降低不适宜的制度对创新形成的阻碍。这种监管模式的缺点是缺乏竞争性，易导致官僚主义。

2.分业监管模式

分业监管模式是将金融机构和金融市场按照银行、证券、保险划分为三个领域，在每一个领域内，分别设置一个专业的监管机构负责包括审慎监管和业务监管在内的全面监管。目前分业监管的模式还较为普遍，中国便是实行这一模式的典型代表。这种模式的优点在于：一是具有监管专业化优势。每个专业监管机构负责不同的监管领域，职责明确，分工细致，有利于达到监管目标，提高监管效率；二是具有监管竞争优势。尽管监管对象不同，但不同监管机构之间存在竞争压力。

这种模式的缺点在于:一是各监管机构之间协调性差,容易出现监管真空,若设置多重目标或不透明目标则易使被监管对象难以理解和服从,出现多头管理和相互扯皮现象。二是从整体上看,分业监管机构庞大,监管成本较高,规模不合理。

3.不完全统一监管模式

不完全统一监管是对完全统一监管和完全分业监管的改进,是介乎于两者之间的一种监管模式,也可以说是一种从分业监管到混业监管的过渡模式。具体有牵头监管模式、“双峰”监管模式和“伞形”功能监管模式。

(二)金融监管体制发展趋势

随着经济环境的改变,金融监管体制也在不断地进行适应性的调整和创新。虽然各国的金融发展水平、金融文化和历史传统存在较大的差异,加之经济体制、政治体制、中央与地方的关系不同,各国的监管体制各具特色,但近年来在金融全球化的背景下,改革和重构监管体制已成为各国面临的共同问题。现代金融监管体制在发展完善的过程中呈现出一些新趋势:

1.政府监管和自律监管趋于融合

政府型监管的优势是监管机构超脱于金融活动的当事人之外,能够公平、严格地发挥其监管作用,保护社会公众的利益,具有权威性。但是,单纯依靠政府监管也存在不足,现代社会金融结构日趋复杂,金融工具、交易方式创新不断,金融市场上的不确定因素增多,监管的难度也相应地提高,政府既要加强监管,又不能过分干预市场,往往处于两难境地。行业自律型监管固然有其局限性,比如缺乏强有力的手段、从本行业利益出发、管理者的非超脱性等,但是,它同时又具有政府监管所没有的优点。

由于政府监管和行业自律各具特点,二者逐渐出现了融合趋势。一方面,实行政府监管型体制的国家开始日益重视行业自律的作用。金融行业自律组织通过对行业内部的管理,避免业内不正当竞争,规范行业运作,促进金融机构同业之间的协作,减轻了政府监管机构的压力,同时与政府监管机构适时沟通,减少了金融机构与政府的摩擦。另一方面,实行自律型监管体制的国家也开始通过立法建立统一的监管机构,加强监管的规范化,将金融同业的自律机制逐渐纳入监管法制体系中。

2.外部监管和内部控制相互促进

外部监管主体不再是一味从外部施加管制,而是更加注重促使金融机构强化内部控制制度,提高自我监控水平。金融监管机构对金融机构的内控制度提出了全方位的要求,金融机构是否具有完善的内控机制和制度是金融监管机构进行检查的重要内容。此外,金融监管机构还鼓励金融机构开发控制风险的内部模型,以提高控制风险的技术水平,并增强其适用性。

同时,金融机构健全有效的内部控制也是外部监管的基础。金融监管机构的监管目标必须通过金融机构自身的稳健经营来实现。严密的内部控制将使金融机构有效地防范和规避风险,而金融机构的安全运营是金融系统稳定安全的基本保障。

3.分业监管向混业监管转变

20世纪80年代以来,在金融自由化和金融创新浪潮的冲击下,金融业从分业经营向混业经营转化,受其影响,金融监管体制也由分业监管向混业监管转化。英国的大卫·T·卢埃林教授在1997年对73个国家的金融监管组织体系进行了研究,发现13个国家实行单一机构的混业监管,25个国家实行部分混业监管,35个国家实行银行、证券、保险业分业监管。虽然分业监管体制仍占多数,但完全分业监管的国家在数量上呈逐渐减少的趋势,金融监管体制正向部分混业监管或完全混业监管的模式过渡。

4.机构性监管向功能性监管转变

功能监管的优势在于协调性高,能有效解决混业经营中金融创新产品的归属问题,同时可以避免重复和交叉监管现象,为金融市场创造公平竞争的市场环境。并且,功能监管还具有跨市场、跨机构协调功能,具有监管的连续性和一致性。机构监管的优点则在于当金融机构从事多项业务时,机构监管使监管者易于评估金融机构的一系列产品的风险;尤其当存在于一系列金融产品之间并且互相关联的风险因素越来越多时,实行机构监管模式监管效果较好。

实质上,设置多个专业监管机构的分业监管体制是将对功能监管和机构监管选择问题的外部化,设置单一监管机构后再在内部作具体分工的混业监管体制是将功能监管和机构监管选择问题的内部化。在当前金融机构业务日益多样化和金融创新层出不穷的形势之下,功能监管更能发挥其优势,传统的机构监管正在逐渐向功能性监管转变。

5.金融监管的国际合作不断加强

20世纪80年代以来的金融国际化趋势,使得各国金融市场之间的联系和依赖性不断增强,各种金融风险在国家之间的相互转移和扩散在所难免,严重威胁着各国的金融稳定。金融国际化要求实现金融监管的国际化,如果各国金融监管松紧不一,不但会削弱各国监管措施的效应,而且还会导致国际资金大规模的投机性转移,影响国际金融的稳定。因此,西方国家致力于金融监管的国际合作。

巴塞尔委员会在加强金融监管的国际合作方面做出了很大的努力。首先,巴塞尔委员会推动越来越多的国家加入到金融监管国际合作行列之中。许多非十国集团国家(地区),包括发展中国家都参与了《有效银行监管的核心原则》的制定,《新资本协议》草案更是在全球范围内征求银行界和监管部门的意见。另外,巴塞尔委员会加强与一些国际性金融监管组织的合作,1999年2月,公布的《多元化金融集团监管的最终文件》就是巴塞尔委员会、国际证券委员会组织与国际保险监管协会自1993年开始合作的研究成果。西方发达国家还通过一年一度的西方七国首脑以及财长、央行行长会议,研究防止某一国家和地区出现金融危机的问题和措施。为应付突发事件,美国财政部、美联储和国际金融机构以及西方各国金融当局保持热线联系,及时磋商对策,协调联系干预活动。东南亚金融危机后,西方各国又成立了“金融稳定论坛”。中、日、韩与东盟每年也开始召开央行行长、财长会议以讨论地区金融问题。

6.金融创新对金融监管的影响

20世纪80年代,金融自由化虽然大大促进了金融业和金融市场的发展,但没有同时加强金融监管,或者说,在金融创新的同时,缺乏相应的体制创新尤其是监管创新,这无疑加大了金融机构的风险。2007年由美国次贷危机所引发的全球金融危机就充分反映了这一现象。因此在金融创新不断深化,新的金融工具不断涌现的今天,必须对金融体制和金融监管进行新的调整。

首先,金融创新改变了金融监管的基础条件,客观上需要金融监管机构作出适当的调整;其次,金融创新在推动金融业和金融市场发展的同时,也在总体上增大了金融体系的风险,从而极大地增加了监管的难度;最后,金融创新导致了金融监管主体的重叠与缺位并存的现象,在现行分业监管的过程中,大都采取机构性监管,实行业务审批制度。

随着金融的日益深化,特别是金融创新和开放程度的加深,金融系统风险和个别风险的概率也会提高,因此,适时调整金融监管以适应金融创新的不断发展成为金融监管的迫切任务。金融监管机构应随时掌握创新动态,促进金融业的发展。

【拓展阅读】

发展中国家债务危机

发展中国家的债务危机起源于20世纪70年代,在80年代初爆发。从1976~1981年,发展中国家的债务迅速增长,到1981年外债总额积累达5550亿美元,以后经过两年的调整,危机缓和,但成效并不很大,到1985年底,债务总额又上升到8000亿美元,1986年底为10350亿美元。其中拉丁美洲地区所占比重最大,约为全部债务的1/3,其次为非洲,尤其是撒哈拉以南地区,危机程度更深。1985年这些国家的负债率高达223%。全部发展中国家里受债务困扰严重的主要是巴西、墨西哥、阿根廷、委内瑞拉、智利和印度等国。80年代这场债务危机的特点是:一是私人银行贷款增长较政府间和金融机构贷款增长快;二是短期贷款比重增加,中长期贷款比重下降;三是浮动的贷款利率多于固定的。

以1994年的墨西哥金融危机为例。1994年12月20日,墨西哥财政部长塞拉在与工商界和劳工组织的领导人紧急磋商以后,突然宣布:比索对美元汇率的浮动范围将被扩大到15%。这意味着比索将被贬值。尽管墨西哥中央银行进行了有力的干预,但在“羊群行为”的刺激下,外国金融投机者和本国投资者依然担心1982年的债务危机会重演。仅在短短的2天时间内,墨西哥就损失了50亿美元的外汇储备,只剩下30亿美元的储备。12月22日,即在宣布贬值2天后,墨西哥政府被迫允许比索自由浮动。这使得事态进一步恶化,因为自由浮动后比索又贬值了15%,更多的外资纷纷逃离墨西哥。与此同时,股市也大幅度下跌。一场震惊全球的金融危机终于爆发。金融危机使墨西哥受害匪浅。根据最保守的估计,危机使墨西哥损失了450亿美元,相当于墨西哥国内生产总值的16%。1995年,墨西哥的国内生产总值下降了6.9%,是20世纪初墨西哥革命爆发以来经济增长率下降幅度最大的一年。大量企业倒闭，失业人口大幅增加。

墨西哥金融危机的“导火线”是比索贬值，但是，贬值并非必然会诱发危机，因为墨西哥在1954年和1976年实施的两次贬值并没有带来危机。可见，1994年墨西哥金融危机的爆发，是一系列经济和政治问题在各种不良因素的作用下发生质的变化的必然结果，不是墨西哥政府所说的“运气不好”。

概而言之，墨西哥金融危机的根源在于以下三个方面：

(1)以“汇率锚”为核心的反通货膨胀计划在降低通货膨胀率的同时，却高估了比索的币值，因为比索的贬值幅度小于通货膨胀率的上升幅度，也不足以抵消墨西哥通货膨胀率与其主要贸易伙伴美国国内通货膨胀率的差距，从而打击了本国产品的竞争力。据估计，在1991～1993年期间，比索币值累计高估了26%。

(2)用短期外资弥补经常项目赤字。如果说外汇储备的减少、比索的贬值与金融危机的爆发三者之间存在着明显而直接的因果关系，那么，用投机性强、流动性大的短期外国资本弥补巨大的经常项目赤字，则是导致墨西哥金融危机的深层次根源。

(3)在实施金融自由化的过程中没有加强对金融部门的监管。例如，在实施银行私有化的过程中，政府关注的是如何以高价卖出国有银行，对投标者的管理能力和其他因素则较少考虑。因此，有些投资者虽然过去从未涉足金融业，但为了获得一家国有银行的购买权，不惜一切代价地以高价投标。中标后，该银行的新主人却常常为了尽快收取回报而从事高风险的金融活动，或因缺乏必要的经验而无法发展业务。这一切都或多或少地损害了整个国家的金融部门的稳健度。

而从各发展中国家的一般情况看，导致债务危机的原因在于两个方面。从内部因素看，20世纪60年代以后，广大发展中国家大力发展民族经济，为了加快增长速度，迅速改变落后面貌，举借了大量外债。但由于各方面的原因，借入的外债未能迅速促进国内经济的发展，高投入、低效益的经济形势造成了还本付息的困难。从外部因素看，80年代初世界性经济萧条，是引发债务危机的一个原因。同时，在70年代后期，国际金融市场的形势对发展中国家不利。国际信贷紧缩、对发展中国家贷款中私人商业贷款过多，也导致了80年代的债务危机。而美国80年代初实行的高利率，加重了发展中国家的债务负担。债务危机的爆发对发展中国家和发达国家都有影响。对此，国际金融机构联合有关国家政府和债权方银行进行了多次对发展中国家债务的重新安排，达成了一些延期支付协议，使危机有所缓和。广大发展中国家也对国内经济政策进行了调整，并加强了相互间的联合与协调，使危机得到进一步缓和。

【本章小结】

1.金融危机是金融脆弱性达到一定程度以及当金融风险积累到一定程度导致的整个金融体系或局部金融体系的混乱和动荡。

2.金融危机按其性质与内容可划分为货币危机、资本市场危机、银行业危机、外债危机、综合性金融危机。

3.金融危机的防范包括建立金融危机早期预警系统、健全信息披露制度、建立社会紧急救援制度、加强对金融市场和金融资本流动的管理。

4.金融危机的治理措施主要有稳定金融市场、重组改革金融部门、推进宏观经济调整及结构性改革以及依靠国际社会援助等。

5.金融监管是金融监督和金融管理的复合称谓。一般的金融监管主要是指金融监管当局对金融机构和金融市场的监管、金融机构的内部控制和稽核以及金融行业自律组织和社会中介组织对金融机构的监督等。

6.根据《有效银行监管的核心原则》,金融监管的原则主要包括监管主体的独立性原则、依法管理原则、适度竞争原则、外部监管与内部自律相结合的原则、综合管理原则、社会经济效益原则和监管机构一元化原则。

7. 对金融机构的日常监管主要在于预防性监管和信息披露两方面的监管。

【复习思考题】

1.什么是金融危机?金融危机有哪些主要类型?

2.简述金融危机的主要成因。

3.请结合实际对金融危机的防范与治理措施进行评述。

4.简述金融监管的原则和内容。

5.金融监管模式有哪几种?试述各模式的优缺点。

6.试论述现代金融监管体制有哪些新趋势?

参考文献

1.黄达主编:《金融学(精编版)》,中国人民大学出版社 2005 年 1 月第 1 版。

2.陈学彬主编:《金融学》,高等教育出版社 2012 年 7 月第 3 版。

3.彭兴韵主编:《金融学原理》,格致出版社 2010 年 5 月第 4 版。

4.易纲、吴有昌主编:《货币银行学》,格致出版社 2011 年版。

5.丁志国主编:《金融学》,机械工业出版社 2011 年 9 月第 1 版。

6.李健主编:《金融学》,高等教育出版社 2011 年 5 月第 1 版。

7.张亦春、许文彬主编:《金融学》,高等教育出版社 2011 年 10 月第 1 版。

8.姜旭朝主编:《货币经济学》,经济科学出版社 2008 年 9 月第 2 版。

9.周骏、王学青主编:《货币银行学》,中国金融出版社 2010 年 2 月第 3 版。

10.王广谦主编:《20 世纪西方货币金融理论研究:进展与述评》,经济科学出版社 2004 年版。

11.张强、乔海曙主编:《货币金融学》,北京师范大学出版社 2010 年 8 月第 1 版。

12.沈丽、丁述军、张晶主编:《金融学》,经济科学出版社 2011 年 2 月第 1 版。

13.周宗安、尹洪霞主编:《货币银行学》,经济科学出版社 2007 年 12 月第 1 版。

14.曹龙骐主编:《金融学》,高等教育出版社 2010 年 3 月第 3 版。

15.茆训诚主编:《金融学概论》,机械工业出版社 2011 年 6 月第 1 版。

16.姚长辉主编:《货币银行学》,北京大学出版社 2010 年 1 月第 3 版。

17.胡庆康主编:《现代货币银行学教程》,复旦大学出版社 2010 年 5 月第 4 版。

18.陈野华主编:《西方金融学说的新发展》,西南财经大学出版社 2001 年版。

19.杜佳主编:《货币金融学》,清华大学出版社 2010 年 3 月第 2 版。

20.郑道平、张贵乐主编:《货币银行学原理》,中国金融出版社 2009 年 7 月第 6 版。

21.夏德仁、李念斋主编:《货币银行学》,中国金融出版社 2005 年 5 月第 2 版。

22.陈雨露主编:《现代金融理论》,中国金融出版社 2008 年版。

23.[美]弗雷德里克·S·米什金著,马君潞、张庆元译:《货币金融学(原书第 2 版)》,机械工业出版社 2011 年 6 月第 1 版。

24.戴国强主编:《货币银行学》,高等教育出版社 2010 年第 3 版。

25.[美]兹维·博迪、罗伯特·C·莫顿著,伊志宏译:《金融学》,中国人民大学出版社 2000 年 10 月版。

26.兹维·博迪、亚历克斯·凯恩、艾伦·J·马库斯著,汪昌云、张永冀等译:《投资学》

(原书第9版),机械工业出版社2012年8月第1版。

27.[美]劳埃德B.托马斯著,杜朝运译:《货币银行学——货币、银行业与金融市场》,机械工业出版社2008年12月第1版。

28.高鸿业著:《西方经济学》(上、下),中国人民大学出版社2011年1月第5版。

29.高希均、林祖嘉著:《经济学的世界》,生活·读书·新知三联书店2000年版。

30.刘涤源、谭崇台主编:《当代西方经济学说》(上、下),武汉大学出版社1990年版。

31.王广谦著:《中央银行学》,高等教育出版社2006年3月第2版。

32.姜波克、杨长江著:《国际金融学》,高等教育出版社2004年9月第2版。

33.陈雨露著:《国际金融》,中国人民大学出版社2006年1月第2版。

34.[美]斯坦利·G·伊肯思著,曹廷贵主译:《金融学》,西南财经大学出版社2005年第2版。

35.[美]斯蒂芬·A·罗斯,伦道夫·W·威斯特菲尔德,布拉德福德·D·乔丹著,方红量译:《公司理财》,机械工业出版社2008年第1版。

36.[英]理查德·A·布雷利,[美]斯图尔特·C·迈尔斯,弗兰克林·艾伦著,方曙红等译:《公司财务原理》,机械工业出版社2008年第1版。

37.张亦春、郑振龙主编:《金融市场学》,高等教育出版社2008年3月第3版。

38.宿玉海主编:《国际金融学》,科学出版社2006年12月第1版。

后　记

呈现在各位读者面前的这套教材，是由山东财经大学金融学院的教学团队，根据这些课程的教学规律与特点，结合自己长期从事教学的丰富实践与体会，精心编写的。我们之所以把这套教材定名为“名课精讲”，首先是因为这些教材所对应的课程都已在我院开设多年，均曾被评定为校级以上精品课程，本身都是具有精品性质的课程。这些课程的教学团队力量相对雄厚，并已形成了特色鲜明的教学体系、教学内容与教学组织方式。其次，则是因为这批教材在编写上也刻意强调“求精”，主要体现为强调课程脉络与叙述逻辑的清晰与重点突出，强调知识点覆盖的完整性与讲授组织的合理性，强调内容诠释上的深入浅出，从而便于学习者更好地理解与接受。也正因为如此，这套教材的使用适应面是较为广泛的，它们既可以作为高校本科金融类专业教材使用，也可用于与金融理论业务相关的专业培训，当然也可供金融企业从业者及其他对金融相关知识感兴趣的读者自学参考。

在这套教材的编写过程中，山东人民出版社的袁丽娟女士付出了大量心血。在此向她表示衷心的感谢。

由于编写时间较为仓促，且内容上需兼顾的读者范围较为广泛，再加上教材中所涉及的内容与现实联系密切，而实践中相关理论进展与实务变化亦较多较快，因而教材中不可避免地会存在某些瑕疵甚至错谬，希望使用者不吝指正，多给我们提出宝贵意见，以便我们及时进行修订完善。谢谢！

黄　磊

二〇一三年一月，于济南

图书在版编目(CIP)数据

金融学/丁述军,沈丽主编.—济南:山东人民出版社,2013.2(2015.7 重印)
ISBN 978-7-209-07126-0

Ⅰ.①金… Ⅱ.①丁…②沈… Ⅲ.①金融学-高等学校-教材 Ⅳ.①F830

中国版本图书馆 CIP 数据核字(2013)第 022892 号

责任编辑:周云龙

金融学
丁述军 沈 丽 主编

山东出版传媒股份有限公司
山东人民出版社出版发行
社 址:济南市经九路胜利大街 39 号 邮 编:250001
网 址:http://www.sd-book.com.cn
发行部:(0531)82098027 82098028
新华书店经销
日照报业印刷有限公司印装
规 格 16 开 (184mm×260mm)
印 张 25.25
字 数 511 千字
版 次 2013 年 2 月第 1 版
印 次 2015 年 7 月第 4 次
ISBN 978-7-209-07126-0
定 价 46.00 元

如有质量问题,请与印刷厂调换。(0633)8221365